MUTAÇÕES NOVAS CONFIGURAÇÕES DO MUNDO

SERVIÇO SOCIAL DO COMÉRCIO
Administração Regional no Estado de São Paulo

Presidente do Conselho Regional
Abram Szajman
Diretor Regional
Danilo Santos de Miranda

Conselho Editorial
Ivan Giannini
Joel Naimayer Padula
Luiz Deoclécio Massaro Galina
Sérgio José Battistelli

Edições Sesc São Paulo
Gerente Marcos Lepiscopo
Gerente adjunta Isabel M. M. Alexandre
Coordenação editorial Clívia Ramiro, Cristianne Lameirinha, Francis Manzoni
Produção editorial Antonio Carlos Vilela
Coordenação gráfica Katia Verissimo
Produção gráfica Fabio Pinotti
Coordenação de comunicação Bruna Zarnoviec Daniel

Adauto Novaes • Jean-Pierre Dupuy • Laymert Garcia dos Santos • Luiz Alberto Oliveira • Newton Bignotto • Renato Lessa • Franklin Leopoldo e Silva • Oswaldo Giacoia Junior • João Camillo Penna • Frédéric Gros • Olgária Matos • Eugène Enriquez • Maria Rita Kehl • Lionel Naccache • Sergio Paulo Rouanet • Francisco de Oliveira • Luiz Felipe de Alencastro • Michel Déguy

MUTAÇÕES
NOVAS CONFIGURAÇÕES
DO MUNDO

2ª Edição

ADAUTO NOVAES (ORG.)

© Adauto Novaes, 2008, 2017
© 1ª edição: Edições Sesc SP/Agir Editora, 2008
© 2ª edição: Edições Sesc SP, 2017
Todos os direitos reservados

Revisão
Beatriz de Freitas Moreira

Capa
Rita M. da Costa Aguiar

Diagramação
Negrito Produção Editorial

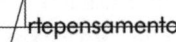

Diretor
Adauto Novaes

M98	Mutações: novas configurações do mundo / Organização de Adauto Novaes. – 2. ed. revista. – São Paulo: Edições Sesc São Paulo, 2017. 432 p. ISBN 978-85-9493-030-9 1. Mudança (Filosofia). 2. Mudança social. I. Título. II. Novaes, Adauto. CDD 116

Edições Sesc São Paulo
Rua Cantagalo, 74 – 13º/14º andar
03319-000 – São Paulo SP Brasil
Tel.: 55 11 2227-6500
edicoes@edicoes.sescsp.org.br
sescsp.org.br/edicoes
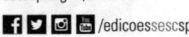 /edicoessescsp

Agradecimentos

Ministro Gilberto Gil, Juca Ferreira, José Jacinto de Amaral, Clauir Luiz Santos, Eliane Sarmento Costa, Danilo Santos de Miranda, Celise Niero e José Eduardo Lima Pereira.

Estes textos foram originalmente produzidos para o ciclo de conferências *Mutações: novas configurações do mundo*. Concebido pelo Centro de Estudos Artepensamento, em 2007, o ciclo aconteceu no Rio de Janeiro, em Belo Horizonte, São Paulo, Curitiba, Salvador e Recife com o patrocínio da Petrobras e apoios da Fiat, Casa Fiat de Cultura, Caixa Econômica Federal, Sesc São Paulo, Sesc da Esquina no Paraná e Embaixada da França. O curso foi reconhecido como Extensão Universitária pelo Fórum de Ciência e Cultura da Universidade Federal do Rio de Janeiro, pela Universidade Federal da Bahia e pela Unicuritiba. *Mutações: novas configurações do mundo* faz parte do projeto *Cultura e pensamento em tempos de incerteza*, do Ministério da Cultura e de Artepensamento.

Obras organizadas por Adauto Novaes

Anos 70 (1979)
O nacional e o popular na cultura brasileira – música, cinema, televisão, teatro, literatura e seminários (1982)
Um país no ar – televisão (1986)
Os sentidos da paixão (1987)
O olhar (1988)
O desejo (1990)
Rede imaginária – televisão e democracia (1991)
Ética (1992)
Tempo e História (1992)
Artepensamento (1994)
Libertinos libertários (1996)
A crise da razão (1996)
A descoberta do homem e do mundo (1998)
A outra margem do Ocidente (1999)
O avesso da liberdade (2002)
O homem-máquina (2003)
A crise do Estado-nação (2003)
Civilização e barbárie (2004)
Muito além do espetáculo (2004)
Poetas que pensaram o mundo (2005)
Anos 70 (segunda edição – 2005)
Oito visões da América Latina (2006)
O silêncio dos intelectuais (2006)
L'autre rive de l'Occident (2006)
Les aventures de la raison politique (2006)
Ensaios sobre o medo (2007)
O esquecimento da política (2007)
Mutações: ensaios sobre as novas configurações do mundo (2008)
Vida vício virtude (2009)
Mutações: a condição humana (2009)
Mutações: a experiência do pensamento (2010)
Mutações: a invenção das crenças (2011)
Mutações: elogio à preguiça (2012) / Ganhador do Prêmio Jabuti
Mutações: o futuro não é mais o que era (2013)
Mutações: o silêncio e a prosa do mundo (2014)
Mutações: fontes passionais da violência (2015) / Ganhador do Prêmio Jabuti
Mutações: o novo espírito utópico (2016)
Mutações: entre dois mundos (2017)

Sumário

9   Nota à segunda edição
ADAUTO NOVAES

15   Apresentação
Caminhos sinuosos e inquietações na busca do futuro
DANILO SANTOS DE MIRANDA

17   Herança sem testamento?
ADAUTO NOVAES

35   Fabricação do homem e da natureza
JEAN-PIERRE DUPUY

55   Humano, pós-humano, transumano
LAYMERT GARCIA DOS SANTOS

75   Sobre o caos e novos paradigmas
LUIZ ALBERTO OLIVEIRA

103   As mutações do poder e os limites do humano
NEWTON BIGNOTTO

131   O que mantém o homem vivo: devaneios sobre as transfigurações do humano
RENATO LESSA

159   Descontrole do tempo histórico e banalização da experiência
FRANKLIN LEOPOLDO E SILVA

173 As duas mutações de Nietzsche
OSWALDO GIACOIA JUNIOR

197 Máquinas utópicas e distópicas
JOÃO CAMILLO PENNA

227 Fim da guerra clássica – novos estados de violência
FRÉDÉRIC GROS

245 Mal-estar na temporalidade: o ser sem o tempo
OLGÁRIA MATOS

279 Novas afinidades eletivas
EUGÈNE ENRIQUEZ

305 Depressão e imagem do novo mundo
MARIA RITA KEHL

331 O novo inconsciente
LIONEL NACCACHE

363 Por um saber sem fronteiras
SERGIO PAULO ROUANET

381 Revoluções, mutações...
FRANCISCO DE OLIVEIRA

387 Tradição e ruptura
LUIZ FELIPE DE ALENCASTRO

401 Poesia sem palavras?
MICHEL DÉGUY

417 Sobre os autores
423 Índice onomástico

Nota à segunda edição
Adauto Novaes

O primeiro dos dez tomos da série *Mutações* foi publicado há dez anos. Entre a primeira e a nova edição de *Novas configurações do mundo*, prodigiosas aventuras técnicas foram produzidas, mas ainda assim nenhum texto deste livro perdeu atualidade. A razão é simples: todos eles procuraram ir aos fundamentos das mutações que têm origem nas revoluções da tecnociência, da biotecnologia e do digital. Com a prudência que o pensamento pede, os autores nos legaram mais de duzentos ensaios sobre as mutações, procurando afastar a sombra a que fomos lançados pelo poder da técnica e responder à inevitável questão: quem somos nós, hoje? Estamos deixando de ser o sujeito da história diante da potência técnica e de seu domínio total e acabado da sociedade? Os ensaístas da série *Mutações* tentaram responder a outra inquietante questão do poeta Valéry: "Trata-se de saber se este mundo, prodigiosamente transformado, mas terrivelmente subvertido por tanta potência aplicada com tanta imprudência, pode, enfim, ganhar um estatuto racional, voltar rapidamente, ou melhor, chegar rapidamente ao estado de equilíbrio suportável?". A resposta torna-se mais complicada se reconhecermos que o mundo vive não um estado de crise, e sim de mutação.

Até há bem pouco tempo, recorríamos ao termo "crise" para designar aquilo que pedia transformação. Sabemos que as crises – pôr em crítica – são constituídas de múltiplas concepções que se rivalizam e buscam dar um novo sentido às coisas ocultas por poderes que buscam modelar o espírito e as mentalidades. Certa tendência de pensamento definia a crise como ponto de partida para novo "salto de qualidade". Mas tudo isso acontece no interior de um mesmo processo e uma mesma estrutura social e política.

Já as mutações trazem novo sentido: são passagens de um estado das coisas a outro. Elas inventam novos e desconhecidos processos. Se tomarmos como referência as mutações que precederam e deram forma à civilização – o Renascimento e o Iluminismo, por exemplo – vemos que elas decretaram o fim de um mundo. Mais: elas foram gestadas por revolucionárias visões humanistas na política, nas artes, nas ciências, nas mentalidades, nos costumes.

As mutações de hoje são passagens muitas vezes indefinidas que nos deixam à deriva, caminhos pouco visíveis, abertos não propriamente pela multiplicidade de pensamentos que se rivalizam, mas pela única certeza da técnica. Assim, não sabemos dizer com clareza onde estamos nem para onde vamos, porque o movimento da revolução técnica, veloz e volátil, escapa ao entendimento racional. É esta a peculiaridade desta mutação, a de ser feita no vazio do pensamento.

Hoje, lemos um diagnóstico comum a boa parte dos pensadores: vivemos uma época prodigiosamente vazia na qual concepções políticas, crenças, ideias, sensibilidades, enfim, formas de existência e visões de mundo, que antes pareciam dar sentido às coisas, perdem valor. O estilo de vida e as concepções de mundo que nos dominam são superficiais e mecânicas e os antigos conceitos são impotentes para abarcá-las. A este fenômeno pode-se dar o nome de mutação ou, se se quiser, revolução, não do tipo das revoluções históricas que a precederam, mas uma revolução que corresponde "a uma perfeição automática do aparelho técnico", como escreveu Jean Baudrillard.

Isso quer dizer também que estamos vivendo o fim de uma ideia de civilização.

A velocidade das transformações é tamanha que "o olho do espírito não pode mais seguir as leis e concentrar-se em algo que se conserve", como observou Merleau-Ponty.

Neste momento de incerteza, somos capazes de reconhecer apenas o caráter transitivo dos acontecimentos. Como escreveu Paul Valéry, ao diagnosticar a morte da civilização, nesta fase não há mente, por mais sagaz e instruída que seja, "que possa se vangloriar de dominar o mal-estar, medir a duração provável deste período de confusão de trocas vitais da humanidade".

O problema é que muitos intelectuais, a academia universitária e boa parte das instituições culturais podem até concordar com esse diagnóstico do nosso tempo, mas se recusam em ir à experiência das coisas e a pensar em termos de mutações. Preferem permanecer confortavelmente no "contato mudo do pensamento com o próprio pensamento".

Recorramos, pois, a pensadores que foram às origens das transformações. O poeta e ensaísta Paul Valéry foi um deles. Logo depois da Primeira Guerra Mundial, ele escreve em célebre texto: "nós, civilizações, sabemos agora que somos mortais", e nos lega brilhante síntese:

> O mundo moderno, em toda a sua potência, de posse de um capital técnico prodigioso, inteiramente penetrado por métodos positivos, não soube, entretanto, criar uma política, uma moral, um ideal, nem leis civis ou penais que estivessem em harmonia com os modos de vida que ele criou, e mesmo com os modos de pensamento que a difusão universal e o desenvolvimento de certo espírito científico impõem pouco a pouco a todos os homens.

Por fim, ele se refere à dificuldade de entender o que nos espera, exatamente pela ausência da reflexão: "entramos no futuro de costas".

Mas qual a origem das mutações? Pode-se dizer, sem risco de erro, que o que acontece não é apesar das invenções anteriores mas graças a elas. O império da tecnociência não seria um acidente da "civilização ocidental", mas sua essência e seu destino.

Ora, uma dessas essências é o domínio do homem e da natureza, que se tornou um dos dramas contemporâneos. Como nos lembra Karl Kraus, "o progresso técnico inventou a moral e a máquina para expulsar da natureza o homem e a própria natureza". Eis a contradição: o homem é excessivamente ativo para criar objetos técnicos mas inteiramente passivo quanto ao resultado de suas ações. Para completar esta brevíssima introdução sobre a relação entre tecnociência e mutações, cito dois outros pensadores que não são necessariamente pessimistas.

Quando, por exemplo, Kraus e Wittgenstein falavam de uma "concepção apocalíptica do mundo" estavam referindo-se ao fim de *um* mundo que o Ocidente e a modernidade acreditaram perene. Wittgenstein escreve em 1947:

> A concepção apocalíptica do mundo é aquela, propriamente falando, segundo a qual as coisas não se repetem. Não é desprovido de sentido, por exemplo, acreditar que a época científica e técnica é o começo do fim da humanidade; que a ideia do grande progresso é uma ilusão que nos cega, como aquela do conhecimento finito da verdade; que, no conhecimento científico, nada há de bom e desejável e que a humanidade, que se esforça em alcançá-lo, cai numa armadilha. Não é claro que isso não seja o caso.

Kraus escreve no mesmo sentido no pequeno ensaio *Apocalipse*: "Fomos muito complicados para construir a máquina e somos muito primitivos para nos servirmos dela". Assim, Kraus conclui: "O verdadeiro fim do mundo é a destruição do espírito. O outro tipo de fim está condicionado pela experiência que consiste em saber se o mundo resistirá depois da destruição do espírito". Nenhuma das duas possibilidades propostas por Kraus é confortável.

Para não ficar apenas nos clássicos, seguem-se alguns fragmentos de dois pensadores contemporâneos, os filósofos Marcel Gauchet e Günther Anders, sobre as mutações:

> Se eu falo em "mutação antropológica" – escreve Gauchet –, é porque estou convencido de que as mutações científicas e técnicas têm hoje efeitos profundos sobre a identidade humana, tanto mais profundos quanto eles são na maioria das vezes indiretos e diferentes daquilo que é o mais visível. Estamos efetivamente na presença, no mundo contemporâneo, de fenômenos de subjetivação, absolutamente inéditos, em grande parte criados pelo universo tecnológico no qual evoluímos.

Por fim, o que escreve Günther Anders, um dos brilhantes críticos das atuais transformações, dá a pensar. Para ele, o homem cede seu lugar na história para a técnica. Ou melhor, o sujeito da história não é mais o homem, mas a técnica.

O que é confirmado de maneira espantosa pelo fato de que o ser ou o não ser da humanidade depende, a partir de agora, do desenvolvimento da técnica e de sua aplicação [...] O mundo transforma-se consideravelmente sem nossa intervenção. Devemos também interpretar essa transformação para, por sua vez, poder mudá-la, a fim de que o mundo não continue a se transformar sem nós.

É isso que, à nossa maneira, tentamos fazer nos dez anos de livros sobre as mutações.

Apresentação

Caminhos sinuosos e inquietações na busca do futuro
Danilo Santos de Miranda
Diretor Regional do Sesc São Paulo

Na história da humanidade, jamais se viveu um período de tão radical metamorfose, especialmente no campo das concretudes, materializadas sobretudo no cenário das máquinas. Em velocidade vertiginosa, o mundo se reorganiza a partir da revolução científica e tecnológica permanente, cuja influência se estende da biologia à engenharia da comunicação. Criam-se, assim, diariamente, novas categorias para as coisas e para os fabulosos eventos a elas relacionados. Trata-se de um momento de deslumbramento, mas também de dura incerteza.

Se resiste a ilusão de que a felicidade vem a reboque dessas transformações, também é fato que os homens frequentemente se desanimam com as próprias invenções. Talvez porque esse processo de mudança não tenha um manual de instruções e muito menos seja resultado de um testamento legado por nossos predecessores. A rigor, aquilo que se convencionou chamar de progresso se dá numa espécie de acaso trágico, ao sabor das ondas. A angústia do ser é a incapacidade de programar sua viagem no trem que ruma ao futuro. Ele desconhece as escalas e mal pode escolher um assento próximo à janela. Perguntamo-nos: afinal, onde se esconde a chave para a felicidade?

Nesse ambiente de escuridão espessa ou claridade exagerada, busca-se um guia nas tradições, códigos de conduta e preceitos filosóficos. Estes, entretanto, mostram-se cada vez mais impróprios à análise dos fenômenos cotidianos. Há um fosso enorme entre o espírito e a realidade, entre a crença escrita e a práxis. Lutamos desesperadamente para conferir sentido ao que é fluido, ainda inexplicável e totalmente imprevisível. E, além disso, falta-nos o tempo da reflexão, o intervalo para o pensamento.

Palmilhar essas rotas de crise e incerteza tem sido o labor dos autores dos ensaios que compõem este livro. Em seus estudos, esses pensadores do presente exibem as curvas dos rios caudalosos que separam o passado do futuro. Os ensaios procuram mapear os territórios da desilusão e do encantamento humano.

Ao publicar a segunda edição de *Mutações: novas configurações do mundo*, com organização de Adauto Novaes, o Sesc São Paulo mantém sua contribuição com a busca de concepções filosóficas, políticas e existenciais que pavimentem o caminho rumo a um porvir que seja o último refúgio da esperança.

Herança sem testamento?
Adauto Novaes

> *Infinitos espíritos encontram-se arruinados pela própria força e flexibilidade.*
>
> Montaigne

> *Pode-se dizer que tudo o que sabemos, isto é, tudo o que podemos, acabou por opor-se a tudo o que somos.*
>
> Paul Valéry

Ცercado de invenções maravilhosas e destinos sombrios, o mundo moderno se desfaz. Hoje, os clássicos nem sempre são lidos. A glória dos espíritos vazios e sem obras é maior do que o esperado. Política, cultura, obras de arte e obras de pensamento, antes admiradas, tornam-se coisas indiferentes. Dificilmente podemos desfazer a imagem do caos. A inteligência confunde-se com a ideia de uma ordem única e invariável, administrada pela ciência e pela técnica. Não sabemos inventar novas formas e o pensamento move-se com dificuldade na unidade bruta do mundo. Entramos nos domínios das mutações na sensibilidade, nos costumes e mentalidades, nos valores e nas noções de espaço e tempo, no progresso sem limites e na organização do mundo em grandezas apenas mensuráveis. As duas maiores invenções da humanidade – o passado e o futuro, como escreve o poeta – desaparecem, dando lugar a um presente eterno e sem memória. Tendemos, no máximo, a repetir velhas críticas em uma mistura de inquietação e compaixão e a pôr em evidência os aspectos brutais e sórdidos de guerras e massacres – 191 milhões de mortos apenas no século xx –, mas também nos perdemos em admiração confusa e sem crítica nas descobertas científicas e suas aplicações técnicas.

Vivemos entre dois mundos: o "velho" mundo moderno está muito próximo de nós ainda, o que torna difícil falar dele como personagem legendário; o mundo contemporâneo, que se apresenta como o começo de uma nova era, conta apenas com velhos conceitos para acolhê-lo. A ideia de unidade e conjunto tende a escapar, apesar do nosso esforço: símbolos e ideias passadas, cada vez mais em desacordo com os novos fatos, ainda tentam dar sentido às nossas ações. Não devíamos, portanto, espantar-nos com o fato de o espírito, como constata Valéry, estar "preso a uma quantidade enorme de enigmas decorrentes dos antagonismos e contrastes que se manifestam entre os desenvolvimentos e a natureza fundamental do homem [...] Ao lado dos enigmas reais que nos são propostos pelas coisas, encontramos outros enigmas que nos são propostos por nossas próprias obras, por nossas criações acumuladas". A ideia de unidade e conjunto tende a escapar, apesar do nosso esforço. Como tudo é muito novo e muito veloz, faltam os intervalos do acaso, que é o espaço do pensamento. É certo que existe uma lógica sensível e desconhecida em tudo o que acontece, mas ela também nos escapa. Perdemo-nos, a cada instante, em "miríades de fatos". Tudo se desdobra sem a plena consciência de si.

É este o desafio que os autores dos ensaios sobre as mutações enfrentam: existem momentos em que as agitações do espírito levam a caminhos que não existem ainda. É nesses momentos que as interrogações têm mais sentido que respostas apressadas. A tarefa torna-se mais difícil ainda quando se sabe que o pensamento hoje vem a reboque dos acontecimentos. Os limites do entendimento e de uma teoria crítica, criados pela era dos fatos, esbarram na submissão da razão ao que é imediatamente dado. Chegamos a este curioso estado de estranha dificuldade, como analisa Valéry, no qual nos encontramos impotentes "não tanto diante de um fenômeno a explicar, mas diante de uma palavra que parece conter mais do que tudo o que se pensa quando se pensa". A palavra de que fala Valéry tem a mesma força da ideia de conceito, que significa a elaboração consciente do múltiplo não no sentido empírico, mas no sentido ideal de "coisas vagas"–, e reconhecido como tal pela sociedade e através do qual e sobre o qual os sujeitos podem se entender. Em outras palavras, esta é a origem de novas linguagens que a nova realidade do mundo pede. Podemos falar da ciência da abelha para usar a metáfora de Nietzsche na construção permanente de conceitos, ainda que nem sempre ele tenha uma visão otimista da existência deles: "Como a abelha que constrói as células de seu favo e em seguida as enche de mel, a ciência trabalha sem cessar neste grande columbário de conceitos, no cemitério das intuições, constrói sem cessar novos andares mais elevados, escora, limpa, renova as velhas células e se esforça principalmente em preencher este *colombage* construído sem limites, e fazer entrar nele a totalidade do mundo empírico, isto é, o mundo antropomórfico. Enquanto o homem de ação liga sua existência à razão e a seus conceitos a fim de não ser conduzido e perder-se, o pesquisador constrói sua cabana ao pé da torre da ciência para poder ajudar sua construção, e buscar proteção à sombra do já construído. De fato ele precisa de proteção porque existem perigosas potências que invadem continuamente e que opõem à verdade científica 'verdades' de outro gênero sob as mais diversas figuras".

Estas novas configurações do mundo convidam-nos, de início, a esquecer a noção de crise. Pensemos, pois, na ideia de mutação.

Lemos em vários autores que toda crise é excesso, expressão da potência de transformação do pensamento, de ideias muitas vezes secretas, racionais, materialistas, algumas aparentemente absurdas, outras místicas, das quais nem sempre é fácil se desfazer porque, como observa o poeta Paul Valéry, só encontramos nelas aquilo que já trazemos em nós. As crises são, portanto, constituídas de múltiplas concepções que se rivalizam e que dão vigor dialógico às sociedades, excitam o sensível e o inteligível. Por isso, são elas que apontam para o novo que estava oculto pelas contradições no interior de um mesmo processo. A passagem da ideia de crise inerente à modernidade à mutação que assume, entre outras, a forma instrumental da vida pode ser lida na pequena nota escrita por Valéry em seus famosos *Cahiers*: "Vejo passar o 'homem moderno' com uma ideia de si e do 'mundo' que não é *mais* uma ideia determinada – que não pode viver sem várias ideias, que quase não poderia viver sem esta multiplicidade contraditória de visões –, que mostrou impossível ser o homem de um ponto de vista apenas e de pertencer *realmente* a uma única língua, a uma única nação, a apenas uma confissão, a uma só física.

Isso decorre de seu modo de vida e da relação mútua de diversas soluções. Mas, em seguida, as ideias, até mesmo os hábitos, começam a perder o caráter de essências para ganhar o caráter de instrumentos". Caráter instrumental de ideias e pensamento único são uma só e mesma coisa.

Mutações são passagens de um estado de coisas a outro – passagens muitas vezes indefinidas do ponto de vista conceitual –, que nos deixam à deriva quando as trilhas são pouco visíveis ou pouco confiáveis, em particular se elas foram abertas, como acontece hoje, não propriamente pelo trabalho do pensamento, mas pela técnica, o que marca, pelo menos até agora, certa resignação do saber diante do poder da ciência. Isso não quer dizer que, antes, tínhamos muita certeza de onde estávamos e para onde íamos. É preciso construir, pois, novo itinerário, uma vez que já não temos nenhuma garantia de retorno aos velhos roteiros e uma vez que o positivismo da técnica só nos pode indicar caminhos falsos.

No ensaio *Breves reflexões sobre a atual conjuntura*, de 1998, o filósofo Claude Lefort aponta, ao lado da denegação da política, "que parece ser o traço maior do último período deste século", duas outras grandes transformações que se produziram: a primeira foi a desagregação do regime soviético e dos regimes do Leste Europeu, desaparecimento do modelo de uma sociedade comunista; a segunda grande transformação consiste "na desestruturação das sociedades ocidentais modernas em consequência de uma revolução tecnológica que reduziu consideravelmente o setor da grande indústria e o lugar que tinha a classe operária na sociedade". Convém levar em conta uma terceira transformação, conclui Lefort, "mais difícil de discernir, que se produz nos costumes". Jean Baudrillard faz um diagnóstico aproximado de Lefort sobre as transformações no Ocidente – ainda que chegue a conclusões diferentes – e aponta duas vertentes da mutação: a mundialização e as transformações nos ideais universais que tendem a desaparecer, pelo menos tais como se constituíram como "sistema de valores na modernidade ocidental". Os ideais universais morrem na mundialização, escreve Baudrillard: "A mundialização das trocas põe fim à universalidade dos valores. É o triunfo do pensamento único sobre o pensamento universal. O que é mundializado é, inicialmente, o mercado, a promiscuidade de todas as trocas e de todos os produtos, o fluxo perpétuo do dinheiro... A democracia e os direitos do homem circulam exatamente como qualquer produto mundial, como o petróleo ou como os capitais. O que advém com a passagem do universal ao mundial é ao mesmo tempo uma homogeneização e uma fragmentação do sistema ao infinito". No mundo globalizado, os valores universais tendem a se reduzir ao modelo de valor das Bolsas, e flutuam em um vasto mercado, como já intuía bem antes o poeta Paul Valéry. Até mesmo o valor "espírito", diz ele, não é diferente do valor "trigo" ou do valor "ouro". Em síntese, é a desvalorização dos valores supremos.

Estas análises não estão longe do que pensavam Adorno e Horkheimer: para eles, a concepção instrumental da ciência e o desenvolvimento técnico em bases de conhecimento científico permitiram a edificação de sociedades totalitárias, o ordenamento metódico de sociedades de massa e a racionalização mortífera da natureza no campo da própria sociedade. Até mesmo a ideia de "saber crítico" como aspiração de liberdade dos primeiros textos da Escola de Frankfurt perderam sentido diante de um mundo não apenas totalmente reificado como também dirigido pela tecnociência. É a denegação da política em escala nunca vista, como sugere Claude Lefort, e, assim, a vida perde potência. A consequência mais evidente e trágica desta denegação manifesta-se não apenas na domesticação das potenciais forças de oposição, como pensavam Adorno e Horkheimer, mas na perda do próprio sujeito da história: as máquinas estão tomando o lugar do trabalhador e o mito da classe operária como classe universal e revolucionária foi substituído pela verdadeira revolução – mutação – feita pela tecnociência.

O maior problema que se põe para os intelectuais hoje, fonte de compreensíveis inquietações, consiste na instrumentalização do saber e do espírito. Talvez fosse o momento de levar a sério uma das mais radicais definições de Heidegger: "Em relação à técnica, minha definição da essência da técnica, até agora não aceita em nenhum lugar, é – para dizer em termos muito concretos – que as ciências modernas da natureza fundam-se no quadro do desenvolvimento da essência da técnica moderna e não no seu contrário". A conclusão inevitável do que Heidegger escreve é que não apenas as ciências modernas só podem ser compreendidas a partir da essência da técnica como a técnica é, em essência, coisa que o homem não pode controlar por ele mesmo.

O que se quer dizer com instrumentalização do saber e do espírito? Comecemos pela ideia de espírito. Entendemos por espírito aquilo que de Montaigne a Valéry se define como "potência de transformação". Para Montaigne, o espírito jamais pode ser instrumentalizado, a menos que perca todo sentido e valor. Ele é necessariamente inventivo e desregrado, no sentido literal do termo.

No brilhante livro *Montaigne – regras para o espírito*, o filósofo Bernard Sève mostra a diferença entre Razão e Espírito, ao contrário do que sempre se leu nos comentadores que insistem em identificar o Espírito à Razão ou ao Entendimento: a Razão, escreve Sève, é sempre flexível, já o Espírito é volúvel. Isto é, a razão "é sempre apresentada por Montaigne como uma 'faculdade' de segundo tempo: a razão raciocina sobre coisas dadas, apoiando-se em princípios não propostos por ela". Sève cita Montaigne:

> É muito fácil construir o que se quer a partir dos fundamentos admitidos porque, segundo a lei e o ordenamento deste começo, o restante das peças do edifício se faz com facilidade [...] Por este caminho, pensamos nossa razão bem fundada e discorremos com toda a facilidade. [...] Porque cada ciência tem seus princípios pressupostos por onde o julgamento humano é contido de todos os lados.

Ao contrário da razão, o espírito aparece em Montaigne "como uma 'potência' que trabalha *ex nihilo*, sem princípio anterior. O espírito distingue-se, pois, da razão, por ser uma operação 'primeira'". Podemos pois avaliar as desastrosas consequências do trabalho do espírito submetido à razão instrumental. Poderíamos dizer que é isso que acontece hoje quando muitos pensadores – a partir de Nietzsche – insistem em demonstrar que espírito e saber perderam autonomia?

Mais de uma vez, Montaigne alertou para o risco de o espírito voltar-se contra a própria natureza. Lemos, por exemplo, no capítulo da *De l'art de conférer*: "Como nosso espírito se fortalece pela comunicação dos espíritos vigorosos e regrados, não se pode dizer quanto ele perde e se abastarda pelo contínuo comércio e frequentação que temos com os espíritos baixos e doentios". Não se pode dizer que vivemos momentos de "alta fantasia".

Mas vejamos o vazio de pensamento como um dado constitutivo do espírito. Montaigne nos diz ainda que a fabulação, que Paul Valéry chama também de "coisas vagas", é anterior a todas as coisas: ela não é uma resposta ou uma reação – escreve Bernard Sève –, mas um gesto absolutamente primeiro. Valéry pergunta:

> O que seríamos nós sem o socorro do que não existe? Pouca coisa, e nossos espíritos bem desocupados feneceriam se as fábulas, as abstrações, as crenças e os monstros, as hipóteses e os pretensos problemas da metafísica não povoassem de imagens e seres sem objetos nossas profundezas e nossas trevas naturais. Os mitos são as almas de nossas ações e de nossos amores. Só podemos agir movendo-nos em direção a um fantasma. Só podemos amar o que criamos.

Em outras palavras, as ideias vagas são indestrutíveis e necessárias ao funcionamento psíquico, mesmo com mutações que trocam as antigas linguagens e as antigas ideias vagas por ideias claras e novas linguagens.

Muitos pensadores certamente estariam de acordo com a afirmação: vivemos uma época prodigiosamente vazia, na qual concepções políticas, crenças, ideias, sensibilidades, enfim, formas de existência e visões de mundo que antes pareciam dar sentido às coisas perdem valor. Ou melhor, vemos não propriamente o desaparecimento dos valores humanos, mas de certos meios de expressão desses valores, como observa Wittgenstein. Alguns pensadores falam de falência da imaginação, fracasso do entendimento, "incapazes que somos de dar-nos uma representação homogênea do mundo" que abarque os dados antigos e novos da experiência. Ora, sabe-se que são os meios da imaginação, junção de sensibilidade e desejo, que ajudam a solucionar enigmas. O estilo de vida e as concepções de mundo que hoje nos dominam são superficiais e mecânicos, e as antigas definições são insuficientes para entendê-los. A este novo fenômeno pode-se dar o nome de mutação, ou de *revolução*, não do tipo das revoluções históricas que a precederam, mas uma verdadeira revolução antropológica, como escreveu o filósofo Jean Baudrillard em um de seus últimos ensaios: revolução que corresponde "a uma perfeição automática do aparelho técnico e uma desqualificação definitiva do homem, da qual nem ele mesmo tem consciência. No estágio hegemônico da técnica, que é o da potência mundial, o homem perde não apenas sua liberdade, mas a imaginação de si mesmo". Estaríamos vivendo o fim de uma ideia de civilização, diante de um novo mundo de reprodução automática, "obsolescência do homem em fase terminal, a quem seu destino escapa definitivamente [...] e inauguração de um mundo sem o homem [...] capitulação simbólica, derrota da vontade, muito mais grave do que qualquer fracasso físico?", pergunta Baudrillard. A acreditar nas suas descrições trágicas, estamos na era da capitulação do pensamento diante do seu duplo técnico, o que implica o "desaparecimento de qualquer sujeito, seja do poder, do saber ou da história, em proveito de uma mecânica operacional e de uma falta de responsabilidade total do homem". Seria ingenuidade negar o grande avanço das pesquisas científicas; mas quanto mais elas aumentam seu poder maior é o nosso sentimento de distância do entendimento: a velocidade das transformações é tamanha que "o olho do espírito não pode mais seguir as leis e concentrar-se em algo que se conserve", observa Valéry.

Baudrillard não está sozinho neste diagnóstico: em dois livros recentes, nos quais analisa as ideias de modernidade, progresso, declínio e fim da civilização ocidental, o filósofo Jacques Bouveresse retoma algumas análises clássicas da visão apocalíptica do mundo – nem sempre concordando com elas, é certo – a partir de Wittgenstein, Karl Kraus, Nietzsche, Gottfried Benn e Spengler, nos ensaios "La 'conception apocalyptique du monde' ou Le pire est-il tout à fait sûr?"; "Gottfried Benn, ou Le peu de réalité et le trop de raison" e "La vengeance de Spengler". A simples retomada desses autores, alguns deles relegados ao esquecimento, é sintomática. Em uma conferência feita durante um congresso de médicos em 1958 com o título "A medicina na era da técnica", Karl Jaspers inscreve a medicina no quadro global da tecnização e mercantilização do mundo no qual "mais o saber e o poder científicos aumentam, mais os aparelhos que ajudam no diagnóstico e no tratamento são eficientes, mais se torna difícil encontrar um bom médico, ou mesmo um simples médico". Jaspers conclui com um diagnóstico "sinistro", como ele mesmo diz:

> Nesta situação, parece objetivo perguntar-se se caminhamos em direção a uma existência que não é mais verdadeiramente humana, se nos dirigimos assim ao fim da humanidade. Mas não saberíamos responder a esta questão objetivamente recorrendo ao nosso saber. Para o médico, como para qualquer homem, a questão é, ao contrário, saber que

decisão ele toma, por que ele quer viver e agir. Esta perspectiva sinistra pode ocultar a abertura de novas possibilidades de nosso ser.

O que há em comum entre esses pensadores? Certamente não só as ideias de progresso e a relação da ciência e da técnica com o homem, mas também a dificuldade de o saber instituído explicar o mundo. A tecnociência pede novos saberes.

As mutações de hoje são toda uma aventura que se inscreve na nossa história de maneira veloz, com deslocamentos conceituais ainda em formação pela filosofia e pela antropologia, antecipação de categorias ainda incertas: não sabemos ainda nomear esse novo estado de coisas. Neste momento de incerteza, somos capazes de reconhecer apenas o caráter transitivo dos acontecimentos, e, com isso, a primeira pergunta que nos ocorre é: vivemos a continuidade ou a descontinuidade entre o passado e o presente? É certo que *tradição* e *antecipação* são duas categorias e dois problemas que acompanham a história do pensamento. Mas duas grandes tendências tentam definir hoje, em linhas gerais, este momento de passagem: para alguns, trata-se da morte ou do esquecimento de tradições que tinham sido capazes de estabelecer concepções de mundo tidas como claras, uma visão unitária que dava sentido às coisas; para outros, é o momento da insuficiência da razão, do fim da metafísica ou ainda a expressão de uma ontologia fragmentada ou *fraca* (Gianni Vattimo). Assistimos, é certo, ao enfraquecimento de uma racionalidade que se exercia em domínios bem definidos do saber. Muitos veem como virtude o esquecimento de conceitos como verdade e consciência absolutas, privilégio do *observador absoluto* que tudo dominava com um pensamento de *sobrevoo*. Este momento de passagem pode ser, portanto, sedutor e perigoso ao mesmo tempo: se outros valores ganham novos meios de expressão, corremos o risco de nos perdermos na indefinição do que acontece. Como observa Paul Valéry, ao diagnosticar a "morte da civilização" europeia, nesta fase não há mente, por mais sagaz e instruída que seja, "que possa vangloriar-se de dominar o mal-estar, medir a duração provável deste período de confusão de trocas vitais da humanidade". Um ciclo de conferências sobre as mutações é, portanto, um irresistível convite a erros e acertos. Enfrentamos, de início, as dificuldades postas pelo próprio objeto e seu tempo: nem tudo pode ser descrito hoje em linguagem antiga e pouca coisa pode ser pensada com a ajuda de conceitos que dominaram o saber até bem pouco tempo. Muito menos podemos recorrer a dualidades exacerbadas – a começar pela tentação de comparar o *acontecido* com o *vir a acontecer*. As mutações não só determinam o sentido do curso dos acontecimentos como também anunciam o declínio das formas. "O espírito de uma sociedade realiza-se, transmite-se e percebe-se através dos objetos culturais que ela se dá e no meio dos quais ela vive. Suas categorias práticas sedimentam-se nela e, em troca, elas sugerem aos homens uma maneira de ser e de pensar", escreve Merleau-Ponty em seu comentário ao método de Marx.

No prefácio aos ensaios dedicados à política, à liberdade e à modernidade – "La brèche entre le passé et l'avenir" –, Hannah Arendt cita o poeta francês René Char: *"Notre héritage n'est précédé d'aucun testament"*. René Char descrevia o sentimento dos escritores da Resistência francesa do pós-Segunda Guerra. Hannah Arendt interpreta o aforismo de Char como a perda do tesouro de ideais revolucionários que jamais se realizam completamente. Podemos dar também outro sentido ao poema: Char antecipa de maneira luminosa a estranheza ainda hoje quase imperceptível de uma grande mutação feita com o vazio de pensamento: pensar um mundo inteiramente novo sem que este mundo tenha deixado um testamento, isto é, um mundo sem a antecipação de concepções políticas e ideais, é a grande dificuldade. Ou pelo menos um mundo no qual o pensamento nas ciências humanas vem a reboque das invenções tecnocientíficas. O poema em prosa de Char faz parte dos textos reunidos em *Furor e mistério* (1938-1944), "notas" escritas, como ele mesmo diz na apresentação, "na tensão, na cólera, no medo, na emulação, no desgosto, no engano, no recolhimento furtivo, na ilusão do futuro, na amizade e no amor".

Lemos essas "notas" sobre a ilusão do futuro como uma das últimas resistências de um humanismo consciente de um poeta, "discreto nas virtudes, desejando reservar o *inacessível* campo livre à fantasia dos seus sóis, e decidido a pagar o *preço* por isso". Char conclui com outro aforismo:

> Esta guerra se prolongará muito além dos armistícios platônicos. A adoção dos conceitos políticos será dada contraditoriamente nas convulsões e sob a cobertura de uma hipocrisia segura de seus direitos. Não sorria.

Afaste o ceticismo e a resignação e prepare sua alma mortal para afrontar intramuros demônios gelados análogos aos gênios microbianos.

Pela primeira vez na história, mergulhamos de repente em um mundo que, se foi ao menos parcialmente concebido pelo homem, certamente não é regido por ele, mas pela ciência-poder. Outros preferem dar a este novo domínio do mundo o nome de revolução tecnocientífica. Assim, não sabemos dizer onde estamos e para onde vamos, porque o movimento da revolução técnica escapa ao entendimento humano. É essa a peculiaridade desta mutação: se tomarmos como referência as que a precederam – o Renascimento e o Iluminismo, por exemplo –, vemos que elas foram geradas não só por revolucionárias visões de mundo na política, nas artes, nas ciências, nas mentalidades e nos costumes etc., mas também deram origem a outras revoluções. Nesse sentido, o poeta Paul Valéry recorre a um Hamlet intelectual para mostrar a multiplicidade de pensamentos de tendências, crânios ilustres que meditam sobre a vida e a morte das verdades:

> Esse foi *Leonardo*. Ele inventou o homem voador, mas o homem voador não tem servido precisamente às intenções de seu inventor: sabemos que o homem voador montado em seu grande cisne (*il grande uccello sopra del dosso del suo magno Cecero*) tem, em nossos dias, outros empregos que não o de ir apanhar neve no cimo dos montes para jogá--la, nos dias de calor, sobre as calçadas das cidades... E este outro crânio é o de *Leibniz*, que sonhou com a paz universal. E este foi *Kant, Kant qui genuit Hegel, qui genuit Marx, qui genuit...*

A partir do que acontece hoje, entendemos melhor o que Valéry queria dizer quando escreveu "nós, civilizações, sabemos hoje que somos mortais" e, ao mesmo tempo, percebemos mais facilmente que o homem moderno estava se afastando da cultura ao abandonar uma das mais "extraordinárias invenções da humanidade", a invenção do passado e do futuro. Em síntese, "entramos no futuro de costas", herança sem testamento. Criando o tempo passado e o futuro, o homem foge do presente eterno. Ele não apenas constrói "perspectivas aquém e além dos intervalos de reação como faz muito mais que isso: *vive muito pouco apenas* o próprio instante". A civilização tecnocientífica é, de alguma maneira, a negação desses dois tempos.

Pode-se perguntar: o que gerou a revolução tecnocientífica? É certo que ela não nasceu do nada, e uma das hipóteses é que tal revolução técnica pode bem ser o destino de iniciativas humanas acumuladas no curso dos séculos. Ela seria um prolongamento técnico de outros pensamentos. Assim, o que acontece hoje não é apesar das invenções anteriores, mas graças a elas. O império da tecnociência não seria um acidente da civilização ocidental, mas sua própria essência. O filósofo Jacques Bouveresse afirma que Heidegger foi mais incisivo ao afirmar que, se existe uma aliança que pode ser fatal para a humanidade, é, antes, a aliança da metafísica com a ciência e a técnica, "que não podem ser separadas, como se faz habitualmente, uma vez que a técnica não é senão, segundo expressão do próprio Heidegger, a metafísica acabada e realizada". Bouveresse conclui que, para Heidegger, o problema da técnica não seria minimamente abordado se não fosse pensado do ponto de vista da história da metafísica, isto é, da questão do ser e do "esquecimento do ser". Na hoje clássica entrevista a Richard Wisser, Heidegger diz: "Não falo de uma história da decadência, mas apenas do destino do Ser, na medida em que ele se afasta cada vez mais em relação à maneira de manifestar-se entre os gregos – até que o Ser se torne uma simples objetividade para a ciência e hoje um simples fundo de reserva para o domínio técnico do mundo".

Se levarmos as ideias de Heidegger às últimas consequências, podemos concluir que esta é uma das razões pelas quais recorremos sempre a velhos conceitos quando buscamos respostas para novos fatos, fatos postos hoje pelo desenvolvimento técnico, uma vez que, em essência, tudo tem a mesma origem. Ou então podemos optar pelo paradoxo: não sabermos o que nos acontece porque velhos conceitos jamais conseguem esclarecer os novos fatos.

Peter Sloterdijk atribui as mutações a uma ação fundamental da modernidade que é o poder-agir. A modernidade teve a audácia, afirma ele, de proclamar a organização do mundo apenas através da ação:

> O caráter projetivo desta nova era resulta da suposição grandiosa segundo a qual se poderia logo fazer evoluir o curso do mundo de tal maneira que apenas se moverá o que gostaríamos de racionalmente manter em

movimento por nossas próprias atividades. O projeto da modernidade repousa, pois – e isso jamais é dito claramente –, sobre a *utopia cinética*: a totalidade do movimento do mundo deve tornar-se a realização do projeto que temos para ele. Progressivamente, os movimentos de nossa própria vida identificam-se com o movimento do mundo.

Mas, ao fim e ao cabo, a *utopia cinética* acaba por escapar ao controle do homem:

> Inevitavelmente, tudo se passa de outra maneira, porque, fazendo vir ao pensamento e provocando aquilo que deve acontecer, põe-se ao mesmo tempo em movimento algo que não fora pensado, querido ou levado em consideração. Este algo se move então inteiramente sozinho com um *entêtement* perigoso. Somos rodeados por uma *epinatureza* feita de sucessões de ações, como uma segunda *physis*, que escapa à nossa prática "que faz história". As sucessões automáticas do processo moderno do mundo, como nós o vemos com um mal-estar crescente, atingem os projetos controlados; do coração do empreendimento chamado *modernidade*, da consciência de uma autoatividade espontânea e conduzida pela razão, surge um fatal movimento estranho que nos escapa em todas as direções. O que tinha ares de ser um ponto de partida controlado em direção à liberdade anuncia-se um deslize em uma heteromobilidade catastrófica e incontrolável.

Sloterdijk aponta quatro consequências decorrentes das mutações. Destaquemos apenas duas delas: estamos em plena era pós-cristã, que não conta mais com os conceitos greco-judaico-cristãos para se compreender. Ele cita o "jovem conservador" Otto Petras, que, em 1935, resumiu assim esse estado de coisas: "[…] cristianismo, este movimento que marcou a história e que foi o mais poderoso formador de nosso planeta, esgotou sua força criadora, e vivemos a era do *post Christum* em um sentido mais profundo do que o calendário"; a segunda consequência, segundo Sloterdijk, é que a modernidade, abandonada a si mesma, esgotou suas reservas morais e "não é mais capaz de liberar, a partir de si mesma, contraforças para barrar sua deriva fatal […] as coisas andam como elas querem, as intenções iniciais não têm mais importância". Como saída para o Ocidente, Sloterdijk aponta certa tendência de uma "fração sensível" de intelectuais que se volta para a civilização oriental – ou pelo menos para alguns fundamentos originários dessa civilização comuns entre as correntes de pensamento da antiga Ásia que compreendem o sentido do ser como "ser-em-direção-à-quietude-no-movimento", isto é, a boa mobilidade. Isso antes que o hemisfério oriental se modernize através das técnicas ocidentais de mobilização. O descontrole pode ser traduzido, pois, como a assustadora autonomia da técnica. Como observa ainda Sloterdijk, coisas são postas em marcha sem que isso tivesse sido planejado. Mais: duvidamos que elas possam ser retomadas pela ação humana para serem conduzidas a caminhos não fatais, afirma ele. Seria esse o destino da modernidade? Isto é, ao provocar, pela ação ilimitada, o movimento da história, é a natureza mesma do movimento que faz história: "Quem se move, move sempre mais que a si mesmo apenas. Quem faz história, faz sempre mais que apenas história". Isso equivale a uma visão cosmogônica, tentativa de definir as coisas a partir das propriedades intrínsecas, visão que nos aproxima da proposição de Edgar Allan Poe no capítulo oitavo de *Eureca*: "Cada lei da natureza depende, em todos os pontos, de todas as outras leis". Sloterdijk segue aqui as ideias de Heidegger, para quem a técnica, na essência, é algo que o homem não pode controlar. Ela corresponde – diz Heidegger em uma entrevista a *Der Spiegel* – "a uma exigência mais potente que qualquer determinação de fins pelo homem… Uma exigência que se situa além do homem, de seus projetos e atividades". A técnica, conclui Jacques Bouveresse em comentário às reflexões de Heidegger, não é um processo que podemos submeter a restrições e exigências vindas de fora: "[…] é inicialmente uma exigência ilimitada e incondicional à qual estamos submetidos. A técnica não está em nosso poder; somos nós que, sem nos darmos conta, estamos em poder dela. Acreditar no contrário é ser vítima de um preconceito e de uma ilusão antropológica".

Estas observações nos põem diante de outro paradoxo: a velocidade das mutações e o acúmulo desmesurado das novas criações – que também são o resultado do trabalho do pensamento – retiram do pensamento o tempo necessário à reflexão, o *loisir de mûrir*, como diz o poeta, uma vez que as coisas se apresentam como velozes, voláteis e principalmente mecânicas. Mais: criações acumuladas, resultado do trabalho do nosso próprio espírito, elas são artefatos mecânicos que, se de um lado são fáceis de serem manipulados, de outro dispensam e dispersam nossa atenção e, portanto, o trabalho "paciente e difícil do espírito". Por fim, acabamos por nos acostumar, preguiçosamente, com necessidades inéditas e desnecessárias, com tudo o que nos é dado, repondo o velho axioma de Marx: o capital cria não apenas objetos para o sujeito, mas também o sujeito para os objetos. Ou, em outras palavras, como escreve Valéry, "como se, tendo inventado alguma substância, se inventasse também, *segundo suas propriedades,* a doença que ela cura…". É este novo sujeito que é preciso entender.

Seja na versão do "esquecimento do ser" de Heidegger ou na "mobilização infinita" de Sloterdijk, a revolução tecnocientífica, feita no vazio de pensamentos novos, conduz à era dos *fatos,* fatos científicos, que passam a dominar toda a vida social e política, abolindo, na prática, a ordem das *ficções,* entendendo por *ficções* o trabalho do espírito, essa "potência de transformação", com o seu cortejo: o pensamento, as teorias, a metafísica, as artes, tudo aquilo que Valéry chama de "coisas vagas": "Se uma sociedade tivesse eliminado tudo o que é vago ou irracional para entregar-se ao mensurável e ao verificável, ela poderia sobreviver?", pergunta Valéry. Ele conclui com um exemplo irônico: "Um tirano de Atenas, que foi um homem profundo, dizia que os deuses foram inventados para punir os crimes secretos". Isso porque, para Valéry, toda sociedade que se constrói sobre o *fato* é bárbara, sociedade da *desordem,* uma vez que "não existe potência capaz de fundar a ordem através apenas do interdito dos corpos sobre os corpos. Forças fictícias são necessárias… A ordem exige, pois, a *ação de presença de coisas ausentes".* É, portanto, sobre "coisas vagas" que repousa toda civilização: "o mundo transcendente, não existindo, suporta, entretanto, pirâmides e catedrais", mas, em contrapartida, é o espírito livre, puro, rigoroso que faz figura de "inimigo principal da civilização".

Ao tratar de um mundo dominado pelos fatos científicos, Valéry remete-nos à grande questão da atualidade, que é a distinção que ele faz entre ciência-saber e ciência-poder. As inquietações suscitadas no homem hoje pelas transformações espetaculares dos progressos da ciência e da técnica impostos ao universo natural e ao mundo humano podem ser resumidas neste axioma de Valéry: "Pode-se dizer que *tudo o que sabemos*, isto é, *tudo o que podemos*, acabou por opor-se ao que somos". Isto é, saber e poder tornam-se uma única coisa; a ciência-poder opõe-se hoje ao humano. Mas isso só foi possível a partir do momento em que a ciência se transformou em "vontade de potência".

No plano da organização social, as ideias de ciência-poder e de "mobilização total" (acrescentemos também a "mobilização infinita" de Sloterdijk) são vistas por Valéry como os maiores perigos, triunfos definitivos da organização que corresponde ao advento do Estado-formigueiro: "Reina ainda certa confusão", escreve Valéry; "ainda mais um pouco de tempo e tudo será esclarecido e veremos, enfim, surgir uma sociedade animal, um perfeito e definitivo formigueiro".

Muitos comentadores tendem a uma nova leitura de *O declínio da civilização*, do filósofo alemão Spengler. É dele a ideia de saber como poder, vinculada ao sentido de progresso que a civilização ocidental tanto cultiva; uma ideia de progresso que está tão intimamente ligada à de progresso do conhecimento que é extremamente difícil, hoje como ontem, escreveu Bouveresse, "não perceber como intrinsecamente reacionária toda iniciativa intelectual que tente contestar radicalmente ou simplesmente relativizar seriamente o interesse de um acréscimo ilimitado do conhecimento". Bouveresse cita ainda Nietzsche:

> [...] nossa *pulsão de conhecimento* é muito forte para que sejamos capazes de apreciar a felicidade sem conhecimento ou a felicidade de uma forte e sólida ilusão. O simples fato de imaginar estados desse gênero leva-nos ao suplício... Se a humanidade não morre de uma *paixão*, então ela morrerá de uma *fraqueza*; o que preferir? Eis a questão. Desejamos para ela um fim no fogo e na luz ou na areia?

Essa ambivalência em relação à ideia de progresso ilimitado é inevitável e é assim sintetizada por Spengler: "Somos a primeira civilização que está em condições de saber com certeza o que a espera, e não há outra escolha entre desejar o que nos vai acontecer inapelavelmente ou nada querer".

Observação final: se vivemos a era do esquecimento das "coisas vagas" – isto é, as ideias, o logos, os fundamentos, a substância, o espírito, a estética, a ordem, a política... – e se é correto dizer que estamos em uma fase de mutação obscura e confusa, podemos concluir que isso decorre da não diferenciação entre espírito e realidade, vida real e pensamento.

Seria correto postular uma nova metafísica – isto é, novas harmonias e novas abstrações – fundada em novas experiências? Indicar à vida confusa dos *fatos* caminhos em direção a certa ordem? Buscar naquilo que é excessivamente visível e grosseiramente turbulento uma aparência oculta nova? Em síntese, que não vejamos na ausência de respostas imediatas apenas um nada ou o refúgio ao niilismo. Para tanto, saiamos do domínio da tecnociência e retomemos o caminho do pensamento em direção ao campo próprio da razão.

Essas novas evidências nos legam novas questões: se as "coisas vagas" ganharam expressão e forma nas construções de pedra, catedrais e monumentos – onde a própria física adquiriu conteúdo metafísico, como nos diz Valéry –, hoje, que forma "imortal" adquire o que, além de mortal, é também virtual, isto é, "catedrais" construídas virtualmente que desaparecem de maneira veloz no momento seguinte?

Fabricação do homem e da natureza[1]
Jean-Pierre Dupuy

"PELA PRIMEIRA VEZ DEUS TEM UM RIVAL!"

É assim que o grupo ETC, um *lobby* ambientalista sediado em Ottawa, saudou, para melhor criticar, o anúncio de uma façanha técnica que teria sido realizada pela equipe americana do J. Craig Venter Institute, em Maryland. De fato, esse anúncio era prematuro. Mas tal façanha será, de verdade, concluída nos próximos anos. Trata-se de sintetizar em laboratório um organismo dotado de um genoma artificial. Sabe-se atualmente, cada vez melhor, fabricar o DNA, e o momento em que será possível criar uma célula artificial graças ao DNA artificial está próximo. A disciplina que se coloca esse objetivo se chama *biologia sintética*.

Em junho de 2007 alguns dos principais pesquisadores desse domínio se reuniram na Universidade da Groenlândia para lançar um apelo ao mundo. Eis aqui um trecho:

> O início do século XXI é um tempo de tremendas promessas e de tremendos perigos. Nós enfrentamos problemas assustadores de mudanças climáticas, energia, saúde e recursos hídricos. A biologia sintética oferece soluções para esses problemas: micro-organismos que convertem a matéria das plantas em combustíveis ou que sintetizam novas

[1]. Comunicação feita ao Ciclo de Conferências "Novas Configurações do Mundo. Cultura e Pensamento em Tempos de Incerteza", Ministério da Cultura, Rio de Janeiro, Belo Horizonte, São Paulo, Salvador, 3-11 de setembro de 2007.

drogas ou apontam e destroem células suspeitas no corpo. Como com qualquer tecnologia poderosa, a promessa vem com risco. Nós precisamos desenvolver medidas protetoras contra acidentes e abusos da biologia sintética. Um conjunto das melhores práticas deve ser estabelecido para encorajar os bons usos da tecnologia e suprimir os negativos. Os riscos são reais, mas os benefícios potenciais são verdadeiramente extraordinários[2].

Este apelo é semelhante àquele que foi lançado em 1975, em Asilomar, na Califórnia, pelos pioneiros das biotecnologias. Eles também insistiam tanto sobre o caráter extraordinário das investigações que estavam concluindo sobre os perigos que daí poderiam decorrer. Eles convidavam a sociedade a ficar preparada e davam a si mesmos regras de boa conduta. Alguns anos mais tarde essa tentativa de autorregulação da ciência voou pelos ares por si mesma. A dinâmica tecnológica e a avidez do mercado não podiam sofrer nenhuma limitação.

Trinta anos mais tarde, as coisas estão muito mais sérias. Porque o que nos está prometido sob o nome anódino de "biologia sintética" é nada menos do que a fabricação da vida. Os mais audaciosos pesquisadores não hesitam em se colocar o *slogan "making life from scratch"*, que quer dizer: criar a vida a partir de nada, *ex nihilo*, ou, mais precisamente, a partir da matéria inerte. Sendo esta criação geralmente atribuída a Deus, ao menos por aqueles que Nele acreditam, compreende-se que a acusação inerente às críticas é: vocês se fazem de iguais a Deus.

Porém, a questão que se coloca é: trata-se verdadeiramente aqui da *criação da vida*? Para dizer isso é preciso supor que entre a não vida e a vida existe uma distinção absoluta, um limiar crítico: aquele que o transpusesse estaria quebrando um tabu, a exemplo do profeta Jeremias ou do rabino Rava na tradição judaica, quando eles se arriscam a criar um homem artificial, um *golem*. Ora, certos cientistas nos advertem que o que há de mais interessante na biologia sintética é ela mostrar que não existe nenhum limiar desse tipo[3]. Entre o "pó da terra" e o homem acabado não existe nenhuma quebra de continuidade que poderia nos fazer dizer que Deus

---

2. The Ilulissat Statement, Kavli Futures Symposium "The merging of bio and nano: towards cyborg cells", 11-15 de junho de 2007, Ilulissat, Groenlândia.
3. Cf. Philip Ball, "What is life? A silly question", *Nature*, julho de 2007.

tenha "soprado a alma da vida" no homem (para retomar os termos do Gênesis 2,7). Os mesmos cientistas acrescentam que, ainda que a biologia sintética se revelasse incapaz de fabricar uma célula artificial, restaria a ela o mérito de ter retirado toda a consistência da noção pré-científica de vida.

Assim, uma vez mais, a ciência oscila entre duas atitudes opostas: de um lado, um orgulho desmesurado, uma vanglória às vezes indecente; de outro, quando se trata de silenciar as críticas, uma humildade aparente que consiste em negar que se tenha feito alguma coisa extraordinária, alguma coisa que escape ao *"business as usual"* da ciência normal.

Ora, essa falsa humildade me preocupa, e é sobre ela que eu gostaria aqui de trazer minha reflexão. Isso porque ela constitui, na verdade, o supremo orgulho.

Eu fico mais à vontade com uma ciência que se pretenda igual a Deus do que com uma ciência que priva de toda a substância uma das distinções mais essenciais à humanidade desde que ela existe: a distinção entre vida e aquilo que não é vida, ou, para chamar as coisas pelo seu nome, a distinção entre vida e morte.

Para me fazer compreender recorro a uma analogia que pode se revelar mais profunda do que aparenta. Com o terrorismo dos ataques suicidas, do tipo 11 de Setembro, a violência em escala mundial tomou um contorno radicalmente novo. O perseguidor tradicional expressava à sua maneira a prioridade da vida, pois ele matava para afirmar e fazer valer sua forma de vida. Porém, quando o perseguidor coloca as vestes da própria vítima e se mata para maximizar o número de assassinados em volta dele, toda distinção está perdida, toda dissuasão se torna impossível, todo controle da violência está fadado à impotência. Por sua vez, a ciência parece estar pronta a negar esta diferença primeira que é a vida. Desse modo, ela se revela culpada por uma extrema violência.

AS NANOTECNOLOGIAS E A CONVERGÊNCIA DAS TECNOLOGIAS AVANÇADAS

Os homens sonham em fazer ciência já mesmo antes de fazê-la. No fundo de todo programa de pesquisa científica ou tecnológica, nos ensinou o epistemólogo Karl Popper, encontramos visões de mundo, respostas às grandes questões sobre o ser, sobre o tempo ou sobre o homem que o positivismo nomeia "metafísicas" para melhor livrar-se delas, porque não há nada a dizer sobre elas. Mas elas são, na verdade, questões impossíveis de ser eliminadas. Popper se referia, a esse respeito, ao que ele denominou "programa metafísico de pesquisa".

Os discursos visionários ou ideológicos que acompanham o desenvolvimento das tecnologias avançadas têm ao menos o mérito de nos lembrar que os cientistas fazem metafísica, mais frequentemente sem o saber. Um papel modesto e, não obstante, essencial que o filósofo pode e deve ter consiste em desvelar e em sistematizar essa metafísica implícita, para avaliar sua coerência e sobretudo submetê-la à crítica da Cidade. De nada adianta esperar uma democracia científica sem esse trabalho prévio. Mas é assim que o filósofo poderá, talvez, responder à seguinte questão: a ciência e a técnica que dominam nossas sociedades podem ajudá-las a preencher o vazio de sentido que parece afetá-las? Ou não seriam elas mesmas, ao contrário, as principais responsáveis por esse vazio?

Há alguns anos venho trabalhando como filósofo sobre a ética das nanotecnologias – a "nanoética", como se a nomeia atualmente. Eu deveria primeiro apresentar brevemente as tecnologias em questão. Normalmente seriam necessárias horas para adquirir um conhecimento mínimo do domínio, mas vocês compreenderão rapidamente que os problemas filosóficos que se colocam sobre este assunto são fundamentais o bastante para serem expostos independentemente de uma análise fina das ciências e das técnicas em questão.

Em geral se faz remontar o projeto nanotecnológico a uma conferência dada pelo célebre físico americano Richard Feynman sob o título "There's Plenty of Room at the Bottom" [Existe muito lugar lá embaixo]. Era 1959, no California Institute of Technology, e Feynman conjecturava, então, que, brevemente, se tornaria possível manipular a matéria à escala molecular para fins humanos, operando átomo por átomo. O projeto de uma engenharia à escala do nanômetro foi assim lançado.

Eu lembro que, na ciência, nano significa 10-9 = 1/1.000.000.000 (um bilionésimo). O prefixo "nano" vem da palavra grega ναvος <*nános*>, que resultou, nas nossas línguas latinas, nas palavras que designam um anão. Um nanômetro é um bilionésimo do metro, ou ainda, um milionésimo de milímetro. Um fio de DNA tem alguns nanômetros de diâmetro; um átomo de silício está na escala de alguns décimos de nanômetros.

Nestes dois últimos decênios, descobertas científicas e ferramentas tecnológicas prodigiosas surgiram, o que parece mostrar que o projeto nanotecnológico está hoje ao alcance dos cientistas e dos engenheiros. Citarei aqui apenas três:

a) a construção do *microscópio de varredura por tunelamento*[4], por dois físicos do centro de pesquisas da IBM de Zurique, que permite não somente "ver" numa escala atômica, mas também deslocar átomos "à vontade" (1982-1989).

Há várias imagens que mostram o que pode fazer um microscópio desse tipo. As construções atômicas que elas registram foram realizadas pelo microscópio. Por exemplo, um anel de átomos de couro sobre um fundo de átomos de ferro, uma espécie de Grand Canyon em couro em escala atômica etc. A primeira construção desse tipo, nunca antes feita, representa as letras IBM. Ela foi feita de 57 átomos de xenônio sobre um fundo de níquel.

Meu colega da Universidade de Darmstadt, na Alemanha, Alfred Nordmann, comentou sobre essa construção: "Este foi um começo que antecipava o fim ou o objetivo final das nanotecnologias, a saber, inscrever diretamente e de modo arbitrário as intenções humanas em escala atômica ou molecular". Não seria possível descrever melhor o sonho que anima o projeto nanotecnológico: refazer o mundo que nos foi dado, átomo por átomo, segundo o livre-arbítrio, para não dizer segundo os caprichos dos seres humanos;

b) a descoberta, que lhe valeu o Prêmio Nobel em 1996, que o químico americano Richard Smalley fez dos "fulerenos[5]", estruturas compostas de sessenta átomos de carbono dispostos sobre uma esfera nanométrica segundo o modelo de uma bola de futebol; estruturas que, por sua vez, se compõem produzindo nanotubos de carbono, graças aos quais hoje já é possível construir materiais extremamente resistentes, leves e baratos. A produção desses materiais revolucionará toda uma série de indústrias e de transportes, até o transporte espacial.

---

4. Scanning Tunnelling Microscope [STM]. A "varredura por tunelamento" é um efeito quântico, pelo qual elétrons atravessam o vazio que separa o microscópio de uma superfície para observação da ponta de platina ou de tungstênio – o que seria inconcebível na física clássica.
5. Chamadas também de *buckyballs*, estas duas denominações se referem ao visionário Buckminster Fuller e a suas cúpulas geodésicas.

De modo geral, as nanotecnologias visam fabricar materiais inteiramente novos que não existem na natureza. Além disso, sabe-se hoje que o mesmo corpo químico pode adquirir propriedades completamente novas quando se encontra em estado de nanopartículas. A indústria de cosméticos já obtém vantagens dessa descoberta inserindo nanopartículas nos produtos de beleza, protetores solares etc. Observe-se que não se sabe ainda nada do que advém dessas nanopartículas quando, ao atravessar a pele, entram no sistema sanguíneo.

c) na escala nanométrica, a física quântica substitui a física clássica. No mundo quântico se passam coisas estranhas, que seriam completamente inconcebíveis na nossa escala. No nosso mundo cotidiano, uma porta ou está aberta ou está fechada. Na escala nanométrica, devemos admitir que, enquanto não tivermos observado em que estado está a porta, ela está ao mesmo tempo aberta e fechada. É o que se chama princípio quântico de superposição dos estados.

Mesmo que, mais de cem anos depois que foi descoberto, os filósofos continuem a arrancar seus cabelos sobre o sentido que convém dar a esse princípio, hoje já se sabe aplicá-lo. Antecipa-se que os computadores de amanhã que utilizarão esse princípio farão nossos instrumentos de cálculo de hoje parecerem pobres anões.

Notemos de passagem, por este exemplo, que, frequentemente, a ciência nos permite agir sobre o mundo graças à técnica sem que saibamos verdadeiramente o que nós fazemos. Voltarei a esse ponto.

Imaginemos somente o que seria um acesso aos serviços oferecidos pela Web dez mil vezes mais rápido que hoje; a colocação em rede global das informações relativas às pessoas e às coisas por conexões possuindo uma capacidade muito forte e com um consumo de energia muito fraco, através de nós, distantes um metro uns dos outros, e não um quilômetro como hoje; capacidades enormes de cálculo e de tratamento de informação em dispositivos de muito pouco volume, como as armações de um par de óculos etc. Então, num universo caracterizado pela ubiquidade das técnicas de informação, todos os objetos constituindo nosso ambiente, inclusive as partes do nosso corpo, trocariam permanentemente informações uns com os outros. As consequências sociais seriam "extraordinárias", todos os expertos estão de acordo. Elas colocariam problemas não menos extraordinários, ligados, particularmente, à proteção das liberdades e aos direitos fundamentais.

Hoje considera-se que as nanotecnologias serão o instrumento do que se chama *convergência* das tecnologias avançadas. A computação quântica de que acabo de falar é um exemplo da convergência entre nanotecnologias e tecnologias de informação. A biologia sintética, pela qual eu comecei, é o exemplo típico da convergência entre nanotecnologias e biotecnologias. Fala-se, a esse respeito, de nanobiotecnologias. É nelas que se encontram, sem dúvida, os projetos mais fascinantes e as ambições mais loucas.

As nanobiotecnologias têm como concepção servirem-se do ser vivo e de suas propriedades de auto-organização, de autorreplicação e de autocomplexificação para colocá-lo a serviço de fins humanos. Um primeiro tipo de *démarche* consiste em extrair do ser vivo as nanomáquinas que ele próprio soube engendrar com seus únicos recursos e, associando-as a suportes ou a sistemas artificiais, fazê-las trabalhar por nós. Pode-se, assim, tirar proveito das propriedades extraordinárias dos ácidos nucleicos e das proteínas, concebendo biochips e biocaptadores capazes de detectar a presença de genes mutantes, de micro-organismos ou de fragmentos de DNA, aproveitando as afinidades específicas destas moléculas com uma sonda fixada sobre o chip. Já se sabe confiar a tarefa de fabricar e acoplar nanocircuitos eletrônicos complexos à molécula de DNA, tirando partido das suas faculdades de autocombinação e autoacoplamento. Essa "bioeletrônica" poderia levar à concepção de computadores biológicos.

Uma outra *démarche* visa realizar funções biológicas associando o *savoir-faire* do gênio genético e o da nanofabricação. O artefato vem aqui a serviço do ser vivo para ajudá-lo a funcionar melhor. Essa *démarche* é de índole mais tradicional – sonha-se com marca-passos e próteses de todo tipo –, mas a escala nanométrica cria desafios consideráveis. Já se sabe fabricar glóbulos vermelhos artificiais muito mais eficazes no armazenamento de oxigênio nos nossos tecidos do que esses com que a natureza nos dotou. As perspectivas terapêuticas se anunciam "extraordinárias". A cura do câncer e da Aids está, talvez, no horizonte, se se chegar a fabricar nanovesículas inteligentes que saberão detectar e isolar no organismo as células doentes e dirigir-lhes golpes mortais.

AVALIAÇÃO ÉTICA DOS SONHOS DA RAZÃO NANOTECNOLÓGICA

No meu trabalho sobre a ética das nanotecnologias defendi a tese de que essa ética não podia ser simplesmente consequencialista, no sentido de que ela só considerasse as consequências causais de técnicas já realizadas. Os sonhos que essas técnicas trazem e que seus desenvolvimentos ao mesmo tempo encarnam e reforçam devem também ser objeto de avaliação normativa. Essa posição, que diz respeito à ética das técnicas em geral, tem tão mais sentido no caso das nanotecnologias na medida em que estas, no essencial, só existem como projeto.

A história das ciências e das tecnologias demonstra que muitas vezes esses sonhos, que podem tomar a forma da ficção científica, têm um efeito causal sobre o mundo: podem transformar a condição humana mesmo se eles não se encarnam em técnicas. O objeto da avaliação técnica deve ser, portanto, não a técnica sozinha, mas esta estrutura de causa comum:

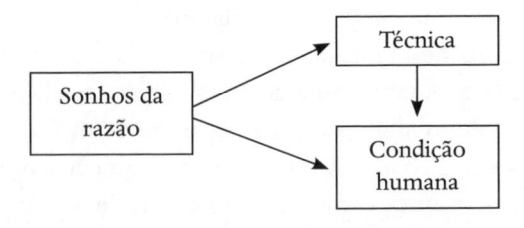

```
                    ┌──────────┐
                 ┌─▶│  Técnica │
┌─────────────┐  │  └────┬─────┘
│  Sonhos da  │──┤       │
│    razão    │  │       ▼
└─────────────┘  │  ┌──────────┐
                 └─▶│ Condição │
                    │  humana  │
                    └──────────┘
```

Aquele que crê que apenas a técnica tem um efeito sobre a condição humana deve começar a separar o tecnicamente realizável do não tecnicamente realizável. Observa-se, efetivamente, que os trabalhos já existentes em nanoética tomam um cuidado extremo em distinguir o que consideram ciência séria do que todos chamam "ficção científica". O domínio desta última, porém, varia muito de um estudo para outro. O recente relatório da Royal Society britânica a esse respeito se permite tratar com desprezo o relatório da National Science Foundation americana com um pérfido "Perdoar-nos-ão por desdenhar a maior parte das contribuições, pois elas se baseiam menos na ciência e tecnologia sérias que na ficção científica[6]".

---

6. The Royal Society, *Nanosciences and nanotechnologies: opportunities and uncertainties*, RS Policy document 19/04, julho de 2004, p. 55.

A mudança de perspectiva que proponho tem como primeira implicação um *"anything goes"* [vale-tudo], conforme teria dito Feyerabend quanto ao que convém colocar na caixa "sonhos da razão": o não sério não é menos importante que o sério quando se trata de alimentar o imaginário da ciência. A metafísica que sustenta a convergência das tecnologias avançadas está na caixa ao lado da ideologia de propaganda alimentada por um montão de livros (Ray Kurzweil[7], Eric Drexler[8] ou Damien Broderick[9]). Ali encontraremos a prática da língua, das artes, da literatura popular e ainda outras coisas.

Utilizei a expressão "sonhos da razão" de propósito. Faço referência à terrificante gravura de Goya, cujo título é *El sueño de la razón produce monstruos*[10]. Título ambíguo ao máximo, já que a palavra "sueño", em espanhol, significa indiferentemente "sono" ou "sonho". Em francês e em inglês a tradução é, frequentemente, "O sono da razão produz monstros" e compreende-se: "Quando a razão está dormindo, ou seja, colocada entre parênteses, a imaginação produz monstros". Mas, um outro sentido não é menos possível: "Os sonhos da razão engendram monstros". É a própria razão, não sua ausência, que tem essa capacidade de fazer advir, por seus sonhos, coisas monstruosas. Gosto muito dessa ambivalência fincada no coração das relações entre a ciência e o imaginário.

Eu me dediquei então à tarefa de analisar os sonhos da razão nanotecnológica, um pouco como faz o psicanalista.

A NATUREZA E A VIDA ARTIFICIAIS

No coração do programa metafísico de pesquisa que sustenta a convergência das tecnologias avançadas encontra-se um enorme paradoxo. A metafísica em questão se quer claramente *monista*: não diremos mais, hoje, que tudo no universo procede da mesma substância e, sim, que tudo está submetido aos mesmos *princípios de organização* – a natureza, a vida e o espírito. A palavra de ordem dessa metafísica é: "*naturalizar* o espírito". Trata-se de dar novamente ao espírito (e à vida) seu lugar pleno e inteiro

---

7. Ray Kurzweil, *The Age of Spiritual Machines*, Nova York: Texere Publishing, 2001.
8. Eric Drexler, *Engines of Creation*, Nova York: Anchor Books, 1986.
9. Damien Broderick, *The Spike*, Nova York: Forge, 2001.
10. Cf. <http://www.bne.es/productos/Goya/c75.html>.

no seio do mundo natural. Ora, considera-se que os princípios de organização, comuns a tudo que existe no universo, são princípios mecanicistas. A máquina que trata a informação segundo regras fixas, ou seja, o *algoritmo*, constitui o modelo único de tudo o que existe. Cronologicamente, e talvez contrariamente a algumas ideias concebidas, o espírito foi primeiro assimilado a um algoritmo (ou máquina de Turing: modelo de McCulloch e Pitts, 1943); em seguida, foi a vez da vida, com o nascimento da biologia molecular (Max Delbrück e o grupo do *phage*, 1949); e mais tarde surgiu a tese segundo a qual as leis da física são computáveis.

A naturalização do espírito confunde-se, portanto, com a mecanização do espírito[11].

É mais uma vez a literatura de propaganda que o diz melhor, na medida em que, em sua grande ingenuidade filosófica, ela não se embaraça em prudências retóricas. O futurólogo americano Damien Broderick fez um resumo surpreendente da história da evolução biológica nos termos que se seguem. Uma vez mais, cada uma das palavras empregadas é reveladora:

> Algoritmos genéticos em número astronômico titubeavam na superfície da Terra e sob o mar, em níveis muito profundos, durante milhares de anos, duplicando-se, mudando, sendo selecionados em função do sucesso de suas expressões, isto é, dos seres biológicos que eles fabricavam e que se entregavam em uma competição para sobreviver no mundo macroscópico. Finalmente, toda a ecologia dos seres viventes no planeta acumulou e representa uma quantidade colossal de informação comprimida, esquemática[12].

As células eucariontes e procariontes, pelas quais a vida começou, estão assimiladas a produções do espírito humano – os algoritmos genéticos – que só apareceram nas últimas décadas do século XX. Esses seres são um condensado de *informação*, o *blueprint* para a *fabricação* dos próprios seres vivos. O monismo materialista da ciência moderna transformou-se repentinamente em um monismo espiritualista. Se o espírito forma uma

---

11. Cf. Jean-Pierre Dupuy, *The Mechanization of the Mind*, Princeton: Princeton University Press, 2000.
12. Grifo do autor. Damien Broderick, *The Spike, op. cit.*, p. 16.

unidade com a natureza, isso ocorre porque a natureza é interpretada como se fosse uma produção do espírito. A reviravolta faz pensar no célebre *clown* suíço Grock. Magnífico concertista, ele se aproximava de seu Steinway e descobria que seu banco estava muito distante do piano. Começava então a arrastar o piano com muito esforço para aproximá-lo do banco. O piano é a natureza, e o banco, o espírito. É a recomposição da natureza em termos que poderiam levar a crer que o espírito é o criador da natureza que permite dizer que aproximamos o espírito da natureza. Uma expressão em forma de oximoro resume de modo satisfatório tudo isso: a natureza tornou-se *natureza artificial*.

Há um vídeo que ilustra isso de modo surpreendente. Foi realizado por estudantes de biologia da Universidade de Harvard e representa em imagens de síntese o funcionamento de uma célula. Tudo o que vemos corresponde rigorosamente aos nossos conhecimentos científicos sobre o metabolismo celular, sobre os mecanismos de autorreplicação do DNA, a transcrição do RNA, os motores moleculares, a fabricação das proteínas etc. Não é a ciência que nos interessa aqui, mas o modo pelo qual as imagens a representam.

É uma usina nanotecnológica o que o vídeo mostra, um processo de fabricação da vida. Mas essa usina é inacreditavelmente barroca, para não dizer rococó. Parece haver ali um excesso de complicações, uma extravagância de formas que lembram as esculturas do Aleijadinho em Congonhas do Campo. Costuma-se dizer que tal prodígio não pode ser resultado do acaso. Mas também se diz que um Criador dotado de um mínimo de racionalidade, que este Criador se chame Deus ou Evolução biológica, teria feito muito mais simples. A representação que está no vídeo é, então, um golpe terrível lançado tanto contra o criacionismo como contra a teoria darwiniana da seleção natural.

A etapa seguinte consiste, evidentemente, em perguntar se o espírito humano não poderia substituir a natureza para completar, mais eficaz e inteligentemente, sua obra criadora. Broderick interroga de modo retórico: "Não podemos pensar que os nanossistemas concebidos pelo espírito humano colocarão em curto-circuito toda essa *errática darwiniana* para se precipitarem em direção ao sucesso do *design*?[13]".

13. *Ibidem*, p. 118.

Em uma perspectiva de estudos culturais comparados, é fascinante ver a ciência americana, que foi obrigada a entrar em uma luta acirrada para retirar do ensino público todo e qualquer traço de criacionismo, mesmo em suas metamorfoses mais recentes (como o *intelligent design*), reencontrar, pelo viés do programa nanotecnológico, a problemática do *design*, agora, simplesmente, com o homem no papel do demiurgo.

As tecnologias convergentes pretendem substituir a natureza e a vida e se tornar os engenheiros da evolução. Evolução que, até agora, consistiu fundamentalmente em uma simples "bricolagem". Ela pode imobilizar-se em caminhos indesejáveis ou em impasses. É por isso que o homem pode ser tentado a tomar seu lugar e se tornar o *designer* dos processos biológicos e naturais. *O homem pode participar da fabricação da vida.*

A REBELIÃO CONTRA O DADO

Em 1958, em sua obra maior, *A condição humana*, a grande filósofa americana de origem judaico-alemã Hannah Arendt, que tinha sido aluna de Heidegger em Freiburg, profetizava:

> O mundo – artifício humano – separa a existência do homem de todo ambiente meramente animal; mas a vida em si permanece fora desse mundo artificial, e, através da vida, o homem permanece ligado a todos os outros organismos vivos. Recentemente a ciência vem se esforçando por tornar "artificial" a própria vida, por cortar o último laço que faz do próprio homem um filho da natureza. [...] Esse homem futuro, que segundo os cientistas será produzido em menos de um século, parece motivado por uma rebelião contra a existência humana tal como nos foi dada – um dom gratuito vindo do nada (secularmente falando), que ele deseja trocar, por assim dizer, por algo produzido por ele mesmo[14].

Que previsão extraordinária! Estamos a menos de cinquenta anos dessa profecia, e as nanobiotecnologias já estão começando a trabalhar nesse programa de artificialização da vida e do humano. Uma vez mais se

---

14. Hannah Arendt, *Human Condition*, Chicago: The University of Chicago Press, 1958, pp. 2-3.

revela que as ideias e os sonhos precedem as realizações e que a filosofia vem antes da ciência. Podemos verificar que o "sonho da razão" nanotecnológica é acabar com cada uma das dimensões que constituem o dado da condição humana.

Eu me limito aqui à finitude da vida humana, no duplo sentido de que ela é mortal e se origina em um nascimento, e ao fato de que cada vida é única, dado que ela constitui um ponto de vista singular sobre o mundo.

Vencer a morte

Sobre a questão da rebelião contra a condição do homem como mortal, me contentarei em repetir o que expus no ano passado no mesmo ciclo de conferências, na minha comunicação intitulada "A catástrofe, o império da técnica e o desaparecimento da natureza".

A ciber-pós-humanidade que se prepara poderá aceder à imortalidade quando se souber transferir o conteúdo informacional do cérebro, "portanto" o espírito e a personalidade de cada um, para as memórias dos computadores do futuro. Um dos inúmeros ideólogos do programa nanotecnológico americano, Ray Kurzweil, publicou recentemente uma obra edificante, *Fantastic Voyage*, cujo subtítulo resume bem a sua proposta: *Live long enough to live forever* [Viva o bastante para viver para sempre][15]. O projeto consiste em manter-se vivo o tempo suficiente para alcançar uma época em que as técnicas de "interfaçage" [sic] do ser vivo e da máquina nos permitam estender ao infinito as nossas capacidades físicas e mentais e, de fato, vencer a morte. Kurzweil não esconde a sua filosofia: "Encaro a doença e a morte, em qualquer idade em que se produzam, como calamidades e *problemas a resolver*".

Assim, o remédio nanobiotecnológico para o escândalo da finitude é radical: ponhamos fim, através das nossas técnicas, à finitude. O efeito secundário deste remédio, mesmo que ele estivesse condenado a ficar no mundo dos sonhos (ou dos pesadelos), é terrível. Até aqui, a humanidade tinha encontrado um meio ao mesmo tempo simples e incrivelmente sutil de lidar com a própria finitude: dando-lhe um sentido. O fato de uma vida ter um início e um fim é precisamente o que faz dela uma história: a

---

15. Escrito em colaboração com Terry Grossman, Iowa, Rodale, 2004.

morte transforma qualquer vida em destino etc. Mas como se pode dar sentido àquilo que se busca extirpar?

Talvez ganhemos a imortalidade, mas perderemos então o sentido da vida. Hannah Arendt expressou de maneira muito profunda o que seria esse mercado do diabo:

> O perigo maior e o mais atroz para o pensamento do homem consistiria em que aquilo que um dia ele pensou seja anulado pela descoberta de um fato qualquer que até o momento permaneceu desconhecido; por exemplo, pode acontecer que chegue um dia em que os homens se tornem imortais, e tudo aquilo que já pensamos em relação à morte e sua profundidade se tornaria então simplesmente risível. Seria possível dizer que este preço é elevado demais como contrapartida pela supressão da morte[16].

A vergonha de ter nascido

A rebelião contra a finitude do homem não se volta apenas contra a mortalidade; de modo mais sutil, menos visível, porém mais fundamental, ela se volta para o fato de que somos seres engendrados, e não fabricados, que nasceram no mundo sem nenhuma razão.

"Os seres humanos têm vergonha de terem sido engendrados e não fabricados": sob o nome de "vergonha prometeica" (*prometheische Scham*), essa revolta contra o dado da condição humana foi identificada por Günther Anders em 1956 em seu grande livro *Die Antiquiertheit des Menschen* [A obsolescência do homem][17]. Anders, primeiro marido de Hannah Arendt, era de origem judaico-alemã, como ela, e também foi aluno de Heidegger.

O leitor francês não pode deixar de evocar aqui a lembrança de uma outra emoção filosófica: a náusea sartriana, ou seja, o sentimento de abandono que se apodera do homem quando ele reconhece que não há fundamento para seu ser. O homem é essencialmente liberdade, mas esta liberdade absoluta tropeça no obstáculo de sua própria contingência. Nossa liberdade nos permite escolher de tudo, menos não sermos

---

16. Hannah Arendt, *Journal de pensée*, 1950-1973.
17. Munique, C. H. Beck, 1956.

livres. Descobrimos que fomos *jogados* (a *Geworfenheit* heideggeriana) no mundo e nos sentimos abandonados. Sartre utilizava uma fórmula que ficou célebre por dizer assim: o homem está *"condenado a ser livre"*. Ele reconheceu dever essa fórmula a Günther Anders.

A liberdade não cessa de *"nadificar"*, quer dizer anular, tudo o que a ela resiste. O homem fará, então, tudo o que lhe é possível fazer para se tornar seu próprio fabricador e dever somente a ele mesmo sua própria liberdade. Mas este *self-made man* metafísico[18], se ele fosse possível, teria paradoxalmente perdido sua liberdade, logo não seria mais um homem, pois que a liberdade implica necessariamente não coincidir com ela mesma. A vergonha prometeica conduz inexoravelmente à obsolescência do homem.

Se Sartre e Anders tivessem podido viver até a virada do século XXI, eles teriam encontrado uma esplêndida confirmação de suas análises no projeto prometeico da convergência nanobiotecnológica. A visão metafísica deste programa coloca o homem na posição do deus fabricador do mundo, o demiurgo, e, ao mesmo tempo, o condena a considerar a si mesmo ultrapassado. Donde este espantoso paradoxo da coincidência dos opostos: o orgulho e a desmesura de um certo humanismo científico conduzem diretamente à obsolescência do homem. Nessa perspectiva ampla é preciso recolocar as questões específicas ditas "éticas" relativas à engenharia do homem pelo homem.

ANFITRIÃO E O GOLEM

Eu gostaria de terminar contando duas histórias muito belas que ilustram certos pontos que apresentei bem melhor do que uma análise filosófica árida o faria.

A primeira história ilustra o tema que já anunciei sobre o caráter único de cada vida humana. É uma história verdadeira que me foi contada pelo saudoso Heinz von Foerster, judeu vienense emigrante nos Estados Unidos e que fundou a cibernética de segunda ordem, depois de ter sido o secretário das conferências Macy, berço da primeira cibernética.

18. *"L'homme n'est rien d'autre que ce qu'il se fait lui-même. Tel est le premier principe de l'existentialisme."* (O homem não é nada mais do que isto que ele mesmo se faz. Tal é o primeiro princípio do existencialismo.) Jean-Paul Sartre, *L'Existentialisme est un humanisme*, Paris: Nagel, 1944.

A história se passa em Viena, no fim do ano de 1945, e coloca em cena outro judeu vienense, o psiquiatra Viktor Frankl, célebre autor de *Man's Search for Meaning* [*Em busca de sentido*]. Frankl, que voltava do campo de Auschwitz-Birkenau, tendo sobrevivido miraculosamente, tinha descoberto que sua mulher, seus pais, seu irmão e outros membros de sua família foram todos exterminados, e decidiu retomar sua prática.

Eis a história tal como me foi contada por meu amigo Heinz[19]:

Numerosas histórias horríveis se passaram no interior dos campos de extermínio. Um homem e sua esposa foram detidos em campos separados e eles se encontraram em Viena, miraculosamente reunidos. Sua felicidade não durou mais do que seis meses. A mulher morreu de uma doença contraída no campo. O homem afundou-se moralmente. Seu desespero era total. Nenhum de seus amigos conseguiu fazê-lo sair desse desespero, nem mesmo com observações do gênero: "Pense então que sua mulher poderia ter morrido antes mesmo que vocês se reencontrassem!". Finalmente, esse homem foi persuadido a consultar Viktor Frankl, conhecido pelo reconforto que levava àqueles que escaparam da catástrofe.

O homem e Frankl se encontraram muitas vezes, conversaram durante horas, e, finalmente, um dia, Frankl se dirigiu ao homem nos seguintes termos: "Imaginemos que Deus me dê o poder de criar uma mulher exatamente como a sua: ela se lembraria de cada uma das suas conversas, ela não teria esquecido de nenhuma das suas brincadeiras, não haveria nenhum detalhe do qual ela não tivesse guardado a lembrança. O senhor não poderia distinguir de forma alguma esta mulher daquela que o senhor perdeu. O senhor gostaria que eu a fizesse surgir do nada?". O homem ficou em silêncio por um momento, depois se levantou e disse: "Não, obrigado, doutor!". Eles se cumprimentaram com um aperto de mãos, o homem partiu e começou uma nova vida.

Heinz quis compreender como essa mudança tão espetacular pôde se produzir. Viktor Frankl esclareceu-o nos seguintes termos: "Veja, Heinz, nós nos vemos através do olhar do outro. Quando essa mulher

---

19. Arquivos Von Foerster em Viena.

morreu, seu marido tornou-se cego. Mas quando ele viu que estava cego, começou a ver[20]!

Eis pelo menos a lição que Von Foerster tirou dessa história de um modo tipicamente cibernético. Mas eu acredito que uma outra lição pode também ser tirada, lição que prolonga a primeira. O que esse homem viu que ele não via antes? A experiência de pensamento [*Gedankenexperiment*] à qual Frankl submeteu seu paciente faz eco a um dos mais famosos mitos gregos, o mito de Anfitrião. Para seduzir a mulher de Anfitrião, Alcmena, e passar uma noite de amor com ela, Zeus toma a forma de Anfitrião:

> Ao longo dessa noite, Alcmena ama um homem cujas qualidades são em todos os pontos idênticas às de seu marido, todos os dois podendo ser objeto de uma só e única descrição. Todas as razões que Alcmena tem para amar Anfitrião, ela as tem para amar Zeus, que tem a aparência de Anfitrião, pois que Zeus e Anfitrião só se distinguem numericamente: eles são dois em lugar de um. Entretanto, é Anfitrião que Alcmena ama, e não aquele que tomou sua forma. Se quisermos dar conta da emoção do amor através de proposições que a justifiquem ou por qualidades atribuídas aos objetos amados, que explicação racional dar desta "qualquer coisa" que Anfitrião possui e Zeus não e que explica que o amor de Alcmena se endereça somente ao primeiro e não ao segundo[21]?

Quando se ama um ser, não se ama uma lista de características, ainda que tais características pudessem ser tão exaustivas que seriam suficientes para distinguir o ser em questão de todos os outros. A *simulação* mais perfeita deixa ainda escapar alguma coisa, e é esta alguma coisa que é a essência do amor, esta pobre palavra que diz tudo e não explica nada. Eu tenho um forte receio de que a ontologia espontânea daqueles que querem ser os fabricadores ou os recriadores do mundo não conheça dos seres nada além das listas de características. Se o sonho nanotecnológico

---

20. Tradução do alemão: *"Wir sehen uns mit den Augen des anderen. [...] Als er aber erkannte, daß er blind war, da konnte er sehen!"*.
21. Monique Canto-Sperber (org.), verbete: "Amour" do *Dictionnaire d'Ethique et de philosophie morale*, 4ª ed., Paris: PUF, 2004.

viesse a se encarnar no mundo, aquilo que ainda hoje chamamos de amor se tornaria incompreensível.

A segunda história é um relato talmúdico do século XIII, que chegou às minhas mãos por intermédio do biofísico francês Henri Atlan. Esse relato coloca em cena o profeta Jeremias no momento em que ele acaba de finalizar a criação de um golem. O relato não apresenta de modo nenhum essa criação como um ato de revolta contra Deus, mas, ao contrário, como o coroamento de um longo caminho de ascensão em direção à santidade e ao conhecimento, os dois juntando-se na perspectiva de uma *imitatio Dei*:

> Com efeito, como saber que o iniciado conseguiu decifrar e compreender as leis da criação do mundo senão verificando se seu saber é eficaz naquilo que lhe permite, a ele próprio, criar um mundo? Como saber se seu conhecimento da natureza humana está correto senão verificando se ele lhe permite criar um homem[22]?

O critério de verdade do saber do sábio, como hoje o critério de verdade científica, é, segundo a expressão famosa do filósofo napolitano do século XVIII Giambattista Vico, o *verum factum*: nós só conhecemos verdadeiramente aquilo que somos capazes de fazer ou de refazer. O caso de Warren McCulloch, o verdadeiro fundador da cibernética, muito mais que Norbert Wiener, é esclarecedor[23]. Neuropsiquiatra, McCulloch foi ao longo dos anos decepcionando-se progressivamente com os métodos das neurociências. Ele voltou-se para a lógica e para aquilo que ainda não se chamava inteligência artificial[24]. O neurofisiologista Jerome Lettvin descreveu nestes termos a evolução intelectual de McCulloch, que ele admirava profundamente:

> Ele se dedicava à tarefa de saber como o cérebro funciona nos mesmos termos em que o criador de uma máquina conhece suas engrenagens. A chave de um saber não está na observação, mas na fabricação de

---

22. Henri Atlan, *Les Etincelles de hasard*, Tome I: *Connaissance spermatique*, Paris: Seuil, 1999, p. 45.
23. Ver Jean-Pierre Dupuy, *The Mechanization of the Mind*, op. cit.
24. Os estudantes ou discípulos que o cercavam no MIT chamavam-se Seymour Papert e Marvin Minsky. Este último, Minsky, iria formar, mais tarde, Eric Drexler, que criou o conceito de nanotecnologia.

modelos que são, em seguida, confrontados com os dados. Contudo, a *poiesis* deve vir inicialmente. E McCulloch preferia arriscar-se no fracasso em sua tentativa de criar um cérebro a encontrar o êxito no melhoramento da descrição dos cérebros existentes[25].

Retomemos Jeremias e seu homem artificial. Contrariamente a outros golems, esse fala. De modo completamente natural, ele se dirige primeiramente a seu criador e lhe diz, fazendo apelo à sua consciência: "Você se dá conta da confusão que acabou de introduzir no mundo? A partir de hoje, quando encontrarmos um homem ou uma mulher na rua, não saberemos mais se se trata de uma criatura de Deus ou sua!". Revela-se que Jeremias não havia pensado nisso. Muito perturbado, ele pede conselho a seu golem para reparar o que fez. E o homem artificial lhe responde: "Você só tem de me desfazer assim como me fez". Jeremias assim o faz e disso tira a seguinte lição: não devemos renunciar a atingir o conhecimento perfeito que nos torna capazes de criar um homem, mas logo que o alcançarmos devemos nos abster de fazê-lo. Atlan conclui: "Grande lição ele nos dá para meditar[26]". É isso que me permito convidar-nos a fazer, antes que seja tarde demais.

Tradução de Ana Szapiro

---

25. Jerome Lettvin, "Warren and Walter", inédito; arquivos pessoais de Heinz von Foerster. Citado em Jean-Pierre Dupuy, *The Mechanization of the Mind*, op. cit., p. 137.
26. Relato narrado em *Les Etincelles de hasard*, op. cit., p. 49.

Humano, pós-humano, transumano: implicações da desconstrução da natureza humana[1]
Laymert Garcia dos Santos

A mutação que eu gostaria de analisar é aquela que concerne ao futuro do humano. Por isso mesmo minha intervenção tem um caráter futurista, isto é, um caráter de ficção científica, se entendermos por esse termo não um gênero literário menor e bastardo, mas a expressão de uma realidade potencial, que é parte de nossa realidade e que se manifesta ao mesmo tempo como ficção da ciência e ciência da ficção. Parto, portanto, do pressuposto de que vivemos num tempo em que a ficção científica deixou de ser sinônimo de fantasia para tornar-se a cifra de uma nova era. Pois, como observa John Moore, um "nerd sem arrependimentos" e escritor de ficção científica:

> A ficção científica é o presente. Nós vivemos em uma sociedade de ficção científica, e não me refiro apenas à tendência da sociedade de se cercar de aparelhos de alta tecnologia. O que quero dizer é que a projeção no futuro, outrora o território do escritor de ficção científica, se transformou na modalidade dominante de pensamento. Esta é a influência da ficção científica no pensamento moderno[2].

Tenho consciência de que meu ponto de vista deve soar estranho para vocês, e por isso mesmo convido-os a fazer a experiência de um desloca-

---

1. Este texto faz parte de um projeto de pesquisa intitulado *O futuro do humano*, desenvolvido com o auxílio de uma Bolsa de Produtividade em Pesquisa do CNPq (Pesquisador 2), a partir de março de 2006. O autor agradece o apoio dessa instituição.
2. Amy Biancolli, "A ficção científica séria está morta?", *The New York Times News Service*, 10 jul. 2007.

mento de perspectiva que lhes permita entrever o presente de uma outra maneira. Se John Moore estiver certo, se a projeção no futuro se transformou na modalidade dominante de pensamento, então as projeções estão aí, em nós e fora de nós, não só permeando a nossa realidade como configurando a percepção que temos dela. A projeção no futuro está "no ar", e para torná-la palpável para vocês, vou "baixá-la" sob a forma de duas canções que problematizam o futuro do humano no âmbito da cultura de massa, antes de passarmos a explorar a questão no plano do pensamento.

A primeira canção é "All Is Full Of Love", da cantora islandesa Björk, que ganhou videoclipe dirigido por Chris Cunningham em 1999, portanto, há quase uma década. Se a escolhi, é porque ela apresenta uma visão otimista, prazerosa e até mesmo erótica da fusão do homem com a máquina.

A segunda é uma balada da cantora inglesa Alison Goldfrapp, intitulada "Utopia", gravada no ano 2000. E está aqui porque apresenta uma visão pessimista e totalmente deserotizada da mutação do humano. Na verdade, não se trata de utopia, mas de distopia.

Tomei a iniciativa de introduzir meu tema através dessa confrontação porque nos dois casos o futuro do humano começa como uma espécie de desdobramento. No clipe, enquanto ouve a voz da cantora – nas palavras de Steven Shaviro, voz neutra, etérea, distante, flutuante, quase desencarnada, voz desumanizada, voz *branca* e *gelada* que enaltece um amor onipresente (*"Trust your head around, / It's all around you. / All is full of love, / All around you."*) –, o espectador vê uma Björk-androide transando com uma outra Björk-androide, isto é, com a duplicação de si mesma. Na verdade, duplicação de uma duplicação, pois sob a máscara impassível da máquina movimentam-se os olhos e a boca de um organismo feminino... da própria Björk. Assim, a vida erótica das máquinas decorre do acoplamento humano-máquina. E se tudo está cheio de amor na tecnosfera é por contaminação – como se humanos e robôs pudessem compartilhar, entre seres específicos e interespecíficos, sentimentos, sensações, afetos, fluidos, Eros. Que, por sinal, não são produzidos por máquinas individuais autossuficientes, mas gerados no momento mesmo em que seus corpos são fabricados. Pois, como bem observa Steven Shaviro: "Será que os androides de Björk estão tão enamorados um pelo outro que se esquecem de sua própria construção? Ou será que o processo de algum modo realça o seu deleite? Em todo caso, seus movimentos são tão lentos e estilizados que sugerem um estado de graça sobre-humano[3]".

A utopia de Goldfrapp também parte de um desdobramento. Como vocês viram, a própria cantora se duplica na capa do disco, e sua imagem evoca irresistivelmente a duplicação de Maria, a célebre personagem mística do filme *Metropolis*, que se transforma num robô revolucionário sob forma feminina. Aliás, Maria também é a matriz da imagem do clipe de Björk, mas não só: quem se lembra da imagem compósita da primeira Madonna, híbrido de mulher e homem (tutu de tule e jaqueta de couro), humano e máquina, santa e transgressora, não pode deixar de referi-la à criação de Fritz Lang. Voltemos, porém, à balada de Goldfrapp. Do que se trata? Tudo se passa como se estivéssemos ouvindo uma mulher confidenciando o seu estranhamento matinal a um namorado – ela não vê cores nem formas, não ouve sons, está perdendo sentimentos e sensações, se esquece de quem é. Mas à medida que a canção se desenvolve, se por um lado quem canta parece despertar em e para um processo de desincorporação e de desmaterialização, por outro quem ouve se dá conta de que essa mulher está progressivamente percebendo que foi reduzida a um supercérebro conectado ao mundo inteiro, a uma superinteligência que conhece tudo mas não sente nada, que se tornou a concretização da utopia de seu namorado fascista, de seu *fascist baby*. Assim, à utopia tecnológica de "All Is Full Of Love" se contrapõe a distopia, também tecnológica, de "Utopia". E se na primeira os androides são agenciados por uma maquinaria apolítica, na segunda o humano transformado em inteligência artificial resulta de uma maquinação fascista.

★ ★ ★

A confrontação de duas canções da indústria cultural expressa uma problematização que também vem ocorrendo no plano do pensamento, e que se manifesta no embate entre promotores e críticos da intensa tecnologização da vida humana e da vida social. Com efeito, vem crescendo nas últimas décadas a percepção de que estamos no limiar de uma nova

---

3. Steven Shaviro, *The Erotic Life of Machines*. Comunicação apresentada no Simpósio Internacional sobre Tecnologia, organizado por Hermínio Martins e José Bragança de Miranda no Convento da Arrábida, Portugal, 26 de setembro de 2000.

era, no que concerne ao indivíduo e à espécie, em virtude do modo como a aceleração econômica do capitalismo global engatou na aceleração tecnocientífica, a ponto de construir o que o poeta Heiner Müller designou como "estratégia da aceleração total", que, em seu entender, vai conduzir ao desaparecimento do humano no vetor da tecnologia.

O entendimento de que o humano – enquanto indivíduo e espécie – está ameaçado não é novo. Em 1943, em plena Segunda Guerra Mundial, portanto, C. S. Lewis já evocava o desaparecimento desta última ao escrever *The Abolition of Man*. Estendendo a perspectiva da espécie humana na linha do tempo, desde seu surgimento, e desdobrando a tendência de domínio progressivo da Natureza nessa escala de longa duração, Lewis imaginou um momento em que ela se renderia quando seu último bastião – a natureza humana – tivesse sido conquistado. Para ele, a conquista da natureza humana seria realizada por uma geração-chave do futuro, aquela que por um lado se teria emancipado da tradição e reduzido ao mínimo o poder de seus predecessores, e por outro exerceria o máximo de poder sobre a posteridade, porque poderia dispor de sua descendência como quisesse, através da eugenia e de uma educação planejada e executada cientificamente; mas, como tal poder não seria compartilhado igualmente por todos os homens dessa geração, caberia a um punhado deles decidir o destino de bilhões de outros. Assim, o escritor inglês pensou a humanidade futura segundo critérios de poder tecnocientíficos e políticos que a dividiriam em condicionadores da natureza humana e condicionados. Ora, se os condicionadores viessem a ter esse poder exorbitante, teriam de decidir que tipo de consciência gostariam de produzir na espécie. Lewis, então, se interroga: O que aconteceria se eles se perguntassem se devem ou não incutir nela a consciência de sua própria preservação? Mas, em vez de resposta, a indagação suscita outra pergunta: Por que a espécie deveria ser preservada? A questão se colocaria porque, sabendo muito bem como se produz o sentimento em prol da posteridade, os condicionadores teriam de decidir se esse sentimento deve continuar. Entretanto, considera Lewis, por mais que procurassem um motivo ou razão para fazê-lo, seria impossível achá-lo. Isso significa que, quando a questão da preservação ou não da espécie se colocasse como opção, o jogo já teria terminado, por não haver mais valor humano algum a preservar. É que, na realidade, condicionadores e condicionados já não seriam mais propriamente humanos: os primeiros porque "são homens que sacrificaram sua própria parcela de humanidade tradicional para se dedicarem à tarefa de decidir o que doravante a 'Humanidade' significará"[4]; os segundos porque, em vez de homens, são artefatos. Assim, conclui Lewis, "ficou evidente que a derradeira conquista do Homem foi a abolição do Homem[5]".

Uma década depois da publicação de *The Abolition of Man*, em meados dos anos 1950, Günther Anders escreveu seu famoso ensaio dissecando o que chamou de "vergonha prometeica", vendo nesse sentimento um sintoma inequívoco da "obsolescência do humano", isto é, de que o homem não só se sentia inferior em relação à máquina como também passara a se perceber como um ser limitado, defasado e anacrônico em relação a ela. No entender do filósofo, a questão era gravíssima, tanto assim que, na introdução de seu livro sobre o assunto, Anders conjectura: "Parece-me que hoje uma *crítica dos limites do homem*, portanto não só de sua razão, mas dos *limites de todas as suas faculdades* (de sua fantasia, de seu sentir, de sua responsabilidade etc.) é o que se *deve exigir em primeiro lugar da filosofia* [...][6]".

Invoco Lewis e Anders para assinalar que o problema tecnopolítico do futuro do humano está, portanto, posto há mais de meio século. Mas só agora ele parece emergir com urgência, por causa da aceleração, ou melhor, da aceleração da aceleração tecnológica. Pois aquela geração-chave do futuro de que falava Lewis... é a nossa! Quero dizer que é na nossa geração que já se fazem escolhas éticas e opções tecnológicas decisivas. E, de certo modo, como Lewis previu, os homens que podem decidir parecem não mais ver motivo ou fundamento na ideia de preservação do que entendemos por humanidade.

A fim de se ter uma "medida", se é que se pode dizer assim, do impacto da aceleração tecnológica sobre o humano, vejamos o que diz Konstantinos Karachalios, um especialista do Escritório Europeu de Patentes

---

4. C. S. Lewis, *The Abolition of Man*, Londres: FountHarper and Collins, 1978, p. 36.
5. *Idem*, p. 36.
6. (Grifos do autor.) Günther Anders, *L'uomo è antiquato – 1. Considerazioni sull'anima nell'epoca della seconda rivolzione industriale*, 2ª ed., Turim: Bolatti Boringhieri, 2005, p. 52. Tradução para o italiano de Laura Dallapiccola. Ver ainda, do mesmo autor, o capítulo introdutório "Introduzione. Le tre rivoluzioni industriali" e "La storia, II. La modernità è antiquata", em: *L'uomo è antiquato – 2. Sulla distruzione della vita nell'epoca della terza rivoluzione industriale*. Turim: Bolatti Boringhieri, 2003, pp. 9 ss., 277 ss. Tradução de Maria Adelaide Mori.

que se dedicou nos últimos anos à construção de cenários futuros nessa organização.

> Se você considerar o progresso tecnológico realizado no ano 2000 como uma "unidade de tempo tecnológico", então calcula-se que o século XX teve, ao todo, 16 dessas unidades. Todo o século XX é equivalente a apenas 16 anos do progresso tecnológico medido pelo ano 2000; isto é, em termos tecnológicos o século todo poderia ser comprimido em apenas 16 anos, com desenvolvimentos cada vez mais concentrados em seu final. Levando em conta esse efeito de aceleração, você poderia imaginar quantas unidades de tempo tecnológico nós e nossos filhos vamos experienciar (e ter de enfrentar) durante o século XXI? Aparentemente, haverá mais de cem, mas você pode imaginar quanto? Bem, se você simplesmente extrapolar a tendência atual, presumindo que não ocorrerão desastres em larga escala e a longo prazo, pode ser que tenhamos que lidar com um progresso tecnológico equivalente a 25 mil anos (baseado na tecnologia do ano 2000) dentro de duas gerações. Mesmo que você considere "apenas" mil anos, teremos que enfrentar desafios semelhantes aos que a maioria das populações da África ainda está enfrentando, populações que foram catapultadas da idade da pedra ou do ferro na modernidade, dentro de duas ou três gerações[7].

Se Karachalios estiver certo, a pergunta que se coloca, então, é a seguinte: Como a experiência humana vai "processar", ou melhor, está "processando", essa aceleração que os especialistas qualificam como "avalanche tecnológica"? A analogia com os povos indígenas soa interessante, não porque estes sejam "atrasados" ou "arcaicos" em termos sociais e culturais, mas porque não trilharam o caminho do desenvolvimento técnico cada vez mais acelerado, optando por outros rumos. Assim, quem já esteve numa aldeia ianomâmi, por exemplo, sabe da distância que separa a sua vida cotidiana do nosso universo tecnologizado e constata a sua dificuldade em lidar com nossas máquinas; mas, nesse caso, o problema que eles enfrentam não é com a sua sociedade, mas com a organização social

---

7. Em: "Inside Views column: A Look At The EPO Project On The Future of Intellectual Property", IP-Watch. Disponível em: <http://www.ip-watch.org/weblog/index.php?p=376&res=1600&print=0>. Acesso em: mar. 2017.

dos outros, dos *brancos*. A ironia, entre nós, é que vamos ser cada vez mais confrontados com a vertiginosa aceleração que nossa própria sociedade produz e de cujo impacto parece que não temos como escapar. Como se estivéssemos nos tornando um povo primitivo dentro de nossa própria cultura! Por outro lado, as observações de Konstantinos Karachalios são relevantes porque conferem maior densidade à leitura dos escritos sobre a Singularidade, e ao modo como esta tendência do pensamento trata a "obsolescência do humano".

A perspectiva dessa corrente ganhou visibilidade quando o escritor de ficção científica Vernor Vinge publicou, em março de 1993, um artigo acadêmico intitulado "The Technological Singularity", introduzindo uma ideia polêmica que correu o mundo. Nesse texto, o autor argumentava: "estamos no limiar de uma mudança comparável ao surgimento da vida humana na Terra. A causa precisa dessa mudança é a iminente criação pela tecnologia de entidades com inteligência superior à humana[8]". Ora, para nomear esse acontecimento como Singularidade Tecnológica, o autor se inspirava no termo "singularidade", empregado por John von Neumann nos anos 1950 para designar o momento em que o progresso tecnológico cada vez mais veloz e as transformações da vida humana criariam um ponto de mutação na história do homem, a partir do qual nada mais seria como dantes, e nossos velhos modelos precisariam ser descartados. Entretanto, ao apropriar-se da expressão, Vinge vinculou-a ao intelecto sobre-humano, porque, para ele, "a sobre-humanidade é a essência da Singularidade". E foi ainda Vinge quem estabeleceu uma analogia entre esse acontecimento e o surgimento do homem na perspectiva da evolução das espécies, ao afirmar que estávamos entrando num regime tão radicalmente diferente do de nosso passado humano quanto foi o dos homens com relação aos animais inferiores. Assim, tal analogia, ao mesmo tempo em que anunciava a "superação" da espécie, consagrava o advento da era pós-humana.

Em traços rápidos, e diante de um acontecimento de tamanhas implicações, o texto procurava responder à pergunta se a Singularidade Tecnológica podia ser evitada. Contrariando alguns autores, Vinge argumentava

---

8. Vernor Vinge, *The Technological Singularity*, VISION-21 Symposium, NASA Lewis Research Center & Ohio Aerospace Institute, 30-31 de março de 1993. Disponível em: <http://www.kurzweilai.net/the-technological-singularity>. Acesso em: mar. 2017.

que isso seria impossível devido a fatores inerentes à própria tecnologia, e também porque as vantagens comparativas na competição econômica, militar e até mesmo artística fariam com que os avanços na automação se tornassem tão importantes que não haveria lei ou costume que fosse capaz de detê-los. Aliás, pelo menos num certo sentido, o passar do tempo parece ter dado razão ao autor – na época em que ele escreveu, aceleração tecnológica e aceleração econômica andavam juntas e pareciam estabelecer uma aliança indestrutível, através da universalização dos sistemas de propriedade intelectual, que asseguravam ao mesmo tempo a pesquisa e o desenvolvimento da invenção e da inovação, e a sua exploração pelo capital global; mas, agora que a tecnociência começa a constatar que a propriedade intelectual está retardando e represando o ímpeto de seu próprio movimento, aumenta o coro de cientistas e tecnólogos dispostos a abrir mão de patentes e *copyrights* e a forçar o capital para que este – em nome da própria competição! – venha a superar a sacrossanta questão da propriedade e encontre saídas para essa contradição...

De todo modo, segundo Vinge, a Singularidade Tecnológica seria, portanto, inevitável; mas isso não significava que ela pudesse se expressar apenas através da Inteligência Artificial, isto é, da superação da espécie superior por uma outra ainda mais superior, porque mais inteligente. Com efeito, o autor via também um outro caminho possível, mais *soft*: a Amplificação da Inteligência, isto é, a intensificação e o aprofundamento da relação homem-computador, de tal modo que a ênfase não recaísse nas máquinas, mas no acoplamento. Entretanto, não faltou quem apontasse que tal opção, se não favorecia o advento de uma nova espécie, criava, no entanto, uma superelite hipertecnologizada que poderia se constituir num pesadelo, em termos sociopolíticos. Por isso, depois de examinar a questão, Vinge concluía: "O problema não é apenas que a Singularidade representa a saída da humanidade do centro da cena, mas que ela contradiz nossas noções mais caras de ser".

O fato é que as ideias e o argumento do escritor de ficção científica foram posteriormente retomados e desenvolvidos por outros especialistas e entusiastas das novas tecnologias, principalmente pelo inventor Ray Kurzweil, em *A era das máquinas espirituais*, escrito em 1999. O livro é importante e merece menção porque nele o termo Singularidade adquire uma nova inflexão no sentido de naturalizar uma estratégia de aceleração que é sociotecnopolítica, isto é, de transformá-la numa lei da natureza. Com efeito, assim como Vinge modificara o sentido da Singularidade de Von Neumann, estabelecendo uma analogia entre o que estava por vir e o surgimento da espécie humana, agora Kurzweil se apropria da expressão de Vinge para explicar, retrospectivamente, toda a cosmologia e toda a teoria da evolução. Assim, toda a evolução do universo é lida sob a ótica de uma aceleração que vai desembocar na criação, por seres inteligentes, de seres mais inteligentes do que eles. No prólogo do livro, intitulado "Uma emergência inexorável", o autor sintetiza o raciocínio que guiará o desenvolvimento de mais de quatrocentas páginas:

> A evolução tem sido vista como um drama de um bilhão de anos que levou inexoravelmente à sua maior criação: a inteligência humana. Nas primeiras décadas do século XXI, a emergência de uma nova forma de inteligência na Terra *que possa competir com a inteligência humana, e no fim das contas superá-la* de modo significativo, será um desenvolvimento de maior importância do que a criação da inteligência que a criou, e terá profundas implicações em todos os aspectos do esforço humano, incluindo a natureza do trabalho, o aprendizado humano, os governos, a guerra, as artes e nosso conceito de nós mesmos[9].

Kurzweil aposta, portanto, na aceleração como fator de superação do humano; e não seria demais sublinhar que o autor é coerente quando afirma, tanto nesse volume quanto em textos mais recentes[10], que a convergência de três revoluções tecnológicas – biotecnologia, nanotecnologia e robótica, todas elas baseadas na cibernetização da ciência e nas tecnologias da informação digital e/ou genética – vai nessa direção. Por fim, cabe ainda assinalar que seu ultradarwinismo não só o leva a explicar *todo* o passado – do universo, da Terra, das espécies, do homem e da tecnologia em função da inteligência, da sobrevivência e da competição – como ainda o leva a projetar para o futuro o cumprimento da "lei" da seleção natural

---

9. (Grifo do autor.) Ray Kurzweil, *A era das máquinas espirituais,* São Paulo: Aleph, 2007, p. 22. Tradução de Fábio Fernandes.
10. Ver Ray Kurzweil, "Reinventing Humanity – The Future of Human-Machine Intelligence". Em: KurzweilAI.net, 3 fev. 2006, <http://www.kurzweilai.net/articles/art0635.html?printable=1>; ver também R. Kurzweil & Chris Meyer, "Understanding the Accelerating Rate of Change". Em: KurzweilAI.net, 1º maio 2003, <http://www.kurzweilai.net/articles/art0563.html?printable=1>.

que só reservaria uma saída para nós: o desaparecimento do humano no vetor da tecnologia, que, na verdade, consistiria em nossa realização pós-humana – como mente inteligente eternamente transferida para e por máquinas espirituais, e imortalizada, portanto, nos bancos de dados, nos fluxos e nas redes dessa nova civilização.

★ ★ ★

Na tentativa de apreender o alcance maior da tese central do pensamento da Singularidade, interessa a reflexão do sociólogo português e professor do St. Antony's College, de Oxford, Hermínio Martins. Com efeito, avaliando os estudos que vêm sendo realizados sobre a temática da aceleração na civilização tecnológica, Martins comenta que os *Singularitarians* preconizam uma mutação inédita, "ontológica (ou desontológica)", para um futuro pós-humano, pós-biológico, e acrescenta:

> A escola da aceleração-para-a-Singularidade [...] pelo menos dá um sentido de transcendência potencial e uma direção privilegiada bem definida para os processos tecnoeconômicos em curso, e de toda a História; mas mais que um significado histórico-mundial, uma viragem para uma nova civilização, [...] um salto para um novo modo de existência[11].

Entretanto, segundo o sociólogo da tecnologia, o essencial da visão pós-humana que constitui o cerne do projeto da Singularidade, apesar de calcado na cibernetização da ciência e no desenvolvimento das tecnologias da informação, foi formulado antes do grande surto das máquinas inteligentes pós-1945, e mesmo sem a antecipação clara desta linhagem tecnológica[12]. Martins identifica no ensaio de John D. Bernal, *The world, the flesh and the devil – Three enemies of the rational soul*, publicado em 1929, a matriz desse pensamento que, então, visava tornar os humanos mais aptos para as viagens espaciais. "A motivação essencial", escreve o autor, "parece ter sido a necessidade de pensar a melhor maneira de superar os limites do progresso do conhecimento científico que decorrem das nossas

11. H. Martins, "Aceleração, progresso e *experimentum humanum*". Em: Martins, H. e Garcia, J. L. (org.) *Dilemas da civilização tecnológica*, Lisboa: Imprensa das Ciências Sociais, 2003, p. 7.
12. *Ibidem*, p. 29.

características contingentes de meros primatas inteligentes [...][13]". No entender de Martins, tratava-se, então, de tentar superar os limites do humano para realizar a "Tarefa Comum", isto é, a maximização do conhecimento tecnocientífico, como fim último e exclusivo; mas se a intenção foi mantida e alimentada ao longo de todo o século xx, o foco, todavia, mudou: hoje a ênfase deslocou-se das viagens espaciais e do cosmos para os microcosmos, centrando-se na mente e no indivíduo, entendidos sob a ótica das tecnologias da informação. É por aí que se acredita ser possível operar a Singularidade.

Há muita discussão sobre o caráter utópico ou realista dessa empreitada que mais parece literatura de ficção científica, e chovem argumentos dos dois lados. De todo modo, Martins pensa que está colocada a Questão do Homem como a "Grande Questão". A Questão do Homem, no caso, não vem a ser propriamente a elaboração de uma nova resposta para a pergunta "O que é o Homem?", nem mesmo a tentativa de se considerar o Homem-como-Experimento, isto é, como ser lançado numa grande aventura:

> Mais propriamente, poderíamos dizer que surgiu o projeto do "Experimento-sobre-o-Homem", pelo Homem, sobre o seu próprio ser ou natureza [...], que ocupa enfim um lugar cada vez mais saliente na agenda tecnológica, especialmente no projeto tecnocibernético transumanista. [...] Estamos a falar do Grande Experimento [...] de passarmos da modalidade biológica à existência puramente virtual [...][14].

A análise de Martins importa, e muito, porque, sem sombra de dúvida, é ele quem explicita em termos sociológicos o que está em jogo, aquém e além da vertigem da aceleração e do fascínio que o pós- e o transumanismo suscitam. Com efeito, ao nomear a Questão do Homem, com q e h maiúsculos, como o projeto do Experimento-sobre-o-Homem, pelo Homem, sobre o seu próprio ser, esse autor mostra como se pensa e como se pretende realizar o desejo secreto que o conhecimento científico parece nutrir de romper definitivamente com o passado animal do

---

13. *Ibidem*, p. 29.
14. *Ibidem*, p. 37.

humano, e a vontade de superar os limites do homem, entendidos como limitações intoleráveis por uma ambição desmedida, através da efetuação de um experimento radical que permita a um ser desanimalizado e desumanizado assumir inteiramente a condução da seleção natural e substituí-la por uma seleção não natural, isto é, tecnocientífica.

Evidentemente, por tudo o que foi dito antes, o conceito-chave que norteia o Experimento é seleção. Mas o sentido desse conceito se transforma numa noção paradoxal, pois, embora o princípio darwiniano da seleção natural seja reconhecido, reafirmado e até mesmo reivindicado como princípio operatório que confere inteligibilidade a todo o processo evolutivo e valida toda a formulação teórica da Singularidade, é para ser, em seguida, recusado, rompido e transcendido por uma seleção não natural que, a um só tempo, tem a pretensão de continuar e de descontinuar aquela postulada por Darwin! Nesse contexto, a pergunta que emerge é: Como abordar tal formulação? Como ciência, como pretendem os adeptos da Singularidade? Como ficção científica? Como ficção científica da ciência? Se a seleção natural se prolonga por outros meios, por meios artificiais, do que se trata então? De naturalização do artifício? De artificialização da natureza? De ambas ao mesmo tempo? Martins considera que a teoria da Singularidade não é simplesmente ciência, mas ciência cibernetizada por uma metafísica da informação; concomitantemente, reconhece, porém, que a tecnociência vem concretizando essa metafísica, inscrevendo-a no chamado mundo real, tornando-a realidade.

Ora, tal concretização não se restringe ao Experimento levado a cabo pelos adeptos da Singularidade e por outras correntes que atuam na construção da Inteligência Artificial. O próprio Hermínio Martins percebe com clareza a existência no interior da tecnociência de dois programas distintos, que vêm se desenvolvendo paralelamente: o projeto de aceleração-para-a-Singularidade e o projeto da reprogenética, ancorado na engenharia genética e na genômica – o primeiro como a expressão de uma vontade de superar o humano, o segundo, de uma vontade de ampliar ilimitadamente os poderes naturais do homem[15]. Nessa perspectiva, a ambição dos biotecnólogos parece ser mais modesta; mas, como ambos se ancoram na ciberciência e na cibertecnologia, pois têm como conceito fundante

---

15. *Ibidem*, p. 37.

a concepção do humano como informação e põem em questão o futuro da espécie, vale a pena indagar se a biotecnologia se atém realmente a ampliar os limites dos *poderes naturais* do homem ou se ela faz mais do que isso. A saber: se ela também não conduz à superação do humano através de um programa igualmente fundado no princípio da seleção.

* * *

Para muitos críticos o problema, tanto ético quanto político, da engenharia genética exige a discussão e o estabelecimento de limites, na medida em que estas, ao operarem a desconstrução da natureza humana, podem conduzir à abertura de uma segunda linha de evolução da espécie. Assim, nos últimos anos tem aumentado nos países do capitalismo avançado o coro dos que alimentam o debate visando seja a uma intervenção dos governos, seja a uma mobilização da sociedade civil em favor de uma regulação do que pode e deve, ou não, ser tolerado. Parte das manifestações favoráveis ao estabelecimento de limites vem de autores humanistas que rejeitam a engenharia genética pura e simplesmente. Porém, não me parece interessante tentar problematizá-las porque elas soam irrealistas e, de certo modo, muitas vezes retóricas, tendo em vista sua obstinação em ignorar o terreno, as condições e as forças que tornam o Experimento factível. Minha intenção era problematizar, aqui, as posições de alguns pensadores no debate – Francis Fukuyama (*Our Posthuman Future*), Jürgen Habermas (*Die Zukunft der menschlichen Natur – O futuro da natureza humana*), Peter Sloterdijk (*Regeln für den Menschenpark – Regras para o parque humano*) e Slavoj Žižek (*Organs Without Bodies*). Mas não há tempo. Vou, assim, finalizar minha intervenção atendo-me a algumas considerações sobre o caráter imensamente perturbador do problema da seleção.

No tocante à biotecnologia, tal problema foi, a meu ver, levantado do modo mais interessante por Peter Sloterdijk, na famosa conferência intitulada *Regras para o parque humano – Uma resposta à carta de Heidegger sobre o humanismo*, em meados de 1999. Como alguns de vocês devem se lembrar, a intervenção do filósofo desencadeou uma grande polêmica na Alemanha, quando Habermas qualificou-a de "genuinamente fascista", por entender que seu colega falara de técnicas de manipulação experimental de seres humanos sem levar em conta o trauma histórico do país com a eugenia nazista, desistoricizando, portanto, um assunto tão sensível. No meu entender, Habermas não tinha razão, até porque o que Sloterdijk propôs foi a elaboração de um "códex das técnicas antropológicas", isto é, um conjunto de normas válidas para a comunidade política da humanidade que determinasse o que é permitido e o que é proibido em termos de biotecnologia. Nessa direção, deveria ser considerado legítimo aquilo que ajuda a reduzir o risco de vida, como, por exemplo, evitar graves doenças hereditárias; ilegítimo "tudo aquilo que desemboca numa biopolítica elitista para grupos não solidários"; e, para decidir o que deve ou não ser legítimo, Sloterdijk preconizava uma moratória para a pesquisa genética, seguida de um debate, "o mais amplo possível entre as culturas sobre suas visões sociais e antropológicas[16]".

Pois bem. Em sua conferência, Sloterdijk não se detém mesmo na eugenia nazista porque escolhera invocar como Heidegger, Nietzsche e Platão haviam colocado parâmetros filosóficos importantes, que precisavam ser levados em conta na discussão de hoje. No entender de Sloterdijk, "Heidegger inaugurou um campo de pensamento transumanista ou pós-humanista no qual se tem movido desde então uma parte essencial da reflexão filosófica sobre o ser humano[17]". Por isso, toda a primeira parte da intervenção de Sloterdijk foi concebida como uma resposta à carta que Heidegger escreveu sobre o humanismo.

Em traços ultrarrápidos, e correndo o risco evidente de simplificações redutoras, trata-se do seguinte: em sua carta de 1946, Heidegger reflete sobre o que é ser humano numa perspectiva existencial-ontológica. Para ele, a essência do ser humano não pode ser expressa do ponto de vista zoológico ou biológico, à qual se acrescentaria um fator espiritual – o homem não pode ser definido como *animal racional*, porque o que existe entre o homem e o animal não é uma diferença de gênero ou de espécie, mas uma diferença ontológica, uma diferença de modo de existência: se o ser humano tem um mundo e está no mundo, plantas e animais estão atrelados apenas a seus respectivos ambientes. Assim sendo, explica Sloterdijk, se há um fundamento filosófico para se falar da dignidade do ser humano, é

---

16. Cf. L. F. Pondé, "Zoopolítica". Entrevista com Peter Sloterdijk, *Caderno Mais!*, Folha de S.Paulo, 10 out. 1999.
17. Peter Sloterdijk, *Regras para o parque humano – Uma resposta à carta de Heidegger sobre o humanismo*, São Paulo: Estação Liberdade, 2000, p. 22. Tradução de José Oscar de Almeida Marques.

porque o homem é chamado pelo próprio ser e escolhido para sua guarda; o homem é o pastor do ser e por isso possui a linguagem. Sloterdijk cita, então, um trecho da carta de Heidegger: "A linguagem é antes a casa do ser; ao morar nela o homem existe, à medida que compartilha a verdade do ser, guardando-a. O que importa, portanto, na definição da humanidade do ser humano enquanto existência é que o essencial não é o ser humano, mas o ser como a dimensão do extático da existência[18]". Em poucas palavras: verifica-se uma espécie de descentramento do ser humano, cuja tarefa passa a ser guardar o ser, e cuja essência passa a ser corresponder ao ser; e o lugar em que isso acontece é a clareira extática, em que o ser surge como aquilo que é. Nesse sentido, continua Sloterdijk, "o autocontido habitar heideggeriano na casa da linguagem define-se como uma escuta paciente e às escondidas do que será dado ao próprio ser dizer[19]".

Interessa destacar aqui que o homem se encontra na clareira do ser, que sua tarefa é guardá-lo, que nessa clareira ele é "vizinho do ser" e não se encontra mais no centro, como no humanismo, que para corresponder ao ser ele precisa ouvi-lo, que para ouvi-lo precisa submeter-se a uma ascese reflexiva, que pensar consiste agora num intenso exercício ontológico de humildade. Mas, ao recolocar a questão de Heidegger, Sloterdijk introduz a sua própria contribuição filosófica, quando afirma ser preciso tentar caracterizar a clareira em termos históricos. A história real da clareira, diz o filósofo, é feita "de duas narrativas maiores que convergem em uma perspectiva comum, a saber: a explicação de como o animal *sapiens* se tornou o homem *sapiens*[20]".

A primeira dessas narrativas dá conta da aventura da hominização:

> Ela narra como nos longos períodos da história pré-humana primitiva surgiu do mamífero vivíparo humano um gênero de criaturas de nascimento prematuro que [...] saíram para seus ambientes com um excesso crescente de inacabamento animal. Aqui se consuma a revolução antropogenética – a ruptura do nascimento biológico, dando lugar ao ato do vir-ao-mundo. [...] O ser humano poderia até mesmo ser definido como a criatura que fracassou em seu ser-animal e em seu

---

18. M. Heidegger, *apud* P. Sloterdijk, *op. cit.*, p. 26.
19. *Ibidem*, p. 28.
20. *Ibidem*, p. 33.

permanecer-animal. Ao fracassar como animal, esse ser indeterminado tomba para fora de seu ambiente e com isso ganha o mundo no sentido ontológico. [...] esse êxodo geraria apenas animais psicóticos se, com a chegada ao mundo, não se efetuasse ao mesmo tempo um movimento de entrada naquilo que Heidegger denominou "casa do ser". As linguagens tradicionais do gênero humano tornaram capaz de ser vivido o êxtase do estar-no-mundo, ao mostrar aos homens como esse estar-no-mundo pode ser ao mesmo tempo experimentado como estar-consigo-mesmo[21].

A primeira narrativa conta, portanto, como o homem deixa de ser animal e se hominiza. A segunda narrativa, que explica como o animal *sapiens* se tornou o homem *sapiens*, é aquela que conta como os seres humanos chegaram não à casa da linguagem, mas à casa que eles próprios construíram, depois que se tornaram sedentários. A relação entre homens e animais adquire então marcas completamente novas, a casa, os homens e o animal se transformam num complexo biopolítico, no qual a domesticação dos animais e dos homens se torna uma questão central. Sloterdijk acredita que a casa propicia uma íntima conexão entre domesticidade e construção de teoria, pois "as janelas seriam as clareiras das paredes, por trás das quais as pessoas se transformaram em seres capazes de teorizar[22]". Contudo, com a humanização nas casas, a clareira muda de sentido, e isso é da maior importância para o assunto que nos mobiliza aqui. É que, agora, a clareira não é mais apenas um lugar de contemplação, mas passa a ser ao mesmo tempo um campo de batalha e um lugar de decisão e seleção. Diz Sloterdijk: "Lá onde há casas, deve-se decidir no que se tornarão os homens que as habitam; decide-se, de fato e por atos, que tipo de construtores de casas chegarão ao comando. Na clareira, mostra-se por quais posições os homens lutam, tão logo se destacam como seres construtores de cidades e produtores de riquezas". Em suma: desponta um outro processo de seleção no próprio processo de domesticação do humano, isto é, de criação e de educação. E é nesse momento que Sloterdijk introduz Nietzsche como o homem que pensou a segunda narrativa.

21. *Ibidem*, pp. 34-35.
22. *Ibidem*, p. 37.

Com efeito, evocando um trecho de *Zaratustra*, Sloterdijk escreve:

> Da perspectiva de Zaratustra, os homens da atualidade são acima de tudo uma coisa: bem-sucedidos criadores que conseguiram fazer do homem selvagem o último homem. É óbvio que tal feito não poderia ser realizado só com métodos humanistas de domesticação, adestramento e educação. A tese do ser humano como criador de seres humanos faz explodir o horizonte humanista, já que o humanismo não pode nem deve jamais considerar questões que ultrapassem essa domesticação e educação: o humanista assume o homem como dado de antemão e aplica-lhe então seus métodos de domesticação, treinamento e formação [...]. Nietzsche, por outro lado – que leu com a mesma atenção Darwin e São Paulo –, julga perceber, atrás do desanuviado horizonte da domesticação escolar dos homens, um segundo horizonte, este mais sombrio. Ele fareja um espaço no qual lutas inevitáveis começarão a travar-se sobre o direcionamento da criação dos seres humanos e é nesse espaço que se mostra a outra face, a face velada da clareira. Quando Zaratustra atravessa a cidade na qual tudo ficou menor, ele se apercebe do resultado de uma política de criação até então próspera e indiscutível: os homens conseguiram – assim lhe parece –, com a ajuda de uma hábil combinação de ética e genética, criar-se a si mesmos para serem menores. Eles próprios se submeteram à domesticação e puseram em prática sobre si mesmos uma seleção direcionada para produzir uma sociabilidade à maneira de animais domésticos. [...] Nietzsche, com sua desconfiança contra toda a cultura humanista, insiste em arejar o mistério da domesticação do gênero humano e quer nomear explicitamente os que até agora detêm o monopólio de criação – os padres e professores, que se apresentam como amigos dos homens –, e quer trazer à luz sua função oculta, desencadeando uma disputa inovadora, no âmbito da história mundial, entre os diferentes criadores e os diferentes projetos de criação[23].

Os leitores que me perdoem uma citação tão longa. Achei necessário que o próprio filósofo formulasse como lhe parece que o pensamento de

---

23. *Ibidem*, pp. 39-41.

Nietzsche introduz a questão da seleção não natural e o papel que cabe a ela na transformação do animal *sapiens* em homem *sapiens*. Pois ao fazê-lo, e ao deslocar, assim, o foco da passagem do animal ao humano para o campo da cultura, Nietzsche, no entender de Sloterdijk, demarca "um terreno gigantesco" dentro do qual deverá se realizar a definição do ser humano do futuro e postula o conflito fundamental para todo o futuro – a saber: a luta entre os que criam o ser humano para ser pequeno e os que o criam para ser grande. Levando então em conta a atualidade, a gravidade e o alcance da questão levantada por Nietzsche, Sloterdijk aborda a necessidade de regras para o parque humano, assumindo que as próximas grandes etapas do gênero humano serão períodos de decisão política quanto à espécie[24].

Ora, uma decisão política quanto à espécie não é de modo algum uma decisão banal. Para termos, então, uma ideia de suas implicações e do seu caráter tremendo, gostaria de terminar este texto com o alerta que Barbara Stiegler emitiu em seu livro *Nietzsche et la biologie*. Com efeito, analisando a politização da biologia empreendida por Nietzsche na *Genealogia da moral*, ao problematizar a teoria de Darwin, a jovem filósofa francesa parece captar com aguda precisão o que ela qualificou como a "aporia da seleção" e contra a qual, em seu entender, vai se quebrar o esforço de Nietzsche para pensar a articulação entre o "sofrer" e o "agir", dois atos fundamentais no processo de domesticação ou de afirmação do homem.

Segundo Stiegler, o problema da seleção se coloca para o filósofo alemão porque, pensando a vida como regulação, Nietzsche percebe que, em face da potência do que acontece, a vontade de potência do organismo precisa se expor e se preservar, se expor para crescer e se preservar para não se comprometer, em suma, selecionar para ao mesmo tempo realizar-se como vida superior e como vida ainda "vivível". Como mostra a autora, o problema da seleção progressivamente se impõe a ele em termos inextricáveis de saúde e de doença – inextricáveis porque, se é a potência da vida que nos fere e se é a vontade de potência do organismo que ao mesmo tempo em que busca o excesso procede à reparação dos

---

24. Caso o leitor queira obter maiores esclarecimentos sobre a posição de Sloterdijk, recomenda-se a leitura de P. Sloterdijk, *Ni le soleil ni la mort: Jeu de piste sous forme de dialogues avec Hans-Jürgen Heinrichs*, Paris: Fayard, 2003. Tradução de Olivier Mannoni. Nesse livro o filósofo esclarece os desdobramentos da polêmica com H. J. Habermas e sua análise do efeito de sua conferência "Regras para o parque humano".

ferimentos, é preciso "curar a vida" ou deixar-se infectar por ela. Diante de tal dilema, Stiegler, então, pergunta: "Como conciliar a seleção (vital) e suas medidas reparadoras com a imprevisibilidade e a desmedida da potência do que sobrevém? A seleção, a decisão de escolher entre o que queremos e o que não queremos viver, não corre o risco de nos tornar ainda mais desvitalizados, definitivamente fechados ao que nos acontece?[25]".

A questão levantada por Stiegler é capital porque o problema da seleção formulado e enfrentado por Nietzsche projeta-se como gigantesca sombra sobre todo o campo da discussão contemporânea a respeito da evolução humana, a partir da "virada cibernética" e dos avanços da biologia molecular e da biotecnologia. Como escreve a filósofa:

> Hoje, quando explodem entre as mãos do ser vivo humano seus poderes de manipulação e de experimentação sobre si mesmo e sobre os outros seres vivos, se recoloca com insistência a questão que Nietzsche suportou mais do que ninguém: é preciso "criar um partido da vida" que ponha "impiedosamente um termo a tudo o que é degenerado ou parasitário"? No mesmo momento, impõe-se a Nietzsche um outro pensamento inteiramente diferente: a ideia, ainda inspirada na regulação orgânica, de que toda saúde é um processo de cura e de que toda cura supõe uma patologia originária – a ideia de que não há saúde sem doença. Mas se a saúde exige a doença para se conquistar, e se é efetivamente através da experiência da doença que "nos tornamos cada dia mais problemáticos, mais dignos de questionamento, e talvez também mais dignos – de viver?", não seria melhor temer "os homens da cura e os salvadores", e esperar que nenhum "partido da vida" nos impeça, um dia, de ainda sermos capazes de ficar doentes? Desses dois pensamentos, que ameaçam cada vez mais a unidade do pensamento de Nietzsche à medida que se aproxima o seu "desmoronamento", qual deles está mais próximo da vontade de potência como vida – ou da autorregulação com vistas à potência[26]?

---

25. Barbara Stiegler, *Nietzsche et la biologie*, Paris: Presses Universitaires de France, 2001, pp. 88-89.
26. *Ibidem*, p. 91.

Dilacerado entre a "grande política" e a "grande saúde", Nietzsche encarna a violência da aporia da seleção. Ora, as discussões recentes a respeito do futuro do humano têm evidenciado que a aporia apontada por Barbara Stiegler se transformou num problema terrível não só para Nietzsche, mas para todos nós. Entre a "grande política" e a "grande saúde", o que escolher? Problema que vem sendo basicamente enfrentado através da promoção e adoção da eugenia aberta ou camuflada, ou através da defesa do humanismo. Mas poucos têm se dedicado a explorar a via da "grande saúde" no contexto da "virada cibernética". Talvez pela ausência de maior clareza quanto às implicações políticas da aporia da seleção, boa parte do debate intelectual que tem sido travado sobre o futuro do humano assume características regressivas. De todo modo, à biologização crescente da política, já apontada por Foucault desde meados dos anos 1970, devemos responder agora com a politização da biologia, da tecnociência e da tecnologia. Se a vida tornou-se uma questão política, a política tornou-se uma questão vital.

Sobre o caos e novos paradigmas[1]
Luiz Alberto Oliveira

Podemos partir de um diagnóstico: encontrar-se-ia problematizado, e quiçá em via de esgotamento, na contemporaneidade, o valor conceitual da veneranda figura de "crise" (assim como de seu correlato, a "revolução"). "Crises" tradicionalmente remetem a um dado fundamento que se fraturou: em um domínio estável, abre-se uma fissura, uma fenda que se expande; o suporte se cinde, se instabiliza, e o regime de atividade do domínio entra em crispação. É a ocasião de se deslanchar uma revolução, para soldar a fissura, renovar o fundamento, reestabilizar o regime e assim superar a crise. Mas o próprio de nossos dias seria a continuidade da fratura: a crise é duradoura, o espasmo é incessante... Se agora a fissura abrange todo o território, se a instabilidade recobre o suporte, se a crise se identifica com o fundamento mesmo, trata-se doravante menos de buscar reparar o passado esgarçado e sim de deslocar a atenção em busca de novos operadores que possam dar conta das novas vias de desenvolvimento e de sentido que se expressam na atualidade, substituindo a cansada figura de um fundamento rompido em favor da imagem renovada e renovadora de uma abertura, de uma instauração. O conceito motriz para realizar este realinhamento de perspectivas acerca de nossa contemporaneidade tão atribulada seria o de Mutação.

1. Agradecimentos são devidos ao "Círculo de Tiradentes" – Adauto Novaes, Franklin Leopoldo e Silva, João Camillo Penna, José Miguel Wisnik, Maria Rita Kehl, Oswaldo Giacoia, Paulo Sérgio Duarte, Renato Lessa, bem como a Hermano Taruma e Anna Parsons – pelas discussões que qualificaram enormemente estas páginas.

A figura da mutação, de fato, implica um desvio. Essa declinação ou deriva sugere uma mudança de natureza do processo em questão, um súbito trânsito de fases a partir do qual uma outra base, uma outra estabilidade, viria a se consolidar. A mutação se vincula a uma fundação em andamento, portanto a um dinamismo que o fundamento em crise teve outrora, mas não tem mais. Mudanças por declinação são recorrentes na história de todo sistema evolutivo, quer se trate das formações da matéria, das vicissitudes da vida ou das invenções do pensamento. A originalidade de nossos dias diria respeito à escala da deriva atual: estaria em curso uma mutação civilizacional, em escala planetária, abrangendo a espécie humana. Ora, é inerente ao conceito de mutação a ocorrência de uma indeterminação, associada à casualidade intrínseca do movimento de desvio. Parece apropriado tomar como ponto de partida de nossa análise os avanços das ciências contemporâneas que irão conduzir precisamente a uma nova imagem do acaso, produtiva, positivadora, no âmbito das chamadas Teorias do Caos. Caberia assim reconhecer a entrada em cena, por uma dupla via, de uma imprevisibilidade radical, de amplitude global, que pode ser figurada por um Caos – mas não o caos da dissolução de um fundamento, e sim o caos da abertura de uma fundação.

Necessitamos primeiramente estabelecer as figuras tradicionais do acaso. Aristóteles nos ensina que o mundo é feito de coisas; mais exatamente, que consiste em uma coleção de indivíduos, ou seja, em associações entre uma matéria e uma forma que exibem unidade e identidade (duradouras o suficiente para que a coisa possa ser distinguida, identificada e designada como "isto"). Diz ainda que os indivíduos são gerados pela ação de Quatro Causas ou Princípios Primeiros que, segundo o filósofo, explicam o que são os indivíduos, isto é, dão conta de sua origem, essência e razão de ser. Estes Princípios podem ser ilustrados pelas etapas da criação de uma estátua por um escultor, famosa imagem que o próprio Aristóteles nos legou. Há primeiramente a *causa material*, uma base ou suporte, análoga a um bloco de mármore bruto sobre o qual nenhuma forma foi ainda esculpida, mas que tem a potência de receber incontáveis formas. A seguir, há a *causa formal*, que corresponde a um projeto, um diagrama de proporções, concebido na mente do artista, no qual estão definidos os limites que moldarão aquela matéria bruta. Há então a *causa eficiente*, identificada ao trabalho concreto do escultor ao cinzelar a pedra e imprimir-lhe os contornos da forma desejada. Por último, tem-se a *causa final*, que é a finalidade ou objetivo da estátua pronta, ou seja, o uso a que se destina, cerimonial, estrutural, ornamental etc. Em suma, as Quatro Causas dizem o que uma coisa é (a causa material), por que é (a causa formal), como é (a causa eficiente), para que é (a causa final). A força do sistema aristotélico está em conseguir explicar, de maneira satisfatória, os acontecimentos do mundo terrestre a partir deste pequeno número de princípios, coerentes com as intuições do senso comum que vigoram em nossa experiência cotidiana.

Mas o próprio Aristóteles foi obrigado a reconhecer que, tanto no surgimento dos indivíduos naturais quanto na produção dos indivíduos artificiais, às vezes parece ocorrer como que uma dissociação entre a causa eficiente e a causa final. Há certos processos ou acontecimentos nos quais algo opera sem aparentemente estar submetido a um objetivo direto, ou seja, como uma causa eficiente em maior ou menor grau desvinculada da respectiva causa final. A esta classe de processos que se desenrolam sem ter um fim estabelecido Aristóteles denomina *acaso*. O acaso é toda causa eficiente que opere sem visar, ao menos diretamente, um fim. Nesse sentido, todo acaso representa uma possibilidade de enfraquecimento ou distorção da boa ordem natural. Podemos, contudo, distinguir três grandes tipos ou espécies de acaso. O primeiro tipo é o acaso por *ignorância*, ou seja, se desconhecemos as causas que presidem um dado acontecimento, então tomamos esse acontecimento como ocorrendo "sem causa". Ao suceder sem nenhum desígnio aparente, tal fato exibe a imprevisibilidade ou gratuidade típicas do que costumamos apelidar de *acidente* – o mais das vezes, porém, por simples ignorância de que causas perfeitamente determinadas estão em ação. Ora, diante de um acidente do qual não vislumbramos a causa, frequentemente invocamos um imperativo difuso, a que chamamos *destino*. O destino encarnaria uma contrapartida à contingência do acidente, ou seja, uma necessidade cuja origem não discernimos, e que os gregos chamavam de *ananké*. O antigo mito das três Moiras ou Parcas representava para eles este império do destino sobre a contingência. Às determinações dessas fiandeiras do destino – Clotho, Lachesis, Áthropos – até mesmo os Deuses imortais estariam submetidos. A imagem célebre é a de que Clotho prepara a lã, Lachesis a fia, e Áthropos mede e corta o fio. O tamanho do fio fixa a duração de cada ser, a extensão de cada acontecimento – por exemplo, a extensão de uma vida humana – e esta predeterminação das durações de todas as existências nem mesmo o Olimpo pode revogar. Com essa imagem os gregos querem predicar a submissão dos Homens mortais a esta Necessidade que nem sequer a onipotência dos Deuses pode violar. Ignorantes do Destino, fazemos escolhas para propiciar ou evitar esse ou aquele acontecimento, e essas escolhas não fazem senão acarretar exatamente o que era necessário, o que já estava prescrito.

O exemplo mais famoso, naturalmente, é o do mito de Édipo. Um oráculo diz a Laio, rei de Tebas, que seu filho matará o pai e casará com a mãe. Para esconjurar esse horror, Laio ordena que o nascituro seja abandonado aos animais da floresta. Pendurado pelos pés a uma árvore (Édipo significa "pé inchado"), seus gritos atraem um pastor, que resgata o bebê e o leva para os reis de Corinto, que criam aquela criança como se fosse seu filho. Já adulto, Édipo é informado da profecia nefasta do oráculo – que ele pensa dizer respeito a seus pais adotivos, o rei e a rainha de Corinto. Para escapar à realização desse destino terrível, decide partir da cidade. Numa encruzilhada da estrada, tem uma briga com um cocheiro apressado, a quem acaba por matar – ele não sabe, mas esse cocheiro é seu pai, Laio, que buscava o conselho do Oráculo de Delfos para enfrentar uma moléstia que assola as cercanias de Tebas, a Esfinge. O monstro para os viajantes, exigindo que solucionem os enigmas que lhes propõe; se estes não conhecem a palavra-que-falta, a resposta que completa a pergunta, são devorados. Desejando afastar-se o mais possível de Corinto, Édipo toma o rumo de Tebas e acaba por se defrontar com a Esfinge. Mas o herói resolve o desafio que lhe foi lançado, e a Esfinge se atira no abismo; o mal foi extirpado e a harmonia, recuperada. Sanando a falta da qual a Esfinge era porta-voz ou sintoma, a palavra-que-preenche de Édipo manifesta o saber-poder (e a predestinação à catástrofe) de que os deuses o haviam dotado. Pela vitória, ao alcançar Tebas, recebe como prêmio o trono vacante desde a morte de Laio, e com ele a mão da rainha, que era Jocasta, sua mãe. Ou seja, ao tentar evitar o cumprimento da profecia, Édipo não fez senão implementá-la. Ignorante da fatalidade que presidia seu caminho, os encontros aparentemente fortuitos e as escolhas aparentemente razoáveis que Édipo teve e fez foram as vias de atualização das determinações necessárias do Destino.

A segunda espécie de acaso é a da *coincidência*. Imaginemos duas séries causais autônomas, independentes entre si, que inesperadamente se encontram. Ou seja, podemos acompanhar sequências causais de acontecimentos – cadeias de causas e efeitos – perfeitamente nítidas e razoáveis ao longo de cada série. Mas, imprevistamente, elas se encontram, coincidem, e essa co-incidência fortuita irá modificar as consequências de ambas as linhas de eventos. Um exemplo famoso remete ao próprio Aristóteles, e foi retomado por São Tomás de Aquino. João vai à feira comprar tomates, e aí encontra Agostinho, que tinha ido vender laranjas. Agostinho devia dinheiro a João, aproveita a ocasião e salda a dívida; com a bolsa inesperadamente cheia, João, além de tomates, compra batatas também. Saldar a dívida não era a finalidade da ida à feira de um ou de outro, seu encontro não estava previsto, mas, uma vez sucedido, a salada de João será diferente. Podemos examinar aí duas possibilidades: a primeira é a de que a independência das duas séries causais seja apenas aparente, ou seja, que seu encontro obedeça a uma vinculação mais abrangente, a uma hipercausalidade global. Para além de cada linha causal haveria uma trama que as associa, formando uma tessitura coletiva que faz as linhagens de acontecimentos encarnarem, em conjunto, um desígnio ou propósito. Quer dizer, não há casualidade alguma na coincidência de João encontrar Agostinho na feira. Os antigos concebiam esta hipercausalidade universalmente abrangente sob a figura da Providência. Eis, por exemplo, uma criança presa numa casa em chamas; quando tudo parece perdido, sucede que uma chuva forte cai, ameniza o incêndio e permite o resgate da criança. Os pais celebram: a chuva foi providencial, como se tivesse sido destinada justamente a salvar a criança. A outra possibilidade é a de que só haja causalidade no interior das séries, ou seja, de que sua independência seja autêntica. Nesse caso, coincidências são reais; a trama global que associaria as linhas de eventos ou não existe ou é indiscernível (caso em que recaímos em uma modalidade de ignorância). Os antigos também consideraram a figura conexa a essa concatenação casuística das linhas causais e chamaram a correspondente mescla de necessidade e aleatoriedade de Fortuna. Haveria, no máximo, padrões genéricos de regularidade governando as séries de acontecimentos. À diferença das intervenções pontuais, específicas, dos eventos providenciais, contudo, a Fortuna operaria com ciclos e eras: o que sobe demais vai cair, depois do sucesso vem o desastre, a sorte sorri aos audazes.

O terceiro tipo é o acaso como *desvio* ou *errância*, referido a um acontecimento que não provém de um estado determinado, nem exibe finalidade alguma. Esta figura extremamente desafiadora nos é apresentada, na história da Filosofia, pela escola atomista. Consta que, com o fim de se contrapor ao transcendentalismo de Platão, em que reconheciam a persistência de um travo místico-religioso, Leucipo e Demócrito elaboraram uma doutrina estritamente materialista que pudesse servir de base para uma doutrina ética. Como se sabe, Platão pretendia que os seres sensíveis fossem conhecidos e avaliados a partir de modelos extrassensíveis e valores extramundanos, e seria justamente essa preeminência das Ideias transcendentes – que no platonismo vêm ocupar o lugar das antigas alegorias religiosas – sobre a existência concreta que esses pensadores queriam combater. Propõem então uma abordagem rigorosamente materialista, na qual tudo que existe é composto por unidades discretas e elementares de corporeidade, que chamavam de Átomos, e pelo complemento lógico necessário à separação destas unidades últimas, o Vazio. Tudo o que existir é uma mistura de corpos e vazio. Autênticos indivíduos primordiais, incriados, imutáveis e indestrutíveis, os Átomos forneceriam um substrato material para o existir que não careceria de legitimação externa alguma.

O preço a pagar é admitir um determinismo mecânico, quer dizer, um automatismo estrito. Se tudo que efetivamente existe são átomos movendo-se no vazio, os corpos sensíveis não passam de arranjos, de constelações de átomos, e em derradeira instância serão os choques mecânicos entre os átomos que irão constituir todos os corpos e serão responsáveis por suas variações e relações. Portanto, nada ocorre, nada *pode* ocorrer, que não seja a consequência estrita desses choques atômicos microscópicos. Ora, tal automatismo elementar abole qualquer pretensão de arbítrio ou opção no âmbito dos corpos e dos agregados de corpos, ou seja, aniquila qualquer possibilidade real de escolha – ou liberdade. Penso que livremente deliberei levantar neste instante meu braço direito, mas se este foi um gesto real, isto é, um acontecimento concreto, então necessariamente resultou de uma sequência de choques microscópicos dos átomos de que sou feito. Assim, paralelamente ao próprio gesto, teve de operar algum tipo de processo de autoilusão, igualmente de base atômica, de modo a me fazer acreditar que de fato tive escolha, que de fato escolhi... Não apenas meu movimento estava predeterminado, minha sensação de livre escolha foi predeterminada também.

É para evitar esse determinismo rígido do atomismo antigo que Epicuro, dois séculos depois dos pioneiros, introduzirá uma inovação decisiva: a ideia de que, inerente aos movimentos dos átomos, há a possibilidade de que ocorra espontaneamente uma deriva imprevista, uma variação errática de trajetória, que chamará de *clinamen* ou declinação. Concebe assim uma cosmogênese em que, na ausência do próprio tempo, isto é, previamente a qualquer duração, o mundo principia como uma chuva de átomos, caindo verticalmente no vazio. Mas em uma dada ocasião, impossível de ser precisada – exatamente porque nada ainda aconteceu –, no movimento de um desses átomos se dá um desvio; sem nenhuma causa anterior, espontaneamente, autonomamente, casualmente, ele se afasta da queda vertical. Ora, ao desviar-se da vertical acabará por interceptar a trajetória de algum outro átomo, com o qual se chocará; este choque dará lugar a uma cascata de outros choques, e essa sucessão de cascatas de choques irá produzir adensamentos, concentrações de átomos e rarefações, dispersões de átomos; logo surgem os corpos, os seres, o mundo. Contudo, agora, em todo agregado de átomos, lá num nível fundamentalmente constitutivo, no plano verdadeiramente ontológico dos átomos e do vazio, vigoram tanto a causalidade mecânica dos choques quanto a casualidade imprevisível do *clinamen*, do desvio. Podemos, portanto, ser efetivamente livres. Nossa liberdade decorre de que, nas profundezas do nosso corpo, está instalada essa deriva inerente. Eis então a noção do acaso como errância, essa perturbadora figura de que algo sucede sem decorrer de uma instância interior. As implicações deste conceito são vastas: admitir a atuação de uma aleatoriedade pura como a do *clinamen* epicuriano corresponde a aceitar a contínua renovação do próprio Universo. Se, de fato, em um dado momento, algo ocorre que não seja causalmente determinado por nenhum evento anterior, tudo se passa como se nessa ocasião um constituinte ou caminho de ação inteiramente inédito tivesse entrado em cena, e o Universo se recriasse. Tal é a potência radical desse acaso-errância.

Em suma, desde que Aristóteles identificou o acaso com a operação de causas eficientes indeterminadas, ou seja, em menor ou maior grau dissociadas das correspondentes causas finais, o Ocidente buscou capturar e confinar a casualidade por meio de três figuras redutoras: eventos imprevistos, ou fortuitos, ou acidentais – sintomas ou máscaras do casual – sucederiam quer por desconhecermos causas indispensáveis para a correta descrição da origem de um acontecimento, quer pela convergência fortuita de séries causais independentes, quer, enfim, por desvios, transgressões, na aplicação de regras de outro modo plenamente determinadas. O acaso como ignorância, como coincidência, como variância. Porém, nesse momento na evolução de nossa espécie, nesta circunstância de nossa civilização, algo parece ter acabado de mudar.

Podemos nos aventurar a explorar a noção de Mutação como um guia para a perplexidade de nossos tempos invocando uma nova concepção de acaso que recentemente teria principiado a vigorar, um novo tipo de casualidade operando sobre a atividade humana, tanto no registro da Natureza (a espécie) quanto no da Cultura (a civilização), que de certo modo pode ser imaginada como um compósito ou amálgama das figuras tradicionais: o Acaso da Complexidade ou do Dobramento. Para dar conta das características originais dessa errância contemporânea, precisamos lançar mão de noções inovadoras que foram inauguradas pelos avanços das Ciências no século xx, em particular, pela imensa renovação nas bases da Matemática. Com efeito, desde que David Hilbert apresentou em 1900 no Congresso Internacional de Paris a célebre lista dos 23 problemas fundamentais em aberto (alguns dos quais não resolvidos até hoje), a matemática sofreu profundas modificações, equivalentes, em conjunto, a uma expansão sem precedentes dos territórios até então reconhecidos. Pensava-se que havia uma língua mestra presidindo os enunciados matemáticos, a chamada linguagem linear, ou seja, pensava-se que os chamados sistemas lineares cobriam quase toda a matemática. Mas hoje sabemos que a linguagem linear não é senão um dialeto muito específico: os sistemas lineares não passam de uma gota no oceano das possibilidades matemáticas. O reino da matemática é essencialmente não linear.

O matemático britânico Ian Stewart nos oferece um exemplo esclarecedor. Imaginemos que estamos contemplando a totalidade dos domínios da matemática; identificar o local onde se encontram os sistemas lineares requer precisão análoga à de disparar um tiro e acertar uma moeda no outro lado da galáxia – ou seja, é algo extremamente improvável. Os sistemas lineares são infinitesimais em relação às vastidões não lineares que se estendem pelas matemáticas afora. E, continua Stewart, vê-se com clareza um problema de terminologia aqui: ao designar a imensa maioria dos objetos matemáticos como *não* lineares, estamos definindo o maior como o não menor. Um contrassenso terminológico semelhante a dizer que os animais se dividem em elefantes e não elefantes, ou seja, que a zoologia compreende a paquidermologia e a não paquidermologia... À falta de designação melhor, prossigamos: constatou-se ao longo do século xx que a matemática é essencialmente não linear. O que isso significa? Primeiramente: o que é um sistema linear?

Um sistema linear é um conjunto de grandezas para o qual vigora a regra de que o todo não é senão a soma das partes. Eis aqui uma porção de fragmentos; associamos, agregamos esses fragmentos até que eventualmente chegamos a um todo, a uma unidade global resultante da integração desses fragmentos-partes. Exemplo: um quebra-cabeça. Temos à mão as partes, as muitas frações do desenho de uma paisagem, digamos; juntamos duas partes, e obtemos uma nova parte – quer dizer, um novo fragmento do quebra-cabeça, correspondente a um outro recorte do desenho. Juntamos mais uma parte, surge um fragmento maior. O que é o quebra-cabeça resolvido? Apenas a justaposição completa das partes. O fato de acrescentarem-se sucessivamente as partes, integrando-as, não muda a natureza dessas partes. O todo, o agregado final, é portanto homogêneo às partes. Dito de outro modo, os sistemas lineares são coletivos de parcelas autônomas, cujas propriedades não dependem da prévia inserção ou não no sistema: em consequência, o todo é sempre redutível à adição das partes, ou – o que é o mesmo – o acréscimo sucessivo das partes não introduz inovação. Consideremos um exemplo de linearidade em um fenômeno natural: estamos à beira de um lago, jogamos uma pedra, vemos se formarem ondulações, padrões de movimentação do líquido que se propagam a partir do ponto de impacto. Em seguida jogamos uma segunda pedra; formam-se novas ondulações, a partir da nova origem. O que sucede quando as ondulações se encontram? Formam-se... ondulações. Nos locais onde as cristas e vales das ondas originais se ajustarem, resultará uma onda amplificada; onde cristas e vales se descompassarem, uma onda atenuada. Mas o *mesmo* padrão ondulatório vai estar sempre presente: o encontro de ondas não é senão uma onda. Equivalentemente, uma dada onda é sempre decomponível, em princípio, em um consórcio de ondas componentes. A lei que vigora para o todo é a mesma lei que vigora para cada parte; a soma de partes é também uma parte, e o todo é homogêneo às partes.

Vamos imaginar agora a seguinte configuração: um vale fechado, onde cresce uma grama permanente (ou seja, mesmo se é comida, logo renasce). Temos nesse vale um certo número de coelhos, que comem a grama e exibem uma certa taxa de fertilidade e um certo período de gestação. E temos também um certo número de lobos, que comem os coelhos e possuem suas próprias taxas de fertilidade e períodos de gestação. Populações iniciais, taxas e períodos são parâmetros arbitrários do sistema, que podemos livremente especificar. Como vai se desenvolver esse sistema? Suponhamos que haja, no começo, muitos coelhos e uns poucos lobos. Os lobos têm facilidade em caçar coelhos, as lobas ficam bem alimentadas e têm numerosos filhotes saudáveis; como resultado, a cada geração cresce o número de lobos. Mas muitos lobos caçam muitos coelhos, e o número dos coelhos tende a diminuir. Escasseando os coelhos, a caçada torna-se difícil, as lobas têm poucos e malnutridos filhotes, logo nas próximas gerações tende a diminuir o número de lobos. Diminuindo o número de lobos, pode aumentar o número de coelhos, e *da capo*. Vemos que as curvas de população se acompanham, com crescimentos e declínios acoplados. Verificamos que neste tipo de sistema *os resultados da atividade de um agente condicionam esta própria atividade*. O comportamento dos lobos rebate-se sobre os próprios lobos, afeta seus próprios números. De fato, não seria incorreto entender os coelhos como um meio para os lobos afetarem a si mesmos, regulando os contingentes das alcateias. Temos agora um tipo de sistema cuja estrutura pode ser modificada pela realização dessa própria estrutura, e não mais uma estrutura independente, associada a um comportamento determinado, que se realiza sobre um ambiente neutro e passivo. Ao realizar suas naturezas de lobo, as alcateias se autoafetam e acabam por modificar-se: trata-se de um diálogo estrutural-funcional entre o operador e o seu comportamento, de tal sorte que a natureza do operador não é, não pode ser, invariável. As propriedades dos lobos são transformadas pelo exercício de sua própria lupinidade; o comportamento de lobo lança os lobos numa variância.

Neste tipo de sistema, claramente não há homogeneidade entre todo e parte. Ao contrário, trata-se de um sistema que, ao se realizar, impõe-se ele mesmo uma modificação: a atividade do todo altera os estados das partes, o que, por sua vez, implica a alteração dos atributos do todo, num vínculo heterogêneo. Há algo no todo que não está presente nas partes, precisamente devido a este poder de afecção entre o todo e as partes, este poder de autoafecção. Neste sistema, o todo será sempre mais (ou menos) que a soma das partes; um sistema não linear, portanto. Qual propriedade dos sistemas não lineares mais nos interessa aqui? O fato de que nos sistemas não lineares, ao contrário do caso linear, os efeitos de uma ação não são sempre comensuráveis com as causas. No mundo linear, uma causa de pequena intensidade dará lugar a um efeito de pequena intensidade; já uma causa de grande intensidade terá um efeito de grande intensidade. Consideremos um exemplo esclarecedor: eis o artilheiro George W., que, ao ouvir falar de cultura, saca logo de sua Condoleeza. Naturalmente, George W. odeia bibliotecas, e maneja assim seu morteiro, querendo alvejar a biblioteca de Bagdá. Para tanto, fixa um ângulo de disparo, e as variações desse ângulo inicial determinarão as trajetórias que o petardo irá seguir até acertar o alvo. George W. sabe que pequenos ajustes no ângulo de mira resultarão em pequenas variações no percurso, que sucessivos acréscimos no ângulo redundarão em alterações cada vez maiores do alcance do tiro, e grandes ajustes ocasionarão, proporcionalmente, grandes mudanças no ponto de impacto. Tipicamente, um sistema de comportamento linear. Mas o caso não linear do ecossistema idealizado do vale dos coelhos e lobos é completamente diferente: uma vez que o resultado de cada etapa de atividade condiciona a realização da etapa seguinte, os agentes são afetados pela sua própria atuação, e isto torna possível que por mecanismos de reiteração, acumulação e amplificação pequenas causas produzam *grandes* efeitos.

O exemplo mais famoso dessa propriedade não linear é, sem dúvida, o do efeito borboleta descoberto por Edward Lorenz: o bater das asas de uma borboleta na foz do Amazonas muda a direção de um tufão no oceano Índico. Criaturas irremediavelmente lineares que somos, a única forma que imaginamos poder se realizar este enunciado, ao escutá-lo pela primeira vez, é se houver alguns milhões de borboletas batendo as asas em uníssono lá por perto de Santarém, para talvez, quem sabe, porventura, conseguir gerar uma ventania capaz de chegar até a Índia. De que outro modo a delicadeza da borboleta poderia afetar a fúria do tufão?! Trata-se, na verdade, de um processo totalmente diferente: ao bater as asas naquela particular direção, naquele particular momento, uma dada borboleta altera, mesmo que apenas num grau infinitesimal, a taxa de evaporação de uma dada flor, num dado canteiro. Quando integramos as taxas de evaporação para as flores desse canteiro, o total será o resultado de todas as correspondentes modificações infinitesimais. Passando agora do canteiro ao jardim, o novo valor integrado incorporará as marcas desse e dos demais canteiros. Do jardim passamos para o vale, a seguir para a serra, depois para o distrito, do distrito para a região, da região para o país, daí para o continente, e para o hemisfério, e enfim para o planeta. Devido a este mecanismo de integrações reiteradas, a minúscula variação causada por nossa borboleta se acrescentou a incontáveis outras ações microscópicas que, acumulando-se, acabaram amplificadas até produzir um efeito de larga escala – o direcionamento do tufão. Desse modo, vemos que pequenas causas podem realmente produzir grandes efeitos.

Contudo, isso implica que temos que abrir mão da pretensão linear, demasiado linear, de determinar de modo estrito o curso dos acontecimentos. Se quero controlar um certo processo linear, o que devo fazer? Basta diminuir a intensidade da causa, proporcionalmente à intensidade desejada do efeito; sempre se pode exercer esse controle, em princípio. Mas, no âmbito não linear, variar uma dada causa, por minúscula que seja tal mudança, pode desembocar num efeito final radicalmente diferente do anterior. Um bater diferente das asas de uma borboleta – e um tufão segue em outra direção. Existe agora um elemento de imprevisibilidade irredutível, que decorre da característica não linear pela qual sínteses de microcausas podem produzir macroefeitos. Não há como aferir, nessa pluralidade de caminhos evolutivos possíveis, minimamente distintos na origem, um particular percurso específico. Uma imensa gama de futuros pode decorrer de um dado estado de coisas em função de infinitesimais variações das condições desse estado de coisas – e George W. pode acabar acertando seu próprio traseiro... O termo escolhido para denominar processos envolvendo tal tipo de imprevisibilidade radical foi *caos*.

As chamadas *Teorias do Caos* descrevem processos em sistemas não lineares nos quais, por meio de reiteração, acumulação e amplificação, pequenas causas podem engendrar grandes efeitos. Para nossos objetivos, o aspecto mais significativo desses processos concerne à possibilidade de uma evolução na qual, ao desempenhar seu comportamento, o sistema veja rebater-se sobre si mesmo as consequências dessas atividades. Se o agente é afetado pela ação dele mesmo, pode ocorrer como que uma introjeção dessa indeterminação local, microscópica, na própria estrutura do sistema que está agindo. O sistema evoluirá de modo a modificar a si próprio – imprevisivelmente.

Consideremos então uma dada classe de sistemas não lineares que não sejam autônomos com respeito a seu próprio desempenho, ou seja, sistemas que simplesmente por agir acabam por continuamente redesenhar sua arquitetura, por continuamente reproduzir-se. Recordando que "produção" em grego se diz *poiesis*, Maturana e Varela denominaram *autopoiéticos* os sistemas desse tipo. Um exemplo: os seres vivos. De fato, desse ponto de vista, a Vida não é senão uma certa classe de organizações materiais capazes de replicar estas organizações, isto é, uma matéria organizada de tal forma que aprendeu a manter essa forma e a fazer cópias dela, quer dizer, cópias de si. Mas, para perseverarem e se copiarem, esses sistemas interagem não linearmente uns com os outros, com os fluxos de matéria, atividade e estrutura que compõem seu substrato ou ambiente, e consigo próprios, e torna-se possível que derivas minúsculas acabem por modificar a forma a ser reproduzida. Ao repetir-se, a Vida varia, diferencia-se. A abertura indispensável ao exercício da autopoiese requer um potencial implícito de indeterminação. Tal tipo de sistema não linear, autoprodutor, autoafectante, automodulador, resulta inerentemente imprevisível.

Talvez não seja de todo inapropriado, com vistas à elaboração de um diagnóstico do presente estado de coisas civilizacional, transladar do âmbito da Teoria dos Sistemas Complexos esboçada aqui alguns operadores conceituais a partir dos quais pudéssemos reconhecer que estamos vivendo um processo singular de rebatimento das ações humanas sobre nós mesmos – ou seja, em vez de simplesmente agirmos segundo nossa natureza sobre um suporte ou contexto que nos é cabalmente exterior, estaria em curso um duplo rebatimento, um duplo dobramento de nossas ações sobre elas mesmas. Esse duplo rebatimento converteria o estado de coisas atual em um caldeirão não linear de caotizações, em que se emaranham inumeráveis e incontroláveis futuros, por dobramento. Os fundamentos aos quais até agora creditávamos a estabilidade do nosso ser, de nossa humanidade, começaram a deslizar; a forma humana começa a variar, ou por outra, os limites entre humano e inumano a se desfazer. Mutação por caotização endógena, por autodobramento. Em latim, "dobra" se diz "plica" ou "plexo", assim estaríamos vivendo uma mutação por complexificação.

O que é dobrar? Dobrar é conectar, é pôr em contato o que estava separado. Eis uma folha de papel aberta; dobramos a folha, e regiões até então distantes entram em contato, se conectam. Há agora uma superfície externa explícita que todos podem ver, e também uma superfície interna, implícita, que não é visível – pois está encoberta –, mas que todos podem intuir. Foi acrescentada a esse sistema uma nova dimensão: dobrar a superfície bidimensional deu lugar a uma tridimensionalização, ao surgimento de uma espessura ou profundidade. A produção desta profundidade permite que novas capacidades, novos modos de acontecimento, possam vir a se instalar por sobre esta nova base. Complexificar é o meio de inovar; mutamos porque nos redobramos, nos reinventamos. Por que vias se pode sustentar e explorar essa sugestão? Em duas direções, simultaneamente, correspondentes a um duplo dobramento, uma dupla complexificação. Haveria um dobramento da inerência e um dobramento da abrangência. Examinemos então as dimensões que cada um destes dobramentos parece implicar.

A dobra da inerência diz respeito ao fato de que hoje, mercê dos avanços da tecnociência, nos tornamos capazes de analisar, descrever e manipular os elementos básicos constitutivos de praticamente todas as formações materiais; em particular, começamos a elucidar e a operar sobre os arranjos materiais específicos que definem os organismos vivos. Podemos na atualidade agir sobre o "texto" bioquímico dos genomas, os "manuais de instrução" em que a evolução inscreveu as regras para a produção dos organismos; cada indivíduo, de fato, encarna um "parque gráfico", pelo qual será assegurada a reimpressão do manual correspondente a sua espécie. Sabemos inserir letras, alterar linhas, mesclar páginas de um texto com as de outro, sacar ou acrescentar capítulos de tomos diferentes, reeditar volumes inteiros. O físico britânico Freeman Dyson nos chama a atenção: uma tal transferência direta de genes era uma regra geral nos primórdios da vida, quando a membrana celular não havia ainda surgido. As moléculas autocatalisadoras e autorreprodutoras primordiais compartilhavam o mesmo ambiente, e assim se encontravam e amalgamavam livremente. Depois da aparição da vida celular, o intercâmbio direto de material genético encontrou obstáculos crescentes, e a seleção natural – através do mecanismo da hereditariedade – tornou-se o principal meio de continuidade e propagação da carga genética, particularmente para os organismos macroscópicos (para os quais algum compartilhamento sucede somente pela intermediação dos vírus). Encontros diretos entre genomas distintos deixaram de ser frequentes há uns dois bilhões de anos. Mas hoje, assinala Dyson, estamos fazendo tais encontros voltarem a acontecer: coelhos misturam-se com águas-vivas e brilham no escuro... Ao atuar no nível constitutivo básico dos organismos, passamos a suplementar a seleção natural na função de desenhar as formas das espécies vivas. Este fato não tem precedentes.

Evidentemente, esta capacidade de intervenção e modificação das bases da vida se estende hoje a eles mesmos. Nossa própria definição, a herança que especificaria nossa natureza de mamíferos primatas, seria suscetível de ser modificada. Ora, sempre houve modificações; a evolução das espécies não é outra coisa que a história cumulativa das mudanças dos desenhos dos organismos vivos, e somos nós mesmos o legado de uma longa sucessão de transformações. A diferença, a novidade, é o ritmo com que as variações passaram a acontecer. Há cerca de cinco milhões de anos os ancestrais do gênero *Homo* se distinguiram do ramo dos nossos primos primatas, os chimpanzés e os gorilas. Há cerca de 120 mil ou 150 mil anos surgimos nós, o *Homo sapiens*. Mas há cerca de 12 mil anos – uma mera fração, portanto, da duração completa de nossa linhagem – desenvolvemos a civilização, acontecimento singular que podemos assinalar pela aparição praticamente simultânea da agricultura, da cidade, da escrita e da matemática. Os ritmos da cultura vieram se sobrepor aos vastos andamentos da natureza – mas estes ritmos, em virtude dos sucessivos avanços da ciência e da técnica, tornaram-se de tal modo condensados que hoje impõem uma aceleração vertiginosa às variações possíveis da espécie humana. Em décadas, ou anos, ou dias, seremos capazes de produzir, de fazer surgir, variantes inteiramente inéditas de *Homo*. E não a partir da casualidade inerente à seleção natural, mas de objetivos e finalidades estabelecidos no presente. Esta possibilidade não tem precedentes.

Uma abordagem especulativa poderá nos ajudar a esclarecer o calibre dos problemas que principiam a se descortinar, a partir da dobra da inerência, em nossos dias. Em algum momento do futuro próximo, podemos vir a entender ser conveniente, para lidar com as vastas dificuldades de toda a sorte que estaremos enfrentando – boa parte criada por nós mesmos –, nos tornarmos mais inteligentes. Parece razoável aceitar que, se formos mais inteligentes, seremos mais capazes de lidar com as questões políticas e ambientais que encontraremos. A história de nossa espécie certamente sanciona essa conjectura: há cinco milhões de anos, nossos ancestrais hominídeos tinham crânios com uma capacidade de cerca de um terço da atual, proporcional portanto à de um de nossos bebês. Se o aumento do tamanho do cérebro, evidenciado pelo crescimento da capacidade craniana, é assim um traço marcante de nossa evolução, e se o desenvolvimento da inteligência acompanhou esse processo, então uma intervenção pela qual suscitássemos uma ampliação ainda maior da quantidade de neurônios em nosso sistema nervoso possivelmente daria lugar a mais inteligência. Com efeito, nosso cérebro deve sua eficácia ao assombroso número de componentes e interligações entre eles, as chamadas sinapses, que partindo de cerca de cem bilhões de neurônios, cada um compartilhando aproximadamente mil conexões com outros, perfazem cem trilhões de conexões!

Por outro lado, o ritmo de trocas é lento, pois a velocidade de propagação de sinais eletroquímicos ao longo das sinapses é pequena (quando um sinal neuroquímico é disparado de um neurônio para outro, viaja a aproximadamente 150 m/s; parece muito, mas não passa de 540 km/h – nem sequer é supersônico!). Em comparação, num processador eletrônico como os que estão instalados em nossos computadores pessoais, os sinais elétricos movimentam-se quase à velocidade da luz, por volta de 300 mil km/s (ou 1,8 bilhão km/h!) – alguns milhões de vezes mais rápido. Além disso, nossos neurônios disparam umas poucas centenas de vezes por segundo. Os sensores ópticos de nossas retinas, por exemplo, disparam sessenta vezes por segundo (e portanto nossa percepção, de fato, é descontínua, estroboscópica; a continuidade de nossa experiência sensível é, por assim dizer, "fabricada" pelos centros sensoriais do cérebro). Vamos admitir um limite de duzentos disparos por segundo, ou seja, uma frequência de ativação sináptica de duzentos ciclos por segundo, ou duzentos hertz. Em contraste, os processadores eletrônicos caseiros de hoje operam a dois giga-hertz, ou 2 bilhões de ciclos por segundo. Novamente, uma diferença de milhões!

Tendo em conta esses dados, vislumbramos três vias pelas quais se poderia contemplar um *upgrade* do, digamos assim, *Projeto Homo Sapiens 1.0*. A primeira via é a das biotécnicas: através de manipulação genética e engenharia celular, aumentarmos o volume cerebral, porém não em milhões de anos e milhares de gerações, como sucedeu em nossa evolução desde os hominídeos, mas em poucas décadas ou mesmo meses, quem sabe. Uma outra possibilidade biotécnica é usarem-se drogas ou algum outro meio para acelerar a velocidade das trocas neuronais. Ora, para aumentar-se o tamanho do cérebro, seu envoltório, o crânio, precisa ser ampliado, mas há um limite óbvio a respeitar: o quadril das mães. Parece conveniente, em princípio, que esse cabeçudo mais esperto seja engendrado artificialmente, fora do corpo materno. Outro limite concerne à capacidade que tem o pescoço, essencialmente um cilindro, de suportar um crânio mais pesado. Essa capacidade é proporcional à seção transversal do cilindro, logo, para sustentar um crânio maior, é preciso que o pescoço engrosse. Para isso, a estrutura muscular do torso, bem como a espessura das vértebras da coluna, teria de ser ajustada... Seria portanto necessário concatenar uma série de mudanças do *design* básico humano para produzir um cérebro maior, ou seja, ainda que não fosse esse o propósito, o resultado seria equivalente ao desenvolvimento de uma variante da espécie: uma nova raça.

É preciso observar: não existem raças humanas. Biológica e antropologicamente, a noção de raça humana é um equívoco. E o racismo, a pretensa superioridade de uma raça sobre outra, é o quadrado desse equívoco. A razão é que somos recentes demais para termos nos diferenciado em subvertentes, que seriam as raças. Surgimos há 150 mil anos no norte da África, mas há cerca de 70 mil anos uma mudança climática brutal – possivelmente devido à explosão de um supervulcão na Indonésia, com uma câmara de magma três vezes mais ampla que a de um Vesúvio – dizimou os grupamentos de *Homo sapiens* então existentes, sobrando desse cataclismo uns poucos milhares, ou quem sabe até mesmo umas poucas centenas, de indivíduos. Todos nós descendemos desse número muito restrito de ancestrais muito recentes, portanto, somos todos próximos – como se diz no Oriente Médio, somos todos primos. Não há raças. No entanto, poderão ser criadas. Ainda nos discriminamos por traços insignificantes – tipo de cabelo, tons de pele, pálpebra dobrada ou não; reconheceríamos as criaturas que criaríamos como *humanas*?

Se a primeira via é a do *upgrade* biotecnológico do humano, a segunda é a da hibridização, ou seja, a da suplementação das capacidades limitadas de nossa matriz biológica por meio da incorporação de dispositivos artificiais. Em vez de portarmos dispositivos de processamento, interfaceamento e comunicação – de celulares a iPods –, passaremos a tê-los inscritos em nós mesmos, os assimilaremos. Já foi patenteado, por exemplo, um sistema de processamento que atua por meio de microcondutores tatuados sobre a pele – a tatuagem faz as vezes de uma placa-mãe, e a própria bioeletricidade do organismo é usada para acioná-la. Uma expectativa óbvia é a de que comece a haver entrelaçamentos progressivamente mais íntimos, interfaces cada vez mais diretas entre processadores eletrônicos e processadores biológicos. Freeman Dyson estima que em cinquenta anos será possível desenvolver técnicas de sensoreamento do funcionamento do cérebro tão minuciosas a ponto de permitirem que se mapeie com precisão os processos cerebrais de produção de sensações, de tal maneira que tais sensações venham a se tornar efetivamente registráveis e até transferíveis. Quer dizer, um padrão de sensações experimentado por uma pessoa seria gravado e inserido em outra, que poderia experienciar essa vivência como sua, qualquer que tenha sido. É difícil imaginar uma droga mais potente e sedutora... Se não surgirem obstáculos técnicos concretos que venham a impedi-la, pode-se até conceber a aparição de mentes compartilhadas, comunais, por meio da interconexão direta entre sistemas nervosos. É difícil imaginar o que seria, *quem* seria, essa pessoa multiplicada, e que tipos de experiência um sujeito coletivo como esse poderia realizar; certamente, trata-se de uma entidade pós-humana, embora feita – parcialmente – de seres humanos. Tal seria o surgimento dos *borgues*, criaturas de carbono e silício, e parece certo que os limites do humano também estariam sendo extravasados aí.

A terceira via, enfim, é a da produção de uma *outra* inteligência, puramente artificial. Imaginemos um super-hiperultracomputador de ultimíssima geração que tivesse acesso ao seu próprio código fonte, ou seja, a possibilidade de redesenhar sua própria programação, sua própria natureza. Numa sucessão de estágios cumulativos, evidentemente não linear, cada geração desse supercomputador se autoaperfeiçoaria, aumentando a potência de processamento da geração seguinte. Em contraste, observemos que nossas unidades básicas, tanto biológicas quanto cognitivas, são dificilmente reprogramáveis. Para reprogramar o conteúdo genético ou funcional de uma célula é preciso usar vírus como mediadores, portadores das novas instruções, para nas gerações seguintes obter-se a modificação desejada. Por outro lado, nascemos com muito poucas ligações neuronais preestabelecidas, e as experiências ao longo do crescimento é que sistematizarão e cadenciarão os disparos dos neurônios em redes sinápticas, fixando padrões neuronais que manifestarão as especificidades dessas experiências. Assim, embora em termos do *hardware* biológico sejamos praticamente indistinguíveis, somos diferentes uns dos outros em função das experiências distintas – como a língua natal, por exemplo – impressas desde cedo. Mas, uma vez fixados esses padrões, ou seja, uma vez educados, sabemos bem, é difícil aceitar ideias novas, é difícil reeducar...

Assim, tanto nossas células quanto nossas sinapses não são reprogramáveis diretamente desde fora. Contudo, a entidade artificial encarnada nas sucessivas gerações de super-hiperultracomputador seria endogenamente autorreprogramável – uma vez que foi concebida exatamente para este fim. A cada versão, ela se reestrutura e se aperfeiçoa, num crescendo cada vez mais acelerado de gerações cada vez mais poderosas, até que sejam alcançados – e logo ultrapassados – os limites de processamento do próprio cérebro humano. A partir de então, sucederia o mais arrebatador acontecimento da história da nossa espécie: o encontro com outra entidade inteligente no Universo. O contato com um *alien* – mas não na forma de um marciano verde descendo de um disco prateado! Embora essa entidade autodesenvolvedora não seja extraterrestre, e sim terráquea, será um Outro. Ray Kurzweil chama essas entidades inteligentes não humanas, ainda que produzidas por nós, e a partir de nós, de "nossos filhos espirituais". Se olharmos bem para nossa história, esse acontecimento vai nos encher tanto de temor quanto de curiosidade. Se o excesso de temor não abolir a curiosidade, esses filhos não humanos poderão nos dizer algo que nem sequer saberíamos perguntar. A dobra da abrangência, por sua vez, requer que revisemos um pensador fundamental: Karl Marx. Há exatos 150 anos, Marx anteviu com presciência espantosa o fato de que, uma vez surgido o sistema capitalista, seria criada uma tal modificação em suas próprias condições de atuação que eventualmente este alcançaria um limite, um horizonte. Marx havia percebido que, com a Revolução Industrial, foram convertidos em mercadoria certos componentes fundamentais da produção econômica que até então não pertenciam ao jogo mercantil, quais sejam, a terra, o trabalho humano e os utensílios e ferramentas de produção. Uma vez incorporados esses elementos, passa a ser comercializada não somente a produção ela mesma, como ainda os meios de produzir. Por exemplo, um dos fatores decisivos para essa conversão foi a crescente disseminação na Europa Ocidental, desde o século xv, de um extraordinário objeto técnico: o relógio mecânico. Com efeito, ao serem instalados nas torres das igrejas e em outros monumentos públicos, o tempo metrificado fornecido pelos relógios mecânicos libertou os negócios humanos dos ciclos da natureza e passou a ordenar toda a vida social e econômica das cidades à sua volta, permitindo, em particular, que o trabalho humano fosse quantificado. Assim, a atividade do trabalhador torna-se ela mesma um valor, conversível em dinheiro, referente à quantidade de horas (fixas) trabalhadas, permitindo a acumulação (e extração) de mais-valia. O capital – os recursos necessários para a realização de um certo empreendimento, inclusive o valor equivalente ao trabalho despendido – torna-se a fonte de mais capital...

O sistema-capital, ou capitalismo, opera pelo assenhoreamento de parcelas crescentes de valor a partir da própria produção, acumulando-se não linearmente (este vocabulário, é claro, ainda não era o de Marx). No entanto, ele distinguiu com clareza uma tendência inerente a esse sistema acumulativo, que se daria segundo três eixos: 1) A tendência de transformar tudo em mercadoria, de uma produção sem limites de mercadorias; 2) A tendência de expandir fronteiras do mercado até os limites planetários, vazando todos os limites, geográficos, nacionais, culturais; em toda parte, o mesmo sistema operando; e 3) A tendência de instituir um novo homem, fazer uma revolução cultural, paralela à Revolução Industrial, para que esse novo homem, sob o modelo do burguês, possua novas necessidades. De que os homens precisam? Quais são as necessidades naturais, verdadeiramente básicas? Alimento, abrigo, afeto e alegria.

Essas necessidades são muito poucas! Para contentar a ânsia de expansão do mercado, é preciso criar novas carências, inventadas, fundadas não na natureza mas no desejo, pois este sim é infinito. Um novo homem, com uma urgência ilimitada de consumir um sem-número de mercadorias, em todos os quadrantes do globo: não é este o mundo que presenciamos hoje? A chamada "globalização da economia" não é exatamente o fato de que não há mais barreiras geográficas, territoriais ou culturais para a operação do mercado – não importando as drásticas assimetrias entre os agentes "globalizados"? O "sucesso" pessoal não corresponde a lograr ter acesso a um repertório incalculável de produtos, quando nos convertemos em consumidores, seres unidimensionais a que basta a linha boca-pança-ânus? Mas será que não somos convertidos também em consumidos?

Se esse é nosso mundo, Marx o anteviu há 150 anos. E Marx também nos diz: o momento em que o capital alcançar esse auge será quando vai se apresentar do modo mais puro, com a maior nitidez, porque não precisará mais dos andaimes, das mediações ideológicas, de que precisou para se instalar. Será o mercado nu, despido de máscaras ou ornamentos ideológicos, diante do qual nenhum outro sistema de valor, seja espiritual, sagrado, tradicional, político ou social, resiste: tudo que o capital toca converte em capital. Nessa ocasião, porém, esse capital solvente-de--todos-os-valores terá alcançado uma tal escala que o suporte da produção estará sendo recoberto pela própria produção. O que antes era contexto para a atividade produtiva doravante se identifica ao domínio do próprio produzido. Dito de outra maneira: não há mais "natureza", ou seja, os rincões profundos, as zonas de floresta, as profundezas do mar, o gelo dos polos, não são mais exteriores à produção: já estão precificados, já são estoque. Os limites geográficos, espaciais, foram vencidos: o sistema produtivo recobre seu próprio suporte, o planeta. Neste auge, nesta culminância, o capital absorve o que lhe servia de fora, de além, e passa a agir sobre si mesmo; um sistema cujo comportamento se confunde com seu próprio contexto. E assim um novo problema se coloca: não mais o da expansão no espaço, mas o da extensão no tempo. Os horizontes espaciais foram alcançados, os horizontes agora são os da perpetuação, da duração: o mercado infinitizado contemporâneo do capital é compatível com a continuidade do capital – e com a sustentação da vida? Se a produção se redobra, se açambarca o seu próprio ambiente, temos então o dobramento da abrangência.

A dobra da abrangência coloca a questão da sustentabilidade, ou seja, é possível que tal dispositivo produtivo infinitizante possa prosperar sem se suicidar, sem corroer suas próprias bases e raízes, de tal modo a inviabilizar seu funcionamento? Vejamos um exemplo. Cada vez mais vemos acentuar-se uma distinção, um descompasso, entre o crescimento da riqueza de certos grupos – grandes operadores de capital e capazes, portanto, de influenciar decisivamente os rumos e tendências dos afazeres econômicos – e o crescimento correspondente de uma legião de despossuídos cada vez mais subordinados aos humores dos "mercados", cujo controle lhes escapa. O poder de consumir diante do despoder de se nutrir. Acentua-se progressivamente, adverte a ONU, esse contraste de possuídos e despossuídos, sendo aqueles muito poucos e estes muito numerosos. A dúvida, evidentemente, é sobre a manutenção do sistema num estado tão tensionado, tão desequilibrado. Basta uma instabilidade súbita, uma modificação do clima, digamos, como já estamos vivendo, e as perspectivas escurecem. Três anos de monções sucessivas em Bangladesh: 150 milhões de pessoas são obrigadas a migrar. Para onde iriam? Para a Índia, que tem 1 bilhão de habitantes – e armas nucleares. Como lidar com essas imensas massas de humanos excluídos, que não conseguiram ascender ao patamar zero da cidadania capitalista, que é o consumo? Como manejar – o uso do termo é proposital – essas massas ineficientes, inúteis mesmo, a cada vez mais incômodas? No limite, descartá-las, porque agora ser humano, apenas, não vale mais? Problemas nessa escala nos indicam que esse sistema produtivo autorreprodutivo, cujo horizonte se identificou com o próprio contexto, não poderá prosperar indene, sem refazer sua essência. Uma vez que o capital venceu, uma vez que alcançou sua culminância, talvez agora ele possa perder.

Seria esse, então, o diagnóstico sugerido pela aferição não linear do pulso da contemporaneidade. Teremos à frente esse duplo dobramento: a dobra da inerência, pela qual vigora dentro de nós a errância de nosso poder de autotransformação, pois cada minúsculo gesto de modificação que fizermos sobre nossa própria forma reboará de maneiras imprevisíveis, incalculáveis. E a dobra da abrangência, pela qual o sistema macroprodutivo que subsume o conjunto dos afazeres humanos instabiliza, modifica indeterminavelmente as condições dessas mesmas atividades. Em ambos os casos, por ambas as vias, apresentam-se as condições para um desenvolvimento caótico.

Podemos talvez dizer que esse duplo dobramento implica a introjeção dessa caotização, a internalização dessa imprevisibilidade, naquilo que até então presumíamos ser o humano. E a partir disso suspeitar que um novo acaso, uma nova errância fundadora, uma fortuna que é também Parca, nos brindará em breve com uma visita. Possivelmente, esse renovado acaso exigirá de nós uma posição de artista. Porque cada gesto que o artista faz sobre a tela condiciona o gesto seguinte, em cada movimento um leque de futuros se abre e se altera. Não é este o presente estado de coisas civilizacional? Tanto interna quanto externamente, tanto íntima quanto coletivamente, entramos em deriva. Reconhecendo essa errância que flexibiliza os limites, que põe em variação nossa própria natureza, nos vemos obrigados a abandonar a fixidez dos fundamentos e apostar tudo, apostar a vida, numa nova fundação, numa nova abertura, em algo que ainda está por vir.

Vivemos, sem dúvida, um momento trágico, de impasse e dissolução disso que pretendíamos reconhecer como nossa natureza, e de expansão para algo além de nós, que desconhecemos. Essa constatação tanto nos amedronta quanto nos entusiasma. Mas José Miguel Wisnik nos adverte com perspicácia: "Não façamos da tragédia um drama". Encontramo-nos num estado de gravidez, o que nos perturba é a abundância, o excesso, e não só a lacuna, a carência. Nosso problema é a multiplicidade indeterminada em que nos reconhecemos espelhados. Quantos futuros se enraízam aqui, neste momento? Os dobramentos nos trazem um agente de ruptura, esse acaso profundamente inovador, com o qual talvez possamos lidar da forma com que os artistas, os pensadores, os filósofos lidam com o imprevisto, o inacabado, o incerto, que é sua matéria-prima. Lembremos uma página de Jorge Luis Borges, extraordinária como tantas, chamada *A loteria em Babilônia*. E ele começa afirmando que, ao contrário dos gregos, que só entendem o certo e justo, os babilônios conhecem a incerteza, porque já foram cônsules e já foram escravos, já provaram os caprichos da sorte. Dizem que a alta cultura babilônia, especialmente esse delicioso gozo do imprevisto, foi devida a uma instituição que em outros povos se desenvolveu de modo muito insuficiente: a loteria. Na Babilônia, como em toda parte, a loteria surgiu como um sistema de prêmios. Cada jogador empenhava uma moeda de cobre, havia um sorteio de plaquetas marcadas, o vencedor recebia moedas de prata. Os babilônios, como em toda parte, não tinham maior interesse sobre o jogo. Mas alguém teve a ideia de incluir castigos, e não só prêmios, nas extrações, e todos se fascinaram pela possibilidade não só de ganhar, como também de ver algum outro levar a breca. Diante do enorme mobilização dos jogadores, foi necessário estabelecer-se uma comissão para administrar o jogo – a Companhia –, cujos membros logo tiveram de esconder-se no segredo e no anonimato para gerenciar a loteria sofisticada sem serem influenciados ou perseguidos.

Surgiu, porém, um problema; os que recebiam multas deixavam de pagá-las, preferindo até mesmo ir para a prisão para desafiar a Companhia. Mas como entregar os prêmios se as multas não eram pagas? Então, em certo momento, deu-se a virada: em vez de prêmios e castigos em dinheiro, as punições passaram a vir diretamente na forma de dias de prisão. Pela primeira vez um elemento não pecuniário entrou na loteria. Mas logo deu-se uma revolta, de fundo social, porque os ricos podiam se dedicar à vontade às delícias do acaso, desfrutando a seu bel-prazer do risco de castigos, mas os pobres tinham seus limites. Era preciso haver uma isonomia. Depois de algumas efusões de sangue, decisões drásticas foram tomadas. Todo o poder político foi entregue à Companhia, doravante totalmente secreta e invisível, e encarregada de implantar e operar uma loteria universal. E foram instituídos sorteios dentro de sorteios, de tal maneira que alguém pode receber como prêmio, ou como castigo, participar de um outro sorteio, e de outro. A vida na Babilônia se tornou o resultado dessa vasta e incomensurável loteria: não é surpreendente se comprarem 12 ânforas de vinho de Damasco e em uma se encontre um topázio – ou uma serpente. Tudo segue os desígnios inescrutáveis da Companhia – os assassinatos, as honras, as vilanias, os triunfos, as desgraças, tudo é resultado de sorteios encadeados com sorteios. É graças a ela que os babilônios amam a vida com um ardor que em nenhuma outra parte se encontra.

Mas consta que, muitos séculos já passados, ninguém mais conhece membros da Companhia ou sabe como são eleitos. Existem certos lugares em que a tradição diz que mensagens para a Companhia devem ser entregues; assim, em certos muros de pedra arruinada, em uma latrina sagrada chamada Qaphqa, depositam-se pedidos e delações. O silêncio já secular da Companhia dá lugar a rumores, alguns francamente heréticos: uns insinuam que a Companhia já há muito tempo não existe; outros, que a Companhia a tudo supervisiona e gere, mas só interfere em acontecimentos aparentemente insignificantes, como tirar ou acrescentar um grão às areias do mar. As consequências, parece, podem ser devastadoras. Ou então a mais terrível, a mais inominável das heresias, que afirma que a Companhia *não existe nem nunca existiu*. A vida na Babilônia não é senão esse infinito jogo de espelhos, esse infinito jogo de acasos. Borges nos sugere que uma loteria suficientemente complexa, um jogo de acasos suficientemente vasto seria indistinguível da vida, não nos pareceria outra coisa senão esta vida que vivemos. Se assim for, estamos sempre e desde sempre lidando com o acaso. O acaso é nosso barco, ou melhor, é nosso mar.

Por outro lado, será a presente uma situação sem paralelo, ou poderemos examinar a história em busca de ocasiões nas quais logremos discernir um indício, uma diretriz que nos elucide uma ética conforme a estes tempos magníficos, mas árduos? Recordemos por um instante o período de 70 mil anos atrás, quando os *Homo sapiens* sobreviventes à erupção do supervulcão indonésio se viram sob risco de extinção e tiveram que estreitar ainda mais seus já fortes vínculos sociais, solidarizando-se de forma ainda mais coesa. Um dos recursos associativos de que dispunham, mas do qual aparentemente faziam uso esparso, começou a ser explorado em profundidade: a capacidade de simbolizar e comunicar uns aos outros esses símbolos, por meio da fala. Premidos pela urgência do momento, passaram a empregar de modo prolixo essa faculdade até então latente, pouco exercida, e enfim um certo patamar quantitativo de uso da palavra foi alcançado. É difícil determinar qual o valor desse patamar. Os babuínos, por exemplo, têm uma sociedade altamente estruturada e sofisticada, para cuja realização manejam em torno de quarenta signos e vocábulos expressivos, não mais. Mas cada falante de uma das línguas modernas dispõe de um repertório de cerca de 4 mil palavras, e no léxico de uma dessas grandes línguas encontramos mais de 1 milhão. A diferença de escala é enorme, e o resultado, qualitativamente diferente. Como esse salto se deu de fato é um mistério que talvez nunca venhamos a resolver.

Podemos imaginar, todavia, que pelo uso ampliado e progressivo da fala um certo limiar foi ultrapassado; e, partir de então, cada palavra adquirida e praticada se tornou o gérmen de mais palavras. Cada geração humana deixava um legado de designações para a geração seguinte, que enriquecia por sua vez essa herança com novas nomeações, cada nova palavra servindo sempre de atrator para outras. Tantas coisas nomeadas já havia que, num certo momento ímpar, foram inventados nomes para falar de outros nomes. Das linhas de nomes-de-coisas, ou perceptos, passou-se para os núcleos de nomes-de-nomes, ou conceptos. Estabeleceu-se assim o campo do Simbólico, o quadro coletivo de fundo a partir do qual concebemos a realidade e atuamos nela. Esse seria também o momento no qual as capacidades de abordar o mundo e resolver problemas com que a evolução tinha nos dotado – vamos chamá-las de *inteligências* – começaram a ser flexibilizadas e intermediadas por essa capacidade linguística muito aumentada. Tornou-se possível desde aí começar a produzir híbridos cognitivos, ou seja, nossa inteligência naturalista (que nos permitia, por exemplo, reconhecer a passagem de um antílope a partir dos vestígios de sua pegada, embora o corpo concreto do animal estivesse ausente e, como não fora visto, só pudesse ser imaginado) pôde se vincular com nossa inteligência social (pela qual reconhecemos rostos e posturas e intercambiamos signos expressivos, significados de dor, afeto, alerta etc.) de modo a fazer surgir um animal-homem, um animal-ancestral, figurado no totem da tribo. Um ancestral que era um animal, mas era um humano: aí surge, afirma Steve Mithen, a religião.

Ou então consideremos a inteligência técnica, a capacidade de tomar uma imagem ou recordação, e com as mãos, o gesto técnico, exportar essa imagem, esse diagrama ideativo, para um suporte material, que agora passa a portar essa ideia, e, com isso, fazer com que um machado seja pedra, pau e corda para outros animais enquanto para nós signifique: "Sou um machado, use-me para cortar". Não deixou de ser coisa, mas passou a ser também ferramenta, passou a falar. Cada artefato que criamos fala conosco porque é uma ideia que exportamos, e seu próprio formato ao mesmo tempo guarda a história de sua produção e insinua o uso a que se presta – para quem souber ver, quer dizer, escutar. Quanto mais artefatos produzimos e dispomos à nossa volta, mais pensamento exportado, inscrito nas matérias do mundo, passamos a encontrar. Assim, passamos a pensar também com o que está *fora* de nós. Isso torna possível vincular a inteligência técnica à naturalista, de modo a que façamos com minúcia e destreza irretocáveis a imagem de um animal, para que essa imagem nos vincule a ele, nos conecte com ele. Dá-se, assim, a arte.

Tais sínteses de inteligências naturalistas, sociais e técnicas, pela mediação da inteligência linguística ampliada, permitiram a instauração dos domínios da arte e da religião, e também as bases da observação sistemática das regularidades da natureza que, muito tempo depois, iremos chamar de ciência. Se de fato as coisas ocorreram mais ou menos assim, podemos entender uma variação altamente significativa: até cerca de 40 mil anos atrás, nossos ancestrais *sapiens* e seus primos, os neandertais, encontravam-se essencialmente no mesmo patamar técnico e econômico. Nenhum dos dois povos, por exemplo, ornamentava seus utensílios. Mas desde então os *Homo sapiens* – mas não os neandertais – passaram a gastar tempo inscrevendo marcas e signos em suas ferramentas, decorando os corpos e vestes com padrões e pinturas, passaram a enterrar ritualmente seus mortos, recobertos por objetos simbolizando nobreza, valor ou saudade. Quatro mil perolazinhas de marfim, penosamente esculpidas uma a uma, unidas num manto majestoso, que ainda recobrem os restos de uma jovem. Não têm função objetiva, não servem para proteger, ou abrigar, mas tão somente adornar, para dizer "veja como sou nobre, veja como sou bela!". Nossos ancestrais haviam se tornado artistas. Os neandertais desapareceram.

Esse desvio, causado pela intensificação imprevista de nossa inteligência linguística, que exerce a partir de então a função de catalisador de sínteses entre elementos e funções de outras inteligências, foi a ocasião na qual passamos a ser definidos não só por nossa natureza material, orgânica, mamífera, mas igualmente por uma segunda "natureza", sobreposta à primeira, que é a cultura. Abrangendo a coleção de todos os objetos, procedimentos, dizeres, ideias e imagens que produzimos, forma à nossa volta um ambiente artificializado e artificializante em cujo interior podemos nos tornar esses extraordinários animais palradores, com enorme capacidade de gerar e trocar grande quantidade de termos e significados uns com os outros. Ambiente indispensável para a real humanização: doravante o desenvolvimento de uma criança *sapiens* requer, simultânea e inseparavelmente, crescimento do seu corpo e sua imersão nesse contexto linguístico riquíssimo. Ela precisa se apoderar desse instrumental e manejar esses recursos cognitivos a contento, caso contrário não será inteiramente humana. Biologicamente, organicamente, somos os mesmos desde 120 mil anos; mas o processo de geração e acumulação da cultura, expandindo-se e realimentando-se, engendrou essa segunda natureza simbólica, sobreposta à natureza material, e desde então seu andamento não deixou de acelerar: a cidade, a escrita, o alfabeto, a filosofia, as ciências, a imprensa, os computadores, a internet... Quem sabe se possa vislumbrar em nosso atual estado de complexificação o estabelecimento das bases para um outro salto, de algum modo homólogo a esse que nos fundou; quem sabe, novas camadas de linguagem e cognição pudessem vir a se sobrepor sobre as atuais? Não seria um mau destino, pelo contrário; se assemelharia a uma criação. Coletivamente, criativamente, participaríamos do surgimento de algo que é parte o que somos e parte algo que nos supera. Mas os filhos não são sempre assim?

Na aurora cada vez mais próxima disso que extravasará de nós, que irá para além de nós, talvez se possam vislumbrar feições do humano, que reconheçamos como dádivas ao futuro, como invenções criativas que pudemos extrair do Indeterminado. Em *Galápagos*, o grande escritor Kurt Vonnegut especula que, daqui a 1 milhão de anos, os humanos terão evoluído para a forma de focas, roliças e luzidias focas que se banham nos penedos de Galápagos. De repente, sem querer, uma delas solta um traque – e todas as outras focas caem na risada, e ela também. Reconheceremos o humano, nos diz Vonnegut, na foca que ri de si mesma, daqui a 1 milhão de anos. Basta que sejamos artistas bons o bastante para nos reinventarmos até lá.

As mutações do poder e os limites do humano
Newton Bignotto

> *C'était ce qui n'est plus.*
> *Être un reste, ceci échappe à la langue humaine. Ne plus exister, et persister, être dans le gouffre et dehors, reparaître au-dessus de la mort, comme insubmersible, il y a une certaine quantité d'impossible mêlée à de telles réalités.*
> *De là l'indicible*
>
> VICTOR HUGO, *L'Homme qui rit*[1]

A modernidade se construiu a partir do Renascimento à luz da famosa asserção de Pico della Mirandola em sua *Oração sobre a dignidade do homem*, segundo a qual fomos criados livres e com o poder de escolher o que desejamos ser[2]. Diferentemente dos outros seres, o homem pode constituir a própria face e transitar pelos caminhos mais elevados, ou degenerar até o nível inferior das bestas. O texto do filósofo italiano deveria servir de introdução às novecentas teses que pretendia apresentar aos cardeais da Igreja católica em Roma. Nas teses, Pico della Mirandola defendia uma visão eclética dos saberes e pregava uma comunhão de crenças, que seria o sinal do nascimento de uma nova era. Ao lado de considerações sobre

---
1. Victor Hugo, *L'Homme qui rit*, Paris: Le Livre de Poche, 2002, p. 110. "Era o que não é mais. Ser um resto, isso escapa à língua humana. Não mais existir, e persistir, estar no abismo e fora dele. Reaparecer acima da morte, como insubmersível, há algo de impossível misturado a essas realidades. Daí o indizível."
2. Agradeço aos membros do Núcleo de Estudos Judaicos da UFMG a oportunidade de discutir alguns aspectos deste texto por ocasião de um seminário; a Simone Pinho Ribeiro, pelas sugestões bibliográficas e observações pertinentes.

o cristianismo, ele introduz informações sobre a cabala, sobre as religiões orientais, e tempera o conjunto com sua crença inabalável na possibilidade de fundir culturas na busca por um saber universal[3].

As teses não puderam ser defendidas perante os cardeais, e com isso a *Oração* foi pouco conhecida em seu próprio tempo. O desejo do filósofo de compartilhar sua visão aberta da natureza humana e mostrar as muitas vias que se abriam, quando os homens aceitam abandonar suas fronteiras religiosas e culturais, não foi capaz de seduzir uma instituição ameaçada e perdida em sua luta contínua pelo poder. O texto continha, entretanto, as esperanças de um mundo nascente e os perigos de uma condição aberta a todas as possibilidades. Ele garantiu ao autor sua entrada no seleto grupo dos grandes humanistas, que tanta influência teve na difusão de uma imagem positiva do homem e de suas potencialidades[4]. O lado solar de nossa natureza encontrou na exploração racional do mundo um de seus caminhos de realização e ajudou a forjar muitas das obras que marcaram a filosofia moderna. O culto da razão e do progresso que se impôs como uma das marcas do tempo anunciado como "Idade das Luzes" foi apenas uma das figurações de uma época que se acreditou capaz de avançar sem medo por caminhos cada vez mais amplos e profundos de nossa natureza. Combinando a força de seu entendimento com os segredos que a natureza ia aos poucos deixando entrever, o homem se comparou com os deuses, esquecendo-se muitas vezes da responsabilidade dessa identificação.

Para Pico della Mirandola o homem é um ser autoconstruído, e, por isso, não podemos atribuir a forças transcendentes nem os sucessos nem os fracassos. A liberdade para forjar sua própria natureza é um dom que implica riscos. Se com frequência preferimos olhar apenas para a força de uma vontade, que decidiu explorar o mundo com as ferramentas da razão, desde a era do barroco, sabemos que o real comporta um lado escuro, que não pode ser simplesmente esquecido. Ao lado do racionalismo triunfante, sempre houve um grito de alerta quanto às trevas que rondavam as sociedades modernas.

3. Para uma visão de conjunto da obra do autor cf. Louis Valcke e Roland Galibois, *Le périple intellectuel de Jean Pic de la Mirandole*, Laval: Les Presses de l'Université Laval, 1994.
4. Sobre a natureza do humanismo de Pico della Mirandola cf. Karine Safa. *L'humanisme de Pic de la Mirandole*, Paris: J. Vrin, 2001.

O século xx viu essas trevas ocuparem o centro da cena mundial e enterrou para sempre a ideia de que o progresso da civilização iria nos livrar de nossas fraquezas e defeitos. O século da técnica e dos avanços espetaculares da ciência foi também o século dos massacres e do aparecimento da morte em escala industrial. O surgimento das sociedades totalitárias mudou nosso modo de ver a condição humana e seus caminhos. Tudo se passa como se a partir de agora não pudéssemos mais nos esquecer da besta, que Pico della Mirandola via como uma das possibilidades de nossa natureza. O monstro, que rondava a razão, e que por tanto tempo pareceu poder ser por ela derrotado, aproveitou-se de muitas de suas conquistas para criar uma nova identidade, que nos obriga a conviver com a barbárie no seio mesmo de sociedades que tanto contribuíram para criar a imagem iluminada do Ocidente.

Essa nova realidade, que teimosamente alguns insistem em esconder, como se os regimes totalitários fossem apenas equívocos de um percurso destinado ao sucesso, descortina dois horizontes de investigação que mudam o mapa de nossas inquietações. O primeiro diz respeito àqueles que praticam atos bárbaros respaldados pelo poder de Estado. Trata-se aqui de pensar a barbárie, que nasce no seio das organizações destinadas a ordenar a vida em comum dos homens. Nessa perspectiva, o velho problema do mal, que faz parte da tradição filosófica desde a Antiguidade, é revisitado à luz de um conjunto de práticas que não podem ser compreendidas apenas com um desvio do bem. A crueldade dos carrascos contemporâneos deve ser vista pelo prisma de uma razão que, aceitando suas limitações, evita a armadilha da indiferença e da nostalgia.

Os regimes totalitários nos forçam também a buscar compreender o território ético surgido com a narração das experiências daqueles que foram vítimas das políticas de extermínios dos regimes extremos. A palavra dos sobreviventes abre um campo de investigação, que não pode ser demarcado pelas fronteiras de uma moral convencional, que se limita a nos ensinar a compaixão pelos que sofrem. A verdadeira descida aos infernos daqueles que foram internados nos campos de concentração nos obriga a pensar os limites de uma natureza submetida ao quase aniquilamento. Essa nova fronteira da dor nos abre a possibilidade de explorar uma dimensão de nossa humanidade, que não podia ser antevista pelos viajantes literários que, como Dante, procuraram explorar os reinos infernais. A partir dos relatos dos que voltaram, nos defrontamos com uma viagem que não possuía um guia genial e não termina com a libertação do último círculo de provações. O mundo contemporâneo nos ensinou a viver sem a expectativa do paraíso e com limites que a modernidade lutou para afastar.

Nossa tarefa será a de acompanhar alguns passos da descida aos infernos, que os regimes totalitários nos obrigaram a fazer, a partir da obra de alguns sobreviventes como Primo Levi, Robert Antelme, David Rousset, Bruno Bettelheim e outros. Com esse passo, pretendemos esclarecer os problemas éticos que surgem com a produção de um lugar de existência nas fronteiras do humano.

A DESCIDA AO INFERNO

Em dezembro de 1943 Primo Levi, então jovem participante da Resistência italiana, foi feito prisioneiro, para ser, em seguida, deportado para Auschwitz. Como ele mesmo declara, em consequência das leis raciais, havia vivido "num mundo quase irreal, povoado por honestas figuras cartesianas[5]". Tendo escolhido se declarar judeu, para tentar escapar das torturas que eram impostas a outros prisioneiros políticos, ele mostrou que, apesar de fazer parte de um grupo de luta antifascista, estava muito longe de compreender o real significado da política praticada pelo Terceiro Reich com relação aos judeus. Essa ingenuidade pode ser explicada pelo isolamento, mas revela como os que se acostumaram a pensar segundo as regras do método cartesiano interpretavam a guerra naquele momento na Itália. Tratava-se de um fato duro, atroz, revoltante, mas que ainda cabia dentro do quadro mental forjado por séculos de crença na superioridade da razão como ferramenta para a compreensão do mundo dos homens. Prisioneiro, junto com outros membros da comunidade judaica, em Módena, recebeu a notícia de que seria deportado em fevereiro de 1944, quando alguns otimistas ainda acreditavam que se tratava de uma prisão temporária.

Naquele mês teve início para o jovem italiano uma viagem ao inferno, sobre a qual testemunhará ao longo dos muitos anos que se seguiram à

---

5. Primo Levi, *Si c'est um homme*, Paris: Julliard, 1987, p. 11.

sua libertação em 1945. No momento de sua prisão, Primo Levi não estava consciente de que poderia fazer sua a divisa que Dante colocou nas portas do inferno da *Divina Comédia*: "Deixai toda esperança, ó vós que entrais[6]". Quando soube que iria ser deportado, compreendeu, entretanto, como quase todos que receberam a notícia, que marchava para a morte. O anúncio da morte coletiva, da morte impingida com frieza e determinação, a condenação sem culpa, abre as portas para uma experiência que não estamos em medida de compreender a partir da visão de mundo forjada pela crença no progresso das Luzes. "A noite veio", diz Levi, "e com ela esta evidência: jamais um ser humano deveria assistir, nem sobreviver, à visão do que foi aquela noite. Todos tiveram consciência: nem os guardas italianos nem os alemães tiveram coragem de vir olhar o que fazem os homens quando sabem que vão morrer[7]." Olhar a morte de frente é algo que escapa à temporalidade humana, pois suspende a ordenação da passagem entre o passado e o futuro. Dante só pôde visitar o inferno porque foi autorizado pela divindade e foi acompanhado por um guia extraordinário. Em seu percurso pelo reino infernal, sofreu o tempo todo com as visões que teve, mas pôde resistir graças à certeza de que sua viagem terminaria com o encontro de Beatriz, longe dos castigos impostos aos pecadores. Mesmo assim seu olhar hesita em ver o que passam aqueles que na vida transgrediram a lei divina. A presença de Virgílio serve para temperar o medo, mas também para afirmar que o que não pode ser visto segue o curso de uma lei maior, que lhe ordena e dá sentido.

A viagem para Auschwitz e os sentimentos que se instalaram em todos os deportados mostraram para Levi que o único recurso disponível nos momentos extremos é o desejo de manter a vida em seu curso normal, com suas pequenas dificuldades, suas disputas inócuas, suas repetições enfadonhas. Podemos chamar essa recusa em viver a própria morte de vários nomes. Podemos até mesmo evocar a ausência de lucidez dos que iam morrer. Mas será essa uma maneira correta de descrever o espaço infinito contido entre a certeza da morte e sua efetivação? Sabemos todos que vamos morrer, mas isso não quer dizer que vivemos para morrer. Ao tentar preservar o curso normal da existência, ainda que ele se manifes-

---

6. Dante Alighieri, *La Divina Commedia*, Milano: Hoepli, 1987, Canto III, 9.
7. Primo Levi, *op. cit.*, p. 14.

tasse na violência dos carrascos, os deportados escolhiam manter a esperança, no lugar de se deixar levar pela emoção de saber o fim próximo.

As experiências vividas pelo grande número de presos dos diversos campos que existiram no mundo no curso do século xx, e continuam a existir em algumas partes do planeta, nos ensinaram que não podemos confundir campos de internação, campos de trabalho, campos de concentração e campos de extermínio. Mas essa verdadeira sociologia da violência organizada pelos Estados não pode apagar o fato de que a morte é sempre parte do que David Rousset chamou de "universo concentracionário", que ele definia como "um universo à parte, totalmente fechado, reino estranho de uma fatalidade singular[8]". Robert Antelme descreve essa situação quando afirma, referindo-se ao campo de concentração no qual esteve internado: "Estamos todos aqui para morrer[9]". É claro que na vida normal também sabemos que vamos morrer, que nossa finitude é uma barreira inultrapassável de nossa condição. Mas não vivemos para morrer, e nossos momentos não são normalmente possuídos pela ideia da morte. No campo de concentração, ao contrário, a equação do tempo e da morte domina inteiramente o cotidiano. Comer a ração magra e insuficiente possui um significado extremo. A esperança de que finde a cativídade esbarra na inexorabilidade da passagem do tempo, um tempo modificado por uma escala que não comporta mais uma vida regrada por outras expectativas a não ser aquela de evitar a morte. "É preciso não morrer, esse é o objetivo verdadeiro da batalha", afirma Antelme[10]. Essa batalha é tanto mais árdua que mesmo nos campos baseados na exploração da mão de obra escrava não havia preocupação alguma com a preservação da vida dos que trabalhavam. Aos olhos dos carrascos, todos eram apenas uma quantidade finita de energia, a ser esgotada e descartada. Um número esvaziado de história e profundidade.

Essa atitude diante da morte, que Levi recusa classificar como heroica, acompanha a mutação que se operou no curso do século xx com relação aos momentos finais da existência. Como mostra Philippe Ariès em seu clássico *L'homme devant la mort*[11], a morte foi pouco a pouco per-

---

8. David Rousset, *L'Univers concentrationnaire*, Paris: Hachette, 1965, p. 36.
9. Robert Antelme, *L'Espèce humaine*, Paris: Gallimard, 1957, p. 45.
10. *Ibidem*, p. 71.
11. Philippe Ariès, *L'Homme devant la mort*, vol. 2, Paris: Éditions du Seuil, 1977.

dendo seu significado social e seus rituais de inserção na vida das comunidades, para transformar-se em algo incômodo, que deve ser escondido dos olhares públicos, restrito ao círculo familiar, que, por seu turno, deve evitar transformar o final da vida de um dos seus num espetáculo público. A morte tanto tempo temida e reverenciada, cultivada como fato social, passa a ser um fenômeno de silêncio e privação[12]. Mas as mutações que Ariès identifica tão bem nas sociedades contemporâneas em sua relação com a morte não incluem o caso que nos interessa aqui: a morte anunciada e produzida por uma máquina de matar. Os que embarcavam para Auschwitz sabiam que iam morrer de uma forma diferente dos que são levados em estado grave para um hospital. Mas não sabiam como, e muitos prefeririam acreditar que nada iria acontecer. Sua morte não pode ser encaixada nas circunstâncias normais da vida, as mesmas que pareciam proteger os deportados no momento de sua transferência. Além das mutações apontadas por Ariès, que alteraram procedimentos seculares, é preciso reconhecer um novo domínio: o do extermínio voluntário e anunciado de populações inteiras. Nesse novo quadro, a proximidade entre a vida dos condenados à morte do sistema penitenciário de diversos países e o interregno concedido aos que eram conduzidos aos campos de concentração e extermínio é apenas aparente. É claro que há similitudes entre a experiência de indivíduos que estão prestes a enfrentar a morte. Mas a psicologia do moribundo interessa pouco se não formos capazes de explorar as distinções e as mutações sofridas por sociedades que industrializaram a morte.

    A primeira mutação sofrida pelos que foram exterminados já na chegada aos campos de concentração diz respeito ao fato de que a mecanização da morte pelos executores fez com que todos os rituais fossem abolidos de uma só vez. "Assim desapareceram em um instante, por traição, nossas mulheres, nossos parentes, nossas crianças", diz Levi. "Quase ninguém teve tempo de lhes dizer adeus[13]." A morte não é privada apenas dos rituais que a acompanharam ao longo dos séculos. Ela é negada ao tempo presente. Os que se vão simplesmente desaparecem dos olhos dos que até então os acompanharam. A morte industrial, a mais trágica

---

12. *Ibidem*, vol. II, pp. 289-293.
13. Primo Levi, *op. cit.*, p. 19.

de todas, é apenas um ato mecânico para quem a infringe, mas aparece como a imagem mesma da irracionalidade e do sem sentido: "Tudo nos parecia incompreensível e louco[14]".

A inscrição na porta do inferno de Levi é bem diferente daquela de Dante. Com ela somos transportados ao coração de nosso tempo: "O trabalho liberta[15]". Podemos compreender como uma ironia a inscrição na porta de Auschwitz, mas com isso perdemos o fato essencial de que ela assinala uma mudança importante de nossa época. O núcleo da crença na produção racional do mundo pelas forças produtivas inspiradas na razão técnica está privado de sentido. Entre o mundo ético da liberdade e o trabalho não há sentido que se produza, mas apenas um vazio, que comanda comportamentos, mas não produz valores humanos. O primeiro círculo do inferno de Levi não é habitado pelos que não foram batizados e, portanto, não podiam conhecer a verdade revelada, mas pelos inocentes, tragados pela ausência total de sentido num mundo dominado pela lógica do trabalho vazio dos executores banais do mal absoluto. "É isso o inferno", diz Levi. "Hoje, no mundo atual, o inferno deve ser isso: uma grande sala vazia e nós que não conseguimos ficar de pé. Há uma torneira que pinga com uma água que não podemos beber e nós que esperamos por algo que só pode ser terrível, e não acontece nada, continua a não acontecer nada[16]."

Logo no *primeiro círculo*, Levi acredita ter encontrado o fundo do poço da condição humana. "É impossível cair mais baixo: não existe, é impossível conceber condição humana mais miserável do que a nossa[17]." Essa percepção da miséria da condição do detento guarda, no entanto, algo do mundo de antes da prisão. Perder as roupas, os pertences, ter o cabelo raspado e ser transformado em um número retira os habitantes do campo do mundo dos homens, para lançá-los em um vazio, povoado por ordens e humilhações contínuas. Mas a percepção da humilhação, o exame crítico da degeneração do corpo, é um estágio aquém do que conheceriam os habitantes ao longo de sua existência nos campos. Nesse primeiro círculo, a humanidade já se dividiu em duas: os que foram exterminados e os que

14. *Ibidem*, p. 20.
15. *Ibidem*, p. 21.
16. *Ibidem*, p. 21.
17. *Ibidem*, p. 26.

serão exterminados. Embora a escolha dos que permaneciam vivos por mais algum tempo muitas vezes fosse fruto do puro acaso, em muitos casos resultava da possibilidade que os corpos tinham de trabalhar, de serem empregados como um feixe de músculos capaz de executar tarefas, para a própria máquina de extermínio.

A seleção dos que iriam morrer mais tarde aponta para uma das mudanças essenciais no poder político contemporâneo que foi, nas palavras de Foucault, sua transformação em *biopoder*. Giorgio Agamben explorou essa operação em uma de suas obras mais importantes[18]. Para ele, a biopolítica significa a "crescente implicação da vida natural do homem nos mecanismos e os cálculos do poder[19]". Ela é, por excelência, a política do Estados totalitários e, por isso, nos permite compreender corretamente o que se passou em Auschwitz. As vítimas não foram apenas arrancadas de seu lugar de origem, foram destituídas de sua qualidade de cidadãos de algum Estado, de membros de uma dada comunidade, para serem visadas, em primeiro lugar, como corpos naturais, passíveis de ser tratados como entes biológicos, com suas necessidades e limites.

Por isso o tratamento dos prisioneiros no momento da transferência ao campo é um momento tão importante. Desenraizados, os homens são destituídos não apenas dos direitos de que gozavam em sua comunidade de origem, mas são transmutados em homens de lugar algum. Entre o momento da partida e o da chegada ao campo, os prisioneiros deixam de ser homens e mulheres, com nomes e história, para se transformarem em corpos que sofrem e perecem ao sabor das circunstâncias externas que os envolvem em sua realidade biológica. Por isso Foucault afirmava que a divisa da *biopolítica* é "fazer viver e deixar morrer[20]". A morte retoma seus direitos naturais e torna a sobrevivência ocasional do prisioneiro um fato produzido por um novo poder cujo objetivo é muito diferente do antigo poder conquistador. Com relação aos judeus, a Alemanha nazista não se comporta como um Estado soberano, que reivindica com ou sem razão seu império sobre um território qualquer. O Estado nazista conquista os corpos e os desumaniza.

---

18. Giorgio Agamben, *Homo sacer. O poder soberano e a vida nua*, Belo Horizonte: Editora UFMG, 2002.
19. *Ibidem*, p. 126.
20. Giorgio Agamben, *Quel che resta di Auschwitz*, Torino: Bollati Boringhieri, 2005, p. 145.

O procedimento de transferência para os campos de concentração nos esclarece por que era tão importante transformar todos em números. No trajeto, a história e a individualidade das vítimas eram perdidas. Enquanto corpos só podiam ser numerados, mas não nomeados. Nas guerras convencionais os soldados do país inimigo e mesmo seus cidadãos são amalgamados em torno da ideia do inimigo. Na *biopolítica*, os inimigos são corpos naturais, que devem ser extirpados. Isso nos ajuda a compreender por que não era importante que os campos estivessem em território alemão. Poderíamos imaginar que havia um certo pudor em expor uma política de extermínio, mas isso é uma suposição errônea. A "solução final" exigiu uma tal mobilização de meios e pessoas, que era impossível escondê-la. Afinal, ela fazia parte do ideário nazista desde o início. O fato primordial é que eliminar inimigos transformados em corpos naturais independia do lugar onde seriam executados. Não apenas por indiferença quanto ao destino dos que iriam morrer, mas também porque se tratava de uma operação que era executada fora dos quadros legais, fora dos parâmetros normais, que presidiam até mesmo o antigo direito de guerra. Os deportados não eram prisioneiros de guerra, eram números em uma contabilidade macabra[21].

Esse procedimento de apagamento das raízes dos que são vítimas da política de um Estado totalitário fez aparecer uma nova forma de degredo, que não executa leis formais, mesmo duras ou injustas, mas impede a integração de homens e mulheres a um estado de direito. "Imagine agora", diz Levi, "um homem privado não somente dos seres que ama, mas de sua casa, de seus hábitos, de suas roupas, de tudo enfim, literalmente de tudo o que possui; será um homem vazio, reduzido ao sofrimento e à necessidade, destituído de todo discernimento, esquecido de toda dignidade[22]." Esse comportamento foi uma das heranças mais trágicas dos regimes totalitários legadas ao nosso tempo. Basta observar a formação de campos de detenção fora dos Estados Unidos em sua guerra contra o terror, para aquilatarmos a força da ideia de criação de locais de segregação de inimigos à distância do território no qual as leis de um país têm de

---

21. O estudo de Hilberg sobre a "solução final" continua sendo uma referência fundamental. Raul Hilberg, *La destruction des juifs d'Europe*, Paris: Gallimard, 1988, 2 vol. Para o estudo da implantação e funcionamento dos campos de concentração, cf. vol. 2, cap. IX, pp. 748-855.
22. Primo Levi, *op. cit.*, p. 27.

ser respeitadas. Não estamos sugerindo que as prisões americanas situadas fora de seu território sejam campos de concentração como os nazistas. De alguma maneira a própria opinião pública pode fazer pressão sobre o governo, para evitar que essa experiência ameace a ordem constitucional americana, o que só é possível quando subsiste o estado de direito. Mas é inquietante, como já lembrou Agamben, que uma democracia possa se converter em um Estado totalitário numa rapidez espantosa no espaço definido pela *biopolítica*, como ocorreu no curso do século xx[23]. Por isso, as políticas de repressão dos Estados democráticos devem ser observadas com todo o cuidado. No mundo da *biopolítica* a passagem de um estado de direito para um estado de exceção é muito mais rápida do que gostaríamos de supor. Afirmar a necessidade de usar de meios extraordinários para lutar contra um inimigo externo, muitas vezes difícil de ser discernido, como é o caso do terrorismo internacional, pode muito bem se mostrar uma porta para a ruptura da ordem legal, que preside a vida democrática. Não é sem razão que o governo Bush propôs algumas medidas que claramente atentavam contra os direitos dos cidadãos americanos. É claro que o terrorismo internacional é uma ameaça real, mas também é uma ameaça real à democracia aceitar o uso de procedimentos que atentem tão claramente contra seus princípios. Não existe nesse terreno uma boa contabilidade, que usaria do recurso a meios extremos e ao mesmo tempo garantiria que a vida democrática não seria atingida. A fronteira entre os regimes é muito mais tênue do que desejaríamos, e o risco de ruptura muito mais presente, num mundo no qual os corpos são o objeto privilegiado da política.

O *segundo círculo do inferno* concentracionário diz respeito aos que sobreviveram à entrada no campo e foram transformados em número. Esse círculo é o império da necessidade. Da fome, da fome "regulamentar", que segundo Levi se apossa de todos os detentos, passa-se a uma vida que não pode mais ser compreendida dentro dos limites que definiam antes a existência de cada um. Aqui a necessidade faz sua irrupção e passa a comandar o dia a dia dos prisioneiros. Ela se manifesta por meio de uma sede constante, de uma fraqueza que aos poucos ganha todos os

---

23. Giorgio Agamben, *Homo sacer. O poder soberano e a vida nua*, pp. 127-128. Esse autor trata de forma mais sistemática o problema do estado de exceção em seu livro, *Stato di eccezione*, Torino: Bollati Boringhieri, 2003.

membros, mas também pela perda de todos os códigos de civilidade, que na vida ordinária constituem o solo sobre o qual se erguem as relações sociais. O objetivo de todos os campos criados pelos regimes totalitários, sejam eles de extermínio ou de concentração, é precisamente, como lembra Lefort, de quebrar os fios de continuidade com as experiências do passado e a produção de homens totalmente desenraizados[24].

Observando a vida nos campos, podemos ser tentados a imaginar que essa experiência pode ser compreendida lançando mão do recurso à noção de estado de natureza, que tanta importância teve na filosofia política moderna. Hobbes afirma em *Leviatã* que na natureza "a vida do homem é solitária, pobre, sórdida, embrutecida e curta[25]". A ausência de mediação nas relações humanas faz com que os homens entrem em disputa por qualquer coisa e acabem provocando uma guerra de todos contra todos[26]. Das descrições do estado de natureza não nos interessa aqui a sequência de argumentos, que conduz o filósofo inglês a deduzir a necessidade do Estado, mas o fato de que ele representa os limites da condição humana como aqueles de um estado no qual cada um pensa apenas em si mesmo e em sua sobrevivência. Ora, Levi e muitos dos que testemunharam nos deixam entrever que a vida num campo de concentração reduz os homens a uma luta pela sobrevivência que aos poucos anula quase todos os códigos que governam as relações humanas em sociedades democráticas. Desse limite, representado pela submissão à necessidade, Hobbes deduz a ausência de toda moralidade: "As noções de bem e de mal, de justiça e injustiça, não existem aí. Onde não existe um poder comum não existe lei, e onde não há lei não há injustiça[27]". Nosso problema é o de saber até onde a analogia entre alguns elementos da descrição hobbesiana do estado de natureza e o retrato da vida em um campo de concentração traçado pelos sobreviventes é pertinente. Se pudermos figurar a redução do homem à luta pela sobrevivência como o estágio último da condição humana, como seu limite, vamos poder nos servir de parâmetros filosóficos da tradição para compreender o núcleo da experiência dos que foram submetidos ao processo de desenraizamento radical perpetrado

---

24. Claude Lefort, *Un homme en trop,* Paris: Éditions du Seuil, 1986, p. 104.
25. Thomas Hobbes, *Leviathan*, Harmondsworth: Penguin Books, 1985, cap. XIII, p. 186.
26. *Ibidem*, cap. XIII, p. 184.
27. *Ibidem*, cap. XIII, p. 188.

pelo poder totalitário. Se a resposta for negativa, seremos obrigados a reconhecer que a tradição filosófica nos conduz até o início do percurso pelo inferno concentracionário, mas que depois será preciso reconhecer que uma mutação ocorreu no terreno da política e que novos problemas surgiram, criando um novo território de investigação ética.

De nossa parte acreditamos que a aproximação com Hobbes é interessante, mas limitada. A luta pela sobrevivência está no centro da vida dos prisioneiros, ela baliza todas as ações e comanda até mesmo a progressiva perda de referenciais morais, que em situações normais comandam a vida dos indivíduos inseridos em uma sociedade, como, por exemplo, a interdição do roubo. Mas a analogia contém um perigo que nos cabe evitar. Hobbes pensava que o estado de natureza era uma construção mental, necessária para a criação de um sistema racional de justificação do Estado. Mesmo se pudéssemos suspender seu caráter hipotético, teríamos de reconhecer que ele assinala limites para a condição humana, que não podem ser transpostos. Sua força analítica reside precisamente no fato de pensar a condição humana a partir de seus extremos contrapostos: a vida e a morte. A vida no campo parece ser guiada pela mesma lógica. Primo Levi mostra com riqueza de detalhes e equilíbrio sua lenta descida ao núcleo do círculo, que conduz à desumanização. Numa conversa com outro prisioneiro, ele se espanta, por exemplo, com o fato de que o outro ainda tenta manter como obrigação uma higiene perfeita. Mas nessa descida em direção aos limites há um fator que mostra a diferença com relação à filosofia de Hobbes: a presença de uma alteridade radical e ameaçadora. Num campo, o movimento de desumanização é ele mesmo uma criação humana, o produto de uma ação voluntária de homens que possuem ainda os instrumentos para proferir julgamentos morais.

Ou seja, o universo concentracionário não possui a unidade que caracteriza o estado de natureza de Hobbes. Para o pensador inglês não existe julgamento moral na natureza, caracterizada pela igualdade entre homens que apenas lutam para conservar a própria vida. Os prisioneiros dos campos são lançados num processo no qual a sobrevivência passa a ser a preocupação central, se não única da vida de cada um, mas nem todos nesse universo são atingidos pelo movimento que arrasta os homens para os limites da condição humana. A experiência totalitária é fruto do engenho humano, ela é puro artifício. Por isso não há igualdade entre os envolvidos no processo de extermínio. A principal consequência disso é que não é legítimo supor que os executores diretos da matança estivessem num território no qual os juízos morais foram suspensos. Depois da guerra, e não apenas da Segunda Guerra Mundial, muitos algozes reivindicaram para si um estatuto semelhante ao que podemos atribuir ao estado de natureza. Ou seja, alegaram que o não cumprimento das ordens resultaria em sua própria morte e que, portanto, não estavam em condições de julgar moralmente os atos que perpetravam.

Alguns estudos mostram que, no tocante ao nazismo, essa afirmação é falsa, uma vez que os soldados que se recusaram a participar dos massacres não eram punidos com a morte, como muitos quiseram fazer crer[28]. Com isso, não há como caracterizar o território ético de um campo de concentração como algo próximo do estado de natureza. A mutação que ocorre nessas experiências é algo que poderíamos caracterizar como a produção artificial da natureza. Homens submetidos a processos extremos de degradação sobrevivem por algum tempo nos limites do que a teoria política clássica havia afirmado estar fora do mundo da política. Essa experiência, no entanto, não anula o mundo moral, que continua a existir para os que executam as ordens. Esse laboratório da condição humana não afeta, entretanto, apenas os que dele participam. Ele afeta todos nós. Como afirmou Rousset: "O fato de que o universo concentracionário exista não é sem significado para o universo das pessoas comuns, dos homens em sentido estrito[29]". Com o século xx aprendemos que a crença no poder criador do homem significa inclusive criar o inumano, inventar fronteiras e espaços para o exercício ordenado e sistemático de destruição da própria humanidade. Esse mundo é de uma complexidade moral extraordinária na medida em que altera para sempre a busca por padrões morais baseados na igualdade dos membros de uma comunidade humana. Um campo de concentração não é um mundo de iguais, mas

---

28. Duas obras se dedicaram em especial a investigar o destino e a história de soldados ordinários que se viram envolvidos em massacres. Nos dois livros, os autores concluíram que, mesmo enredados pelos fatos da guerra, os soldados eram conscientes do que faziam, eram capazes de fazer julgamentos morais e, sobretudo, podiam ter agido de forma diferente. Ver a esse respeito: Christopher Browning, *Des hommes ordinaires*, Paris: Les Belles Lettres, 1992; Daniel Jonah Goldhagen, *Les bourreaux volontaires de Hitler*, Paris: Éditions du Seuil, 1997.
29. David Rousset, *op. cit.*, p. 49.

também não é o terreno da crueldade pura e simples dos que lutam para sobreviver, ou mesmo para conquistar.

Primo Levi foi muito consciente da novidade radical do experimento ao qual foi submetido. Diante do que viveu ele se pergunta: "Em face do inextricável dédalo desse mundo infernal, minha ideias são confusas. É realmente necessário elaborar um sistema e aplicá-lo? Não é mais salutar tomar consciência de que não temos um sistema?[30]". Essa frase revela toda a perplexidade que se apossa de quem pretende usar da racionalidade moderna para compreender o avesso da marcha das Luzes. Como não reconhecer que uma mutação se operou nas sociedades que se destinavam ao progresso do espírito e que acabaram produzindo pelo artifício de suas máquinas algo muito pior do que a condição triste da qual pretendiam escapar pelo engenho humano? Como não constatar que os sistemas filosóficos modernos não foram capazes de prever o que aconteceu e nem de ajudar a compreender o sentido dos acontecimentos para aqueles que foram por eles tragados?

Os prisioneiros, os que escaparam, puderam relatar o que viveram, mas não tinham como elaborar racionalmente o que passavam, quando estavam submetidos à rotina do campo. Era-lhes dado ainda duvidar, ou pelos menos constatar a própria perplexidade, mas se viam abandonados por esquemas racionais, que não haviam previsto a inversão da corrente da modernidade. Que homem é esse que é empurrado para um estado de natureza artificial, que deveria colocar todos contra todos e que, no entanto, constata Levi, "nesse companheiro de hoje atrelado comigo ao mesmo fardo, me é impossível ver um inimigo ou um rival[31]". Isso não quer dizer que não impere no campo a lei do mais forte e que a luta pela sobrevivência não acabe transformando os detentos em algo próximo do homem solitário de Hobbes. Mas a geometria do mal é muito diferente daquela da natureza. O campo de concentração conhece uma divisão que não é aquela de um grupo dividido entre seus elementos constitutivos, mas um grande conjunto, cuja distinção principal é entre os que estão dentro e os que estão fora. Para os que estão dentro, a necessidade serve como ferramenta de dissociação, que, no entanto, não chega nunca a apa-

---

30. Primo Levi, *op. cit.*, p. 43.
31. *Ibidem*, p. 44.

gar a identidade entre os que vão morrer. A falta de sentido produz um elo de união cujos resultados são tênues, mas que guarda o sentido de uma vida que luta para se preservar. Visto de perto, o universo concentracionário se multiplica em diversidades impossíveis de serem apagadas. Visto de fora, vemos um mesmo movimento destinado a anular os pequenos sobressaltos de uma vida destinada a se extinguir.

A necessidade, que comanda as ações humanas, não contém aqui o mesmo elemento de inexorabilidade que lhe atribuímos quando pensamos na natureza. Uma *necessidade artificial* faz aparecer um mundo sem referências, oprime e destrói os que são a ela submetidos, mas é geralmente interrompida por uma racionalidade subjacente que, se não pode mais explicar, aflora por vezes na forma da dúvida e da interrogação. Esse é o segundo círculo do inferno. A segunda etapa no mergulho em direção aos limites do humano. Dele aprendemos uma lição que ressoa até nossos dias e que substitui a antiga sabedoria acerca da morte herdada dos gregos: "Se há uma mensagem que o campo pode transmitir aos homens livres, ela é a seguinte: faça tudo de maneira a não sofrer em suas casas o que nos foi infligido aqui[32]". A terrível herança, que levou Agamben a enxergar nos campos de concentração o paradigma da *biopolítica*[33], parece ter escapado de seu território original para pairar sobre o mundo contemporâneo. A arte demiúrgica de produzir o próprio universo se transformou na arte de criar seu próprio inferno, no qual não existem leis da natureza, ou da divindade, mas regras da desrazão, travestidas pela racionalidade técnica.

A vida no campo produz uma série de círculos nos quais o sofrimento se desdobra em formas imprevistas e indecifráveis. Assim, a ida de um detento para a enfermaria, que em outras circunstâncias representa a luta do homem contra a morte natural, impõe um novo terror para corpos que deixaram, aos olhos de seus senhores, até mesmo de ser mais do que feixes de músculos destinados a trabalhar. Para os que eram levados para o tratamento ocorre a inversão de um cuidado, que, ao se revelar complexo, aguça a violência contra o doente, no lugar de procurar diminuí-la. Em outro texto, Levi observa que uma das marcas da experiência

---

32. *Ibidem*, p. 58.
33. Giorgio Agamben, *Homo sacer. O poder soberano e a vida nua*, pp. 173-183.

totalitária não foi o uso da violência contra o inimigo, mas o emprego sistemático de uma violência sem sentido, que não pode ser explicada por nenhum dos cânones do pensamento político clássico. Produzir o sofrimento transformou-se num fim em si mesmo, o que conduziu à máxima que governou a vida dos campos: "Não somente o *inimigo* deve morrer, mas ele deve morrer supliciado[34]". Ao contrário do inferno de Dante, que preserva as fronteiras entre os vivos e os mortos, no inferno de Levi a fronteira entre a vida e a morte é alargada, apenas para fazer sentir a presença do fim para aqueles que vão morrer. A experiência de proximidade da morte, que em outros momentos da história permitiu que aquele que ia partir se despedisse dos seus, se transformou num ritual de silêncio, sobre o qual os prisioneiros não falavam. Há, pois, uma mutação da morte, que passa a ser administrada pelo poder como um de seus efeitos permanentes. Manter vivo é uma tarefa administrada, como se o mundo surgido nos campos fosse pura artificialidade, impossível de descrever nos termos naturais mais banais de todas as épocas.

Como na enfermaria dos campos de concentração nazistas, a vida nos limites do humano produz suas regras internas, ações que visam tentar impor uma fresta de humanidade num mundo cujo único sentido é destruir a própria vida. É extraordinário como no espaço em suspenso, que caracteriza o campo de concentração, ressurjam experiências tão conhecidas como as de troca, de favorecimento pessoal, de suborno, de amizade e mesmo de generosidade e de coragem. Mas não nos equivoquemos. Essas nesgas de humanidade aparecem num turbilhão, que executa um movimento centrípeto constante em direção à morte. Na vertigem desse engenho destinado a negar ao homem o direito à vida, a condição humana vai se esgarçando até se transformar num simples fiapo de vida, que parece incapaz de recuperar seu direito à existência.

O último círculo do inferno de Dante era habitado pelos traidores. Nas profundezas geladas estavam aqueles que de forma ardilosa e por vezes brutal atentaram contra seus semelhantes[35]. No último círculo do inferno de Levi estão aqueles que não foram capazes de enxergar as frestas de humanidade que escapavam do movimento impetuoso em direção à

---

34. Primo Levi, *Les naufragés et les rescapés*, Paris: Gallimard, 1989, p. 119.
35. Dante Alighieri, *op. cit.*, Cantos XXXII a XXXIV.

morte, e foram tragados por seu rosto gelado e incompreensível. Num dos capítulos mais notáveis de seu *É isto um homem?*, o escritor italiano traça um perfil comovente daqueles que na linguagem dos campos eram chamados de "muçulmanos". Não sabemos ao certo a origem do termo, que era empregado em alguns campos, mas que fazia parte, sobretudo, do complexo de Auschwitz. O importante, como observou Agamben, é notar a novidade e radicalidade do aparecimento dessa figura[36].

Levi considera a vida no campo um experimento decisivo para a determinação das fronteiras do humano. O primeiro ponto em sua *démarche* consiste em recusar a tese segundo a qual o que resta a ser observado é o homem em estado de pura luta pela sobrevivência. Como já tivemos a ocasião de observar, não existe esse ponto de observação único num evento que é fruto direto da vontade humana e não das circunstâncias. O verdadeiro objeto a ser investigado é, portanto, como sugerido por Pico della Mirandola, a capacidade do homem de produzir a própria condição e não sua natureza bruta. O observador é nesse caso diretamente atingido pelo fato de que o experimento que estuda produz uma mutação do lugar do qual ele fala. Auschwitz não foi um interregno, mas uma expansão das fronteiras do humano, uma expansão negativa, mas um acontecimento que nos permite avançar na investigação da condição humana, e não um acaso inabordável pelas lentes da razão. Isso não altera o fato de que o campo seja o império da desrazão e que ele não pode ser compreendido com as ferramentas analíticas herdadas da modernidade. O que não podemos deixar de pensar, mesmo a preço de hesitações e dificuldades, é no sentido do círculo final da vida dos que foram vítimas desse experimento, assim como do comportamento dos que o executaram, como procuramos fazer na primeira parte deste texto.

O "muçulmano" é caracterizado por Levi como aquele que estava destinado a perecer de imediato no campo. Essa percepção era feita pelos próprios prisioneiros, que procuravam se afastar dos que demonstravam ser incapazes de compreender o funcionamento do imenso maquinário de Auschwitz e que, por isso mesmo, eram presas fáceis de suas engrenagens. "Ainda que eles fossem jogados de um lado para o outro e confundidos com a imensa multidão de seus semelhantes, eles sofriam e avan-

---

36. Giorgio Agamben, *Quel che resta di Auschwitz*, p. 79.

çavam numa solidão interior absoluta, e era ainda como solitários que morriam ou desapareciam, sem deixar traços na memória de ninguém[37]." Pode parecer que a descrição dessa multidão anônima, que morreu nos campos sem deixar vestígios, dê origem a uma classificação valorativa dos prisioneiros. Nessa lógica superficial, o "muçulmano" seria o fraco em contraposição aos fortes, que resistiram. Nada mais distante, entretanto, de Primo Levi do que essa falsa hierarquia. É claro que para os que lutavam para sobreviver em condições extremas essas figuras "desencarnadas, a fronte curva e os ombros caídos, cujo rosto e os olhos não refletiam nenhum pensamento[38]", eram apenas o retrato do destino contra o qual tentavam lutar, eram o limite a não ser alcançado[39]. Por isso eram vistos como perdidos, abandonados a uma sorte que não podia mais ser evitada. Para nós, como já sugeria Levi, eles foram os verdadeiros viventes do campo, o retrato efetivo do que foi a experiência totalitária e o sinal da mutação que ela operou no seio da contemporaneidade.

A figura do último círculo abre novas perspectivas para a formulação do tema principal de nosso texto: os limites do humano. Como lidar com esse personagem extremo, cuja morte e forma de vida no campo praticamente o privaram do testemunho? Deixemos de lado, por enquanto, o problema do testemunho dos que foram "muçulmanos" e que tendo sobrevivido foram capazes de falar depois[40]. O "muçulmano" nos interessa por assinalar esse lugar extremo produzido pelo engenho humano entre a vida e a morte: "Hesitamos em chamar de morte uma morte que eles não temem", diz Levi, "porque eles estão por demais esgotados para compreendê-la[41]". Mas esse espaço incongruente entre a vida e a morte é a verdadeira obra dos campos de concentração. É para ele que nosso olhar deve convergir se quisermos avançar na compreensão da herança totalitária e da mutação da política e da ética que dela decorreu.

---

37. Primo Levi, *op. cit.*, p. 95.
38. *Ibidem*, p. 97. Para outras descrições do "muçulmano" ver: Giorgio Agamben. *Quel che resta di Auschwitz*, pp. 37-39.
39. Giorgio Agamben, *Quel che resta di Auschwitz*, p. 46.
40. Agamben é particularmente sensível a esse problema, sobretudo em razão do fato de ter Primo Levi afirmado que o testemunho ideal do campo – o "muçulmano" – não poderia falar. Ao repertoriar o testemunho de alguns sobreviventes que se declararam "muçulmanos", ele procura uma primeira abordagem para a questão, que permanece, no entanto, como um problema de difícil solução. *Idem*, pp. 140-144.
41. Primo Levi, *op. cit.*, p. 97.

Em seu livro clássico sobre o fenômeno concentracionário, Bruno Bettelheim caracteriza os "muçulmanos" como "organismos vivos reagindo de uma certa maneira ao ambiente, mas privando-o de todo poder de influenciá-lo enquanto sujeitos. Eles renunciavam a toda reação e se transformavam em objetos[42]". O autor se preocupou em seu estudo, sobretudo, em delimitar as diversas etapas pelas quais passavam os prisioneiros dos campos e como reagiam e podiam em alguma medida se adaptar à vida infernal a que eram submetidos. Falando principalmente dos campos de Dachau e de Buchenwald – que não eram em primeira instância campos de extermínio como Auschwitz, o que produz uma diferença, ainda que sutil, no comportamento dos prisioneiros, e mesmo dos guardas –, ele observa que a sobrevivência estava diretamente ligada à capacidade de adaptação às condições terríveis de detenção[43]. Segundo ele, aqueles que não conseguiam romper rapidamente com os padrões de sua vida anterior eram tragados pelo ambiente e morriam.

Há, pois, para Bettelheim, uma lógica na dominação totalitária que afeta diretamente o sujeito, que o destitui de sua personalidade e que indica, ao mesmo tempo, a pequena fresta pela qual podia passar a sobrevivência. O "muçulmano" lhe interessa por assinalar um ponto de não retorno, um processo de desumanização que só poderia terminar com a morte. Resumindo suas considerações, ele afirma: "Era a renúncia a toda reação afetiva, a toda reserva interior, o abandono de um ponto de não retorno, que defenderíamos a todo custo, que transformava o prisioneiro em muçulmano[44]". Manter-se fora da zona de não retorno era, pois, o desafio de toda a existência dos prisioneiros.

As teses de Bettelheim podem ser discutidas de várias maneiras, sobretudo pela implicação de uma psicologia de sobrevivência em condições extremas, baseada em fenômenos que normalmente atribuímos à consciência e à razão. Mas este não é o lugar para um debate sobre essas teses. Interessa-nos em particular a afirmação de que o "muçulmano" representava um ponto de não retorno da condição humana. Uma morte

---

42. Bruno Bettelheim, *Le coeur conscient*, Paris: Hachette, 1972, p. 207.
43. "*C'était si vrai que la survie dépendait souvent de la capacité de l'individu de préserver une certaine initiative, de demeurer maître de quelques aspects importants de sa vie, en dépit d'un environnement apparemment écrasant.*" Ibidem, p. 201.
44. Ibidem, p. 214.

vivida em agonia e falta de consciência. Há o fato de que alguns "muçulmanos" escaparam e sobreviveram. Esse fato pode ser interpretado primariamente como mero fruto do acaso, que não desmentiria a associação primeira entre o estágio último de degradação dos prisioneiros e a morte. É bastante provável que nas duras condições dos campos quase todos os "muçulmanos" tenham morrido. É bastante possível também que a descrição dos diversos estágios pelos quais passavam os detentos seja uma descrição realista da vida dos prisioneiros, e isso em todos os campos. Mas a aceitação pura e simples da identificação entre a condição do "muçulmano" e da morte – em grande parte verdadeira na história dos diversos campos de concentração – pode obscurecer o significado desse fenômeno para a vida política e para a ética contemporânea. Há é claro uma implicação psicológica no processo de degradação da personalidade – e nesse terreno as teses de Bettelheim são preciosas para o debate até hoje –, mas há dimensões que nos escapam se nos detivermos apenas na descrição da inexorabilidade do processo de degradação da personalidade dos detentos. Nossa tarefa é, assim, continuar a explorar esses novos espaços éticos da vida contemporânea abertos pela experiência totalitária.

Primo Levi diz, referindo-se ao químico que o entrevistou em Auschwitz, que, "se eu pudesse explicar a fundo a natureza desse olhar trocado como através do vidro de um aquário por dois seres pertencendo a dois mundos diferentes, eu teria explicado ao mesmo tempo a essência da imensa loucura do Terceiro Reich[45]". É a assimetria total entre os dois olhares que constitui o espaço ético da experiência totalitária; é o fato de que não há terreno comum entre dois seres vivendo a mesma experiência que constitui a contribuição nefasta dos regimes extremos para a vida de nosso tempo. O "muçulmano" não é, nessa lógica, um acaso, o fruto de circunstâncias que, ao custo extremo de resistência pessoal, podiam ser evitadas. Ele é o produto de uma racionalidade técnica, destinada a criar pelo engenho humano uma nova fronteira para o humano, sem fornecer a cartografia de seu novo mundo.

A crueldade não é evidentemente algo estranho à história da humanidade. A tortura, a escravidão, a ameaça de morte violenta povoam a memória e a história de todos os povos. Nesse mundo de violência, a

---

45. Primo Levi, *op. cit.*, p. 113.

natureza do homem sempre foi pensada como algo passível de ser discernida através de um conjunto de traços que permitiam distinguir sem ambiguidade o que era humano daquilo que a ele se opunha. Aristóteles chegava a dizer que fora do terreno conhecido do "animal político" estávamos lidando com bestas ou com deuses. Foi esse acordo tácito quanto à existência de uma natureza primeira do homem que se esvaiu ao longo do século xx. A discordância tradicional entre filósofos nunca implicou a dúvida quanto à possibilidade de pelo menos buscar uma essência do homem, para além de suas próprias obras. Com o advento do totalitarismo, a afirmação de Pico della Mirandola revelou seu segredo trágico. Pelas mãos do homem, o homem passou a desconstruir a própria natureza. Nesse processo, a figura do "muçulmano" é o exemplo acabado de uma reinvenção do humano, que nasce da violência e não da descoberta de novas qualidades e potencialidades. Os regimes totalitários inventam novos registros da dor, que visam refazer as fronteiras dentro das quais um corpo humano guarda as marcas de sua humanidade.

Giorgio Agamben fala da condição do "muçulmano" como de um "terceiro reino" e completa: "Antes de ser o campo da morte, Auschwitz é o lugar de um experimento ainda impensado, no qual, para além da vida e da morte, o judeu se transforma em 'muçulmano', e o homem, em não homem[46]". Nesse estágio, o homem perde a capacidade, além da possibilidade, de falar. Enfrentando a morte de frente, acaba privado de palavras para descrevê-la. E aqui a privação da palavra não é fruto do espanto e da grandeza da visão dos místicos, mas do vazio total dos "cadáveres ambulantes". O "muçulmano" não fala e cria um ser destituído de palavra, mas que não pode ser inteiramente expulso da humanidade. Associar a condição extrema com a morte próxima corresponde a perder de vista a novidade de um ser que habita uma nova fronteira do humano e que não reivindica para si a linguagem, que para tantos pensadores caracteriza o sinal distintivo da humanidade.

Nessa terra nova o corpo é a matéria-prima do poder. O desafio que nos lança a experiência totalitária está no fato de que sua posteridade nos obriga a falar dela, conscientes da mutação que provocou nos domínios mais tradicionais da filosofia. Seria cômodo supor que os extremos dos

---

46. Giorgio Agamben, *Quel che resta di Auschwitz*, p. 47.

campos podem ser circunscritos a um momento histórico preciso e superado. Isso não é mais possível, porque a experiência totalitária voltou a se repetir, mas, sobretudo, porque as questões que suscita não podem simplesmente ser arquivadas na estante da tradição. Hannah Arendt viu muito bem que a velha questão sobre a natureza do mal fora transformada pelo nazismo e pelo comunismo. Devemos também levar em conta que os extremos do universo concentracionário alteraram o objeto tradicional da reflexão ética. Ao conjunto de nossas possibilidades, somos obrigados a agregar o poder de reduzir homens à condição de não homens, não pela prática voluntária do mal, que os transforma em bestas, nem pela execução de obras extraordinárias, que os aproximam dos deuses, mas pelo enfrentamento direto da morte por meio de corpos privados de recursos e de uma mente esvaziada de palavras.

Primo Levi escolheu falar pelos "muçulmanos", compreendendo com isso que passava a habitar num novo terreno da palavra. Um lugar impossível de ser inteiramente ocupado, por dizer respeito a uma condição na qual a palavra ela mesma é impotente. De alguma maneira é um falar "sobre" algo e não a partir de um novo lugar. O desafio a ser enfrentado é, assim, produzir um discurso ético lá onde os conceitos tradicionais falham. Como resume Agamben: "Para Levi, o 'muçulmano' é muito mais o lugar de um experimento no qual a moral mesma, a própria humanidade, se coloca em questão. Ele é uma figura-limite de uma espécie particular, na qual não somente as categorias como dignidade e respeito mas até mesmo a ideia de um limite ético perdem seu significado[47]". Mas não temos como retirar os olhos dos horrores de nossa condição. Não há mais um homem que possa sonhar com os progressos da razão e se manter confiante no desenvolvimento das forças da história. Uma nova ética se impõe. Ela nos obriga a reconhecer que o poder de nossa natureza inclui destruir continuamente os limites do humano. Nessa demiurgia infernal se inscreve nosso tempo e se expandem os sinais perigosos de nossa condição de seres criadores e sem rosto definido.

---

47. *Ibidem*, p. 57.

O RETORNO

A libertação do campo, a reconquista da liberdade, marcou para os poucos sobreviventes o retorno para a vida normal e a abertura do território da memória. Do silêncio total do "muçulmano" passou-se a um mundo no qual a palavra faz sentido. Mas de imediato surgiu a questão que chega até nós: é possível narrar e compreender a vida nos limites do humano? A associação direta entre a condição do "muçulmano" e da morte, tal como realizada por Bettelheim, pode nos levar a esvaziar os problemas que suscita, uma vez que termina por sugerir que o silêncio e isolamento do estágio final de desumanização são atributos de um não ser e não mais do homem. Mas o fato é que é possível voltar a ser homem. Primo Levi nos diz que o vazio atingia todos no campo, mas que era possível ver nos atos de homens, como o operário italiano que o ajudava desinteressadamente, um mundo plenamente humano: "Mas Lorenzo era um homem: sua humanidade era pura e intacta, ele não pertencia a esse mundo de negação. É a Lorenzo que eu devo o fato de não ter esquecido que eu também era um homem[48]". É, foi através de gestos humanos, trocados entre vítimas da barbárie, que foi possível "voltar a ser homem[49]".

O "muçulmano" não tem como vínculo com a existência apenas o último passo para a morte. Mesmo os que mais sofreram puderam retornar, em contato com a humanidade dos outros homens, voltar eles mesmos a se comportar como homens. Mas se esse movimento é possível é porque os limites expandidos da condição humana fazem parte dela e não de um outro mundo. Como afirma Antelme: "O reino do homem, agindo ou significando, não desaparece. As ss não podem transformar nossa espécie. Elas estão elas mesmas fechadas na mesma espécie e na mesma história[50]". Olhando por esse prisma, somos forçados a aceitar que há algo que subsiste de humano, mesmo quando não esperamos mais, não falamos mais e nem mesmo desejamos sobreviver. Criadas pelos homens, pela prática do mal, as condições extremas são aquelas da sobrevivência do corpo, mas também de algo que não perde sua capacidade de transmutar-se no que era antes. A obra dos regimes totalitários é fazer dos homens "bestas". Essa

---

48. Primo Levi, *op. cit.*, p. 130.
49. *Ibidem*, p. 172.
50. Robert Antelme, *L'espèce humaine*, p. 79.

obra perversa da vontade humana atinge seus objetivos enquanto é capaz de se impor. Por isso Levi afirma angustiado: "Aquele que mata é um homem, aquele que comete ou sofre uma injustiça é um homem. Mas aquele que se deixa levar até dividir sua cama, esse não é mais um homem[51]".

O retorno e o fato de que mesmo esses seres que deixaram de se parecer com homens sejam capazes de voltar ao convívio humano e à prática de valores tão diferentes da simples luta pela sobrevivência nos forçam a colocar uma série de questões. O que é esse homem para o qual não há dignidade e que perdeu, não pela prática voluntária do mal, mas por ser sua vítima, a condição de ser homem? Falar do "muçulmano" como um não ser não é trair a história daqueles que foram levados pelas mãos de outros homens a essa condição? Qual autonomia é possível para um ser que contempla diretamente a face da morte? O "muçulmano" é alguém para o qual a vida não possui dignidade, tem um "preço" e não um valor absoluto, como queria Kant, cujos atos não afirmam a autonomia de sua vontade, mas a absoluta submissão à vida biológica, e, no entanto, ao dizermos que não é mais um homem estamos dizendo outra coisa do que o fazemos quando criticamos seu carrasco.

Se pensarmos no *imperativo categórico* de Kant, é claro que podemos condenar sem ambiguidade o comportamento dos carrascos e de seus cúmplices. Nenhum de seus atos pode ser universalizado, mesmo se evocarmos um princípio abstrato de obediência a uma norma em vigor, como fizeram alguns. Mas como lidar com o território que Agamben chamou de *Muselmannland*? Talvez não seja preciso chegar a conclusões tão radicais quanto as suas quando afirma que: "Também por isso Auschwitz assinala o fim e a ruína de toda ética da dignidade e da adequação a uma norma[52]". Mas não há como negar que uma mutação se produziu com o aparecimento dos regimes totalitários e os campos de concentração.

Primo Levi nunca hesitou em declarar a perplexidade que sentia diante dos acontecimentos a ponto de afirmar: "Ter sido pessoalmente implicado não me fornece elementos de explicação, posso fornecer dados, mas as razões, não[53]". A primeira consequência, portanto, é a de que nem a filosofia política nem a ética podem se furtar de abordar as mutações que

---

51. Primo Levi, *op. cit.*, p. 185.
52. Giorgio Agamben, *Quel che resta di Auschwitz*, p. 63.
53. Primo Levi, *Le devoir de mémoire,* Paris: Éditions Mille et une nuits, 2000, p. 65.

arruínam as teorias tradicionais sobre a classificação dos regimes políticos e alguns caminhos batidos da tradição ética do Ocidente. Há uma nova forma de organizar o poder e um mundo nas fronteiras do humano que surgiram no curso da história do século xx. Não é mais possível continuar a pensar nosso tempo sem incorporar esses novos problemas. A modéstia de Levi, ao reconhecer a dificuldade em se teorizar sobre o acontecido, é provavelmente mais uma de suas notáveis contribuições à literatura e à filosofia de nosso tempo. Ela nos ensina, no entanto, que os obstáculos devem criar uma atenção maior ao problema e não sua rejeição. O testemunho dos que sofreram ganha, assim, uma dimensão muito maior do que a da simples recordação de um vivido trágico. Eles representam a matéria-prima sobre a qual devemos pensar numa era de transformação profunda das fronteiras do que até então supúnhamos ser a terra dos homens. Por isso Levi fala do "dever da memória", e Antelme afirma que "se não existisse a memória, não existiria o campo de concentração[54]".

A possibilidade de compreendermos a mutação sofrida pelos homens com suas terríveis experiências depende de sabermos conservar a herança de uma tragédia e trazê-la para o território da linguagem. Sem esse retorno à língua, a monstruosidade dos campos será apenas vazio, e não nos ensinará nada. Se não podemos evitar o mal, podemos investigar seus desvãos. A memória e a linguagem são o terreno de um real que de outra forma se desfaz em pura violência. Ocultar o acontecido, esvaziá-lo, ou mesmo evitá-lo, não impedirá que ele se repita, mas nos deixará à mercê de uma de suas estratégias, que é de negar a realidade e radicalidade do que aconteceu. Pierre Vidal-Naquet chamou de "assassinos da memória" os que se dedicam a apagar os traços do Holocausto[55]. Essa operação de negação é não apenas um crime contra o que sofreram, ela visa impedir o acesso da humanidade à inteligibilidade de sua própria condição. Uma condição que, ao se alargar, incorpora todos nós, transforma em história e realidade o que achávamos que seria apenas uma possibilidade hipotética, quando sonhávamos, no começo da modernidade, que o homem universal de Pico della Mirandola seria luz e progresso em direção à realização de uma natureza solar. Hoje sabemos que degeneramos em

---

54. Robert Antelme, *op. cit.*, p. 109.
55. Pierre Vidal-Naquet, *Les assassins de la mémoire*, Paris: La Découverte, 1987.

bestas e alteramos para sempre a face de nossa humanidade. O resultado, no entanto, não é um reino para além do homem, mas a transformação de uma natureza plástica e aberta. Ao criar novas formas de domínio os homens expandem as fronteiras do que designam como seu mundo, para serem imediatamente tragados pelos limites do que inventaram. Como afirma Antelme: "Em seguida, a variedade das relações entre os homens, suas cores, seus costumes, sua formação em classes mascaram uma verdade que aparece claramente aqui, na fronteira da natureza, perto de seus limites: não existem espécies humanas, há apenas uma espécie humana[56]".

---

56. Robert Antelme, *op. cit.*, p. 229.

O que mantém o homem vivo: devaneios sobre as transfigurações do humano
Renato Lessa

UMA ABERTURA

A indagação de Bertold Brecht *"o que mantém um homem vivo?"* – presente na letra de uma das canções de sua *Ópera dos Três Vinténs* – é a mãe de todas as perguntas[1]. Trata-se, a meu juízo, de uma questão matricial e compulsória a toda filosofia política e moral. Independentemente de suas variantes, o campo da filosofia política e moral configura-se a partir da proposição de *mínimos humanos necessários* para sustentar aquilo que se pretende definir como sendo uma *existência consistente*. É possível, mesmo, imaginar algumas dessas variantes a exibir pessimismo, impotência ou descrença na busca de qualquer patamar mínimo e que, por assim fazer, desistem do humano. Uma desistência que será, ainda assim, sempre pesarosa, posto que a exibir em sua configuração e em desespero o avesso do que sustenta.

[1] Os termos da pergunta – o que mantém um homem vivo – são também os do título de excelente e inesquecível montagem teatral de textos de Brecht, nos idos de 1973, no Teatro Aliança Francesa de São Paulo e dirigida por José Antonio de Souza e Renato Borghi, tendo tido este último e Ester Góes como atores. O título em inglês da canção é *What keeps mankind alive*, e a versão, nessa mesma língua, é a seguinte: *"You gentlemen who think you have a mission/ To purge us of the seven deadly sins/ Should first sort out the basic food position/ Then start your preaching, that's where it begins/ You lot who preach restraint and watch your waist as well/ Should learn, for once, the way the world is run/ However much you twist or whatever lies that you tell/ Food is the first thing, morals follow on/ So first make sure that those who are now starving/ Get proper helpings when we all start carving/ What keeps mankind alive?/ What keeps mankind alive?/ The fact that millions are daily tortured/ Stifled, punished, silenced and oppressed/ Mankind can keep alive thanks to its brilliance/In keeping its humanity repressed/ And for once you must try not to shriek the facts/ Mankind is kept alive by bestial acts"*. Para uma gravação recente cf. de Tom Waits o CD *Orphans: Bastards*, lançado em 2006.

Por certo, é sempre possível operar fora do limite do pesar, tal como Bazarov – o primeiro *niilista* –, personagem de Ivan Turguêniev em *Pais e filhos* e notável por sua interessante teoria – intocada por qualquer desespero – a respeito da dignidade humana: *os seres humanos individualmente não me interessam, os seres humanos são como plantas, eu vejo uma planta, eu sei como uma planta é e sei como as outras plantas são*.

Mesmo nessa formalização brutal, que antecipa o revolucionário Stepan – personagem de Albert Camus na peça *Os justos* –, em sua ojeriza aos seres humanos individualizados, a supressão do individual aparece como condição da realização de um ideal para a espécie, ainda que por meios confusos e letais. Meios que, além de seus efeitos deletérios, parecem ser sustentáveis apenas pela sapiência e pelo amoralismo de tipos como Bazarov e Stepan. Do mundo de ambos pode-se dizer que ainda seja humano, o que, como sabemos, não é condição suficiente para muito alento.

De minha parte, desconheço no domínio da filosofia política e moral o abandono triunfal do humano, pleno de consequências e inegociável, pois, em se tratando desse campo, toda negação acaba por inscrever-se, de modo necessário, em um grande debate a respeito do que é propriamente humano, e do que nele deve ser preservado. Trata-se de um debate que produz consequências importantes.

Ao pugnar por definições do que deve ser considerado propriamente humano, a tradição da filosofia política e moral põe em ação duas dinâmicas distintas e opostas: uma caracterizada pela contínua produção de imagens positivas a respeito da condição humana, do que lhe é peculiar e do que não lhe pode faltar; outra, quase que de forma corolária em sentido negativo, marcada pela contraimagem do desumano, do que não pode triunfar sob pena de erradicar as mais comezinhas características do que se está a afirmar como marca do humano. Há dialética na coisa: de tanto buscar a definição do que deve consistir o humano, a filosofia política e moral defronta-se com uma de suas possibilidades inelutáveis: o âmbito do desumano. Tal como no universo dos maniqueus, cada uma das metades dá sentido à outra: desumano, posto que humano. São os meandros da filosofia política que devem aqui, portanto, ser revisitados, posto que constituídos por esforços de definição do que é o humano.

O QUE SERIA DE NÓS SEM O SOCORRO DO QUE NÃO EXISTE?

Comecemos por este ponto: a tradição da filosofia política, mais do que exibir uma sucessão de sistemas constituídos pelos azares da história e por contextos particulares, como sustentam os historiadores das ideias, indica a presença de uma miríade de esforços continuados de configuração de *mundos sociais possíveis*. É como se a pergunta aforismo de Paul Valéry – *o que seria de nós sem o socorro do que não existe?* –, por algum efeito misterioso de retroação, estivesse presente desde a origem – e durante todos os trajetos – da tradição da filosofia política.

Em outros termos, se for possível falar de uma história da filosofia política, esta não será marcada por uma espécie de procissão cumulativa, na qual cada episódio acrescenta ao conjunto sua marca particular, na direção de patamares de esclarecimento e elucidação cada vez mais consistentes. Ao contrário, o que tenho sustentado é que se trata de uma história de dissensos e litígios, à qual um termo cunhado pelos antigos céticos gregos – diafonia – aplica-se à perfeição[2].

Sabemos pelo cético Agripa, glosado pelo filósofo Sexto Empírico, no século III da era cristã, que diafonia significa um *desacordo filosófico indecidível*. Um desacordo de tal natureza não abriga a possibilidade de arbitragem, pelo não reconhecimento por parte dos contendores da existência de um espaço exterior a suas formulações, capaz de elucidar litígios, estabelecer sínteses e praticar atos de justiça epistemológica. O esforço do árbitro, na verdade, acaba por não fundar a resolução do litígio, mas, por ocupar uma posição com idêntica pretensão à verdade, tem como efeito a extensão do dissenso.

O que tornou o campo da filosofia política vulnerável à maldição da diafonia foi o fato de que ele se inscreve além dos limites de um saber descritivo, cujos litígios podem ser arbitrados por protocolos consensuais ou por *ilusões de referencialidade* compartilhadas. Qualquer dúvida, por exemplo, a respeito do fato de estarmos numa mesma sala poderá ser sanada pelo reconhecimento imediato, fático e compartilhado de que estamos, com efeito, numa mesma sala. A prova, por certo, não é filosoficamente neutra, já que toma partido do filósofo G. E. Moore, em

---

2. Ver a esse respeito os ensaios reunidos em meu livro *Agonia, Aposta e Ceticismo: ensaios de filosofia política*, Belo Horizonte: Editora da UFMG, 2003.

detrimento do replicante cético inventado por Descartes, nas *Meditações*. Mas, de qualquer forma e ainda que não inocente, a prova lança mão de uma experiência compartilhada que secularmente nos ensinou a assentir que estamos em uma sala desde que nela estejamos.

Filósofos políticos – *qua* filósofos – inventam desenhos de mundo. Nos termos de Nelson Goodman, são *fazedores de mundos (world makers)*[3]. Quando transitam pelo mundo ordinariamente compartilhado com não filósofos – a depender da filosofia que propugnam, por certo –, são capazes de reconhecer os objetos compartilhados, mas não se abstêm de sobre eles exercer seu juízo, cujo fundamento não está inscrito no mundo imediato, mas decorre de atos de ficção e de invenção. Seus dissensos, portanto, não são resolvíveis por meio de provas e demonstrações, posto que o que dizem decorre de imagens do que gostariam de ver inscrito no mundo. A força desta potência normativa não deve ser subestimada: em termos diretos, pode-se dizer que *o objeto da filosofia política é o não existente*.

Não é por razão outra que o futuro é, de forma não infrequente, apresentado como o tempo de vigência dos desenhos de mundo inventados pela tradição da filosofia política. Ora, só há um modo de falar do futuro: inventando-o, imaginando-o; orientando-se pelo que não existe, pelo que não está posto na experiência imediata. Com frequência, tal dimensão imaginativa – e, por que não o dizer, alucinada – aparece de modo recalcado pela retórica da ciência como fundamento necessário da presciência.

Marx, por exemplo, recusaria o que para ele teria sido a duvidosa homenagem de designá-lo como inventor de uma forma social possível – a sociedade sem classes –, já que convicto de que seu mérito teria sido o de desvendar as leis da história que indicam a necessidade do trânsito naquela direção. Tal recusa não o retira do universo dos que se ocuparam do futuro, um domínio cuja consideração exige a operação de mecanismos alucinatórios e imaginativos. Tal como Marx, a espécie humana parece constituir-se como sujeito histórico com base no que *põe* no futuro: é esse um dos sentidos cruciais da pergunta de Valéry e, em chave menos inspirada, da ideia aqui proposta da filosofia política como *exercício que se ocupa de coisas não existentes*.

---

3. Cf. Nelson Goodman, *Modos de fazer mundos*, Porto: Edições ASA, 1995, esp. cap. I, "Palavras, obras, mundos", pp. 37-61.

O atributo *política* aposto ao termo "filosofia" indica que os jogos imaginativos praticados têm como endereço possível a configuração da vida social. Em outros termos, a filosofia política é um exercício ficcional voltado para a constituição concreta de formas de vida. Mesmo quando se apresenta em pregnância absoluta com o presente, por sustentar a sua eternização ou sua fixação institucional, não escapa do imperativo da alucinação, presente em qualquer ser que desenha a forma do futuro. O politólogo realista, que se crê ajuizado e imune à sedução de desvarios normativos, alucina quando configura – por suas crenças causais e profissionais – um modo do presente que lhe servirá de critério supostamente seguro para fixar as formas do futuro.

DA FILOSOFIA POLÍTICA, DA CONDIÇÃO HUMANA E UM DE SEUS MODOS POSSÍVEIS

Quando falamos em mutações ou transfigurações do humano, é impossível evitar a sensação de que a tradição da filosofia política não é de todo inocente, para pôr as coisas de modo moderado. A grande diafonia dos filósofos políticos é, antes de tudo, constituída pelo conflito imemorial entre imagens da condição humana.

Tomemos um caso memorável. A imagem pictórica de Rafael Sanzio, ao representar no século XVI o que designou como *Escola de Atenas*, opõe em sua cena central Platão e Aristóteles em um embate no qual ambos apontam para direções distintas – o primeiro para os céus e o segundo para baixo –, a indicar o terreno sobre o qual a realidade se constitui. Em apoio a seus gestos, movimentos corporais fundadores de ontologias, cada qual dos contendores conta com um livro sob o braço oposto[4]. O *Timeu*, pelo lado platônico, e a *Ética*, por parte de Aristóteles.

É curioso que Rafael tenha escolhido a *Ética* como contraponto do *Timeu*. Se fosse o caso de uma controvérsia de ordem cosmológica, ou a respeito da origem ou fundamento de todas as coisas, Aristóteles estaria

---

4. Trata-se, na verdade, de uma vigorosa antecipação da filosofia da ação de Wittgenstein que sustenta que *uma ação é um movimento corporal mais x* ou, em outros termos, *uma ação é um movimento corporal que segue uma regra*. Arthur C. Danto discute essas proposições e sua aplicabilidade à filosofia da arte em *A transfiguração do lugar-comum*, São Paulo: Cosac Naify, 2005, cap. I, "Obras de arte e meras coisas reais", pp. 33-72.

mais bem servido no embate se portasse a *Física*, o *De Caelo*, para não falar da *Metafísica*. Mas Rafael, ao adotar como contraponto a *Ética*, parece ter sido portador de um juízo filosófico fino – ou de uma forma de filosofar com pincéis –, a saber, o que sustenta *a centralidade do tema da condição humana*. Em outros termos, no núcleo da controvérsia entre os dois gigantes ali representados inscrevem-se concepções distintas e inegociáveis a respeito da condição humana, e não da natureza e do ser em geral.

Para o autor do *Timeu*, uma condição exilada, apartada do mundo das formas e imersa na materialidade e confusão dos sentidos, à espera de um ato clarividente de reparação que a devolva à plena integridade existencial. Para Aristóteles, um animal que fala e que constrói agregados políticos, para os quais a dimensão da ética, como liame e como atividade prática, se impõe. Duas expressões distintas do que poderia/deveria ser a condição humana. E mais: duas referências igualmente discrepantes a respeito do tipo de ordem política e moral que lhe deve corresponder.

O atributo *política*, presente na expressão *filosofia política*, não deve ser entendido de forma trivial, como a indicar tão somente que um ramo decaído da filosofia se ocupa de questões políticas. Não só não é o caso de que existam objetivamente questões políticas sem que a tradição da filosofia política as tenha inventado e as apresente como tal em uma linguagem própria, como é fundamental levar em conta que o que torna a filosofia *política* é a sua presença na constituição *concreta* do experimento humano.

Explico-me: se for sustentável a hipótese de que a vida social é constituída pela decantação de sistemas simbólicos, há que incluir a tradição da filosofia política nesse processo. O que hoje tomamos como instituições dotadas de irrecorrível materialidade pode ser percebido como um conjunto de artefatos humanos postos na ordem da história por atos de invenção, nos quais o desenho de futuros possíveis desempenhou papel decisivo. No que diz respeito ao tratamento da pergunta-mãe – *em que consiste o humano* –, a querela entre sistemas filosóficos teve papel por vezes decisivo. A solução dessas querelas acabou por indicar a adoção de princípios que seriam inteiramente distintos, caso a disputa indicasse direção distinta.

Exemplos abundam. Um dos mais notáveis pode ser encontrado no embate que opôs Santo Agostinho, já em sua velhice, ao jovem e brilhante bispo Juliano de Eclano, nas primeiras décadas do século V. Apesar das discutíveis vantagens da idade, Juliano de Eclano foi derrotado, e com ele uma concepção da condição humana na qual a ideia do pecado original não tinha lugar. De acordo com Peter Brown, importante biógrafo de Santo Agostinho, Juliano de Eclano teria sido *o crítico mais devastador de Agostinho em sua velhice*[5]. Pensadores separados por *um abismo mais fundo do que o Mediterrâneo*, em cada um deles encontramos respostas teológicas distintas, dotadas de implicações civilizatórias igualmente discrepantes.

Juliano de Eclano põe-nos diante de um Adão apresentado como um lavrador inofensivo de uma terra aprazível, sob a jurisdição de um senhorio benevolente. A imagem traz consigo a recusa da ideia de haver um pecado que faça originariamente parte da natureza humana. Diz-nos o bispo de Eclano: trata-se de "ideia improvável, inverídica, injusta e ímpia; faz parecer que o Diabo seria o criador dos homens. Ela viola e destrói a liberdade de arbítrio [...] ao dizer que os homens são tão incapazes de virtude que, no próprio ventre de suas mães, estão cheios de pecados passados".

Ouçamos o contra-argumento agostiniano: O Antigo Pecado: nada é mais obviamente parte de nossa pregação do cristianismo; no entanto, nada é mais impenetrável para o entendimento[6]. Como superar essa impenetrabilidade e aceder ao entendimento? Agostinho apresenta a base "histórica" para sustentar o imperativo do pecado original. São as circunstâncias "precisas" da Queda que nos são expostas. Quando Adão e Eva desobedecem a Deus e comem do fruto proibido, eles se envergonham um do outro: cobrem suas genitálias com folhas de figueira. Isso é o suficiente para que Agostinho conclua: *"Ecce unde*. Eis o lugar! É por esse lugar que o primeiro pecado é transmitido"[7].

Para seu oponente, ao contrário, o instinto sexual é como um sexto sentido do corpo. O homem é imaginado como microcosmo delicadamente equilibrado entre a razão e o sentimento animalesco. A possibilidade da perfeição nos é dada, e, nesse sentido, pode se constituir em um dever. Não há nada de natural ou pré-natal que nos impeça. Deus é uma potência dotada de racionalidade. A força universal de sua lei nos

---

5. Cf. Peter Brown, *Santo Agostinho: uma biografia*, Rio de Janeiro: Record, 2005, esp. cap. 32: "Juliano de Eclano", pp. 475-495.
6. Cf. Santo Agostinho, *apud* Peter Brown, *op. cit.*, p. 490.
7. Cf. Santo Agostinho, *Sermão 151,5. apud* Peter Brown, *op. cit.*, pp. 481-482.

orienta. Constitui uma aberração a tese da culpabilidade original dos recém-nascidos.

Morto em meados do século V, na Sicília, Juliano de Eclano, esse "Caim de nossa época" – tal como o definia Agostinho –, terá em seu túmulo o dístico: *Aqui jaz Juliano, o bispo católico*. Harnack, em sua monumental *História do Dogma*, apresenta-nos Juliano de Eclano como uma *possibilidade não realizada*, como um homem dotado de uma visão otimista da natureza humana, inadequado a seu século[8].

Que experimento humano poderia ter resultado da vitória de Juliano de Eclano, no embate com Santo Agostinho? Que quadro civilizatório resultaria se as suas teses, e não as de Agostinho, acabassem inscritas no passado de nosso imaginário? Impossível dizer com nitidez. Mas é razoável supor que os contornos seriam distintos, na ausência de uma cláusula tão decisiva para o desenho do Ocidente medieval como a do pecado original e das consequentes formas institucionais e simbólicas para sua remissão. Pelo exemplo desse embate pode-se ver a medida na qual derrotas significam a eliminação de futuros possíveis. Eis por que o campo da filosofia política e moral deve ser considerado, também, na perspectiva dos fracassos que contém.

Os exemplos da pintura da Rafael e do embate Agostinho de Tagaste-Juliano de Eclano, penso, solicitam nossa atenção aos jogos imaginativos e metafóricos praticados pela tradição da filosofia política e moral. Tais jogos, mais uma vez, contêm desenhos de sociedades imaginadas e, necessariamente, determinações do que caracteriza a natureza humana. Este ponto é crucial: são as configurações imaginárias a respeito do que significa a natureza humana que, no domínio da assim chamada história real, estabelecem os contornos éticos e normativos da condição humana.

A FÁBULA DE JOHANNES ALTHUSIUS

Proponho que nos deixemos levar pela mão de um dos autores desses jogos imaginativos aos quais acabo de me referir: Johannes Althusius, pensador do fim do século XVI e início do XVII, natural da Vestfália. Se a história da filosofia política – seguindo uma prescrição geral de Jorge Luis

---

8. Cf. A. Harnack, *History of Dogma*, 3ª ed., Nova York: Dover Books, 1961, vol. V, p. 170.

Borges – pode ser reduzida à história de algumas metáforas[9], é necessário que adotemos alguma para tratar das demais, já que apenas metáforas podem interagir com metáforas. A que proponho utilizar foi apresentada no início do século XVII por aquele pensador.

No primeiro capítulo de sua obra intitulada *Política* – publicada originalmente em 1603 –, Althusius, ao falar das "Acepções gerais da política", apresenta uma instigante concepção da condição humana. Ouçamo-lo:

> [...] o homem nasce privado de toda a assistência, desnudo e inerme, como se houvesse perdido todos os seus bens em um naufrágio, fosse lançado nas desgraças dessa vida e não se sentisse capaz de, por seus próprios meios, alcançar o seio da mãe, suportar a inclemência do tempo, nem mover-se do lugar aonde foi arremessado. Sozinho nesse começo de vida terrível, com tanto pranto e lágrimas, seu futuro se afigura uma ingente e miserável infelicidade. Carente de todo conselho e auxílio de que, não obstante, precisa, ele não tem como ajudar a si próprio senão com a intervenção e o socorro de ambos[10].

A cena althusiana instaura uma definição da condição humana marcada pelo sofrimento e pela incerteza. As dores do parto, que em outras chaves metafóricas encerram e encenam o lugar do sofrimento, não são redimidas pelo nascimento, como seu avesso feliz e como expulsão do que faz doer. São, na verdade, ultrapassadas pela imagem de um ingresso em uma forma de existência, revelada pela mais grave e desafiadora das metáforas, a do *naufrágio*.

Não há inocência no universo das metáforas. Esses duplos simbólicos da existência, por meio de inúmeros contrabandos de sentidos, instauram formas próprias de realidade, e, por assim fazê-lo, impõem suas marcas e orientações. A metáfora do naufrágio não constitui exceção às artes desse poderoso mecanismo de configuração do humano.

Hans Blumenberg, em um pequeno e magnífico livro, chama-nos a atenção, logo em sua abertura, para um paradoxo: "O homem conduz a sua vida e ergue as suas instituições sobre terra firme. Todavia, procura

---

9. Cf. Jorge Luis Borges, "La Creación y P. H. Goose". Em: Jorge Luis Borges, *Otras inquisiciones*, Buenos Aires: Emecé, 1970, pp. 31-36.
10. Cf. Johannes Althusius, *Política*, Rio de Janeiro: Liberty Fund/Topbooks, 2003, pp. 103-104.

compreender o curso de sua existência na sua totalidade, de preferência com a metáfora da navegação temerária[11]. O repertório dessa metáfora parece ser inesgotável: "há costas e ilhas, portos e alto-mar, recifes e tempestades, abismos e calmaria, vela e leme, timoneiros e ancoradouros, bússola e navegação pelos astros, faróis e pilotos[12]".

O naufrágio – na verdade – é uma das possibilidades de uma metáfora maior, a da *navegação* como forma de denominar a própria existência. Um dos argumentos centrais de Blumenberg sugere que a metáfora da existência como navegação, presente originariamente em Lucrécio, teve um papel recorrente e estruturante em diversas reflexões, até a modernidade, sobre os significados da vida. Para ele, *o naufrágio, neste campo de representação, é algo como a consequência legítima da navegação*. Dois pressupostos constituem a carga metafórica da navegação e do naufrágio:

> [...] primeiramente o mar, enquanto limite natural do espaço de empreendimentos humanos, e, por outro lado, a sua demonização enquanto esfera do incalculável, da ausência de lei, da desorientação. Até na iconografia cristã e ainda nesta, o mar é local de manifestação do mal, sendo-lhe atribuído o traço gnóstico de sinalizar a matéria bruta que faz tudo retornar a ela própria e tudo devora. Faz parte das promessas o apocalipse de João, no estado metafísico não haver mais mar (η ταλασσα ουκ εστι ετι). Na sua forma pura, a Odisseia é expressão da arbitrariedade dos poderes, da recusa a Ulisses do retorno ao lar, do errar sem sentido e, finalmente, do naufrágio, em tudo o qual a segurança do cosmos é posta em questão e o seu antivalor gnóstico antecipado[13].

Embora precedido por uma milenar tradição metafórica, para a qual a imagem do naufrágio aparece como figura central, há algo na formulação althusiana que merece destaque e atenção. Há, por certo, um forte eco aristotélico em sua imagem da incompletude humana enquanto dimensão puramente natural. Tal como Aristóteles, Althusius fala de seres cuja viabilidade existencial decorre do natural ímpeto à sociabilidade. O "animal que fala" é um ser cuja identidade plena é dada e construída pelos

---

11. Cf. Hans Blumenberg, *Naufrágio com espectador*, Lisboa: Vega, 1990, p. 21.
12. *Ibidem*, p. 21.
13. *Ibidem*, p. 22.

seus nexos, pelo que retira e acrescenta ao mundo. Nesse sentido, o laço social aparece como antídoto dos naufrágios.

Mas, suspeito, há mais utilidade em Althusius do que sermos ortodoxamente althusianos. Com efeito, as imagens contrapostas do naufrágio e do acolhimento podem ser tomadas como antípodas lógicos e como indicadoras de padrões específicos de sociabilidade. A definição do que é humano dependerá da gravitação exercida sobre nossas crenças por esses polos opostos. Por certo, na metáfora de Althusius, o acolhimento é complementar ao naufrágio: ali não se vislumbra a hipótese da terminalidade do naufrágio absoluto. A salvação, dessa forma, é um corolário do naufrágio. Há, pois, um certo otimismo teleológico na coisa.

A macro-hipótese do acolhimento – em oposição ao naufrágio – constitui o *mito de origem comum de toda a filosofia política*. A razão parece-me relativamente simples: por ser ela uma tradição intelectual constituída por diversas imagens de vida social, a hipótese do naufrágio incurável é inconsistente em termos lógicos. A diversidade no campo da filosofia política e moral diz respeito a formas distintas de erradicar ou, ao menos, mitigar a condição náufraga. Esta é a sua forma peculiar de resposta à pergunta brechtiana: o que mantém um homem vivo é a forma do acolhimento que o incorpora.

TRÊS MODOS MODERNOS DO ACOLHIMENTO: MAQUIAVEL, HOBBES E MONTESQUIEU

As formas de fabricação de mundos praticadas pela tradição da filosofia política podem ser pensadas, portanto, como modos de fixação do acolhimento. À pergunta brechtiana original, a filosofia política moderna, a ecoar uma inspiração clássica e longínqua, tende a responder por meio do desenho de formas de vida sustentadas pela ideia de *proteção* e *estabilidade*. O pensamento político moderno, apesar de ter recepcionado em suas distintas variantes a ideia de indivíduo como base da sociabilidade e como deflagrador de dinâmicas de fragmentação e variedade, conserva da reflexão clássica a perspectiva de uma comunidade protegida, como condição de consistência do próprio experimento humano. Proteção, com frequência, terá por significado o estabelecimento de um halo que pretende estabelecer limites para os efeitos deletérios e inesperados, decorrentes das múltiplas interações e causalidades que a vida social contém. Tradição, soberania, razão, fabricação institucional, entre outros, serão percebidos como limites interpostos ao inaudito e à perspectiva do naufrágio. Três episódios intelectuais centrais do universo da filosofia política moderna, entre os séculos XVI e XVIII, podem ser aqui mencionados como representativos dessa preocupação: Maquiavel (XVI), Hobbes (XVII) e Montesquieu (XVIII).

Mesmo em um autor um tanto agonístico como Maquiavel, que toma o atributo instabilidade como fixado de modo indelével à condição humana, a perspectiva da proteção e da estabilidade não está inteiramente ausente. A antropologia maquiaveliana, com efeito, não é exatamente edificante. Ela apresenta os seres humanos como dotados de traços permanentes um tanto destrutivos, em qualquer tempo e lugar: egoísmo básico, agressividade e ambição. O catálogo clássico dos pecados capitais poderia ser tomado, em viés florentino, como uma espécie de carta constitucional da humanidade em movimento. Tal como os humanos imaginados por Thomas Hobbes, um século e meio à frente, os personagens desenhados por Maquiavel não são guiados por regras de moralidade exteriores e nem por nenhuma dinâmica interna de autocontenção. Mas, ao contrário de Hobbes, não há no florentino o recurso apaziguador à lei natural, que, para o primeiro, impõe pela razão a necessidade da cooperação pacífica e regulada. É como se o estado de natureza, tal como Hobbes o definiu, se aproximasse dos traços inscritos na etnografia que Maquiavel construiu a respeito da vida social e civil dos humanos.

Mas o núcleo da propensão humana à instabilidade não decorre apenas das características até aqui indicadas. O mais importante está contido na percepção maquiaveliana da natureza humana como espécie produtora de escassez. Trata-se de uma compulsão precisa: *os homens querem melhorar sempre*. A saciedade não está inscrita em horizonte finito. Por comparação e inveja, torna-se possível querer *melhorar sempre* e operar com a imagem de um horizonte móvel. No que diz respeito à vida política e civil, o corolário é claro: "[...] os homens mudam de boa vontade de senhor, supondo melhorar, e esta crença os faz tomar armas contra o senhor atual[14]".

---

14. *Ibidem*, p. 15.

As propensões humanas destrutivas não podem ser contidas pelo apelo ao mundo da transcendência. Elas só podem ser limitadas pela *força* ou pela *astúcia*, recursos concretos que devem ser utilizados por um sujeito político que não se distingue dos demais, quer por seu programa moral, quer por sua posição social, quer por seus recursos cognitivos inatos. Os conselhos ao príncipe são prescrições oferecidas a um homem comum, que pela posse dos recursos políticos – força e astúcia – e pelo seu uso eficaz pode garantir a estabilidade de seus domínios.

As prescrições apresentadas por Maquiavel a respeito dos cuidados cognitivos que um príncipe deve ter revelam a preocupação com a obtenção de um marco de estabilidade, capaz de conter as dinâmicas de fragmentação da experiência humana:

> [...] quanto ao exercício do pensamento, o príncipe deve ler histórias de países e considerar as ações dos grandes homens, observar como se conduziram nas guerras, examinar as razões de suas vitórias e derrotas, para fugir destas e imitar aquelas; sobretudo deve fazer como teriam feito em tempos idos certos grandes homens, que imitavam os que antes deles haviam sido glorificados por suas ações[15].

A corrosão das referências teológico-políticas medievais, supostamente seguras e infalíveis, introduziu de modo inapelável o falibilismo como limite para qualquer conhecimento histórico e político.

A solução de Maquiavel para os riscos da fragmentação e do naufrágio possui a marca desse limite e dessa precariedade. O príncipe, enquanto princípio do ordenamento social, é um fator de estabilidade que depende de sua capacidade de observação da experiência passada. Uma capacidade aberta ao erro e à má avaliação. Além disso, pelo fato de o lugar que ocupa ser o mais cobiçado de todos, o fator de estabilidade que contém estará fincado desde sempre em um horizonte possível de instabilidade. Em termos diretos, embora não haja antídoto infalível para a fragmentação e para o naufrágio, o ordenamento da comunidade humana, assentado na possibilidade – mas não na certeza – de um domínio político duradouro,

---

15. Ibidem, p. 66.

poderá estabelecer formas precárias, porém mais do que desejáveis, de acolhimento e proteção.

Cerca de um século e meio após a genial perspectiva aberta por Maquiavel, coube a Thomas Hobbes a produção de uma das mais eloquentes imagens do naufrágio e do acolhimento. Com efeito, a metáfora do estado de natureza acabou por fixar-se de forma tão intensa em nosso vocabulário político que, com facilidade, a empregamos quase compulsoriamente diante das sensações de desordem, violência generalizada e fragmentação extrema do social. O que Hobbes pretendia era demonstrar – com rigor geométrico e lógico – a necessidade da soberania política como meio de erradicação – ou ao menos controle – da possibilidade da morte violenta como destino da espécie.

No âmbito da filosofia moderna, poucas metáforas apresentam tantas afinidades eletivas quanto as de *naufrágio* e de *estado de natureza*. Ainda que as perspectivas de Althusius e Hobbes sejam distintas, o estado de natureza hobbesiano, pela cláusula de imprevisibilidade que contém, é expressão dilatada do naufrágio humano. Com a imagem, Hobbes convida-nos a imaginar a interação entre humanos movidos pelo que designou como *direito de natureza* – isto é, o programa da autopreservação – em um contexto no qual inexistem limites externos (lei, ordem, coação sistemática) e internos (moralidade, crenças) – a ação. Cada um buscará a realização do programa da autopreservação, independentemente dos danos que isso possa provocar. O estado de natureza é um domínio caracterizado pela vigência da liberdade natural. O que a caracteriza é a soberania absoluta de cada um no que diz respeito a finalidades e meios de sua realização.

O cenário hobbesiano não tem por finalidade representar períodos pretéritos da história humana. Uma das razões é a de que Hobbes não tinha afinidades especiais pela história, enquanto lugar de ocorrência dos dramas humanos. O que buscava era um fundamento firme para a sociabilidade, sustentado pela razão e não pela experiência. O desenho do estado de natureza é, nesse sentido, um passo necessário para a construção da demonstração. Nele encontramos uma definição precisa da natureza humana. Nem boa nem má, simplesmente movida por um programa de permanência na existência. Os atributos de bondade ou maldade só fazem sentido em universos configurados por obrigações morais, e este não é o caso do que Hobbes define como estado de natureza.

O cenário, não sendo histórico, visa produzir dois efeitos. Antes de tudo é um passo necessário para a demonstração do imperativo lógico da fundação da soberania política. Além disso, serve de advertência de que é possível a emergência de padrões de interação social fundados na dinâmica do estado de natureza, no coração da própria associação civil e política constituída pelos homens. O que nos conduz à instituição do soberano e das formas regulares da vida social é a radicalização da incerteza inscrita no estado de natureza. Sua visibilidade se constitui por meio da ameaça cada vez mais crível da morte violenta como destino da espécie, se movida pelo direito de natureza, sem a interposição de regras artificiais de contenção. O *Leviatã* hobbesiano, erroneamente lido na chave simplória da justificativa do absolutismo, resulta mais do que do medo do próprio fato da probabilidade da morte violenta. Não se trata de uma natureza humana medrosa, mas de uma associação entre o uso máximo da razão e o imperativo da autopreservação. O soberano é o senhor do acolhimento e compromete-se a mitigar os riscos da navegação temerária e a preservar a vida dos súditos. Com Hobbes, o tema da morte violenta e a definição do soberano como operador da proteção inscreveram-se definitivamente no vocabulário e no horizonte da filosofia política.

Montesquieu foi, no século XVIII, o autor de um dos mais copiosos e complexos livros, no âmbito da filosofia política moderna. Sem nenhuma autolimitação quanto a suas ambições intelectuais, pretendia, em seu *Do espírito das leis*, tratar de todas as instituições de todos os povos da Terra e de todas as épocas. O empreendimento grandioso, por contraste, contém o que talvez seja o menor capítulo já escrito na história do pensamento político. O assunto sobre o qual versa pode ser tomado como um dos pontos centrais da reflexão de seu autor: o despotismo. De tão curto, o capítulo mencionado pode aqui ser reproduzido na íntegra: "Quando os selvagens da Luisiana querem colher o fruto, cortam a árvore pela raiz e colhem o fruto. Eis aí o governo despótico[16]".

Montesquieu e seu livro foram marcados pela apresentação de duas doutrinas que se tornaram célebres: a da distinção entre os diferentes

---

16. Trata-se do Capítulo XIII, "Ideia do despotismo", do Livro V, "As leis que o legislador apresenta devem ser relativas ao princípio do governo". Em: Montesquieu, *Do espírito das leis*, Rio de Janeiro: Ediouro, s.d., p. 75.

tipos de governo e a que estabelece o princípio da separação – funcional e institucional – dos poderes. O que sustento nesta breve menção a Montesquieu, e na recuperação da passagem citada, é a presença de um motivo nuclear em sua reflexão, marcado pela aversão ao despotismo. Na chave metafórica adotada neste ensaio, o despotismo exige o naufrágio como condição permanente. Trata-se de um estado que supõe *obediência extrema*[17], sem que a contrapartida tenha qualquer compensação de ordem hobbesiana: o tirano que extrai pelo medo a *obediência extrema* nada obedece: "*o déspota não segue nenhuma regra, e seus caprichos destroem todos os demais*[18]". O déspota, ademais, é "um homem a quem os seus cinco sentidos dizem sem cessar que ele é tudo, que os outros nada são[19]".

Na verdade, o despotismo em Montesquieu transita entre a denominação de uma forma de governo e a sugestão da presença de um padrão de comportamento que pode emergir fora do âmbito dos governos despóticos. Sua preferência pelo que designa como um *governo moderado*, condição necessária para que reine a *brandura*, diz respeito à presença em seu mecanismo de formas de controle do exercício do poder. O *governo moderado* exige engenho:

> Para formar um governo moderado, é preciso confinar os poderes, regulá-los, moderá-los, fazê-los agir; dar, por assim dizer, lastro a um deles, para colocá-lo em estado de resistir a um outro; e isto representa uma obra-prima de legislação, que o acaso faz raramente, e que raramente deixa-se fazer à prudência[20].

A sugestão de Montesquieu é a de que o domínio despótico tem parte com a natureza e a simplicidade. Para estabelecê-lo, *não é necessário empregar senão paixões*[21], ao contrário do tirocínio necessário para a *obra-prima* do governo moderado. O despotismo, por estar próximo do que é natural, necessita de poucas leis. Montesquieu, para justificar a ideia, faz uma analogia naturalista: para amestrar um animal devemos evitar

---

17. *Ibidem*, v, x, p. 76.
18. *Ibidem*, III, VIII, p. 56.
19. *Ibidem*, II, v, p. 53.
20. *Ibidem*, v, XIV, p. 75.
21. *Ibidem*, v, XVII, p. 80.

mudar de mestre, de lições e de maneiras; bastam *dois ou três movimentos* para impressionar seu cérebro[22].

O despotismo é pré-político. Encontramos tal percepção na analogia com os *selvagens da Luisiana* e na menção à expressão animalesca das paixões do déspota. Além disso, a mecânica do despotismo inscreve-se antes no campo da física do que no da política: a vontade do déspota produz *infalivelmente seu efeito, assim como uma bola atirada contra uma outra deve produzir o seu*[23]. Fica claro, portanto, que, sem o artifício do governo moderado, a política aproxima-se do campo da física e de suas leis invencíveis: nada impedirá que se converta em um contínuo mecanismo de produção de déspotas e náufragos.

Outros autores centrais na tradição da filosofia política moderna poderiam ser aqui mobilizados. A invenção de John Locke, no século XVII, dos direitos naturais como um núcleo moral e político anterior à existência do soberano, possui implicações diretas para a antinomia naufrágio-acolhimento. O naufrágio, em chave lockiana, corresponde à desobediência à lei natural. Seria possível, ainda, mobilizar a definição dada por David Hume ao hábito e à crença como lastros da inscrição humana no mundo. A proposição humiana, expressa no primeiro livro do *Tratado da natureza humana*, de que não nos é dado deixar de crer e respirar, indica a impossibilidade psicológica e existencial da condição náufraga. É a própria existência dos humanos, como animais encerrados na experiência da história, que indica, na variedade das culturas, a convergência quanto ao imperativo do antinaufrágio.

No âmbito das referências não feitas neste ensaio, caberia, ainda, menção a Rousseau e a seu argumento singular – apresentado e desenvolvido no *Discurso sobre a origem e os fundamentos da desigualdade entre os homens* – que pode ser percebido como o avesso do argumento do acolhimento, sem nenhuma aposta no naufrágio. O acolhimento segue, para Rousseau, como necessário à espécie, posto que inscrito em sua condição natural. A experiência do social é que é um imenso oceano a produzir náufragos.

22. *Ibidem*, v, xvi, p. 78.
23. *Ibidem*, iii, x, p. 58.

Com base nessa brevíssima referência a movimentos centrais da filosofia política moderna, creio poder afirmar que seu mito de origem – e sua obsessão – possui a fisionomia composta por desenhos de mundo nos quais o naufrágio como condição da espécie deve ser vencido – ou, ao menos, mitigado – pelo esforço cultural de invenção de formas de acolhimento. Se esse é o consenso estabelecido até o século XVIII, algo de distinto se passa com a filosofia pública que constitui o experimento social dos séculos XIX e XX. Ao contrário dos séculos precedentes, uma nova concepção das ontologias do social e da política – assim como da própria natureza humana – dá lugar ao acolhimento do naufrágio como condição imanente – e inerradicável – do social. A experiência do *risco social* e da *fragmentação* e *privatização da política* constitui as cláusulas pétreas do experimento. Suas bases serão vistas a seguir, a partir da análise de dois argumentos produzidos por dois pensadores austríacos, nos anos 1940.

NAVEGAÇÃO TEMERÁRIA E NAUFRÁGIO COMO CONDIÇÃO IMANENTE E INSTITUCIONALMENTE RECONHECIDA (A PROPÓSITO DE KARL POLANYI E JOSEPH SCHUMPETER)

A ontologia do social segundo Karl Polanyi

Karl Polanyi escreveu e publicou em 1944 *A grande transformação: as origens de nossa época*, um dos livros mais inspirados a respeito do advento da sociedade industrial, fundada no princípio do mercado autorregulável[24]. Um livro, ainda hoje, de leitura incontornável para o entendimento de algumas das razões que fizeram com que as imagens do naufrágio e da navegação temerária se inscrevessem nos modos básicos de funcionamento da vida social.

Os termos iniciais da análise indicam, à partida, a natureza do empreendimento intelectual e os termos iniciais que configuram uma versão particular da metáfora do naufrágio: "No coração da Revolução Industrial do século XVIII ocorreu um progresso miraculoso nos instrumentos de

---

24. Cf. Karl Polanyi, *A grande transformação: as origens de nossa época*, Rio de Janeiro: Editora Campus, 1980. Para uma boa exposição da teoria social de Polanyi, assim como de suas afinidades políticas e ideológicas, ver o ensaio de Luis Carlos Fridman, "A Teoria Social de Karl Polanyi em *A grande transformação*", *Dados* (Revista de Ciências Sociais), vol. 32, n. 2, pp. 163-186.

produção, o qual se fez acompanhar de uma catastrófica desarticulação nas vidas das pessoas comuns[25]".

Que fatores teriam determinado tal desarticulação? Para começar, Polanyi deixa entrever que se trata de um processo que nem sequer possui nome próprio. Para designá-lo, socorre-se de uma imagem de William Blake – a dos moinhos satânicos (*satanic mills*[26]) –, apropriada para nomear a devastação que "triturou os homens, transformando-os em massa", por meio de um mecanismo pelo qual "foi destruído o antigo tecido social e tentada, sem sucesso, uma nova integração homem-natureza[27]".

Karl Polanyi, na verdade, foi modesto em sua importação de metáforas. Seu próprio esforço de interpretação das condições de implantação da sociedade de mercado, e de seus efeitos deletérios, poderia ser pensado à luz da metáfora *mental fight* – presente no poema mencionado. É como se Polanyi tivesse aceitado os termos do repto de William Blake e, por meio de seu livro, firmasse as condições de uma luta mental e imaginária, capaz de reconstruir analiticamente o processo que culminou no experimento social do mercado autorregulável. Uma luta mental, posto que, por razões óbvias, a história não é alterável a montante. Tampouco o empreendimento polanyiano pode ser pensado na chave de uma inútil e nostálgica reconstituição do passado, posto que se estabelece, ainda hoje, como um dos mais valiosos recursos de interpelação daquilo que seu autor denominou a religião de mercado e seus efeitos sobre o tecido social.

Se os *moinhos satânicos* estavam inscritos na ordem dos fenômenos históricos brutos – em um processo que conecta o cercamento dos campos à fisionomia soturna dos bairros industriais ingleses –, é na ordem da imaginação que encontramos poderosos elementos de propulsão de

---

25. Cf. Karl Polanyi, *op. cit.*, p. 51.
26. A imagem de William Blake aparece no poema *Jerusalem*, na verdade um fragmento do prefácio a seu livro *Milton*. Há alguma controvérsia a respeito do significado da expressão *satanic mills*, mas parece ter se consagrado a hipótese de que, com ela, Blake, na virada do século XVIII para o XIX, contempla a perspectiva dos efeitos destrutivos da modernização, da guerra e da expansão imperial. Essa é, por exemplo, a interpretação do estudo clássico de David Erdman (*Blake: Prophet against Empire*, Princeton: Princeton University Press, 1954). O texto integral do poema *Jerusalem* é: "And did those feet in ancient time,/ Walk upon England's mountains green:/ And was the holy Lamb of God,/ On England's pleasant pastures seen!/ And did the Countenance Divine,/ Shine forth upon our clouded hills?/ And was Jerusalem builded here,/ Among these dark Satanic Mills?/ Bring me my Bow of burning gold;/ Bring me my Arrows of desire:/ Bring me my Spear: O clouds unfold:/ Bring me my Chariot of fire!/ I will not cease from Mental Fight,/ Nor shall my sword sleep in my hand,/ Till we have built Jerusalem,/ In England's green & pleasant Land".
27. Cf. Karl Polanyi, *op. cit.*, p. 51.

seus efeitos mais deletérios. De fato, Polanyi sustenta haver no que define como *filosofia liberal* uma grave falha na compreensão do problema da mudança social:

> [...] animada por uma fé emocional na espontaneidade, a atitude de senso comum em relação à mudança foi substituída por uma pronta aceitação mística das consequências sociais do progresso econômico, quaisquer que elas fossem[28].

O erro fundamental do liberalismo econômico repousa, segundo Polanyi, sobre uma má interpretação da história da Revolução Industrial, por insistir "em julgar os acontecimentos sociais a partir de um ponto de vista econômico". Ao fazê-lo, algumas "verdades elementares da ciência política e da arte de governar foram desacreditadas, e depois esquecidas". Entre elas, a necessidade de contenção de processos não dirigidos de mudanças, impostos por meio de ritmos considerados muito acelerados, para "salvaguardar o bem-estar da comunidade". Para Polanyi, tal perspectiva de salvaguarda pública constitui uma das "verdades elementares da arte de governar tradicional, a refletir uma filosofia social herdada dos antepassados". Tal tradição foi trocada por um "utilitarismo cru que aliado a uma confiança não crítica nas alegadas propriedades autocurativas de um crescimento inconsciente desenvolveu uma ação corrosiva sobre o antigo tecido social[29]".

No lugar da perspectiva tradicional, o liberalismo econômico afirma-se como uma nova modalidade de crença:

> [...] uma fé verdadeira na salvação secular do homem através de um mercado autorregulável. Um tal fanatismo resultou do súbito agravamento da tarefa pela qual ele se responsabilizara: a magnitude dos sofrimentos a serem infringidos a pessoas inocentes, assim como o amplo alcance das mudanças entrelaçadas que a organização da nova ordem envolvia[30].

Três dogmas clássicos sustentam essa fé:

---

28. *Ibidem*, p. 51.
29. *Ibidem*, p. 51.
30. *Ibidem*, p. 141.

- o trabalho deveria encontrar seu preço no mercado;
- a criação do dinheiro deveria sujeitar-se a um mecanismo automático;
- os bens deveriam ser livres para fluir de país para país, sem empecilhos ou privilégios.

A filosofia do *utilitarismo cru*, ao assim proceder, toma a dimensão econômica como aspecto central da interação social. Por meio dessa redução, os demais aspectos que constituem a vida social são percebidos como obstáculos variáveis e removíveis. Um dos propósitos de Polanyi foi o de demonstrar a originalidade ímpar do experimento social que procede da Revolução Industrial: a perspectiva de uma sociedade configurada a partir das interações que ocorrem no mercado. É esse o sentido de uma de suas ideias fortes: os mercados na história da humanidade sempre estiveram inseridos (*embedded*) no conjunto das relações sociais; jamais foram dotados da capacidade de envolver a totalidade dos fenômenos e impor-lhes sua racionalidade e gramática próprias.

Por meio de magistral utilização do conhecimento antropológico disponível a seu tempo, Polanyi sustenta que as instituições econômicas fundamentais das sociedades pré-mercado repousavam sobre padrões de complementaridade e reciprocidade constituídos por fatores culturais (religião, tradição, política etc.). O que decorre da aplicação do credo de mercado sobre a experiência social é a crença no progresso espontâneo, completamente emancipado dos demais fatores que constituem a experiência do social. Em particular, o liberalismo é cego quanto ao papel do governo na vida econômica. Um papel que, diante da perspectiva de alterações de grande vulto na dinâmica da sociedade, age no sentido da definição de ritmos aceitáveis e digeríveis pelas capacidades ordinárias e habituais de compreensão e ação dos seres humanos afetados.

A passagem na qual Polanyi apresenta o argumento é brilhante:

> O ritmo da mudança muitas vezes não é menos importante do que a direção da própria mudança; mas enquanto essa última frequentemente não depende da nossa vontade, é justamente o ritmo no qual permitimos que a mudança ocorra que pode depender de nós[31].

---

31. *Ibidem*, p. 54.

Polanyi refuta, ainda, a ideia de que a modernização tecnológica sustentada no credo de mercado pode ser justificada por suas vantagens de longo prazo: "se o efeito de uma mudança é deletério, então, até prova em contrário, o efeito final também é deletério[32]".

Polanyi põe-nos diante de uma nova instituição da condição humana. Em tal desenho opera uma perspectiva análoga à que extraiu e isolou a dimensão econômica como decisiva para a configuração do social. Se nesse domínio o mercado foi desconectado do conjunto das relações sociais, no que diz respeito à condição humana, o *homo economicus* ofusca e coloniza as demais dimensões e promete ao animal a perspectiva da felicidade na unidimensionalidade. O desenho tradicional do social, sustentado na crença na desejabilidade do acolhimento e no esforço de viabilizá-lo, cede lugar à plena aceitação de que os termos da felicidade humana podem se constituir fora dos domínios da moralidade, da ética e da política. São as delícias da navegação temerária que agora operam como promessa de um desfrute que nenhuma perspectiva real de acolhimento parece ser capaz de garantir.

A ontologia da política segundo Joseph Schumpeter

O igualmente austríaco Joseph Schumpeter devotou dois dos capítulos mais brilhantes de seu livro clássico *Capitalismo, Socialismo e Democracia*, publicado em 1942, ao tema da democracia[33]. O primeiro deles, uma espécie de *pars destruens*, desconstrói – antes que a moda desconstrucionista se abatesse sobre nós – o que definiu como a doutrina clássica da democracia. O seguinte, a *pars construens* (*pero* um tanto *destruens* de nossas esperanças), apresenta o que a seu juízo caracteriza a concepção contemporânea de democracia e de vida pública. Se o primeiro capítulo foi destrutivo, o segundo foi tristemente profético. Qualquer reflexão a respeito da fragmentação e da dissolução contemporâneas da experiência política deve tomar ambos como marcadores compulsórios. Schumpeter estava convencido de que as crenças e as expectativas tradicionais das tradições liberal e democrática colapsam diante da experiência política do século xx.

---

32. *Ibidem*, p. 55.
33. Cf. Joseph Schumpeter, *Capitalism, Socialism and Democracy*, Nova York: Harper Torchbooks, 1976.

Schumpeter começa por mencionar o que para ele constitui os fundamentos da *doutrina clássica da democracia*. Duas premissas estariam presentes no estabelecimento de tais fundamentos: a da existência de algo como o *bem comum* e a da possibilidade da *argumentação racional* como forma de detectá-lo. A comunidade política, nessa chave, seria conduzida por uma vontade comum, expressão da vontade de todos os indivíduos razoáveis.

O dissenso nesse mundo reduzir-se-ia à presença de versões distintas a respeito da melhor maneira de realizar o bem comum, ou o interesse público. Sua forma aproxima-se daquilo que o filósofo Rudolf Carnap definiu como uma querela a respeito de *questões internas*, que não chegam para abalar o esquema geral que as contém. Desavenças sobre *questões externas* são mais graves, posto que põem em causa a própria justificativa e sustentabilidade do esquema geral. Pois bem, na descrição de Schumpeter, o que define como teoria democrática clássica seria marcado apenas por dilemas de natureza interna. A intocabilidade dos parâmetros externos garante a fixidez dos termos do interesse público. O dissenso das ordens democráticas assentadas nas premissas da teoria clássica diria respeito, pois, a questões de meio, por não incidir sobre as finalidades da vida pública. A visão geral do agregado social revelaria, portanto, a presença de uma comunidade que controla consciente e ativamente seus negócios públicos.

Pode-se dizer que Joseph Schumpeter apresenta uma caricatura do que, de uma forma um tanto arbitrária, define como *teoria clássica da democracia*. Mas, de certa forma, pelo menos um autor central para aquela perspectiva – refiro-me a John Stuart Mill – poderia ser reconhecido em alguns dos traços antes apresentados. Com efeito, em seu clássico *Sobre a liberdade*, publicado em 1863, Mill sustenta a importância da argumentação racional para a condução da política e vê no sistema representativo – mais do que na democracia propriamente dita – a possibilidade de incorporação ao debate público de todas as versões relevantes a respeito do que é e deve ser a vida social. Tal incorporação dar-se-ia pela extensão do eleitorado e pelo reconhecimento constitucional da diversidade de opiniões e projetos, cuja principal implicação é a da proteção às minorias. A crença básica de Mill apoia-se nas virtudes de uma conversação aberta aos jogos honestos e autênticos da argumentação e da persuasão. Pressupõe, portanto, uma natureza humana fundada na diversidade e vocacionada para a busca ativa de um padrão de liberdade pública, condição necessária para o aperfeiçoamento cívico e pessoal.

Schumpeter submete o que para ele parece constituir a crença básica da teoria clássica – a ideia de Bem Comum – a intensa corrosão. Para ele, não haveria algo tal como um único Bem Comum, sustentado por todos, por força da argumentação racional. Antes, ao contrário, as sociedades complexas e de massa indicam a presença de um dissenso entre pessoas e grupos a respeito do que ele pode significar. Tratar-se-ia de um dissenso a respeito de questões de princípio, que não podem ser reconciliadas por meio da argumentação racional: os valores últimos situam-se além da lógica. Mesmo diante do consenso a respeito do que é o bem comum, haverá dissenso a respeito do que ele poderá significar para cada indivíduo. Como consequência, temos a implosão do conceito rousseauniano de vontade geral, já que, para Schumpeter, supõe a existência de um Bem Comum único e definido, discernível por todos.

O processo democrático, portanto, não converge na reafirmação constante do Bem Comum. Ele é antes um complexo de relações e comportamentos. Sua natureza é caótica e carece de significado próprio. Em outros termos, ele não realiza nada *per se*. O processo democrático constitui-se como um efeito de agregação de partes infinitesimais – a vontade dos indivíduos que o compõem. O processo democrático é marcado pela indeterminação de seus resultados.

O que leva Schumpeter a tal corrosão da ideia clássica é a sua definição da natureza humana na política. Os cidadãos democráticos são constituídos pelo processo democrático, para ele materializado na escolha de representantes e governantes. Nesse sentido, dispensa a carga clássica, baseada em dois postulados centrais: (i) a anterioridade do indivíduo com relação à interação social e (ii) a sua capacidade permanente de discernimento e autonomia.

Com efeito, a assim chamada teoria clássica da democracia sustentava-se, no nosso autor, em premissas não realísticas a respeito do comportamento dos indivíduos no processo democrático.

Tais premissas podem ser resumidas na seguinte série:

- integridade e independência da vontade do eleitor;
- poder de observação e interpretação dos fatos;

- capacidade de construção de inferências racionais;
- homogeneidade da personalidade humana;
- vontade precisa como móvel da ação.

A crença básica que sustenta o conjunto das premissas apresentadas diz respeito ao postulado da racionalidade e da integridade da consciência humana. Tal crença, central para o legado racionalista e liberal, esteve nas décadas iniciais do século XX sob intenso ataque por um conjunto de autores, entre os quais Vilfredo Pareto e Sigmund Freud não tiveram papel diminuto. Por caminhos distintos, os componentes não racionais da ação humana e o caráter não homogêneo e necessariamente opaco do ego apresentam-se como traços básicos da espécie.

A percepção schumpeteriana acrescenta a esse legado que acabou por desconstruir a integridade racional do cidadão liberal a seguinte consideração, inscrita no âmbito da antropologia política: quanto maior a distância dos termos de uma discussão política com relação a assuntos que dizem respeito à família e ao trabalho – assuntos nacionais ou internacionais, por exemplo –, mais abaladas as premissas da doutrina clássica. Em outros termos, tem-se aqui algo designado como a *perda do senso de realidade*: as grandes questões políticas encontram seu lugar em uma economia psíquica do cidadão típico, ao lado de interesses das horas de lazer e mesclados aos assuntos de uma conversa irresponsável. E mais, o cidadão típico é membro de um *unworkable committee*, o comitê de toda a nação. Seu senso de responsabilidade com relação a questões públicas é extremamente reduzido.

É o efeito de distância que explica a ignorância do cidadão ordinário e sua falta de julgamento com relação a questões maiores. Isso se daria mesmo em contextos de informação plena, pois o processamento de informações é governado pela lógica das diferentes escalas de envolvimento com o mundo. Um mundo no qual os indivíduos se fixam na idiotia de suas experiências privadas constitui-se como um redutor da capacidade de processar informações a respeito de questões de natureza pública. Quando o cidadão típico considera questões políticas, ele se torna primitivo; ele pensa por associações particulares e movido por considerações fincadas na afetividade. Não há, pois, razão clássica à vista.

Da antropologia schumpeteriana decorrem importantes consequências políticas. Há aqui, com efeito, um somatório pesado de fatores: fragilidade do elemento lógico na consciência pública, ausência de crítica racional e ausência de experiência pessoal com questões públicas. O efeito político fundamental é o da oportunidade aberta para a ação de grupos – *empreendedores políticos* – cuja função é *fabricar a vontade popular*.

Encontramo-nos diante de um postulado central na reflexão política de Schumpeter. Ao observar o "estado da arte" do mundo democrático, sustenta que a vontade popular é manufaturada: ela é o produto e não a razão principal do processo político. Em outros termos, o evento central do processo democrático é constituído pela competição por liderança. O peso do eleitorado é secundário, diante do processo pelo qual as alternativas de liderança política se constroem. O papel do elemento popular é o de produzir governo, diante de alternativas oferecidas por grupos que se ocupam da manufatura da vontade popular. A definição minimalista de democracia que daí decorre é a seguinte: trata-se de um arranjo institucional para chegar a decisões políticas, pelo qual indivíduos adquirem poder decisório através da competição por voto popular.

* * *

O cenário resultante da superposição dos argumentos de Polanyi e Schumpeter sugere a possibilidade de um experimento de dissolução da ideia tradicional de comunidade política. Com efeito, em ambas as chaves, os motivos da interação social inscrevem-se em uma natureza eminentemente não política. São os ditames naturais de um animal propenso à troca e os seus hábitos sociais idióticos que se constituem à partida como marcadores decisivos da experiência humana. A perspectiva do naufrágio e da navegação temerária fixa-se em um plano imanente do social. Por meios tortuosos, as piores expectativas de Rousseau acabaram por fixar a natureza do empreendimento social dos humanos: o social é o oceano mais apropriado para os naufrágios.

A RESPOSTA BRECHTIANA É TÃO INEVITÁVEL QUANTO A PERGUNTA?

Por ter iniciado com a pergunta brechtiana – o que mantém um homem vivo –, não me é dado, ao final, omitir a resposta. Aí está: "Ele vive dos outros. Ele gosta de bater neles, enganá-los, comê-los inteiros se puder[34]".

Não há como não reconhecer, para dizer o mínimo, a imensa e assustadora plausibilidade da resposta como forma de fixação da condição humana no mundo. Se os termos da resposta de Brecht não puderem ser refutados, a investigação a respeito do que consiste o humano tornar-se-á uma conversa de náufragos.

Rio de Janeiro/Colos (Alentejo)/Lisboa, junho de 2008.

---

34. Os termos estão na tradução brasileira, utilizada na apresentação da peça, na ocasião já mencionada.

Descontrole do tempo histórico e banalização da experiência
Franklin Leopoldo e Silva

A questão que deverá orientar as observações que faremos aqui será a do significado das mutações. Ela precisa ser tratada nas dimensões objetiva e subjetiva, isto é, no plano das mudanças que temos de enfrentar, às quais temos de nos adaptar, contra as quais temos de lutar, e também aquelas que entendemos dever apressar. A essa história que sofremos corresponde aquela que fazemos: tudo que desejamos mudar em nós e na realidade que nos cerca, bem como os meios que mobilizamos para fazê-lo.

Esquematicamente a mudança pode ser vista de dois pontos de vista. No plano da história objetiva, podemos entender que haveria fundamentalmente um processo de transformação em relação ao qual todas as formas históricas seriam provisórias e passageiras, e todas as realizações seriam instáveis, porque a vida histórica se definiria mais pela transformação enquanto processo do que pela simples sucessão de formas estáveis. Algo do mesmo gênero ocorreria também no plano da história pessoal: a existência seria um processo de transformação no qual o sujeito estaria sempre se tornando outro, sem nunca atingir a identidade estável de si mesmo. Outra maneira de entender a mudança é considerá-la meio para atingir um determinado patamar de realidade natural ou histórica tal que já não houvesse mais necessidade de nenhuma modificação. No plano objetivo, a história, passando por várias etapas que poderiam ser localizadas ao longo de uma trajetória de progresso, teria atingido uma meta racional definida de tal modo que já não haveria sentido na continuidade do processo, pelo menos no que diz respeito a uma continuidade transformadora. Do mesmo modo o indivíduo, após um percurso marcado pela provisoriedade das etapas, atingiria um patamar de estabilidade no qual se conservaria, usufruindo, por dizer assim, a identidade conquistada, até sentir os efeitos do decréscimo da vida.

A segunda dentre as concepções de mudança que formulamos é a que está presente no Iluminismo e que ainda configura em parte o que entendemos por transformação histórica. A humanidade teria passado por várias fases de desenvolvimento racional, correspondente a um processo de amadurecimento histórico, e finalmente teria chegado – no entender de Kant, por exemplo – a um estágio de autonomia racional e de maioridade moral, a que a teria levado o progresso, de modo que doravante se trataria apenas de recolher os frutos desse desenvolvimento, em termos científicos, técnicos e éticos. O indivíduo, homologamente, teria também atingido, em princípio, um grau de suficiência racional e de autonomia moral compatível com os tempos, restando apenas atualizar potencialidades. Para o Iluminismo, as mudanças históricas são guiadas por uma teleologia: o critério de progresso preside o desenvolvimento histórico e reflete inteiramente o percurso da razão na direção de sua autonomia. Ao atingir a meta da razão esclarecida, o processo histórico *faz sentido*; ao mesmo tempo, é a razão esclarecida que *dá sentido* a esse processo. E, mesmo que não se possa afirmar o *final da história*, pode-se supor que o significado do transcurso (e da mudança) já não é essencialmente constitutivo, isto é, já não incide da mesma maneira na formação do gênero humano.

Quanto à primeira concepção mencionada, pode-se duvidar de que alguma vez ela tenha sido inteiramente afirmada no âmbito das grandes teorias da história. Com efeito, se por um lado devemos reconhecer em Hegel a predominância do processo sobre a substancialidade do real, e se, nesse sentido, o movimento de transformação é guindado a uma posição primordial na compreensão da realidade, por outro também é preciso assinalar que a teleologia do processo e a ideia de absoluto tendem a fazer do movimento um *meio* para se atingir uma estabilidade racionalmente desejável. A realidade é vista como processo lógico e histórico; mas a lógica do movimento histórico faz do processo apenas um meio de constituir a realidade, tanto fenomenologicamente quanto no seu sentido absoluto.

Essa espécie de ambiguidade entre realidade substancial e processo deriva da inevitável tendência do intelecto para a identificação de coisas e formas como finalidades do processo, seja no âmbito do percurso, seja na concepção de um fim do processo, perspectiva que, de alguma maneira, reencontra a anterior, em que o sentido do movimento era derivado da relativa imobilidade a que ele tendia.

A leitura de Marx também está comprometida com essas possibilidades entre as quais a interpretação oscila: pode-se entender que o movimento dialético próprio do materialismo histórico corresponda a um processo de totalização sem fim em que a ideia de totalidade apareça apenas como reguladora; ou pode-se afirmar que a lógica das oposições históricas leva a uma totalidade real em que a história teria sido realizada. Correspondentemente, o próprio indivíduo pode ser visto como uma particularidade acabada, fruto das determinações gerais, ou como uma singularidade que incessantemente se faz a partir da incorporação concreta do universal. A decisão entre essas duas vias de interpretação passa pela visão do movimento histórico ou como meio de se atingir a realidade ou como a própria realidade em seu sentido processual e movente.

Mas quando falamos de mudanças históricas falamos de experiência histórica. A temporalidade histórica e o ritmo de mudanças que lhe corresponde podem fazer com que se viva mais ou menos intensamente essa experiência. Numa época em que as comunicações sejam mais lentas, em que a mobilidade social seja exceção, em que as identidades sejam mais cristalizadas e em que o mundo seja visto como organizado do ponto de vista da eternidade, o ritmo da experiência histórica corresponde a um universo humano dotado de necessidade. Quando essas características se invertem, a contingência passa a ocupar uma posição mais significativa no conjunto da vida, e a experiência histórica já não pode contar com apoios relativamente sólidos. Ela se torna fluida, e o sujeito tem mais dificuldade para sustentá-la. O que há de interessante nessa relação é que, presumivelmente, a presença maior da contingência na experiência histórica deveria dar ao sujeito um sentimento mais nítido de liberdade. Ora, não é o que acontece porque a dificuldade de situar-se num mundo não mais naturalmente organizado leva o sujeito a pretender substituir a contingência natural pela representação de uma necessidade formal que ele mesmo estabelece.

Haveria, portanto, pelo menos teoricamente, duas configurações. Num mundo *naturalmente* organizado, seja de modo imanente por uma racionalidade intrínseca que se expressaria em necessidade natural, seja por via de normas transcendentes que governariam as coisas a partir de seu criador, as mudanças corresponderiam ao transcurso da ordem objetiva. Num mundo cuja organização dependeria da representação do sujeito de conhecimento e de ação, e em que a necessidade seria resultado de operações subjetivas ou de sínteses entre possibilidades lógicas e dados de realidade, as mudanças corresponderiam a uma ordem constituída. Essa constituição humana de uma ordem se prolonga naturalmente no seu controle. Quando o sujeito moderno teve de introduzir pela razão subjetiva ordem num mundo dessacralizado e, por isso, destituído de ordem imanente ou transcendente, a grande oportunidade que nesse momento apareceu foi a possibilidade de mutações controladas pelos critérios e conveniências humanos. Num universo de ideias em que ordem e mutação eram conceitos correspondentes, a hegemonia da ordem racional significava o controle da natureza e do homem. Um universo matemático e calculável tal como o representado pela ciência moderna traz o valor implícito de um mundo em que a homogeneidade, a regularidade, a uniformidade e a previsibilidade venham a diminuir o impacto das mudanças e possibilitar o controle de seu ritmo e de seu tempo. A vocação tecnológica da ciência moderna traz consigo o propósito de mudanças controladas e de transformações sempre submetidas aos critérios de estabilidade. Práxis bem organizada implica, então, possibilidades técnicas, sociais e políticas de mudar, quando e onde isso se fizer conveniente, ou de não mudar, por critérios análogos.

Houve um tempo, mais próximo ao alvorecer da modernidade, em que se pôde pensar que o homem, por ser sujeito da experiência histórica, só por isso seria capaz de controlá-la. Nessa ordem, instituída pelo próprio ser humano, ele poderia regular as mudanças e alterar a seu gosto o ritmo das transformações. Afinal, a ordem objetiva agora não era senão o campo das interferências possíveis do sujeito, algo como seu domínio, e nada poderia ocorrer ali que não passasse pelo seu controle. De fato, esse campo dominado pelo sujeito como um domínio de objetividade constituído estaria sem dúvida sob o controle do sujeito, *enquanto ele se mantivesse como tal*. O sujeito previu as possibilidades de ocorrências no campo objetivo cujas mudanças ele deveria controlar. Mas talvez não tenha previsto ao menos uma mutação: a perda da própria condição de sujeito, com as consequências que isso acarreta para o sentido das mutações. Com efeito, não se trata apenas de mutações no próprio sujeito, que poderiam repercutir no domínio e controle sobre o campo objetivo das mutações. Parece ter ocorrido algo de mais fundamental: o sujeito foi destituído de sua posição, isto é, do direito à subjetividade, principalmente no que concerne à instituição subjetiva de uma ordem objetiva.

Na verdade, o que sustenta o alcance da subjetividade moderna, em suas versões metafísica e transcendental, é a possibilidade de constituir, real ou formalmente, a objetividade e, nesse sentido, recortar a realidade como objeto. Aí está o fundamento de todo domínio e de todo controle. Mas foi esse vínculo demasiadamente íntimo entre subjetividade e objetividade que teria levado a história do sujeito aos episódios que parecem anunciar o seu final. O fato de que a objetividade se constituiu no interior da subjetividade foi sinal do poder constituinte do sujeito e de sua capacidade de projetar-se no que não era ele e assimilá-lo a si. Mas esse mesmo fato parece ser também o motivo de um certo processo de dissolução do sujeito na objetividade por ele constituída e que ele deveria dominar. E isso não necessariamente porque o sujeito se teria tornado vítima de seu próprio poder ao voltá-lo contra si. O sujeito não cometeu, nesse sentido, erros. Apenas viveu a sua própria história e nela submergiu, se entendermos que a história da subjetividade é também a história da técnica e da razão instrumental que desemboca na tecnociência.

Podemos ver tudo isso de um modo extraordinariamente simples e ao mesmo tempo terrivelmente dramático. O sujeito moderno é aquele que se dispõe a mudar o mundo: transformar, interferir, organizar, fabricar, produzir etc. atividades que alteram o perfil da realidade natural e humana. Dentre as mudanças que assim foram introduzidas, destacam-se aquelas que se referem ao próprio sujeito, ao conteúdo, sentido e dinâmica de sua própria experiência. E foram essas mudanças que levaram ao que vemos hoje como sendo a sua própria destituição. A tal ponto que, se perguntarmos qual é a grande mudança histórica que teria ocorrido nos últimos tempos e que afeta nossa vida na atualidade, teríamos, muito provavelmente, que responder: é a impossibilidade de mudar.

Contra essa constatação se dirá, e com razão, que nunca houve tantas mudanças e num ritmo tão acelerado como esse que vivemos hoje. O que se trata de explicar, então, é o paradoxo a que chegamos: nunca vivemos tantas mudanças e nunca fomos tão incapazes de mudar. Qual o motivo dessa estranha identificação na qual o frenesi das mudanças equivale à mais previsível rotina? Por que a experiência de um tempo histórico marcado pela variação e pela velocidade equivale à indiferença? Em suma, as mutações não nos atingem como protagonistas dessa experiência histórica diversificada e veloz; elas nos conduzem como passageiros alheios ao trajeto e despreocupados com o destino. E isso não significa que haja uma continuidade histórica confiável a tal ponto que não precisássemos nos inquietar com possíveis surpresas. O devir histórico tem sido tão surpreendente – na acepção decepcionante do termo – que justifica perguntar se na história a gênese e constituição do sentido não se teriam transformado na vigência do absurdo. Se estivermos diante do absurdo, talvez seja natural que não exerçamos o poder de negar a realidade, que é sempre também o poder de afirmar a possibilidade de outra. Com efeito, a negação ocorre sempre a partir de uma situação, a mesma que nos faz vislumbrar outros conteúdos de realidade, para os quais nos transportamos em projeto, estimulados pela contradição do que existe a encontrar num outro tempo, ainda não existente, uma outra realidade. Mas se o que está diante de nós situa-se aquém da possibilidade de negação, porque não possuiria um mínimo de densidade real para ser comparado a algo que o superasse, então sobrevêm a indiferença, a impossibilidade de projetar-se e de projetar um mundo, a anulação da expectativa. A uniformidade do deserto, que faz com que o que se percorreu não sirva de referência, tampouco o que ainda se está por andar; e o lugar presente é uma referência, mas vazia.

Todos sabemos o impacto que causou a tese de Löwith, proclamada no final dos anos 1940, de que o progresso é o messianismo secularizado. Ela permitia – e ainda permite – explicar muita coisa, e principalmente certas ambiguidades e ambivalências da passagem do mundo sacralizado à civilização secular. Com efeito, se o humanismo é uma aposta no homem afiançada pela universalidade da razão metodicamente aplicada, pode-se dizer que na época moderna a história continua sendo uma trajetória salvífica na qual o homem poderá encontrar a felicidade cuja busca é inspirada pela racionalidade técnica entendida como saber e poder que convergem para a construção do Bem. O progresso como tradução laica da Salvação seria assim a bandeira positiva seguida pelas modernas legiões de povos ocidentais. E o progresso dá testemunho de si cada dia: as descobertas científicas e, principalmente, as inovações que passam a compor a nossa vida sucedem-se diariamente, de modo que se observa constante coincidência entre tempo histórico e inovação. Ou seja, a experiência histórica é a experiência da mudança no sentido do advento da novidade, conforme convém ao progresso.

Mas a inovação como regra absoluta do progresso torna o processo rotineiro. Vivemos num tempo em que o aparecimento de novidades e avanços tecnológicos situa-se totalmente dentro do previsto. O novo, que a cada dia nos chega, não nos afeta como surpresa, antes tende a nos entediar como continuidade rotineira de um processo com o qual já nos acostumamos e que, na medida mesma em que se define pela apresentação do novo, nada de novo tem mais a nos oferecer. Isso significa que o progresso deixou de ser uma expectativa ou uma crença para tornar-se um hábito. Esperamos o advento do novo como o cético humano espera o nascimento do sol: um evento objetivo que não se distingue de uma rotina psicológica. E alimentamos tantas esperanças novas nos frutos do progresso quanto colocamos novas expectativas no nascimento de mais um dia; em ambos os casos a rotina prevalece, e se fortalece a certeza de que tudo muda para continuar o mesmo. Assim, entendemos o progresso como uma *força* sempre presente em nossas vidas, mas cujo *sentido* já nos é difícil decifrar. Essa diferença está profundamente entranhada no niilismo contemporâneo: o progresso e a história são forças que acompanhamos ou que nos arrastam; mas já não sabemos se possuem sentido.

E assim, as mutações que traduzem a história e o progresso se apresentam, sobretudo, como *quantidade*: medimos o tempo que passa pela quantidade de opções que nos são oferecidas no que se refere aos mais diversos aspectos da vida. Temos sempre um número maior de maneiras de viver e um maior número de bens de que podemos desfrutar, porque as mudanças operadas nos mais diferentes aspectos da realidade abrem novas possibilidades de que nos podemos aproveitar. Nesse acúmulo quantitativo está certamente um dos motivos da indiferença em relação às mutações. Ora, isso incide drasticamente sobre o significado daquilo que designamos, no século xix, como "religião do progresso". Tratava-se então de um vetor de crença que podia servir para avaliar a vida e aquilo que os homens estariam fazendo em prol de si mesmos, no intuito de fazer do curso do progresso uma história da salvação. Atualmente, a ideia de que o progresso esteja associado a qualquer perspectiva de salvação é vista com muitas dúvidas, não apenas devido à aliança entre progresso e poder destrutivo no que se refere ao potencial bélico e à ecologia, mas também porque o progresso passou a estar relacionado com a solução ou a contemporização de problemas imediatos e pontuais, e não mais com o núcleo qualitativo e significativo da vida, como ocorria no Iluminismo. Para nós, a série de mudanças que vivemos na interminável rotina do progresso acontece na interface entre a superfície de nossa subjetividade e a superfície do mundo: as mudanças, por se terem rotinizado, deslizam na superfície do nosso Eu e na superfície das coisas, sem penetrá-las. E há mesmo razões para supor que, de modo geral, prejuízos na qualidade de nossa existência estão relacionados à acumulação quantitativa de mudanças e inovações.

Tudo isso parece estar relacionado a algo que já mencionamos, mas em que precisamos insistir: talvez a mais notável de todas as mutações tenha sido aquela que nos levou a descrer de sua efetividade e mesmo a constatar a impossibilidade da mudança. O que nos remete de imediato a questões de relevante atualidade que, esquematicamente, podem ser enunciadas como a relação entre, de um lado, as mutações históricas como constitutivas da vida política e social e, de outro, os fenômenos contemporâneos que podem ser agregados sob a égide identificadora de democracia formal e totalitarismo real. Por que julgamos poder relacionar esses elementos?

Entendemos que a mutação histórica que pode ser aproximadamente definida como a experiência da impossibilidade de mudar é nova e original. Não se trata, obviamente, de uma tendência conservadora encorajada por fundamentos filosóficos e políticos ligados a um mundo organizado segundo a transcendência das Formas, de Deus ou de uma Inteligência suprema. Não se trata, como vimos, de um mundo em que a necessidade transcendente ou imanente desempenharia papel primordial. Pelo contrário, trata-se de um mundo profundamente afetado pela contingência. E, no entanto, como vimos ainda, essa contingência não se traduz em liberdade. É como se a contingência estivesse a serviço da fatalidade, e a liberdade fosse utilizada para ignorar a possibilidade de escolha. A razão disso encontramos na leitura que julgamos ser possível fazer de Hannah Arendt: a política teria desaparecido porque a ideia de certeza vinculada à racionalidade técnica teria expulsado da vida e da práxis o discernimento como critério das escolhas práticas. Como a vida política é o processo pelo qual os homens em sociedade escolhem, independentemente da certeza teórica, os rumos da comunidade, o que se há de conservar e o que se há de mudar, tendo em vista o bem comum, o vazio político se configura como a experiência da inocuidade de decidir e da impossibilidade de mudar. Assim o mundo contemporâneo estaria "politicamente" constituído de tal forma que os indivíduos absorvessem, como único modo de vida possível, a recusa da vida pública como meio e lócus de discussão das possibilidades humanas, isto é, das mudanças que se tornariam possíveis a partir das decisões tomadas no espaço de risco da esfera pública por indivíduos reunidos em comunidade. O desaparecimento do espaço comunitário e da intersubjetividade política configura o vazio que nos separa do valor que poderia conferir base sólida à dignidade humana. Trata-se de uma mutação que, vivida como ruptura, impede que a memória histórica venha em auxílio de uma possível recuperação da integridade da experiência.

Dessa forma podemos dizer que um mundo que se define por tantas e tão frequentes mutações é ao mesmo tempo um mundo que se caracteriza pela recusa de uma experiência intrínseca das mutações. Se é verdade, como disse Sartre, que o indivíduo somente se constitui na sua singularidade quando interioriza as mudanças exteriores e as exterioriza pela mediação de sua subjetividade, talvez se possa dizer que vivemos num mundo em que as mutações não são verdadeiramente interiorizadas pelos sujeitos, muito menos exteriorizadas enquanto determinações assumidas singularmente. Simplesmente são objetos de experiência externa em que a história resvala na composição superficial de um sujeito exterior a si mesmo e de um mundo que se faz estranho na sua profundidade e familiar na sua trivialidade. Uma experiência destituída de significações internas e externas se caracteriza pela perda das referências. Por isso experimentamos as mutações em regime de relação extrínseca, como se já não pudéssemos ser senhores das situações em que as coisas mudam e em que nós mudamos. Por isso também assistimos às mutações como a um espetáculo variado que, embora afete nossas vidas, é algo de que participamos muito indiretamente.

Ora, a experiência da mudança é a experiência do tempo. Bergson mostrou que o processo da vida e o processo da consciência que os dados imediatos da realidade nos revelam dão testemunho de que o real seria essencialmente fluxo do devir. Quando nos voltamos para nós mesmos sem a interposição de esquemas teóricos, lógicos ou metafísicos, o que atingimos em nós mesmos é o fluxo da consciência como continuidade diferenciada de qualidades que se dá numa modulação que de direito seria irredutível à segmentação analítica, mas que de fato traduzimos na lógica da descontinuidade e remetemos à unidade do ser. É como se a experiência da mudança e do movimento fosse sempre descaracterizada pelas formas que lhe impomos, por necessidade teórica e por conveniência prática. Assim, o tempo transcorre diante de nós, articulado e organizado, como sucessão de instantaneidades ou de imobilidades, e essa representação objetiva, que acabamos por interiorizar, oculta a consciência íntima do tempo, comprometendo assim a experiência do devir, a captação da temporalidade no fluxo da realidade externa e no ritmo de nossa história pessoal.

É desse modo que nos colocamos *diante* do movimento da realidade e não *nele*. É desse modo que o captamos objetivamente na justaposição de partes que traduzem o fluxo de mudanças sucessivas que não conseguimos captar. Essa posição externa às mudanças se reflete, como já vimos, numa relação extrínseca com o processo histórico e com o desenvolvimento da vida social. Só assumimos a posição de *sujeitos históricos* quando agimos *politicamente*, e isso se aplica tanto à ação transformadora quanto à ação conservadora do presente. Quando a desintegração ideológica e o desaparecimento do cenário público tornam impossível a ação política, os acontecimentos que traduzem as mudanças na esfera social ocorrem sem referência a agentes históricos produtores de significação. É o que designamos como a falência da participação política, razão pela qual o desaparecimento da política e a falência da democracia real coincidem. A relação extrínseca com as mudanças significa a incapacidade de agir participativamente no processo coletivo, e nesse contexto torna-se impossível a democracia real: as instituições passam a ter vida vegetativa, e a vida democrática se reduz à reiteração formal de justificativas de sua própria inexistência. A democracia formal tende a se prolongar num totalitarismo real, e o fundamento dessa reciprocidade, em que o caráter democrático das *formas* políticas esconde a *realidade* do totalitarismo, é a indiferença e a exterioridade dos indivíduos em relação à vida social e histórica. Numa palavra: a disposição indiferente para sofrer mudanças e a incapacidade (ou a ideia de que não há necessidade) de produzi-las.

É preciso voltar ao aparente paradoxo: como as pessoas podem ser tão alheias às mudanças e ao mesmo tempo ter toda a sua vida pautada por elas? Alguém poderia dizer que a resposta está em algo que conhecemos há muito tempo e que está na base de muitas atitudes humanas, notadamente na modernidade: a alienação. Mas não seria uma resposta satisfatória. Pois a dificuldade do problema está precisamente em que as pessoas estão, de um lado, profundamente envolvidas nas mudanças e comprometidas com as suas consequências subjetivas e sociais e, por outro, inteiramente alheias ao sentido histórico das mudanças e ao rumo histórico do processo que elas configuram. Por essa razão, alienação seria uma resposta incompleta e parcial. O que seria preciso entender é *como* se pode participar das mudanças, vivendo-as com intensidade e radicalidade, e *ao mesmo tempo* ignorar totalmente o que elas significam. Pois essa contradição parece ser o elemento principal do cenário contemporâneo.

Ensaiemos uma aproximação do problema valendo-nos da relação entre *fato e significação*, tal como foi formulada por Sartre com a finalidade de esclarecer o modo pelo qual o sujeito em situação lida com as determinações que poderiam tolher a sua liberdade. Os fatos fazem parte da estrutura da situação de tal modo que o sujeito os encontra e nada pode fazer a respeito, no sentido de anulá-los ou mudá-los. Os fatos fazem parte de um mundo em si, duro, opaco e inarredável. Mas como o sujeito os representa, isto é, atribui-lhes significação no contexto de um mundo humano, esses fatos são para um sujeito e giram na sua órbita como significações produzidas. Nesse sentido o sujeito, pela sua capacidade de significar o mundo, prolonga sua subjetividade nos fatos e se projeta nesse mundo em princípio dado e imutável. No mundo humano não haveria fatos brutos, porque seriam sempre trabalhados pela significação. Assim o sujeito se situa na corrente da história ao mesmo tempo num mundo "mais velho do que ele" (Merleau-Ponty) na sua autonomia bruta de coisa, e, no entanto, constituído significativamente por ele, a partir de expectativas e possibilidades que projeta em torno de si. O acontecimento não espera por mim e não se dobra às minhas intenções; mas se ele se relaciona ao agente histórico, então é, também necessariamente, uma projeção da subjetividade que se sujeita ao jogo de ganha e perde que se passa no palco da história.

Ora, há indícios de que essa inseparabilidade entre fato e significação já não mais faz parte da experiência. Esta, exteriorizada e padronizada pelas injunções da contemporaneidade, desintegrou a relação, de tal modo que o sujeito pode, sim, ao contrário do que Sartre pensava, fazer a experiência dos fatos sem experimentar, neles, a significação, pela simples razão de que o sujeito doador de significações ao mundo está obnubilado pelo sujeito meramente operante, aquele para quem a experiência consiste em deslizar sobre os fatos com a rapidez do surfista e a habilidade do competidor. É nesse sentido que se faz, contemporaneamente, uma experiência mutilada das mutações, e a extrema diversidade pode resultar, então, na mais completa homogeneidade. Nesse sentido, permanecer alheio ao significado das mutações torna-se perfeitamente compatível com a aceitação indiferente de todas elas, do ritmo em que se dão, e da justificação implícita a partir da qual são vividas.

Seria preciso, para prolongar e completar essas observações, perguntar se a causa do paradoxo que consiste em assumir para com o mundo um compromisso fundado na indiferença em relação à história não estaria relacionada a uma atitude análoga que o sujeito assume consigo mesmo, isto é, com a sua história pessoal. Pois tudo indica que a incapacidade de apreender significativamente os fatos e a corrente de mudanças em que se inserem tem muito a ver com a incapacidade do sujeito para apreender-se significativamente e atribuir significação à sua própria história. O motivo, como já indicamos, seria a vivência do tempo histórico em regime de exterioridade. Isso não significa de modo algum que a experiência histórica requeira uma grande densidade interior, de cunho agostiniano, por exemplo, ou separação e hierarquia entre a exterioridade e a interioridade. Mas, mesmo sem adotar esse dualismo, justamente criticado na filosofia contemporânea, há de se convir que a condição de agente histórico não pode ser completamente separada do estatuto do sujeito e que, nesse sentido, a história é, *também*, experiência subjetiva.

A contingência faz com que entre as dimensões subjetiva e objetiva da existência histórica haja um equilíbrio instável: às intenções do sujeito que age na história o mais das vezes não correspondem os resultados originalmente visados porque esse sujeito, embora agente, nunca é senhor da situação em que age. Reciprocamente, esse mesmo sujeito pode, através da liberdade possível, resistir às pressões objetivas ou transformá-las a partir da sua subjetividade singular. Para que a vida histórica reflita essa instabilidade constitutiva o sujeito deve exercer uma liberdade difícil, permeada por determinações de todo tipo e que o pressionam em vários níveis. Tudo indica que o sujeito contemporâneo, de modo geral, não está podendo arcar com essa dificuldade, e assim tenta atingir um equilíbrio estável na existência histórica através da rendição da liberdade às determinações. Isso significa, no limite, a submissão cega à dimensão objetiva e ao ritmo exterior das mutações. Sartre disse que o sujeito, ao mesmo tempo livre e determinado, se constitui ao fazer algo com o que fazem dele. Ora, na impossibilidade de viver essa experiência complexa e contraditória, o sujeito tende a reduzir essa relação dialética a um de seus polos, deixando-se constituir pela exterioridade objetiva sem sequer tentar se autoconstituir apesar disso.

Essa simplificação da experiência é também a sua banalização. Nesse sentido se pode dizer que a banalização da experiência consiste na aceitação de uma vida unidimensional, em que as solicitações do mundo objetivo atravessam a subjetividade sem encontrar a opacidade de uma liberdade por via da qual o indivíduo poderia se opor à realidade dada por meio da projeção de outras possibilidades, isto é, de uma outra experiência existencial e histórica em que o tempo fosse vivido também na dimensão da singularidade subjetiva – e não apenas na esfera da homogeneidade objetiva. Trata-se de um paradoxo extremamente revelador para quem desejar fazer um diagnóstico da contemporaneidade: a experiência banalizada é aquela que se caracteriza pela renúncia do sujeito a participar ativamente das transformações de sua própria história e do fluxo mais íntimo de sua própria temporalidade. Nesse sentido se pode dizer que as possibilidades emancipadoras de um mundo em mutação se dissolvem no frenesi alienante da vivência absolutamente externa e completamente impessoal da rotina das transformações, com a qual o indivíduo convive no modo de um consumo indiferente do que é sempre novo e sempre igual.

As duas mutações de Nietzsche
Oswaldo Giacoia Junior

> *Digo-vos: é preciso ter ainda em si um caos para poder dar à luz uma estrela bailarina. Digo-vos: vós ainda tendes caos em vós.*
>
> FRIEDRICH NIETZSCHE[1]

O grande enigma de nosso tempo está na mutação, sobretudo aquela produzida pela extraordinária revolução científica em curso. Mas ela carece de pensamento. Se, na tentativa de contribuir para pensá-la, recorro à filosofia de Nietzsche, é porque nela encontro a lúcida percepção de que, no vácuo, não conseguimos fazer a experiência do vazio. Minha contribuição é um esforço para evitar a resignação intelectualmente demissionária. Paralelamente, ela se pretende uma recusa do triunfalismo compulsivo, da rendição ao encantamento tecnocientífico dominante.

Justifica-se o retorno a Nietzsche, com essa finalidade, pois ele mesmo julgava que a ciência sempre carece de justificação e de uma perspectiva de sentido – que não pode ser encontrada em seu próprio território. Antes seria necessário trilhar outro caminho de pensamento, que nos conduziria a uma experiência renovada da razão. Por isso, pareceu-me indispensável revisitar a denúncia mais radical até hoje empreendida contra a *hybris* moderna da racionalidade. Proponho-me a demonstrar que a denúncia dessa desmesura é um compromisso com caminhos possíveis da razão, em cujo

---

[1]. Friedrich Nietzsche, *Also Sprach Zarathustra* [Assim Falou Zaratustra], Prefácio, § 5. Em: G. Colli e M. Montinari (ed.), *Sämtliche Werke*, Kritische Studienausgabe (KSA), Berlim/Nova York/Munique: De Gruyter, DTV, 1980, vol. 4, p. 19. Quando não houver indicação em contrário, as traduções são de responsabilidade do autor [N. E.].

percurso é necessário inventar – ao mesmo tempo inventar (*erfinden*) e descobrir (*finden*) o essencial daquilo que dá a pensar.

Desde as primeiras recepções de seu pensamento, Nietzsche tornou-se célebre como o filósofo da suspeita, devido ao ímpeto disruptivo de sua crítica. Nietzsche, o pensador da crise da razão: "Conheço a minha sina. Um dia, meu nome será ligado à lembrança de algo tremendo – de uma crise como jamais houve sobre a Terra, da mais profunda colisão de consciências, de uma decisão conjurada contra tudo o que até então foi acreditado, santificado, requerido. Eu não sou um homem. Sou dinamite[2]".

Porém, há um lado positivo e afirmativo nessa filosofia, que sempre empalidece, quando contraposto aos ataques demolidores voltados contra todos os bastiões nos quais se refugia nossa cultura – da religião à política, da moral à economia, da educação à estética. A vertente solar de Nietzsche é haurida num elemento transitivo, portanto ligado à mutação – eis o que cumpre evidenciar que o filósofo do crepúsculo dos ídolos também persegue obstinadamente novas auroras ainda por brilhar.

Tomo como ponto de partida o anúncio da morte de Deus. Nietzsche acredita ter enunciado nele a mais radical e profunda denúncia da pretensão totalitária, pela qual uma forma de racionalidade fez-se passar pela razão em geral. Com seu diagnóstico do niilismo europeu, ele problematiza o ocaso, a perda de sentido e cogência por parte dos supremos valores humanos que até hoje dominaram o curso do processo civilizatório no Ocidente; e, ao fazê-lo, proporcionaram também um horizonte de sentido para a história.

Contudo, é necessário atentar para a natureza especial desse diagnóstico: ele registra, a um tempo, crepúsculo e transição – o vazio dos valores é também uma ponte para a ultrapassagem do que se esgota e declina, liberação do espaço para novas aventuras, para a criação de novas tábuas de valor. O pensamento de Nietzsche é uma filosofia da mutação justamente porque é capaz de acompanhar a catástrofe até onde alcançam suas derradeiras consequências, e, nesse limite, o curso da história se determina sempre a partir de mutações que assentaram os trilhos e fixaram seus rumos.

---

2. Friedrich Nietzsche, *Ecce Homo. Por que sou um destino*, 1, trad. Paulo César de Souza, São Paulo: Companhia das Letras, 1995, p. 109.

Essa interpretação pode ser ilustrada em quase todo segmento da filosofia de Nietzsche. Um exemplo privilegiado seria a modificação que representou, na Grécia, a consolidação do *logos* teórico. Ao reconstruir genealogicamente os primórdios da cultura científica ocidental, desde a Antiguidade grega clássica (quando a problemática do niilismo ainda não se apresentava para o jovem Nietzsche em toda a envergadura conceitual que mais tarde adquiriria), o filósofo já detectara ambivalência dessa gênese: por um lado, nela se verifica o início de um ciclo histórico; por outro, porém, a aurora é apenas a contraface do ocaso.

Assim, a cultura trágico-artística da Grécia clássica declina, ao mesmo tempo em que se engendra a cultura socrático-alexandrina, cujo apogeu é atingido somente na modernidade. No fundo, um processo decadencial bifronte: de um lado, o declínio da cultura artística e do espírito trágico representados por Ésquilo e Sófocles – que sucumbiram ao ímpeto irresistível da dialética socrático-euripidiana. Por outro, Sócrates e Eurípides como figuras paradigmáticas da *Aufklärung* grega (da transição para a hegemonia cultural do *logos* científico), mas também para um declínio do tipo humano que nela tem matriz de configuração.

Sócrates é, para Nietzsche, o ícone do otimismo ínsito na essência da lógica e da dialética, o representante da fé incondicional na onipotência da razão que, guiada pelo fio condutor da causalidade, estaria em condições de decifrar todos os enigmas do universo – e não somente solucioná-los, mas também corrigi-los. Uma mutação epocal está na origem da cultura científica, de que Sócrates é o símbolo mais expressivo.

> Quem alguma vez tornou visível para si como depois de Sócrates, o mistagogo da ciência, uma escola filosófica é substituída pela outra, como a onda pela onda; como, nos mais remotos domínios do mundo cultivado e como a autêntica tarefa para toda aptidão mais elevada, uma universalidade da ânsia de saber, nunca suspeitada, conduziu a ciência ao alto-mar, do qual, desde então, ela jamais pôde ser de novo completamente removida; como, primeiramente por meio dessa universalidade, uma rede comum do pensamento foi estendida sobre o conjunto do globo terrestre – sim, com vistas à legalidade de um sistema solar inteiro; quem tornou presente para si mesmo tudo isso, junto com a surpreendente pirâmide de saber da atualidade – esse não pode

se recusar a ver em Sócrates o ponto de inflexão e o vértice da assim chamada história universal[3].

Como consequência dessa mutação, a cultura helenística faz confluir a racionalidade socrática e a religiosidade cristã, generalizando os valores que, no socratismo-platonismo originários, eram ainda apenas potencialmente universais. Depois de inúmeros avatares e peripécias, a fusão entre helenismo e cristianismo adensou-se, graças a uma cumplicidade sempre velada entre a religiosidade cristã e a ciência, cujo desdobramento gerou a convulsão em que a modernidade hoje se abisma – a catástrofe dos valores que foram as supremas referências de nossa cultura.

A lógica e a dialética socráticas tinham sua raiz numa representação delirante (*Wahnvorstellung*), na pretensão desmesurada de sondar todos os abismos do ser, não somente para conhecê-los, mas também para corrigi-los. A força dessa ambição conduz a racionalidade científica a um incessante arrancar de véus (*alethéia*), impelindo a vontade de verdade sempre adiante, na direção de limites e fronteiras, numa obsessão da busca permanente, pois numa procura infinita reside seu verdadeiro interesse, muito mais que na descoberta de uma verdade episodicamente desvelada.

> Lessing, o mais honesto dos homens teóricos, atreveu-se a declarar que a ele importava mais a busca da verdade do que ela mesma: com isso ficou a descoberto o segredo fundamental da verdade, para espanto, mais ainda, para irritação dos cientistas. Certamente, junto a esse conhecimento isolado encontra-se, como um excesso de honestidade, se não de soberba, uma profunda *representação delirante*, que pela primeira vez veio ao mundo na pessoa de Sócrates – aquela crença inabalável de que, seguindo o fio condutor da causalidade, o pensar alcança até os abismos mais profundos do ser, e que o pensar é capaz não somente de conhecer o ser, mas até de *corrigi-lo*[4].

---

3. Friedrich Nietzsche, *Die Geburt der Tragödie*, § 15. Em: G. Colli e M. Montinari (ed.), *Sämtliche Werke. Kritische Studienausgabe* (KSA), Berlim/Nova York/Munique: De Gruyter, DTV, 1980, vol. I. pp. 99 ss.
4. *Ibidem*, p. 99.

E, no entanto, quando a consciência científica, aguilhoada pela poderosa ilusão que a anima, atinge afinal os limites para os quais desde sempre fora impelida, ela faz também a experiência do fracasso de seu otimismo. Fracasso que enseja nova mutação epocal, liberando a consciência para o acolhimento de seu outro. Este, que até então era considerado o negativo e o absolutamente adverso, revela-se como efetivo *complemento* – ao mesmo tempo em que vem à luz a ilusão em que estava imersa a racionalidade lógica. O homem teórico da cultura socrática constata, "para seu espanto, como a lógica, chegando a tais limites, enrosca-se sobre si mesma e finalmente morde a própria cauda[5]".

Trata-se de um percurso trágico, aos olhos de Nietzsche: nele a racionalidade científica se encaminha, *motu proprio*, para a perempção. Pois uma cultura assentada no princípio da cientificidade *tem de* sucumbir tão logo começa a tornar-se *ilógica*, ou seja, quando recua perante as conclusões inevitáveis de seus próprios valores. Mas, como catástrofe trágica, isso é também prenúncio de outra mutação – é esse o significado da transvaloração dos valores em que culmina o projeto filosófico de Nietzsche.

Pois o "sublime delírio metafísico foi acrescentado como instinto à ciência, e a conduz, sempre e sempre de novo, até aqueles limites nos quais ela tem de se converter em *arte: que é o que propriamente se tem em vista nesse mecanismo*[6]". E assim, a experiência-limite da racionalidade tecnocientífica – é esse também o autêntico significado do niilismo europeu, entendido como lógica da decadência – é o prenúncio de nova mutação na epopeia humana de autoconstituição na história. Mutação de grande significado e proporções, que se prepara, desenvolve e consuma desde o núcleo fundamental da cultura científica, numa dialética que se desdobra em duas vertentes, culminando na autossupressão da vontade de verdade (veracidade), juntamente com a autossupressão da moralidade, a figura congênere da vontade de verdade.

A autossupressão da vontade de verdade, juntamente com a autossupressão da moral cristã, da qual a primeira é alma gêmea, consiste no resgate da inocência do vir a ser, numa ultrapassagem da perspectiva de culpa e necessidade de expiação. Assim, como fenômeno reativo e passivo,

5. *Ibidem*, p. 101.
6. *Ibidem*, p. 101.

o niilismo pode ser considerado sintoma de regressão e impotência do espírito. Todavia, também o niilismo pode ser vivido e interpretado em outra chave, como niilismo ativo e afirmativo.

> Niilismo como signo de intensificada potência do espírito: como niilismo ativo: ele pode ser um signo de fortaleza: a força do espírito pode estar tão acrescida, que para ela as metas até então vigentes ("convicções", artigos de fé) se tornaram inadequadas. Com efeito, uma crença exprime universalmente a coerção de condições de existência, uma submissão à autoridade de relações sob as quais um ser prospera, cresce, ganha força… Por outro lado, um sinal de insuficiente fortaleza para também, produtivamente, instituir-se de novo uma meta, um por quê?, uma crença. Seu *maximum* de força relativa, ela o alcança como força violentamente ativa de destruição: como niilismo ativo[7].

Nessa ótica seria imensamente produtivo retomar o tema filosófico do Além-do-Homem, como meta a ser instituída por um niilismo ativo: em Nietzsche, jamais se afirma uma perspectiva unilateral, sua transvaloração é, antes de tudo, um esforço transitivo, como se poderia demonstrar em cada uma das mais características figuras de seu pensamento.

No presente trabalho, meu intuito não consiste numa rigorosa demonstração exaustiva dessa tese hermenêutica, mas na despretensiosa sugestão de um caminho que, na minha opinião, pode ser muito promissor e fecundo. Penso que a genealogia de Nietzsche nos convoca para uma reflexão sobre o que nos constitui essencialmente – ela põe em evidência que não é na estabilidade de uma natureza reconciliada, redimida e pacificada que se pode buscar aquilo que nos eleva, senão, antes de tudo, na constante impermanência do que sempre se retrai, do instável e efêmero, do que se debate e declina, do que se encontra em trânsito e, a cada vez, estertora. É nesse terreno fugidio da passagem e da travessia que o pensamento crítico e vigilante libera algum conteúdo de verdade e esperança que mal se delineia na impalpável tessitura do tempo que escoa.

Essa postura filosófica está vinculada, na filosofia de Nietzsche, ao que há de mais profundo na compreensão metafísica do humano, em sua

---

7. Friedrich Nietzsche, *Fragmento póstumo*, n. 9 [35]. Em: KSA, *op. cit.*, vol. 12, pp. 350 ss.

postura existencial em relação ao tempo e à finitude. Zaratustra dá, a esse respeito, o mais eloquente testemunho: depois de profundo recolhimento e solidão, quando enfim se decide a voltar para o convívio dos homens, Zaratustra leva a eles uma mensagem redentora; seu "Evangelho", a ser proclamado na praça do mercado, o berço da filosofia ocidental, é o enunciado de uma mutação: o Além-do-Homem a vir:

> A grandeza do homem consiste em ser uma ponte e não uma meta: o que no homem se pode amar é que ele é um *trânsito* e um *ocaso*. Amo aqueles que não sabem viver de outro modo senão fundindo-se com seu ocaso, pois eles são os que transitam para o outro lado. Amo aqueles que, para fundir-se em seu ocaso e sacrificar-se, não buscam uma razão por detrás das estrelas: mas sacrificam-se à terra, para que esta chegue a ser alguma vez a ser do Além-do-Homem. Amo quem justifica os homens do futuro e redime os homens do passado: pois quer perecer por causa dos homens do presente[8].

A "Boa-Nova" contrasta as perspectivas mais sombrias e negativas de seu tempo: o panorama histórico da modernidade política como a era da mediocrização, da padronização uniforme e massiva, do aviltamento do homem – enfim, como o império dos *últimos homens*:

> A degeneração global do homem [...] essa degeneração e diminuição do homem até tornar-se o perfeito animal de rebanho (ou, como dizem [os socialistas, OGJ] o homem da "sociedade livre"), essa animalização do homem em bicho-anão de direitos e exigências iguais, é *possível*, não há dúvida[9].

O *último homem* é desprezível e repugnante porque simboliza o autocomprazimento do homem moderno, que se concebe como realização do ideal, como meta e a razão de ser, como o fim (em si) da história. Além disso, o último homem é desprezível porque com ele acaba o trânsito, congelado numa figura fixa, estável, inalterável: o último homem é o *in-*

---

8. Friedrich Nietzsche, *Also Sprach Zarathustra* [*Assim Falou Zaratustra*], Prólogo, § 4. Em: KSA, *op. cit.*, pp. 16 ss.
9. Idem, *Além do bem e do mal*, Aforismo n. 203, trad. Paulo César de Souza, São Paulo: Companhia das Letras, 2005, p. 92.

ventor da felicidade – ele alcançou, enfim, a meta e o fim último da vontade virtuosa, anelada por todos os sistemas éticos do Ocidente, o bem supremo. Com o último homem acaba a nostalgia do longínquo – mesquinho e pequeno como a pulga, ele é a espécie que vive por mais longo tempo, a flexibilidade que se adapta a cada nova exigência, cuja virtude suprema consiste na potência infinita de autoconservação a todo custo.

Para Nietzsche, porém, esse espectro é um fantasma a ser conjurado: "Quem já refletiu nessa possibilidade [a possibilidade do reinado do último homem, OGJ] até o fim conhece um nojo a mais que os outros homens – e também, talvez, uma nova *tarefa!*...[10]". O pressuposto dessa missão consiste em evitar a tentação de sucumbir ao feitiço da Medusa que nos captura tanto sob o efeito da *grande compaixão* pelo homem como por sua antítese e complemento, o *grande desprezo* pelo homem. "O que é de temer, o que tem efeito mais fatal do que qualquer fatalidade, não é o grande temor, mas o grande *nojo* ao homem; e também a grande *compaixão* pelo homem. Supondo que esses dois um dia se casassem, inevitavelmente algo de monstruoso viria ao mundo, a "última vontade" do homem, sua vontade do nada, o niilismo[11]." Nada do que é humano nos seria estranho, tanto o que exalta quanto o que rebaixa e humilha – nada de humano é alheio à filosofia de Nietzsche, nenhum de seus cacos e deploráveis acasos e fragmentos.

> Caminho entre os homens como entre fragmentos do futuro: daquele futuro que eu contemplo. E todos os meus pensamentos e desejos tendem a pensar e reunir em unidade o que é fragmento e enigma e horrível acaso. E como suportaria eu ser homem, se o homem não fosse também poeta e decifrador de enigmas e redentor do acaso! Redimir aqueles que passaram, e transformar todo o "foi" em um "assim eu o quis" – somente isso seria, para mim, redenção! Vontade – assim se chama o libertador e o portador da alegria: isso é o que vos ensinei, amigos meus! E agora aprendei também isto: a própria vontade é, no entanto, um prisioneiro[12].

10. Ibidem.
11. *Idem, Genealogia da moral*, III, 14, trad. Paulo César de Souza. São Paulo: Companhia das Letras, 1998, p. 111.
12. *Idem, Also Sprach Zarathustra* [*Assim falou Zaratustra*], II: Da Redenção. Em: KSA, *op. cit.*, pp. 177 ss.

A vontade, o libertador, é, ela mesma, cativa. Para Nietzsche, o cativeiro reside na relação com o tempo, a pedra de toque de nossa existência, nosso supremo desafio e tentação: o tempo e o passar do tempo, nosso confronto angustiado com a finitude e a morte. Também quanto a essa percepção, são inequívocas as marcas, em Nietzsche, da experiência vivida com Arthur Schopenhauer, seu mestre e antípoda:

> O *tempo*, a *transitoriedade* de todas as coisas nele e por meio dele [...] O *tempo* é aquilo em que tudo, em todo instante, se torna nada em nossas mãos – pelo que o tempo perde todo verdadeiro valor [...] O que *foi* não é mais; tanto quanto aquilo que *nunca* foi. Mas tudo o que é, no próximo instante, já terá sido. Por isso, o presente mais insignificante prevalece em *efetividade* (*Wirklichkeit*) sobre o mais significativo passado, razão pela qual o passado se relaciona com o presente como algo que é se relaciona ao nada [...] A cada ocorrência de nossa vida o *É* pertence apenas por um instante; daí para a frente, é para sempre o *foi*. A cada noite nos tornamos mais pobres de um dia. Enlouqueceríamos na contemplação desse escoar de nosso lapso de tempo se, no mais profundo fundamento de nossa essência, não houvesse a consciência de que a nós pertence a nascente da eternidade, sempre inesgotável, de onde o tempo da vida pode se renovar para sempre[13].

Compreensão metafísica nascida de uma *aversão*, uma repugnância contra o tempo, contra a transitividade no tempo, contra a dimensão do *"foi"*. Por certo, ao tempo não pertence unicamente o passado, mas também o futuro e o presente. Mas Nietzsche – certamente sob o influxo de Schopenhauer –, quando pensa o tempo, o faz numa acepção especial, e isso um leitor arguto como Heidegger constata: Nietzsche não considera o tempo um mesmo pacote em que o passado, o presente e o futuro estejam embalados em conjunto.

O tempo não é um curral em que estão embretados o "não mais agora", o "agora ainda não" e o "agora". Como fica "o tempo"? Com ele se

---

13. Arthur Schopenhauer, *Parerga und Paralipomena* II, Capítulo XI, 142 e 143: *Acréscimos à doutrina da nadidade da vontade*. Em: Schopenhauer, A. *Werke*. Ed. Wolfgang Frhr. Von Löhneysen, Frankfurt/M: Suhrkamp, 1986, vol. V, pp. 334 ss.

dá de tal modo que ele anda [*gehen*]. E ele anda à medida que decorre. O andar do tempo é, de fato, um vir, mas um vir que anda na medida em que decorre. O vindouro do tempo nunca vem para permanecer, mas para passar. O vindouro do tempo desde sempre está marcado com a marca do transcorrer e do decorrer. Por isso, o que é temporal considera-se o passageiro simplesmente[14].

Portanto, não é o tempo, enquanto tal, que revela a impotência e a derrisão da vontade libertadora, mas, no tempo, a dimensão da passagem, o peso do que está feito – o fato consumado.

Assim se chama o ranger de dentes e a mais solitária tribulação da vontade. Impotente contra o que está feito – a vontade é um mau espectador para todo passado. A vontade não pode querer para trás: que não possa quebrantar o tempo nem a voracidade do tempo – essa é a mais solitária tribulação da vontade [...] "O que foi, foi" – assim se chama a pedra que (a vontade) não pode remover. E assim ela remove pedras por raiva e por aversão e vinga-se naquilo que não sente, do mesmo modo que ela, raiva e aversão[15].

Vingança é repugnância e aversão da vontade contra o tempo – eis também a essência da fraqueza e da impotência: a *impossibilidade* de confrontar não meramente uma dimensão do tempo, um período ao lado dos outros dois, mas de suportar o que o tempo confere, dispensa e lega – o passar e o que passou e, ao legá-lo, congelando-o num "já era" inamovível. O tempo *doa* e concede apenas o que ele tem, e ele tem o que ele é – a saber, o decurso, o transcurso, a travessia.

A vingança é para Nietzsche a repugnância da vontade contra o tempo. Isso agora diz: A vingança é a repugnância da vontade contra o decorrer e seu decorrido, contra o tempo e o seu "era". A repugnância da vingança dirige-se contra o tempo à medida que deixa estar o de-

---

14. Martin Heidegger, *Que significa pensar?*, trad. Paulo R. Schneider. Em: Schneider, P. R., *O outro pensar*, Ijuí: Editora Unijuí, 2005, p. 178.
15. Friedrich Nietzsche, *Also Sprach Zarathustra* [*Assim falou Zaratustra*] II: *Da Redenção*. Em: KSA, op. cit., pp. 177 ss.

corrido só e apenas enquanto passado, que se congela na rigidez desse algo definitivo... A repugnância da vingança permanece acorrentada a esse "era"; assim como em todo ódio também se oculta a mais abissal dependência daquilo de que o ódio, no fundo, constantemente deseja tornar-se independente, o que, porém, nunca pode, e pode cada vez menos, na medida em que odeia[16].

A vontade, inconsciente da própria impotência, vinga-se naquilo contra o que sucumbe sua força, contra o que sobre ela prevalece – o inamovível e definitivo, a que se acorrenta mais fortemente, a cada ato de vingança. A repugnância da vontade contra o escoar do tempo é também adversidade contra o imutável. Dela nasce todo Além-do-Mundo, toda necessidade de consolo metafísico.

> Desse modo, a vontade, o libertador, converteu-se em algo que causa dor: e vinga-se, em tudo o que pode sofrer, de que não possa querer para trás. Isso, e só isso, é a própria *vingança*: a aversão da vontade contra o tempo e seu "foi". *O espírito de vingança*: meus amigos, sobre isso é sobre o que melhor refletiram os homens até agora; e onde havia sofrimento, aí devia haver sempre castigo. O eterno no castigo chamado "existência" consiste nisto: em que também a existência tem de tornar a ser eternamente ação e culpa! A não ser que a vontade finalmente se redima a si mesma, e o querer se converta em não querer – mas vós conheceis, meus irmãos, essa canção de fábula da demência! Eu vos apartei de todas essas canções de fábula quando vos ensinei: "a vontade é um criador". Todo "foi" é um fragmento, um enigma, um espantoso acaso – até que a vontade criadora acrescente: "mas eu o quis assim!" Até que a vontade criadora acrescente: "Mas eu o quero assim! Hei de querê-lo assim![17].

Redenção do acaso e do fragmentário, mesmo na matéria do tempo, um novo mosaico do humano, transmutar para não sucumbir à medio-

---

16. Martin Heidegger, *Que significa pensar?*, trad. Paulo R. Schneider. Em: P. R. Schneider, *O outro pensar*, Ijuí: Editora Unijuí, 2005, pp. 182 ss. Tradução ligeiramente modificada.
17. Friedrich Nietzsche, *Also Sprach Zarathustra* [*Assim Falou Zaratustra*] II: *Da Redenção*. Em: KSA, *op. cit.*, pp. 177 ss.

cridade – eis o desafio permanente de Nietzsche. Viver como se todo instante pudesse ser *querido* para sempre. A existência *sub specie aeternitatis*, esse é o sentido da metáfora transitiva da corda e da ponte que conduz para Além-do-Homem.

> Falemos disso, sapientíssimos, ainda que seja desagradável. Calar é pior; todas as verdades silenciadas tornam-se venenosas. E que caia aos pedaços tudo aquilo que, em nossas verdades, possa cair em pedaços! Ainda há muitas casas a construir[18].

O projeto seria reunir, numa bela e harmoniosa totalidade, o que é disforme e fragmentário. Alçar-se a uma postura em relação ao tempo que transformasse o que até hoje foi um horroroso acaso em objeto de afirmação. Diante disso, desse resgate do passado humano, não acredito que Nietzsche recuasse quando do cumprimento integral das promessas da *Aufklärung*; mesmo que se efetivassem as previsões sombrias do cientista norte-americano Ray Kurzweil. Para ele, em 2045, ocorrerá o que "os biotecnólocos chamam de Singularidade Tecnológica, ou seja, o momento exato em que a inteligência artificial (a de computadores) igualaria a dos humanos[19]".

Já em 1874, na época da *Segunda Consideração Extemporânea*, encontramos um antecedente irônico dessas premonições apocalípticas: contra um certo determinismo historicista, que era moeda corrente na época, Nietzsche escrevia:

> Se tivésseis [sic] efetivamente razão em tua descrição de teu presente e de teu futuro – e ninguém desprezou tanto os dois, ninguém desprezou com tanto nojo os dois quanto tu –, estou realmente pronto a concordar com a maioria sob a forma proposta por ti, de que na noite do próximo sábado, exatamente à meia-noite, teu mundo deve perecer; e o nosso decreto pode firmar: a partir de amanhã não haverá mais nenhum tempo e não será publicado mais nenhum jornal[20].

---

18. *Ibidem*, pp. 146 ss.
19. *O Estado de São Paulo*. Caderno 2 Cultura, 19 ago. 2007, p. D6.
20. Friedrich Nietzsche, *Segunda Consideração Intempestiva. Da Utilidade e Desvantagem da História para a Vida*. IX, trad. Marco A. Casanova. Rio de Janeiro: Relume-Dumará, 2003, p. 83.

Retomo, à luz desse diagnóstico do presente, as perplexidades causadas pela extraordinária revolução científica em curso – uma revolução que ainda carece de pensamento. Tentando meditar sobre ela sem ver na ausência de respostas prontas apenas o vazio paralisante do niilismo, penso que a filosofia de Nietzsche nos incentiva a persistir na senda da autodeterminação. Sem obliteração, nem delírio de onipotência, mas evitando também a rendição compulsiva à produção técnico-científico-industrial da realidade. A esse respeito, seria ilustrativo retomar a recente polêmica de Žižek contra a previsão por Jürgen Habermas acerca do futuro da natureza humana, em particular no que diz respeito à instrumentalização tecnológica do genoma humano.

Nesse confronto está contemplada a perspectiva de uma mutação somente comparável àquela de que se originou o *Homo sapiens*. Refiro-me à superação do humano, em sua forma histórica até hoje conhecida, a transição para o transumano, para o pós-humano. Essa possibilidade se apresenta, da maneira mais desafiadora, com a engenharia genética e a nanotecnologia, com a disponibilização tecnocientífica do genoma, que transtorna completamente as modalidades tradicionais de autocompreensão ética do ser humano. Diz Žižek:

> A principal consequência dos avanços da biogenética seria o colapso da noção tradicional de natureza, e de natureza humana, em particular: ao conhecermos as regras de sua construção, os objetos naturais se tornam objetos disponíveis e manipuláveis. A natureza, humana e inumana, é assim "dessubstancializada", privada de sua impenetrável densidade, daquilo que Heidegger chamou de "terra". A biogenética, com sua redução da própria psique humana a um objeto de manipulação tecnológica, é portanto efetivamente uma espécie de instância empírica do que Heidegger via como o "perigo" inerente à tecnologia moderna[21].

Perigo de quê? Perigo de que o próprio homem se torne *objeto* da técnica, de que a base somática da personalidade possa ser instrumentalizada para fins incompatíveis com os valores e princípios éticos que, até aqui, deram ao gênero humano os elementos essenciais de sua autocompreen-

---

21. Slavoj Zizek, *A falha da bioética*, Caderno Mais!, Folha de S.Paulo, 22 jun. 2003, p. 4.

são. É nesse sentido que se mobilizam as reservas de Jürgen Habermas. Para ele, as atuais pesquisas biotecnológicas com embriões e genoma humano poderiam abrir caminho para uma intervenção eugênica positiva, liberando o terreno para uma produção tecnológica da vida, para além dos limites restritivos, justificados pelo interesse terapêutico na identificação, prevenção e tratamento de patologias geneticamente causadas. Um dos maiores riscos seria a virtual "fabricação" do *design* genético humano e a possibilidade, por ela franqueada, de submeter o patrimônio biológico à lógica e à dinâmica de preferências narcisistas individuais, segundo os ditames de um mercado potencialmente florescente.

Não há, segundo Habermas, resposta normativa convincente para esses problemas, se recorrermos às garantias constitucionais de direitos humanos, ou a argumentos tradicionais, fundados na dignidade da pessoa. Tendo em vista as experiências de engenharia genética com embriões, Habermas afirma: "Sob as condições do pluralismo de cosmovisões, não podemos atribuir 'desde o início' ao embrião a 'proteção absoluta de vida' de que gozam pessoas como portadoras de direitos fundamentais[22]".

Por isso, o argumento contrário à instrumentalização da vida humana por uma eugenia liberal não deve ser buscado diretamente no âmbito jurisdicional, ou constitucional, da proteção legal assegurada às pessoas, mas num limiar bem mais recuado: no plano normativo dos sentimentos, intuições, convicções que subsidiam a moral racional dos direitos humanos. Essa dimensão, por assim dizer infrajurídica, seria a autocompreensão ética, pois que partilhada por todas as pessoas morais.

> A partir dessa perspectiva impõe-se a pergunta sobre se a tecnicização da natureza humana altera a autocompreensão ética, própria da espécie, de tal modo que nós não podemos mais nos compreender como seres vivos, livres e moralmente iguais, orientados por normas e fundamentos[23].

A imposição de limites morais ao projeto de eugenia liberal passa, aos olhos de Habermas, pelas pressuposições que afetam essencialmente o

---

22. *Ibidem*, p. 78.
23. *Ibidem*, p. 74.

substrato ético de autocompreensão do ser humano como pessoa e como fim em si: a possibilidade de condução autônoma da vida, e as condições de um tratamento recíproco e igualitário.

A disposição arbitrária sobre a configuração genética de uma outra pessoa fundaria uma relação interpessoal desconhecida até agora entre o gerador e o gerado, entre o modelo e a cópia genética. Essa relação de dependência diverge das conhecidas relações interpessoais na medida em que ela subtrai a possibilidade de transformação em uma relação entre iguais, entre posicionados normativamente iguais e tratados de modo igual. O *designer* fixa de modo irrevogável e assimétrico a figura inicial do seu produto – fundamentalmente sem deixar aberta a possibilidade de uma troca de papéis[24].

A conclusão de Habermas é que a irreversibilidade de uma decisão tomada por *outrem* sobre o nascimento de uma pessoa, com efeito contínuo sobre sua existência, anula a possibilidade de autocondução da existência: "a autocompreensão moral se modifica assim que a pessoa *atribui* o fundamento natural de seu desenvolvimento a uma outra pessoa, porque ela encontra um *propósito* alheio na imagem das próprias disposições[25]".

Desse modo, os direitos humanos estariam ligados a uma autocompreensão ética, própria da espécie, razão pela qual se torna legítima a exigência de subtrair à instrumentalização – por via jurídico-normativa – aquilo que a ciência e a tecnologia tornaram disponível[26]. A instrumentalização da vida humana pelas novas técnicas de pesquisa genética encontra sua barreira moral na possibilidade de rompimento do plano de simetria e reciprocidade exigido pelo *status virtual* de futuro participante no circuito do agir comunicativo, portanto de virtual membro de uma comunidade moral.

Contra essa identificação kantiana entre personalidade e autonomia dirige-se o essencial da crítica a Habermas por Slavoj Žižek.

---

24. Jürgen Habermas, *A pessoa clonada não seria um caso de dano ao direito civil*. Em: *A constelação pós-nacional: ensaios políticos*, trad. Márcio Seligmann-Silva, São Paulo: Littera Mundi, 2001, p. 218.
25. *Ibidem*, pp. 218 ss.
26. *Ibidem*, p. 46.

Assim, basicamente, o que Habermas está dizendo é: embora hoje saibamos que nossas disposições dependem da insignificante contingência genética, vamos fingir e agir como se não fosse o caso, de modo a mantermos nosso sentido de dignidade e de autonomia – o paradoxo, aqui, é que a autonomia só pode ser mantida proibindo o acesso à cega contingência natural que nos determina, isto é, em última instância *limitando* a nossa autonomia e a liberdade de intervenção científica.

Não seria isso uma nova versão do antigo argumento conservador de que para mantermos nossa dignidade moral é melhor não saber certas coisas? Em suma, a lógica de Habermas é a seguinte: já que os resultados da ciência representam uma ameaça para nossa (noção predominante de) autonomia e liberdade, devemos reprimir a ciência – o preço que pagamos por essa solução é a separação fetichista entre ciência e ética ("Sei muito bem o que a ciência afirma; não obstante, para manter minha [aparência] de autonomia, prefiro ignorar e agir como se não soubesse"). Essa divisão nos impede de enfrentar a verdadeira pergunta: *como essas novas condições nos forçam a transformar e reinventar as próprias noções de liberdade, autonomia e responsabilidade ética*[27]?

Žižek posiciona-se, pois, em oposição diametral a Habermas. Contra ele, Žižek advoga a completa objetivação do genoma humano.

Ao contrário de Jürgen Habermas, deveríamos assim afirmar a necessidade ética de assumirmos a plena objetivação do genoma: essa redução do meu ser substancial à fórmula insensível do genoma me força a atravessar o fantasmagórico *étoffe du moi*, o estofo de que são feitos nossos egos – e é somente através desse esforço que pode emergir a subjetividade propriamente dita[28].

Antevendo, talvez, uma objeção filosófica desse gênero, Habermas se antecipa em sua reação, sacando sobre o que há de mais profundo na consciência moral de sua geração:

---

27. Slavoj Žižek, op. cit., p. 5.
28. *Ibidem*, p. 8.

Sem o [elemento, OGJ] propulsor dos sentimentos morais da obrigação e da culpa, da censura e do perdão, sem o [elemento, OGJ] libertador do respeito moral, sem o [elemento, OGJ] opressivo do fracasso moral, sem a "amistosidade" de um relacionamento civilizado com o conflito e a contradição, teríamos de experimentar – assim pensamos nós ainda hoje – como insuportável o mundo povoado pelos homens. A vida num vácuo moral, em uma forma de vida que não conheceria mais sequer o cinismo moral, não seria digna de ser vivida. Quando as figuras do mundo religiosas e metafísicas perderam sua cogência universal, nós (ou a maioria de nós), na transição para o tolerado pluralismo das cosmovisões, não nos tornamos nem cínicos frios, nem relativistas indiferentes, nós que nos mantivemos aferrados ao código binário dos juízos morais verdadeiros e falsos – e quisemos nos manter aferrados a eles[29].

Se compelido a intervir nesse debate, penso que Nietzsche acompanharia o passo que leva ao atravessamento do fantasmático estofo do ego, para atingir um novo vir a ser da subjetividade. Em *Além do bem e do mal*, escreve ele: "A *medida* nos é estranha, confessemos a nós mesmos; a comichão que sentimos é a do infinito, desmedido como um ginete sobre o corcel em disparada, deixamos cair as rédeas ante o infinito, nós, homens modernos, semibárbaros; e temos a *nossa* bem-aventurança ali onde mais estamos – *em perigo*[30]". Sem dúvida, atravessar esse estofo genômico do ego é também tentar permanecer e firmar-se num chão que ainda treme.

Com efeito, séculos antes dessa celeuma, Nietzsche já desestabilizara a noção tradicional de subjetividade, fundada na unidade simples da consciência. Para ele, o sujeito seria uma estrutura social de impulsos e afetos. Zaratustra já tematizara a oposição entre a grande razão do corpo e a pequena razão da alma ou do espírito.

Ponto de partida: do *corpo* e da fisiologia: por quê? Obtemos a representação adequada do modo de nossa unidade subjetiva, a saber, como

---

29. Jürgen Habermas, *Die Zukunft der menschlichen Natur. Auf dem Weg zu einer liberalen Eugenik?*, Frankfurt/M: Suhrkamp Verlag, 2001, pp. 124 ss.
30. Friedrich Nietzsche, *Além do bem e do mal*, Aforismo n. 224, trad. Paulo César de Souza, São Paulo: Companhia das Letras, 2005, p. 117.

governantes à frente de uma comunidade – não como "almas" ou "forças vitais"; assim também da dependência dos governantes em relação aos governados e às condições de hierarquia e divisão de trabalho, como possibilitação simultânea das singularidades e do todo. Do mesmo modo, ao "sujeito" não pertence a eternidade; também justamente no obedecer e comandar expressa-se o combate, e à vida pertence um cambiante determinar de fronteiras de poder. Às condições de acordo com as quais pode haver governo pertence alguma *incerteza* em que deve ser mantido o governante a respeito das disposições particulares e até das perturbações da comunidade. Em síntese: alcançamos uma apreciação também para o não saber, para o falsear, para o perspectivo. O mais importante, porém, é que entendamos o comandante e seus subalternos como sendo de *idêntica espécie*, todos sensíveis, volitivos, pensantes. O questionar direto do sujeito sobre si mesmo e toda autorreflexão do espírito encontram nisso seus perigos: a saber, que o interpretar-se falsamente poderia ser útil e importante para sua atividade. Por isso, questionamos o corpo e recusamos o testemunho dos sentidos aguçados: examinamos, por assim dizer, se os próprios subalternos podem entrar em contato conosco[31].

Nietzsche não pensa, com isso, uma produção serial do humano, mas um mergulho no misterioso ego-corporal, mais promissor e fecundo do que a tradicional autoinspeção da alma, ou da mente. Seria necessário retomar a perspectiva de um "corpo cósmico", cujas virtualidades permanecem ainda inexploradas. Desse modo, poderíamos indicar à vida confusa e claudicante dos *fatos* um horizonte promissor, uma potência conquistada sobre a compulsão tecnocientífica de produção e consumo da vida, pois, desde Spinoza, somos forçados a confessar nossa ignorância sobre o que pode o corpo.

> O corpo humano, no qual torna-se de novo vivo e corpóreo o passado inteiro, remoto e próximo, de todo vir a ser orgânico; através do qual, por sobre o qual, para além do qual, parece fluir uma imensa e inson-

---

31. Friedrich Nietzsche, *Fragmento póstumo*, ago.-set. 1885, n. 40 [21]. Em: KSA, *op. cit.*, vol. II, pp. 638 ss.

dável corrente: o corpo é um pensamento mais admirável do que a antiga "alma".[32]

O corpo não é mero objeto disponível, mas "um pensamento admirável"; resgatado da fabricação técnica, ele detém a insondável natureza labiríntica que conduz aos percursos mais abissais do universo – um feixe proteiforme de vontades de poder. É certo que esse labirinto encerra também o perigo de mais de um Minotauro. Mas no elemento do perigo, do terreno que ainda treme, temos nossa tentação e felicidade. Para Nietzsche, o corpo não pode ser adequadamente tomado apenas no registro físico-somático, ou biológico, mas tem a impalpável concretude de um campo de forças, de uma superfície de múltiplos cruzamentos. O corpo fala a linguagem dos sinais – sua natureza é uma semiose infinita. Com todo o desenvolvimento de nossa ciência, o certo é que *ainda não sabemos o que pode um corpo*. E, num certo sentido, talvez jamais venhamos a sabê-lo – pois o corpo ultrapassa infinitamente o orgulho de nossa razão, ele é um "prodígio dos prodígios", o corpo é o "ominoso" paroxal.

> O mais espantoso é antes o corpo; não se pode admirar até o fim como o corpo humano se tornou possível: como uma tal imensa reunião de seres vivos, cada um dependente, submetido e, todavia, em certo sentido, de novo comandando e agindo por vontade própria; como pode, enquanto totalidade, viver, crescer e subsistir por um lapso de tempo: e tudo isso, visivelmente, *não* ocorre em virtude da consciência. Para esse "milagre dos milagres", a consciência é justamente apenas uma "ferramenta" e nada mais, assim como o entendimento, o estômago, são uma ferramenta [...] Todo esse fenômeno "corpo", considerado segundo uma medida intelectual, é tão superior à nossa consciência, ao nosso "espírito", nosso pensar, sentir, querer conscientes, como a álgebra o é em relação à soma de um mais um.[33]

---

32. Friedrich Nietzsche, *Fragmento póstumo*, jun.-jul. 1885, n. 36 [35]. Em: KSA, *op. cit.*, vol. 11, p. 565.
33. Curiosamente, o fragmento continua da seguinte maneira: "E como se poderia deixar de falar moralmente! – Assim cavaqueando, entreguei-me sem freio ao meu impulso pedagógico, pois eu estava feliz em ter alguém que suportasse ouvir-me. Todavia, justamente nesse ponto Ariadne não suportou mais – a história ocorreu, com efeito, durante minha primeira temporada em Naxos: – 'mas, meu senhor, disse ela, o senhor fala em suíno-alemão!' – 'Alemão, respondi bem-humorado, simplesmente alemão! Deixai fora o suíno, minha deusa! Vós avaliais por baixo a dificuldade de dizer coisas refinadas

O corpo tem, para Nietzsche, uma dignidade ontológica que o preserva de insensatos arroubos metafísicos. Ele deve ser entendido como uma linha de desenvolvimento do orgânico, uma pista seguida pela vida em seu conjunto – um traço de memória cósmica que, para nós, permanece familiar.

> O mundo visto, sentido, interpretado de tal modo que a vida orgânica se conserva nessa perspectiva de interpretação. O homem *não* é apenas um indivíduo, mas totalidade do orgânico continuando a viver numa determinada linha. Que *ele* se conserve – com isso fica demonstrado que uma espécie de interpretação (ainda que sempre alargada) também subsistiu, que o sistema de interpretação não mudou[34].

Compreendamos, assim, de maneira apropriada, a importância do novo ponto de partida: como unidade de organização, o corpo abre a perspectiva para a compreensão da totalidade do orgânico, pois o homem não é senão essa mesma totalidade continuando a viver numa determinada direção.

Essa profundidade vulcânica deve apurar os ouvidos para a exortação de Zaratustra: o corpo saudável fala do *sentido da terra*.

> Enfermos e moribundos eram os que desprezaram o corpo e a terra e inventaram as coisas celestes e as gotas de sangue redentoras: mas ainda mesmo esses doces e sombrios venenos, eles os tomaram do corpo e da terra! Quiseram escapar de sua miséria, e as estrelas eram para eles demasiadamente distantes. Por isso suspiraram: "Oh, se houvesse caminhos celestes para nos deslizarmos furtivamente em um outro ser e em outra felicidade!" – então inventaram para si seus

---

em alemão.' – 'Coisas refinadas!'– gritou Ariadne espantada; mas isso foi apenas positivismo! Filosofia de focinheira! Mingau de conceitos e esterco de cem filosofias! O que se quer ainda daí para diante!'– Entrementes, ela brincava impacientemente com o célebre fio, que uma vez guiou seu Teseu através do labirinto. Revelou-se, portanto, que Ariadne estava atrasada em dois milênios em sua formação filosófica." Friedrich Nietzsche, *Fragmento póstumo*, jun.-jul. 1885, n. 37 [4]. Em: KSA, *op. cit.*, vol. II, pp. 576 ss.

34. Friedrich Nietzsche, *Fragmento póstumo*, fim de 1886-primavera de 1887, n. 7 [2]. Em: KSA. *op. cit.* vol. 12, pp. 251 ss.

caminhos furtivos e suas pequenas beberagens de sangue! Então esses ingratos se imaginaram subtraídos de seu corpo e dessa terra. Entretanto, a quem deviam eles as convulsões e as delícias de seu êxtase? A seu corpo e a esta terra. Zaratustra é indulgente com os enfermos. Em verdade, ele não se zanga com seus modos de consolo e ingratidão. Que eles possam se tornar convalescentes e superadores e criar para si um corpo superior[35].

Criar um corpo superior, ensinar aos homens uma *nova* vontade, fiel ao do sentido da terra, que os capacite para *querer* como próprio o mesmo caminho que, até agora, foi percorrido às cegas. Assumir como um caminho da vontade, e não se evadir ignominiosamente dele, como o fazem os impotentes e os agonizantes. Em nossos dias, essa palavra tem o peso de um legado prodigioso – uma exortação para *criar* um corpo superior e, a partir da própria vontade, transfigurar e redimir a *physis*, também no que diz respeito ao próprio corpo.

À sombra do niilismo extremo, toda dimensão significativa – inscrita na natureza ou na história – mostra-se dependente de uma *vontade humana*. Teríamos alcançado, por fim, a condição de tomar em nossas mãos o nosso e o futuro, e criar um corpo superior, talvez o casulo do Além-do-Homem. Para tanto, convém renunciar à tentação do artefato, e repensar, em outro registro, o corpo (a grande razão) e a pequena razão da mente. Importa perder a inocência diante da fantasia de mobilização total dos últimos homens – esses demiurgos de uma felicidade degradada.

Eis aqui uma perspectiva de sentido em que a mutação permanente – como tarefa de transvaloração, como transfiguração do humano e autossuperação que escapa à fúria desencadeada da reificação – pode ainda ser acolhida como uma meta digna de ser pensada. Se toda compulsão é patológica, a nossa nos conduz à "administração econômica global de interesses e rendimentos" – não ao autocontrole e à redenção. Acredito que Nietzsche pensou a mutação num registro de emancipação autêntica, a dos espíritos livres, muito livres. O eterno retorno da reprodução tecnológica e narcisista ficaria aquém das possibilidades atualmente liberadas

---

35. Friedrich Nietzsche, *Also Sprach Zarathustra* [*Assim falou Zaratustra*] I:.*Von den Hinterweltlern* (*Dos Transmundanos*). Em: KSA. *op. cit.*, vol. 4, pp. 35 ss.

– muito aquém do que nosso ofuscamento maravilhado pode discernir. Nosso derrisório delírio de onipotência nos mantém atados ao destino deplorável de herdeiros autocomplacentes de um corpo degradado.

Para Nietzsche, seria necessário, pois, pensar o agir tecnologicamente mediado e potencializado do *homo faber* sob uma nova ótica: não mais como soberano e autárquico, mas como *dirigido* pela natureza e pela constituição enfim conquistada pelo corpo, na sequência de eônios de mutação – inserido em múltiplas relações de poder, sedimentadas na história; e não foi propriamente a racionalidade técnica que o produziu, mas seu multiforme e infinito poder de variação.

O corpo, com suas virtualidades, é *o sintoma* da trajetória humana no mundo, não um fim em si, antes um ponto de passagem.

> No inteiro desenvolvimento do espírito, trata-se talvez do corpo: ele é *história sensível* de que um *corpo superior se configura*. O orgânico ascende para degraus ainda superiores. Nossa ânsia de conhecimento da natureza é um meio pelo qual o corpo quer se aperfeiçoar. Ou antes: são feitos milhares de experimentos, para modificar a nutrição, habitação, modos de vida do corpo; a consciência e as avaliações, todas as espécies de prazer e desprazer são *signos dessas modificações e experimentos*. Por fim, *não se trata, de modo algum, do homem: ele deve ser superado*[36].

Tudo se passa, pois, como se a superação do niilismo exigisse a convocação do pensamento, o reencontro de uma razão autocrítica e autorreflexiva, permanentemente renovada no diálogo constante com o legado espiritual da tradição. Muito mais que no recolhimento silencioso, e reverente, a responsabilidade do pensamento se afirma confrontando as grandiloquentes palavras de ordem contemporâneas, seus programas de antropotécnica, como se neles residisse uma perspectiva emancipatória.

Contra a banalização do humano, em corações e mentes, afirma-se a mutação pensada por Nietzsche – como pensamento enraizado no corpo (sempre entendido no sentido de "grande razão") essa atitude o

---

36. Friedrich Nietzsche, *Fragmento póstumo*, inverno de 1883-1884, n. 24 [16]. Em: KSA, vol. 10, pp. 653 ss.

considera um delicado, hiperacurado e plurifacetado sensório do mundo, como uma

> [...] criatura repleta de contradições [que] tem, porém, em seu ser (*Wesen*) um grande método de *conhecimento*: ele sente muitos prós e contras – ele se eleva à *justiça* – ao discernimento *para além do avaliar em bem e mal*. O homem mais sábio seria *o mais rico em contradições*, o que tem como que órgãos do tato para todas as espécies de homem: e, em meio a isso, seus grandes instantes de *grandiosa consonância* – o elevado *acaso* também em nós! Uma espécie de movimento planetário[37].

Mutação que se pode vislumbrar, a meu ver, no extremo oposto do açodamento tecnológico, sociológico, antropológico, psicológico, logístico, nos quais a reação assustada costuma refugiar nossa mente. Em Nietzsche, ao contrário, o corpo atesta que, no homem, o orgânico em seu conjunto prossegue sua escalada infinita, num movimento planetário. Dele o homem faz parte como o "animal não fixado", o que realiza experimentos consigo mesmo, o mais instável e sofredor dos animais. Ominoso, o corpo se abre em campo de experiências e nos ensina, por derradeiro, que a conquista da maioridade não culmina na marcha triunfal de um otimismo míope. Ao contrário, essa libertação nos situaria na modesta condição de perplexidade, de quem desperta de um pesadelo, aberto novamente para um "sentimento cósmico". O que pode um corpo?

A pergunta de Spinoza permanece, para Nietzsche, sem resposta. Jamais saberemos integralmente o que pode o corpo, pois o corpo ainda é o absoluto paradoxo. Felizmente mesmo hoje, quando ele se nos oferece como um caminho para atravessar o arcaico estofo de nossos "egos".

---

37. Friedrich Nietzsche, *Fragmento póstumo*, verão-outono de 1884, n. 26 [119]. Em: KSA, vol. II, pp. 181 ss.

Máquinas utópicas e distópicas: a condição inumana
João Camillo Penna

Kant, no final da *Antropologia do ponto de vista pragmático* (1797), depara-se com a dificuldade de não haver outra espécie racional na terra além da humana, a partir da qual, por comparação, se pudesse caracterizar a espécie humana enquanto tal. E chega a supor a existência de habitantes de outros planetas, superiores moralmente, não dissimulados, não dotados de nossa fundamental má intenção uns para com os outros, que falassem tudo o que pensassem, não fossem movidos pelo objetivo do logro, não mentissem, que fossem, em suma, "puros anjos". Apenas a partir desse paradigma hipotético seria possível estabelecer um modelo ético a partir do qual poderíamos julgar a espécie humana, deduzindo dele a necessidade de progredir na razão, de fazer com que o mal caminhe progressivamente em direção a um bem superior[1].

Por outro lado, em um texto famoso sobre Jean-Jacques Rousseau, Lévi-Strauss afirma que podemos encontrar no pensador do século XVIII o princípio capaz de fundar as ciências humanas: a recusa de si mesmo e a percepção do outro, qualquer outro, como forma vazia universal do eu e do humano. A fundação das ciências humanas estaria indicada em Rousseau por uma faculdade essencial, a *piedade*, isto é, a identificação ao outro, não apenas um parente, um próximo, um compatriota, mas um

---

1. Immanuel Kant, *Anthropologie du point de vue pragmatique,* trad. Michel Foucault, Paris: Vrin, 1970, 2ª ed., pp. 161, 169. Cf. David L. Clark, "Kant's Aliens. The Anthropology and its Others." *The New Centennial Review.* 1.2 (2001). Devo a Oswaldo Giacoia a sugestão desse ponto. Além disso, agradecimentos a Lúcia Ricotta e a Henrique Cairus são devidos.

homem qualquer, "à medida em que é homem, ou melhor: um ser vivo qualquer à medida em que é vivo²".

Tanto o anjo ou o extraterrestre de Kant, como modelo ético comparativo, quanto a piedade ou a identificação em Rousseau (ou Lévi-Strauss), como sentimento que nos une através das diferenças, descrevem a fundação da antropologia a partir da identificação com o *inumano*, i.e., o além ou aquém do homem universal enquanto tal. Salvo engano, o território da ficção científica é precisamente este, o do inumano, o humano alterado, protético, borgue, robô, androide, extraterrestre etc., como destinação futura da mutação do humano. Este o protagonista que inventa. Dessa forma, poderíamos dizer que, se Kant funda a antropologia a partir do primado do progresso necessário da razão, e Rousseau, as ciências humanas a partir do princípio ontológico da piedade, a ficção científica fundaria uma *nova antropologia*, capaz de pensar o humano em bases não humanas, ou as *ciências inumanas*, em torno precisamente do fracasso da piedade e da identificação com o outro, mas não qualquer outro, o outro inumano. Mas para chegar a esse ponto da discussão precisamos antes desbastar o terreno, definir o que é ficção científica, e aprofundar alguns de seus aspectos mais importantes.

A definição da ficção científica foi posta de maneira canônica por Darko Suvin: ficção científica é o relato sobre um *novum* como espelho analógico, no qual interagem estranhamento e cognição, na construção de um mundo imaginário possível, outro com relação ao do autor/leitor³. A *differentia especifica* da ficção científica a situa em um local ao mesmo tempo distinto e imbricado de/com três territórios afins: a ciência *tout court*, a narrativa gótica ou fantástica e a invenção técnica. Quando Percy Shelley, no prefácio assinado por sua mulher, escreve no livro de Mary Shelley, *Frankenstein ou o Prometeu moderno* (1818), considerado o primeiro romance de ficção científica, que "[o] fato em que esta ficção se baseia tem sido considerado pelo Dr. Darwin [trata-se do avô de Charles, Erasmus] e alguns dos fisiologistas da Alemanha como não impossível de acontecer",

---

2. Claude Lévi-Strauss, "Jean-Jacques Rousseau, fondateur des sciences de l'homme". Em: *Anthropologie Structurale II*, Paris: Plon, 1996, p. 50.
3. Darko Suvin, *Metamorphoses of Science Fiction. On the Poetics and History of a Literary Genre*, New Haven/Londres: Yale University Press, 1979, pp.4, 7-8.

ele delimita o campo de um *possível* da ciência⁴. No caso, a possibilidade de dar vida à matéria inanimada, conforme explica Mary na introdução à edição de 1831. Segundo corria a história, Darwin teria mantido um pedaço de macarrão cabelo de anjo em uma redoma de vidro, que por algum meio extraordinário começara a mover-se por sua própria vontade. Trata-se, portanto, sem dúvida de uma "ficção", mas "não impossível de acontecer". "Não impossível" circunscreve a zona hipotética de uma possibilidade lógica, por mais rarefeita que ela possa parecer. O que poderíamos formular da seguinte maneira: se aceitarmos os pressupostos estabelecidos pela ciência, os fatos narrados podem ser realizados, não importando à ficção que não o sejam, ou precisamente pelo fato de não o serem. A ficção científica ficcionaliza, ou "imaginariza" dados das ciências de seu tempo. Stanislaw Lem cita o exemplo da proliferação das histórias envolvendo transplantes de órgãos, no momento, nos anos 1970, em que os feitos impressionantes dos transplantes de coração assumiram importância na cultura de massas⁵. Os autores de ficção científica têm frequentemente contato direto, de primeira mão, com a invenção nas ciências ditas duras. Dois exemplos conhecidos: H. G. Wells assiste às aulas de Thomas Huxley, o autointitulado "buldogue de Darwin", em 1894, e publica no ano seguinte a primeira versão de sua primeira ficção científica, *A máquina do tempo*. Ou, John W. Campbell, autor das primeiras histórias sobre computadores e robôs (1930, 1932), que foi aluno de Norbert Wiener, o pai da cibernética, no MIT⁶. Está jogada a carta fundamental da ficção científica: "apelar para as especulações de cientistas reais como [...] fonte da [...] ficção narrativa⁷". A partir daí, da ficcionalização da ciência do presente, ditar os horizontes da ciência por vir.

No entanto, continua Percy Shelley, "não me considerei tecendo apenas uma série de *terrores sobrenaturais*⁸". Distinção sutil: o texto em mãos tem o *status* imaginário ou fantasioso da ficção, em nenhum momento

---

4. Mary Shelley, *Frankenstein, ou o Prometeu moderno*, trad. Miécio Araujo Jorge Hopkins, Porto Alegre: L&PM, 1997, p. 13.
5. Stanislaw Lem, "Todorov's Fantastic Theory of Literature", *Science Fiction Studies* 4, 1974.
6. Patricia S. Warrick, *The Cybernetic Imagination in Science Fiction*, Cambridge/Londres: MIT Press, 1980, pp. 54-55.
7. Paul K. Alkon, *Science Fiction Before 1900. Imagination Discovers Technology*, Nova York: Twayne Publishers, 1994, p. 5.
8. Mary Shelley, *op. cit.*

o ventríloquo marido de Mary Shelley confunde ciência e imaginação. Ao mesmo tempo, não é menos importante distinguir o gênero que ora se fundava daquele que produzia "terrores sobrenaturais", i.e., por um lado, a tradição do romance gótico que desembocaria nos gêneros contemporâneos de terror e horror, e, por outro, os gêneros fantásticos, que resultarão em obras contemporâneas de grande sucesso comercial como *O senhor dos anéis* de J. R. R. Tolkien e *Harry Potter* de J. K. Rowling[9]. Tanto o gótico quanto o gênero fantástico contêm o DNA das tradições místicas, folclóricas, medievais, enquanto a ficção científica vem de uma tradição racionalista[10].

Uma terceira distinção se faz ainda necessária: em que pese a importância dos aparelhos, dispositivos, máquinas e termos científicos na ficção científica, todo este aparato tecnológico é estritamente inessencial, fornecendo quando muito uma aparência ou verossimilhança de realismo técnico. H. G. Wells, o autor inglês que funda a ficção científica moderna, por exemplo, era prolixo na descrição de detalhes desimportantes, e lacunar no que de fato interessava. É o que explica enfaticamente ainda Wells, ao distinguir sua obra de seu correspondente francês, Júlio Verne. Verne interessa-se pela inovação científica, suas fantasias têm de fato valor anticipatório, o autor apenas suplementando pela imaginação uma insuficiência técnica que a ciência um dia talvez preencha. Muitas invenções, inclusive, tornaram-se realidade após a sua publicação em forma literária. Para Wells, no entanto, a finalidade da parafernália técnica é tão simplesmente prender a atenção do leitor. São elementos periféricos, que funcionam como um espelho distorcido, fatores de estranhamento, com o objetivo de intensificar as nossas "reações naturais de espanto, medo e perplexidade"[11]. Uma vez despojado o relato dessas pirotecnias (o que denominamos no cinema os "efeitos especiais"), que funcionam como uma isca para o leitor, a ficção torna-se "humana", esta sendo a questão essencial dos *romances científicos*, como Wells batiza o gênero que

---

9. Paul K. Alkon, *op. cit.*, p. 25.
10. Na codificação conhecida de Todorov da literatura fantástica, os primeiros corresponderiam ao fantástico maravilhoso. (Tzvetan Todorov, *Introdução à literatura fantástica*, trad. Maria Clara Coorea Castello, São Paulo: Perspectiva, 2007, 3ª ed., pp.58-63.) Evidentemente, Todorov se equivoca ao incluir a ficção científica no campo do fantástico maravilhoso. A respeito, cf. Stanislaw Lem, "Todorov's Fantastic Theory of Literature", *Science Fiction Studies* 4, 1974.
11. Henry George Wells, "Preface". Em: *The Scientific Romances*, Londres: Victor Gollancz Ltda., 1935, p. vii.

criara. Eles apelam para a "simpatia" humana. O relato procura situar-nos na pele do protagonista, de forma a nos perguntarmos: "Como você se sentiria e o que poderia ocorrer com você no lugar do protagonista, naquele mundo estranho ao nosso, povoado de seres desconhecidos?[12]". Eis portanto a matriz da definição de Darko Suvin: a ficção científica como "estranhamento cognitivo". A identificação, a "piedade" no léxico rousseauniano, a simpatia ou empatia, como a psicologia clássica a denominará, retomam a função mimético-catártica, conforme Aristóteles chamara o efeito essencial à tragédia ateniense, a função constitutiva do que adiante será a literatura[13]. Com uma diferença importante, no entanto, no caso da ficção científica: a distorção da estranheza, o resíduo irredutível à humanidade, a transposição da figura analógica, i.e., a identificação com o inumano (ou o humano transfigurado, o pós-humano etc.) se dá justamente quando essa identificação fracassa. O que implica que a função mimético-catártica continua funcionando – identificação e desidentificação sendo reações programadas pela polaridade terror e piedade –, mas de uma forma paradoxal. A ficção científica nos expõe de maneira essencial à identificação com aquilo que nos produz estranheza, terror: a diferença, o inumano, como veremos; ela é bem-sucedida precisamente quando fracassa. Esta a função do inumano: fazer com que o humano fracasse e assim inventar o humano.

Utopia, de Thomas More (1516), é uma das matrizes da ficção científica, além de um subgênero importante da ficção científica contemporânea. O contexto é o das descobertas marítimas e a exploração espacial da terra, mas o modelo da fundação atópica de mundos possíveis deriva da especulação teórica platônica da *Politeia* (*A República*). A distância que separa *A República* da *Utopia* é a que separa a teoria ou a ideia da ficção. Quando Sócrates inicia os trabalhos no livro II, dizendo: "ora vamos lá! [...] Fundemos no discurso [*ho lógos*] uma cidade", o "discurso" aqui se opõe ao ato (*tò érgon*), i.e., à construção de uma cidade real[14]. Mas quando More descreve a ilha onde está instituído o *optimus reipublicae status*, "a

---

12. Ibidem, p. viii.
13. Aristóteles, *La Poétique*, trad. Roselyne Dupont-Roc e Jean Lallot, Paris: Seuil, 1980, 49b 24-28, p. 53.
14. Platão, *A República*, trad. Maria Helena da Rocha Pereira, Lisboa: Fundação Calouste Gulbenkian, 1996, 8ª ed., p. 73. Traduzo *tõ lógo* por "no discurso" ao invés de "em imaginação", como Maria Helena da Rocha Pereira o faz, porque me parece que a tradução escolhida pela tradutora portuguesa não dá conta do sentido de Platão.

melhor constituição de uma república", ele o faz como *ficção*, o que se opõe não ao ato, mas ao fato. É assim que na carta fársica endereçada ao amigo Giles ele comenta a crítica de um leitor particularmente agudo da *Utopia*, provavelmente também inventado por More, que expõe o dilema: "se a história [do livro] é oferecida como fato [*veritas*, 'verdade'], vejo nele um número de absurdos; mas se é ficção [*fictio*], então acho que More carece em alguns assuntos de seu bom juízo moral[15]". O que More contesta afirmando peremptoriamente o caráter factual de sua ficção, devolvendo ao tal leitor o julgamento que o mesmo fizera dele próprio ("mas quando ele questiona o fato de o livro ser fato ou ficção, acho que ele carece de bom juízo)[16]". O contexto sendo o do *Elogio da loucura (Moriae encomium)*, livro do amigo de More, Desiderio Erasmo, que contém um trocadilho com seu nome no título, e escrito em sua casa, percebemos que a boa repartição do juízo, ou da falta dele, o que dá no mesmo, é precisamente o lugar em que a ficção satírica viceja. Eu poderia ter usado de ficção, explica ainda More, como maneira de tornar mais palatável a verdade, como se lambuza o remédio com mel. Mas se este fosse o caso, eu teria oferecido pistas ao leitor erudito de se tratar de ficção, dando nomes inventados aos locais verdadeiros que visitei. O que é precisamente o que faz o narrador. O estatuto da ficção afirma-se farsicamente, portanto, como verdade do fato, fidelidade absoluta à verdade histórica, precisamente no momento em que ficcionaliza, e dá densidade "real", à construção da figura utópica.

A sátira de More gira em torno do humanista e *alter ego*, o navegador português Raphael Hythloday, que teria participado das três últimas expedições de Américo Vespúcio, e escolhido permanecer, com outros tripulantes, na *terra incognita* situada no entrelugar entre o velho e o novo mundo. Lá teria aportado na ilha de nome Utopia, neologismo cunhado por More, do grego latinizado, "não lugar". Nas duas partes do diálogo, escritas em ordem cronológica inversa, temos, na primeira, um diagnóstico sobre o mal social da sociedade inglesa do tempo, surgido em uma discussão sobre um tema familiar a nós: a pena de morte como punição ao mesmo tempo profundamente injusta e inócua pelo delito de roubo. O aumento impressionante da criminalidade não pode ser resolvido pelo

---

15. Thomas More, *Utopia*, edição e tradução de George M. Logan, Robert M. Adanns e Clarence H. Miller, Cambridge: Cambridge University Press, 1995, p. 267.
16. *Ibidem*, p. 269.

endurecimento da repressão. Seria preciso atingir a causa, o aumento exponencial de mendigos, e sua dupla origem: a ociosidade dos nobres e seus exércitos particulares compostos de servos empregados para a guerra, mas inúteis em tempos de paz, ou inválidos uma vez terminada a guerra, que não aprenderam nenhum ofício, e que, após a morte do senhor, são jogados no olho da rua, e obrigados a furtar e ao recurso da violência; e o cercamento (as *enclosures*) das pastagens para carneiros que expulsara os pequenos camponeses de suas terras. Ou seja: o diagnóstico crítico da desintegração do feudalismo e do nascimento da economia de mercado[17]. Para resolver essa dupla patologia seria preciso erradicar o princípio da guerra feudal e restituir o trabalho aos camponeses expulsos de suas terras[18]. Na segunda parte, Hythloday descreve a topografia e a estrutura social-política da ilha de Utopia, o "não lugar", que ele teria visitado, e onde inexistiria a patologia social da desigualdade, que está na origem do delito de roubo. A ilha, um duplo fantasmático da ilha inglesa, teria, como a Inglaterra da época, 54 cidades (53 + Londres) absolutamente idênticas, seguindo um planejamento estrito guiado pelo princípio da necessidade. Ela seria fundamentada sobre a noção comunista da igualdade, da propriedade pública absoluta e da inexistência da propriedade privada e do dinheiro, princípios que More colhe na *Politeia* (*República*) e nas *Leis* de Platão, mas reformatada em nova chave[19]. A tese de Hythloday, que o utopismo até Herbert Marcuse herdará, é que uma simples redistribuição do trabalho, instituindo uma proporcionalidade estrita, fazendo essencialmente com que aqueles que na sociedade atual não trabalham passem a trabalhar, seria suficiente para erradicar a escassez de bens, voltando a produção para a garantia da subsistência, reduzindo a jornada de trabalho a seis horas diárias, e permitindo o lazer intelectual. O geometrismo do estado, pautado por uma regra matemática rigorosa, sedimentada no princípio da distribuição unitária das diferentes naturezas,

---

17. Fredric Jameson, "Of Islands and Trenches: Naturalization and the Production of Utopian Discourse", *Diacritics*, 7:2, 1977, p. 15. Resenha de *Utopiques: Jeux d'espaces* de Louis Marin, Paris: Edtions de Minuit, 1973.
18. More é citado, a propósito, por Marx, em uma famosa nota de rodapé, no início do capítulo sobre "A acumulação primitiva" de *O capital* (Karl Marx, *Capital. A Critique of Political Economy*, trad. Eden e Cedar Paul, Londres/Toronto, J. M. Dent & Sons, vol. II, p. 797.)
19. Platão, na *República*, v, 416d (p. 159), estipula o comunismo entre os guardiões e nas *Leis* (v, 739b-c), para todas as classes. (Platão, *Oeuvres complètes*, vol. II, trad. Léon Robin, Paris: Gallimard/Bibliothèque de la Pléiade, 1950, pp. 795-796).

"*one man, one job*", como dizia Leo Strauss (a *Díke*, no sentido de "ajustamento"), programado pela *Politeia* de Platão[20], funda o comunismo, a lei da subsistência e a exclusão do mercado sobre uma exigência estritamente lógica, que o utopismo como um todo reelaborará. Aqui repousará precisamente, como veremos, o cerne da crítica distópica: a geometrização estatal das vidas ignora a essencial singularidade do humano, e consiste, em suma, em uma ditadura do princípio da necessidade.

A constituição da utopia repousa em três operações: 1) Inversão ou negação. A estrutura social da ilha inverte ou nega termo a termo as condições sociais discutidas na primeira parte do livro, o que dá à ilha a consistência de um mundo paralelo, figura invertida das patologias sociais descritas antes, mas que, como sabemos, More escreveu após construir a sua ilha. O exemplo clássico da inversão é a transformação do ouro, na ilha, em material para a confecção de penicos; 2) Disjunção ou separação. O primeiro ato oficial do rei Útopos é destruir o istmo que ligava o promontório de Utopia ao continente, literalmente constituindo a ilha; 3) Exclusão. Certas manifestações das patologias sociais como a violência ou o dinheiro, que estão no cerne da origem da desigualdade, objeto do diagnóstico social e cuja inexistência fundamentaria a Utopia, são simplesmente excluídas dela, e passam a ser realizadas fora do estado (das cidades) ou da sua circunscrição.

A primeira parte da *Utopia* simplesmente explicita o elemento crítico que a figura autárquica da ilha constrói analogicamente. Nas utopias posteriores, far-se-á a economia dessa primeira parte, a utopia reduzindo-se à construção da figura, perpassada pelas alusões críticas à realidade da época, transpostas na analogia. Dessa forma é possível deduzirem-se da figura analógica, termo a termo, os elementos da realidade de que ela constitui a negação. Por outro lado, a redução distópica dela derivada, figura essencial da ficção científica contemporânea, desde as catástrofes científicas da Segunda Guerra Mundial – Hiroshima, Nagasaki e Auschwitz – pautar-se-á pela regra oposta: o diagnóstico crítico hiberbolizado da sociedade contemporânea transposto em regra social que governa a figura.

---

20. Conforme argumenta Sócrates: "[...] o resultado é mais rico, mais belo e mais fácil, quando cada pessoa fizer uma só coisa, de acordo com a sua natureza [...]". Platão, *A República*, op. cit., 370c, p. 74.

A ilha é justificada por Hythloday como única alternativa consequente diante de sua desistência do projeto reformista, ou seja, de uma colaboração ou intervenção do pensamento e do pensador na política. Toda reforma é vã se não se curar antes o mal, explica ele, citando Platão, que dizia que ao imiscuir-se nos negócios do governo o filósofo apenas deixa o abrigo da chuva para molhar-se junto com todos os outros[21]. A recusa da reforma mobiliza a construção da figura total e autárquica como mapa distributivo das diferenças quantitativamente iguais ou proporcionais. O fracasso do modelo interventivo significa na prática o fracasso do modelo teórico-dialético, no qual Sócrates, e a tradição racionalista que o humanismo renascentista refunda, apostava todas as suas fichas. Ao contrário da crítica que Marx e Engels farão no século XIX ao socialismo utópico, de que confiava excessivamente na razão e não possuía um verdadeiro conceito de ação ou de prática[22], vemos que é precisamente contra uma certa prática racional, o projeto reformista, que se funda no século XVI um mundo, ou mundos possíveis, sustentados estritamente em sua virtualidade prática, figural, ou "não impossibilidade", para retomar mais uma vez a fórmula de (dos) Shelley. É este então o espaço preciso em que a construção da figura utópica se dá: no interior do humanismo e contra ele.

As *Viagens de Gulliver* (ou *Viagens a várias nações do mundo, por Lemuel Gulliver*), de Jonathan Swift (1726, 1735), retomam em veia satírica o motivo da navegação a ilhas não existentes, como antiviagem de conquista imperial, e como múltiplas transposições figurativas da realidade europeia satirizada. A variedade do mundo, isto é, o relativismo humanista do século XVI, como princípio fundante do humano enquanto forma vazia, universal, produz aqui um diagnóstico cáustico, negativo, sobre a

---

21. Thomas More, *op. cit.*, p. 101. A referência de Platão é: *República*, VI, 496d-e (pp. 289-290, na tradução de Maria Helena da Rocha Pereira). Não é de somenos importância, no entanto, que tanto More, na corte de Henrique VIII, quanto Platão, em Siracusa com os tiranos, Dionísio, o velho e o jovem, tenham feito suas respectivas tentativas fracassadas de intervenção política real, o que, no caso de More, lhe custou a vida, e que ele faça Hythloday defender uma posição que no mesmo momento ele próprio contradizia em sua vida.
22. Karl Marx e Friedrich Engels, "Manifest of the Communist Party" [1847-1848]. Em: *Selected Works*, Nova York: International Publishers, 1969, pp. 60-61. Ver, a respeito da necessidade de repensar o socialismo utópico retirando-o da oposição para como o chamado socialismo científico, Darko Suvin, "'Utopian' and 'Scientific': Two Attributes for Socialism for Engels", e Fredric Jameson, "Introduction/Prospectus: To reconsider the Relationship of Marxism to Utopian Thought", ambos em *The Minnesota Review*, 1976.

bestialidade, o vício, a infantilidade essencial e a violência irredutíveis do humano tal qual era (é) conhecido. A variação é inicialmente de escala geométrica, como se as culturas possíveis visitadas por Gulliver, o homem-padrão inglês, fossem vistas respectivamente de cada lado de sua luneta de bolso (o *pocket-perspective*): a monarquia minúscula de Lilipute e a gigante de Brobdingnag. A transposição, no entanto, com suas alusões alegóricas precisas a dados históricos da época, tem um alvo certeiro: a mediocridade e a pequenez das políticas nacionais das monarquias contemporâneas, a vã ambição de conquista dos monarcas, a onipresença da guerra e do assassinato coletivo como regra da convivência internacional. A terceira viagem tem como alvo a ciência e as artes: a abstrata ilha de Laputa (o termo espanhol contém um juízo sobre a ciência newtoniana), onde os habitantes vivem na prática exclusiva da matemática e da música, é uma ilha literalmente voadora, aérea. A matematização ou a musicalização do mundo – o que dá no mesmo – não nos leva a conhecer melhor o mundo, mas a um conhecimento autônomo, inteiramente desligado da realidade. Se nas três primeiras viagens a regra que pauta a transposição satírica é a redução ao absurdo ou a radicalização hiperbólica, mecanismos que pautarão adiante, em sério, as distopias contemporâneas por vir, na quarta, a ilha utópica dos cavalos virtuosos, a transposição obedece à operação de inversão, conforme vimos configurada na ilha de More. Na ilha dos cavalos houyhnms, os yahoos, i.e., os humanos, descendentes de náufragos ingleses que por lá aportaram décadas atrás e se reproduziram como selvagens, é que são animalizados, precisamente como os cavalos o são na cultura europeia. O escrutínio moral rigoroso a que são submetidos os inumanos yahoos, inteiramente incapazes do uso da razão, viciosos, impulsivos, bestiais, avaros, destruidores, ambiciosos, é expandido à cultura humana europeia da época. Ao voltar para a Inglaterra Guliver rejeita a sua própria família de yahoos, de quem até o cheiro o incomoda, e passa a viver em um estábulo com os cavalos que comprara. Nas *Viagens de Gulliver*, na inversão da quarta ilha, mais precisamente nos yahoos, temos talvez a primeira figura do *inumano* do que virá a ser a ficção científica, como maneira de propor a pergunta sobre o humano.

No final do século XIX, com a ocupação total da superfície da terra pela forma dinheiro e pela submissão universal da vida ao modelo quantitativo, o não lugar deixa de ser espacial e passa a ter que se localizar em uma nova topologia, o tempo futuro[23].

Paralelamente, o mesmo motivo utópico da distribuição igual ou proporcional de quantidades, desenvolvido no socialismo utópico do século XIX, passará então a ser criticado enquanto modelo "totalitário", uma vez sublinhado o seu caráter administrado. A igualdade administrada ignora a diferença de cada humano, e consiste portanto em um *totalitarismo*. É este o modelo que estruturará a série de distopias do controle, os "novos mapas do inferno", que a ficção científica contemporânea reproduzirá no cinema com a frequência que conhecemos. A distopia é originalmente contrarrevolucionária, ao associar a razão como princípio de estado ao mecanismo de controle. O motivo que a move aparece pela primeira vez articulado em seu contexto específico por Edmund Burke, nas *Reflexões sobre a Revolução em França* (1790). A "filosofia mecânica" dos princípios metafísicos excessivamente teóricos e abstratos da Revolução Francesa significa na prática a erradicação da cultura do "coração", dos "sentimentos", associados ao cavalheirismo individualista e aristocrático[24]. Trata-se de uma "filosofia bárbara" que não permite o autogoverno dos indivíduos e a paixão. É esta mesma crítica que será endereçada ao socialismo utópico pela primeira vez no panfleto de Jerome K. Jerome, "A nova utopia" (1891). Jerome responde diretamente às ficções utópicas a ele contemporâneas de Edward Bellamy (1888) e William Morris (1890)[25], que constroem modelos de sociedades, respectivamente, de comunismo tecnocrático de Estado e de democracia participativa. Jerome empresta das duas utopias o estratagema narrativo de um dorminhoco que acorda de um sono de mais de cem anos e se depara com uma sociedade em que as divisões sociais e a exploração do trabalho teriam deixado de existir. A mesma moldura que alguns anos depois será adotada por H. G. Wells em *Quando o dorminhoco desperta* (1899), no qual Woody Allen baseou a comédia *O dorminhoco (Sleeper,* 1973). Vem basicamente de Jerome a representação, que adiante será expandida, de uma sociedade de um estado único, estru-

---

23. Darko Suvin, *op. cit.*, pp. 116-117.
24. Edmund Burke, *Reflexões sobre a Revolução em França,* trad. Renato de Assumpção Faria *et al.*, Brasília: Editora da UnB, 1997, 2ª ed., pp. 90, 100, 101.
25. Edward Bellamy, *Looking Backward 2000-1887* (1888); William Morris, *News from Nowhere* (1890). Ambas acessíveis no Project Gutenberg. Disponíveis em: <http://www.gutenberg.org/etext/25439> e <http://www.gutenberg.org/files/3261/3261-h/3261-h.htm>. (Acesso em: mar. 2017).

turado exclusivamente a partir da matemática, como a ficção crítica da União Soviética, *Nós* de Yevgeny Zamyatin (1921) e *1984* de George Orwell (1949). Ou como ficcionalização do liberalismo, em *O admirável mundo novo* de Aldous Huxley (1932). Em geral, em todos esses casos trata-se de uma sociedade em que os problemas básicos da sociedade (a guerra e a fome, por exemplo) foram eliminados, estabeleceu-se uma sociedade inteiramente baseada no desenvolvimento tecnológico, livre embora programada (em Huxley), ou simplesmente autoritária (em Zamyatin e Orwell), mas à custa da eliminação de um componente fundamental da natureza humana. A igualdade administrada, derivada de More, e em última análise de Platão, só pode existir mediante a eliminação da singularidade humana (a família, a cultura, as artes, a religião), i.e., a diferença, ou a *liberdade*, em que se fundará o liberalismo, o que constitui o nosso paraíso e o nosso inferno.

Não nos enganemos a respeito do subtexto político dessas narrativas. A palavra *robô* vem do tcheco *robota*, "trabalho penoso", ligado à servidão medieval, e cunhada por Joseph Capek[26]. As máquinas, desde as utopias sociais implantadas por Robert Owen, devem substituir o trabalho escravo. É como servo ideal, pacífico, e obedecendo a uma espécie de imperativo categórico robótico do bom escravo, as famosas "Três leis da robótica", que Isaac Asimov vai compor as suas narrativas sobre robôs, no contexto do otimismo tecnocrático norte-americano[27]. Ou, ao contrário, como servo que quer dominar o humano dominador, segundo uma versão ficcional da dialética hegeliana do senhor e do escravo, em todas as narrativas ligadas ao motivo da revolta das máquinas[28]. Neste último caso, é ainda a mesma regra da inversão utópica que pautará a distopia, mobilizando uma estrutura de poder opressivo inumano, que inviabiliza a diferença humana. O inumano, subalternizado no mundo conhecido do autor e do leitor, é que domina agora o humano, num futuro mais ou menos

---

26. Darko Suvin, *Metamorphoses, op. cit.*, p. 270.
27. As três leis são: 1) Um robô não pode ferir um ser humano nem, por inação, permitir que um ser humano seja machucado; 2) Um robô deve obedecer às ordens dadas a ele por seres humanos exceto quando estas ordens entrarem em conflito com a primeira lei; 3) Um robô deve proteger a sua própria existência enquanto essa proteção não entrar em conflito com a primeira ou a segunda lei. Retirada de Patricia S. Warrick, *op. cit.*, p. 65. De Asimov, ver *The Complete Robot*, Nova York: Harper Collins Publisher, 1995.
28. G. W. F. Hegel, "Dominação e escravidão", *Fenomenologia do espírito*, Parte 1, trad. Paulo Meneses, Petrópolis: Vozes, 2001.

distante. As máquinas devem ser de novo submetidas à vontade humana, e restabelecido o primado da falibilidade humana demasiado humana: a regra do coração, o amor (na trilogia *Matrix* dos irmãos Wachowski [1999, 2003, 2003], ou na série *Exterminador do futuro*, por exemplo), a caridade (a *ágape* de São Paulo), a piedade, erradicando-se o mundo da perfeição e da frieza maquínica, o princípio racional erigido em controle de Estado, com a vitória final do humanismo em sua versão apologética e piegas.

Convém aqui relembrar a hipótese de Fredric Jameson sobre a ficção científica mesmo que não necessariamente concordemos com todos os seus termos, sobretudo o que ela deve a certo determinismo lukacsiano[29]. Para ele o estatuto da ficção científica é paralelo e complementar ao estabelecido por Georg Lukács para o romance histórico, suplementando-o com temas levantados nos estudos de Walter Benjamin sobre Proust e sobre a experiência. Para Lukács, o gênero do romance histórico solicita uma memória do passado como fundamentalmente distinto do presente e desdobramento explicável deste passado que a história estuda e o romance histórico narra. O capitalismo requer uma experiência própria da temporalidade na qual se descortina em um passado originário o fio histórico do modo de produção capitalista.

A vitalidade do gênero do romance histórico deve ser ela também submetida à temporalidade histórica: entre a emergência do gênero com sir Walter Scott e *Salambô* de Gustave Flaubert o passado deixou de fornecer a senha organicamente necessária a partir da qual se vislumbra a explicação do presente. É justamente aqui, no momento da decadência do romance histórico, quando ele perde a sua funcionalidade, que surge a ficção científica, com Júlio Verne e H. G. Wells, no final do século XIX, com a proposição não mais do sentido do passado, mas do futuro, um futuro inteiramente destituído de qualquer sentido de progresso que poderia complementar a descoberta burguesa do passado originário, no romance histórico.

Se, com o romance histórico, durante o nascimento do capitalismo, o presente podia ser intensificado pela narrativa de um passado processual do qual nasceria organicamente, hoje em dia, a partir do fim do século

---

29. Fredric Jameson, "Progress Versus Utopia, or: Can We Imagine the Future". Em: *Archeologies of the Future. The Desire Called Utopia and Other Science Fictions*, Londres/New York: Verso, 2005. O ensaio foi originalmente publicado em *Science Fiction Studies* 27, 1982.

xix, o passado coletivo se nos apresenta como estéril e o futuro como irrelevante. Estas representações do futuro, portanto, embora obedeçam aparentemente a protocolos narrativos realistas, repousam em uma estratégia radicalmente distinta. *Na ficção científica o futuro é uma via de acesso indireta e analógica ao presente.* Ele compartilha com Proust do diagnóstico sobre a desafetação do presente: em nossa sociedade o presente experiencial nos é inacessível, somos anestesiados, habituados a ele por causa da intensa multiplicação de objetos que o compõem e pela espessa camada de fantasias subjetivas e objetivas – as imagens da cultura de massas que saturam o nosso imaginário – que nos defendem dele. Para acessar o presente e quebrar o filtro monádico que nos protege da realidade, fazendo-nos finalmente experimentá-la, é necessário uma estratégia indireta. Em Proust a memória ficcionalizada é o que permite que a "intensidade de um agora apenas lembrado" seja experimentada por nós[30]. É precisamente o que a ficção científica faz com o futuro. Logo, o que a ficção científica produz não é uma tentativa de representar o futuro, e sim "transformar o nosso presente em um passado determinado de algo por vir[31]". É o presente cuja experiência nos é inacessível, que vivemos como o "passado remoto de um mundo futuro". A estratégia de "desfamiliarização", ou de *ostranenie* (estranhamento) dos formalistas russos[32], consiste, em suma, em apresentar o presente como história. O futuro é nada mais do que o espelho a partir do qual podemos pensar o presente como passado virtualmente possível.

O que interessa portanto no futuro representado não é uma crença qualquer em sua possibilidade libertária. O futuro representado na ficção científica revela a profunda pobreza de nosso presente, provando assim a nossa incapacidade constitutiva de imaginar um futuro de fato diferente. O que explica o ressurgimento de relatos utópicos na ficção científica, precisamente quando o gênero e o projeto utópico pareciam ter se esgotado. A nossa incapacidade de imaginar um futuro realmente

---

30. *Ibidem*, p. 287. *Idem*, p. 288.
31. *Ibidem*, p. 288.
32. A "desfamiliarização", ou *ostranenie*, em russo, é a expressão cunhada por Viktor Shklovsky no ensaio "Arte como procedimento" ("L'art comme procédé", em: T. Todorov, *Théorie de la littérature*, Paris: Éditions du Seuil, 1965.

outro é a mesma incapacidade que nos impede de conceber uma utopia de fato.

Examinemos agora três narrativas representativas de ficção científica, com a finalidade de reconstituir nem que seja minimamente a evolução do gênero. Em primeiro lugar, *Frankenstein, ou o Prometeu moderno* (1818) de Mary Shelley, que funda o gênero; em segundo, *A máquina do tempo* (1895) de H. G. Wells, a matriz de toda a ficção científica moderna, o primeiro *romance fantástico* de Wells, e para muitos a primeira narrativa de ficção científica; e em terceiro, *O caçador de androides* (ou *Os androides sonham com ovelhas elétricas?*) (1968) de Philip K. Dick, como representante da ficção contemporânea. Em cada caso, circunscreveremos o inumano que a protagoniza, e a ciência matriz que "imaginariza".

Frankenstein, ou o Prometeu moderno, portanto, funda o gênero, extraindo o romance gótico da referência arcaizante, introduzindo a proposição científica iluminista da tecnologia como possibilidade falhada do futuro. A invenção de Victor Frankenstein situa-se precisamente na interface do nascimento da biologia, entre as ciências do oculto – Cornelius Agrippa, Albertus Magnus e Paracelso – i.e., a tradição de astrólogos e alquimistas medievais e renascentistas que o rapaz lia na adolescência – e a história natural e a química, as ciências modernas, que o jovem cientista absorve com afinco ao ser introduzido aos estudos da anatomia e da fisiologia por seus mestres universitários em sua formação na universidade de Ingolstadt, na Alemanha, cidade historicamente associada aos *illuminati*. Há algo de Xavier Bichat, o inventor da anatomia patológica, em Frankenstein. Assim como Bichat define, de forma inaugural, a vida como o "conjunto de funções que resistem à morte[33]", Frankenstein faz da morte o seu grande laboratório, frequenta capelas mortuárias e catacumbas a fim de entender o fenômeno da degradação e da decomposição, da geração e da corrupção. No auge do ardor de sua invenção, seu laboratório se assemelha a um matadouro. A descoberta da "causa da criação e da vida", do enigmático "princípio da vida", consiste em conferir vida à matéria morta de uma forma que apenas as ciências do oculto explicariam[34].

33. Cf. Michel Foucault, *O nascimento da clínica*, trad. Roberto Machado, Rio de Janeiro: Editora Forense Universitária, 1977, pp. 142-143.
34. Mary Shelley, *Frankenstein, op. cit.*, p. 55.

Parece, portanto, que a invenção de Frankenstein se situa no intervalo entre a mágica alquímica e a anatomia patológica de Bichat.

Com *Frankenstein* surge basicamente a ficção protagonizada pelo cientista mais ou menos "louco", assombrado pela *hybris* prometeica de haver almejado igualar-se aos deuses, criando homens, a "criatura", o "monstro" – cujo destino irônico será ser conhecido pelo nome do criador que o rejeitara. A analogia teológico-científica compreende uma reescrita do mito de Prometeu em sua dupla face greco-romana, de Prometeu *piróforo*, o ladrão do fogo olímpico, personagem de *Prometeu acorrentado* de Ésquilo; e de Prometeu *plasticor* latino, o escultor de homens de argila[35]. O romance de Mary Shelley se estrutura em círculos concêntricos, a partir de uma narrativa-moldura composta de cartas endereçadas pelo navegador inglês Walton a sua irmã. Em uma expedição a caminho do polo Norte – lembrança das narrativas de viagens, de que deriva a ficção científica, como vimos –, ele se depara em primeiro lugar com um gigante que se assemelha a um homem, e logo em seguida com um cavalheiro estrangeiro exausto, quase morto, que Walton imediatamente recolhe em seu navio. A parte central do livro dividida em capítulos consiste na narrativa do estrangeiro, Victor Frankenstein, o inventor do monstro. Este é o relato da *hybris* prometeica, da desmesura de haver ousado criar uma vida roubando o fogo dos deuses e a terrível punição a que será submetido pela própria criatura que criara: abandonada por seu criador subitamente tomado de nojo pelo aspecto hediondo de seu experimento, vinga-se dele assassinando sistematicamente todas as pessoas de suas relações, queimando e destruindo tudo o que ele preza, até convertê-lo em uma réplica de si, um ser tão solitário quanto ele próprio, ou seja, criando o seu criador ao destruí-lo. Na conclusão do romance, persiste o par criatura-criador, atavicamente ligados em uma perseguição em que não se sabe quem é perseguido e quem é perseguidor, sucumbindo ambos em meio às geleiras do polo. O miolo do livro, no centro das duas molduras concêntricas que resumi acima, consiste no relato que faz o próprio monstro ao seu criador, reportado por ele ao navegador Walton, e contido nos capítulos em que Walton transcreve a narrativa de Frankenstein. O monstro discorre aqui sobre a sua vida, desde que fora abandonado pelo

---

35. Jean-Jacques Lecercle, *Frankenstein: mythe et philosophie*, 2ª ed., Paris: PUF, 1994, p. 41.

seu criador. Trata-se de um relato de formação rousseauniana, nos moldes do *Emílio*, com referências explícitas aos *Devaneios de um caminhante solitário*, narrando a educação de um ser absolutamente excluído da ordem dos homens, por conta de sua aparência. O monstro é educado na convivência da natureza, observa uma família de exilados franceses através de uma fenda na parede de uma humilde choupana, em que vê a família sem ser visto. É neste teatro da vida familiar que ele faz a sua educação humanista: ouve música, aprende a língua, imitando os sons que ouve de lições dadas a uma estrangeira árabe, a ler, compõe um pequeno cânone de leituras a partir do qual compreende a humanidade e sua história.

Há algo de enigmático no texto, frequentemente considerado uma falha estilística da inexperiente narradora: logo após conferir vida à criatura, concluindo magnificamente anos de trabalhos com o que seria o coroamento de sua invenção, Frankenstein, enojado, sente repulsa pelo que criou, e foge. O texto detalha o fato: os membros da criatura eram belos e bem-proporcionados, a pele deixava transparecer os músculos, os cabelos lustrosos, os dentes alvos, mas "todas essas exuberâncias" contrastavam horrivelmente com os "olhos desmaiados". O trabalho intenso e imoderado a que se entregara ardorosamente como a um sonho, ao concluir-se desvanece, e seu coração enche-se de "horror e asco". "Incapaz de suportar o aspecto do ser que eu havia criado, saí correndo do aposento, e continuei durante muito tempo a andar pelo quarto, sem poder dormir." Após muito custo, concilia o sono e tem pesadelos horripilantes, premonitórios da narrativa que se seguirá, em que o corpo de sua noiva se transforma no cadáver de sua mãe. Ao despertar depara, ao seu lado, iluminado pelo pálido luar, mais uma vez, com o "infeliz monstro que [...] criara", com seus olhos fixados sobre si[36]. Como entender essa súbita mudança de opinião do criador diante da criatura que criara a não ser como o sintoma de um ponto cego do texto em que precisamente se revela a sua chave de leitura?

Jean-Jacques Lecercle provou de maneira convincente, seguindo nisso indicações da própria Mary, que o monstro é uma figura da multidão revolucionária francesa[37]. Ou seja: que por detrás do romance gótico encon-

---

36. Mary Shelley, *Frankenstein*, op. cit., pp. 61-62.
37. Mary Shelley, comentando sobre a vida político-literária de seu pai, William Godwin, e seu entusiasmo pela Revolução Francesa, escreve o seguinte, em sua biografia do pai: "O gigante agora

tram-se elementos de um romance histórico, e que o inumano romanesco é uma figura social. A partir de sugestões de datas cifradas ou deduzidas, ele consegue datar com precisão a ação do romance entre 1792 e 1799, isto é, durante o período da convenção, do terror e do diretório da Revolução Francesa[38]. As referências biográficas e as alusões históricas abundam: os pais de Mary, William Godwin e Mary Wollstonecraft, ambos intelectuais progressistas, ela uma das precursoras do feminismo, autora de *The Vindication of Women's Rights*, foram testemunhas inglesas, simpatizantes de primeira hora do terror revolucionário, e escreveram longamente sobre o que viram e viveram. Suas posições a respeito são emblemáticas: francamente favoráveis, se não entusiastas, de início, mais ambivalentes a seguir, como outros ingleses no período e na mesma situação, suspeitos inclusive de espionagem pelo governo francês, cidadãos que eram de um país em guerra contra a França, e gradativamente passando a uma posição moderada, abertamente ou discretamente girondina, ao mesmo tempo em que eram considerados terroristas jacobinos na Inglaterra. O próprio círculo dos Shelley, e sobretudo Percy Shelley, já dispondo do recuo do tempo para refletir sobre um acontecimento do passado, vai se manter entusiasticamente favorável ao ideal revolucionário, no qual via o grande acontecimento da história contemporânea e a perspectiva não realizada de uma redenção do sofrimento dos pobres, embora admitisse que o povo francês não estava preparado para a revolução que construíra. Percy escreve, na mesma época em que a esposa publica *Frankenstein*, um drama lírico intitulado *Prometeu libertado*, certamente uma das fontes do motivo prometeico utilizado no romance, como uma sequência à tragédia de Ésquilo, *Prometeu acorrentado*, drama da predileção de Byron, poeta amigo e companheiro do círculo, saturado de ressonâncias políticas, em que Prometeu é o herói que se insurge contra o pai, Zeus, alegoria do absolutismo e do antigo regime. Nessa reversão libertária da fábula

---

despertou. O espírito, nunca entorpecido, mas nunca tampouco estimulado até a totalidade de suas energias, recebeu a centelha que o acendeu em uma chama inextinguível. Quem pode hoje dizer os sentimentos dos liberais durante a primeira eclosão da Revolução Francesa? Apenas pouco tempo após ele foi manchado pelos vícios de Orleans e de Mirabeau – ofuscado pela falta de talento dos Girondinos – deformado e manchado pelo sangue dos Jacobinos. Mas em 1789 – e em 1790 era impossível, salvo a um cortesão, não ser aquecido pela brilhante influência geral." (Mary Shelley, *The Life of William Godwin*. Disponível em: <http://setis.library.usyd.edu.au/godwin/pdf/ch1.pdf.> Acesso em: mar. 2017.)

38. Jean-Jacques Lecercle, *op. cit.*, p. 55.

esquiliana, a figura misteriosa mas irresistivelmente ambígua que porá fim à opressão de Prometeu é Demogorgon, isto é, em grego, "povo-górgona", "povo-monstro"[39].

O monstro inumano contém sugestões precisas a representações das revoltas negras e mulatas de Santo Domingo em 1791, com as quais o casal tinha grande familiaridade na época, em que se multiplicam descrições de massacres, como resultado mais do que esperado da incitação à sublevação de intelectuais visionários, i.e., na "loucura monstruosa de emancipar repentinamente homens bárbaros[40]". Não é um acaso que o próprio personagem do romance seja citado, alguns anos após a sua publicação, em um discurso de Canning em 1824 na Câmara dos Comuns contra a libertação dos escravos das Antilhas[41]. O monstro, portanto, figura ambiguamente uma série de personagens históricos: o coletivo da multidão revolucionária, conforme representado pelos conservadores na época (Edmund Burke, por exemplo), donde a sua falta de nome ou de individualidade, que inscreve a anomia do proletariado inclusive inglês, no momento da formação da classe operária; a *mob* parisiense. Em suma, tudo isso leva à conclusão de que basicamente o inumano aqui é a encarnação do *sans-culotte*[42].

O tema sublime da aparência repulsiva, da "deformidade[43]", discutido pelo monstro como um "preconceito" contra ele[44], figura assim ambiguamente a posição de Mary Shelley, neste sentido bem menos progressista que seu marido, com relação à multidão sublevada. O romance explica a sua vingança, mas não deixa de exprimir o horror conservador diante dela. Não há acaso portanto que seja justamente o *olhar* do monstro que

---

39. *Ibidem*, p. 69. Percy Shelley, "Prometheus Unbound". Em: *Plays, Translations and Longer Poems*, Londres: J.M. Dent & Sons Ltda; Nova York: E. P. Dutton & Co. Inc., 1907, reimpressão 1931, pp. 217-218.
40. A citação é da *History of the West Indies* de Bryan Edward, *apud* Darko Suvin, Metamorphoses, p. 135.
41. "Ao lidar com o negro, senhores, devemos nos lembrar que estamos tratando com um ser que possui a forma e a força de um homem, mas o intelecto de uma criança. Libertá-lo no estado adulto de sua força física, na maturidade de suas paixões físicas, mas na infância de sua razão não instruída, seria criar uma criatura que se assemelha à esplêndida ficção de um romance recente [*Frankenstein*]; cujo herói constrói uma forma humana, com todas as capacidades corpóreas de um homem, e com os músculos e tendões de um gigante; mas sendo incapaz de infundir à obra de suas mãos uma percepção do certo e do errado, ele descobre tarde demais que criara apenas um poder mais do que mortal de cometer danos, e ele próprio foge do monstro que criou." *Apud*, Darko Suvin, *op. cit.*, pp. 135-136.
42. Lecercle, *op. cit.*, pp. 71, 72.
43. Mary Shelley, *op. cit.*, p. 121.
44. Por exemplo, *ibidem*, p. 142, mas as referências são inúmeras.

desperte em seu criador "horror e asco": é justamente no momento em que a criatura se torna sujeito, cuja interioridade reflexiva é denotada pelo olhar, como bem sabia Hegel, que o inventor sente repulsa. O romance explicitamente exclui a subjetividade da criatura[45]. O que pode ser claramente lido na pergunta que o monstro angustiadamente repete a seu criador: "Que era eu?[46]" (*And what as I?*), e nunca: Quem era eu?.

Uma leitura circunstanciada de *Frankenstein* nos faz observar em primeiro lugar que o que articula os três segmentos concêntricos que estruturam o romance – a moldura epistolar das cartas de Walton à sua irmã; o relato de Frankenstein; e, no centro deste e do romance, a história do próprio monstro – é o tema rousseauniano da *piedade*, o sentimento de identificação à dor do outro[47]. Assim, a história contada pelo extenuado Frankenstein ao navegador lhe inspira compaixão. Da mesma forma, o monstro se compadece do sofrimento da família francesa de exilados que observa de seu esconderijo, aprende a língua e a cultura identificando-se com o teatro que vê de um orifício oculto na parede, identifica-se com os protagonistas dos livros que lê, *O paraíso perdido* de Milton, um volume das *Vidas ilustres* de Plutarco, *Os sofrimentos do jovem Werther* de Goethe... Mas apenas o criador não tem compaixão pela criatura que criou.

> Suas palavras produziram um estranho efeito sobre mim. Fiquei compadecido, a ponto de desejar consolá-lo, mas, quando o contemplei, quando vi aquela massa suja [*filthy*] que se movia e falava, senti uma angústia no coração e meus sentimentos se transformaram em horror e ódio. Tentei sufocá-los, achando que, pelo fato de não simpatizar com ele, não tinha o direito de privá-lo daquela porção de felicidade que estava em minhas mãos conceder-lhe [i.e., fabricar uma companheira para o monstro][48].

É essa falta de simpatia pelo inumano, instituindo uma fissura na ciência humana, i.e., precisamente aquela que se organiza em torno de

---

45. Barbara Johnson, "Le dernier homme". Em: Philippe Lacoue-Labarthe e Jean-Luc Nancy (orgs.) *Les fins de l'homme. Actes du colloque de Cerisy sur Derrida*, Paris: Galilée, 1981, p. 78.
46. Mary Shelley, *op. cit.*, p. 128.
47. Jean-Jacques Rousseau, *Discurso sobre a origem e os fundamentos da desigualdade entre os homens*, trad. Maria Ermantina Galvão, São Paulo: Martins Fontes, 1993, p. 170.
48. Mary Shelley, *op. cit.*, pp. 155-156, tradução modificada.

sujeitos que são objetos de si próprios, segundo a definição de Foucault[49], que aparece como traço de estranheza precisamente no ser mais sofisticado, doravante o protagonista da ficção científica, o inventor, o cientista.

Mas é com Herbert George Wells, a partir do evolucionismo biológico, que se chega à modernidade da ficção científica. O primeiro *romance científico* que escreve, *A máquina do tempo* (1895), está intimamente ligado aos seus estudos com Thomas Huxley, o biólogo inglês, grande divulgador das ideias de Charles Darwin. A hipótese da seleção natural das espécies através da luta pela sobrevivência, que consumaria a vitória do mais bem adaptado às condições naturais, é um poderoso modelo explicativo da vida natural colocada no vetor temporal. O paradigma evolucionista baseia-se na noção de *necessidade*, como função determinante e regulatória da sobrevivência: por necessidade de sobreviver combatem as espécies, é a necessidade que determina os caracteres mais bem adaptados e a sua reprodução. A esta função de seleção natural Huxley acrescenta a da *liberdade* – seguindo nisso a polaridade filosófica clássica, fundada por Agostinho e perpetuada na filosofia do sujeito – essa função deveria descrever a ação seletiva humana, a cultura, sob a forma, por exemplo, da agricultura, como adequação da natureza aos fins produtivos, artificiais humanos. Daí a dicotomia no próprio título da conferência *Evolução e ética – Prolegômenos*, assistida por Wells em 1894, ano em que estuda com Huxley, e anterior à publicação de sua novela, em que o termo "ética" descreve algo como o programa humano aplicado à natureza.

A evolução contém implícito o pressuposto de um longo arco de mutações progressistas que culminariam no homem como senhor absoluto da natureza e continuador dos planos da seleção natural em seu próprio interesse. Conforme a define Huxley, na mesma conferência, evolução significa a mutação gradual de uma condição de uniformidade, ou de relativa uniformidade à de uma relativa complexidade, ou de uma complexidade maior. Caminhando no sentido contrário ao do tempo, observaríamos no passado remoto uma diversidade de seres convergindo a uma série de complexidade decrescente, eventualmente se apagando a oposição entre vegetal e animal, e conduzindo à hipótese de uma substância única. Ora, é esta visão otimista tão característica da Inglaterra vitoriana que vai ser

---

49. Michel Foucault, *As palavras e as coisas*, trad. Salma Tannus Muchail, São Paulo: Martins Fontes, 2000.

vigorosa e escandalosamente preterida por Wells em *A máquina do tempo*. E se, ao contrário do plano tão belamente traçado pelo evolucionismo, a humanidade não se desenvolvesse progressivamente? E se houvesse uma "metamorfose retrogressiva"– esta é a expressão de Huxley – isto é, o "progresso de uma condição de relativa complexidade a de relativa uniformidade"[50]? É exatamente o que Wells vai descrever em *A máquina do tempo*.

O que esse aluno idiossincrático de Huxley faz é literalmente inverter a série evolutiva canônica darwiniana. A tese evolutiva figura uma série de opostos, condensando o motivo da luta, que resume o mecanismo e explica a série: homens e primatas; placentários e marsupiais; mamíferos e pássaros; animais de sangue quente e animais de sangue frio etc., até chegarmos no final, isto é, na origem – é o termo de Darwin – aos opostos, animais e plantas; seres orgânicos e inorgânicos; existência e não existência[51]. Ora, Wells começa do final, isto é, do ser humano, para projetar sobre o futuro a mesma série de Huxley, mas invertida, concluindo-se milhões de anos no futuro, no último estágio de tempo visitado pelo viajante do tempo, no literal desaparecimento da vida. O ciclo evolutivo, partindo do nada, chegaria, no futuro, ao nada, configurando um gigantesco círculo linear em quiasmo.

A máquina do tempo, como *Frankenstein*, é estruturado a partir de uma narrativa-moldura, em que o protagonista, o "viajante do tempo", discute com amigos sobre o paradoxo da quarta dimensão do tempo, e mostra a seus ouvintes incrédulos uma máquina, de sua fatura, com a qual dizia poder viajar no tempo. Wells retira o modelo da viagem do tempo de Bellamy e de Morris, com quem debate no romance, mas projeta-o em um aparelho que produziria a viagem. O centro da novela consiste no relato feito por ele, uma semana depois, a uma audiência de amigos um pouco modificada, sobre a sua viagem ao ano 802.701 d.C. No futuro ele encontra uma sociedade de homens e mulheres que parecia inicialmente confirmar a tese darwiniana de um aperfeiçoamento crescente da vida natural e humana, por meio do controle social e da agricultura, em uma espécie de Idade do Ouro: o mundo solar em que os frutos e as flores eram bem maiores, e do qual os vermes e os insetos haviam sido erradi-

---

50. Thomas Huxley, *Evolution and Ethics – prolegomena*. Disponível em: <http://www.gutenberg.org/ebooks/2940>. Acesso em: janeiro de 2017.
51. Darko Suvin, *Metamorphoses*, op. cit., p.226.

cados. A indiferenciação de gêneros entre homens e mulheres, vestidos de maneira idêntica, imberbes, com os "mesmos membros roliços de uma menina", conduz o viajante do tempo à hipótese de que no futuro reinaria uma espécie de comunismo: a dissolução da família e da distinção das funções combativas para os homens e de procriação para as mulheres, a que, conforme observa o viajante, já assistimos hoje em dia, seria agravada, terminando por desaparecer por completo no futuro[52]. A especialidade de gêneros se dissipa à medida que a necessidade da família desaparece, em uma especulação que junta elementos da utopia platônico-moriana a Darwin. A interpretação darwiniana deve ser logo, no entanto, nuançada: ele encontrara a humanidade em decadência. O triunfo do controle ético, humano sobre a natureza, revertendo no desaparecimento da necessidade de progredir, que move a mutação, acabaria por produzir uma estagnação dos seres. O que na prática significa um dilema no evolucionismo: já que, por excesso de progresso, os seres tenderiam a involuir, a diferenciação crescente, característica do vetor progressivo, tende à uniformidade e não à variação crescente. O advento da segurança material resultante do domínio sobre a natureza, em uma sequência de força da humanidade, teria sido sucedido por um período de calmaria, de fraqueza, com os seres humanos dedicados às artes, ao erotismo. Daí a fragilidade física dos habitantes de 802.701 d.C., que viviam brincando e dançando, como borboletas, em meio a flores, em uma espécie de idílio regressivo, parecendo-se com verdadeiras crianças. Eles desaprenderam a ler, manifestam uma profunda "falta de desinteresse" pelas coisas e pelas pessoas, e inclusive parecem indiferentes à morte uns dos outros, conforme o viajante percebe no episódio do quase afogamento de Weena, o esterotípico personagem feminino por quem se enamora, o que define, segundo o paradigma que venho definindo, a sua *inumanidade*: falta a eles basicamente a piedade rousseauniana.

Mas esta primeira hipótese interpretativa, a que se sucederão mais duas, revela-se completamente falsa: a humanidade, o viajante do tempo eventualmente descobre, ter-se-ia desenvolvido não em uma, mas em duas espécies distintas. A solar, dos Elois, que ele conhecera inicialmente, e sobre a qual especulara, e a subterrânea e soturna dos Morlocks, espécie

---

52. H. G. Wells, *A máquina do tempo*, trad. Daniel Piza, São Paulo: Nova Alexandria, 2001, p. 47.

de símios brancos, Lêmures cuja existência ele só descobrirá mais tarde. Os Morlocks são descendentes dos operadores das máquinas, i.e., dos operários, no momento do desenvolvimento industrial do século xix, e os Elois são descendentes das classes privilegiadas, que usufruíam dos benefícios do trabalho operário. Seria o trabalho Morlock, desenvolvido ao longo de centenas de anos em indústrias subterrâneas, gerando inclusive neles um sistema óptico inteiramente adaptado à visão noturna, que sustentaria o idílio dos Elois. O abismo social entre as classes teria gradativamente se biologizado à medida que as classes teriam caminhado para a segregação total, exacerbando uma tendência presente já hoje em dia, i.e., no século xix, mas ainda então atenuada por casamentos interclasses. Aos poucos, no entanto, a reprodução exclusiva de cada classe no interior de si mesma teria engendrado literalmente duas espécies. A explicação para a estagnação dos Elois e sua subordinação àqueles que um dia lhes foram submissos já fora adiantada pelo viajante do tempo: à medida que a necessidade, o eterno motor da mutação progressiva, tivesse deixado de pressioná-los a evoluir, eles teriam pouco a pouco involuído. Mas isso ainda não é tudo. O viajante do tempo eventualmente descobre que os Morlocks se *alimentam* da carne dos Elois, que constituem assim uma espécie de "povo gado", bem alimentado, vegetariano (os Elois são frutívoros), como costuma acontecer com toda criação bovina que se preze. Em algum momento na história da humanidade teriam faltado alimentos, e, diante da fome e da necessidade de fazer subsistir o trabalho que sustenta a vida de todos, ter-se-ia feito a opção de alimentar os trabalhadores, que mantinham a sociedade funcionando, com a carne das antigas classes privilegiadas, no que não deixa de ser uma versão, mais uma vez, da dialética hegeliana do senhor e do escravo.

Vemos dessa forma como a tese utópica inicial, amparada em um darwinismo otimista, é agora invertida em uma distopia sombria: o desenvolvimento progressivo que produziria a variação superior dos homens como mutação interna à espécie símia seria seguido no futuro pela sua inversão: é uma mutação simiesca gerada como variação humana, que dominaria a antiga espécie humana, identificada aos Elois. Tocamos aqui em uma questão delicada: o viajante do tempo não tem nenhuma dificuldade em identificar-se com os Elois, os descendentes das classes proprietárias. Eles são vistos por ele como os verdadeiros herdeiros da mutação humana, enquanto os descendentes dos operários são vistos de forma repulsiva.

> Eu sentia certa rejeição por aqueles corpos pálidos [dos Morlocks]. Eles tinham a mesma cor semiesbranquiçada dos vermes e das coisas que se veem conservadas num museu de zoologia. E, quando se tocava neles, eram repulsivamente frios. Provavelmente minha rejeição era em grande parte devida à simpática influência dos Elois, cujo repúdio aos Morlocks eu agora começava a apreciar[53].

Indica-se aqui, para alguns críticos, o preconceito de classe de Wells, ele próprio de origem modesta, filho de jardineiro e empregada doméstica. De toda forma, é evidente que o narrador escolhe identificar-se aos inumanos de sua preferência, evidentemente movido, em parte, pela intenção heroica de defesa da vítima, motivo que vai mobilizar a trama do romance de aventuras.

Podemos agora resumir o problema central de *A máquina do tempo* como programa da ficção científica por vir. Wells inverte a estrutura básica do darwinismo social. Ao invés de pensar a cultura a partir da analogia para com o mecanismo da seleção natural, é a biologia que serve de metáfora social. Wells produz um aterrorizante espelho a partir do qual devemos pensar o presente. E de fato, como sempre na ficção científica, é o presente que interessa, acessado indiretamente pela analogia da ficção. Como podemos perceber na seguinte passagem na qual se exprime com exatidão a parábola moral contida nesta versão não marxista, biológica, da moral da luta de classes:

> Então tentei evitar o horror que estava se apoderando de mim, considerando aquilo uma punição rigorosa ao egoísmo humano. Os homens haviam ficado contentes por viver com tranquilidade e prazer graças ao trabalho de seus semelhantes, haviam tomado a Necessidade como seu lema e desculpa, e com o passar do tempo a Necessidade tornou-se familiar a eles[54].

---

53. H. G. Wells, *op. cit.*, p. 73.
54. *Ibidem*, p. 87.

O futuro projetado na superfície do espelho inumano da ficção é uma punição para o nosso "egoísmo" do presente. Poderíamos, se quiséssemos, é o subtexto da fábula, modificá-lo, mas de fato queremos modificá-lo?

O caçador de androides (*Do Androids Dream of Electric Sheep?* [*Os androides sonham com ovelhas elétricas?*]), de Philip K. Dick (1968), situa-se em 2021. Como em geral nas narrativas de Dick, a ação se desenrola após uma catástrofe ecológica nuclear, a guerra Terminus, que gerara uma poeira radioativa que pouco a pouco erradicara toda a vida animal na Terra. A emigração para Marte passa a ser estimulada pelas Nações Unidas, e um dos grandes incentivos para ela é que cada colono teria direito a um robô humanoide, um androide orgânico, para realizar as tarefas domésticas. A grande maioria dos humanos que aqui permaneceram foi afetada pela radiação. Mesmo usando tapa-sexos de chumbo para se proteger, todos têm uma fragilidade física importante, quando não são "Especiais" – categoria de retardados que são impedidos de emigrar e compõem a grande maioria da população da *terra gasta* em que a Terra se transformou. A população que aqui permaneceu é unificada por tecnologias de massa: uma religião universal, o Mercerismo, que tem como messias Wilbur Mercer, acessível de cada lar por meio de uma caixa de empatia que permite a todas as pessoas se fundir com Mercer a qualquer hora; a Televisão, com um show de audiência universal, o Buster Friendly Show, publicidade, entrevistas, que rivaliza com o mercerismo; e moduladores psíquicos individualizados com uma gama imensa de estados de ânimo programáveis e codificados em seletores. O grande artigo de consumo são os animais de estimação, que atingem preços altíssimos no mercado quando autênticos, ou mais baratos quando mecânicos, ambos vendidos em lojas especializadas, outras que produzem réplicas vivas perfeitas de animais mortos, ou de consertos, de substituição de peças etc. Ter um animal é o símbolo de *status* máximo, e logicamente os animais autênticos conferem maior *status* do que as reproduções.

Com o aperfeiçoamento da fabricação de androides-servos, eles se tornaram virtualmente indistinguíveis dos humanos, sendo em alguma medida superiores aos seus criadores. A fuga de androides de última geração Nexus 6 para a Terra, terminantemente proibida pelo estado, mobiliza a trama policial futurista, criando a figura do caçador de androides, mutação do antigo detetive da série *noir* – um dos códigos estéticos utilizados por Ridley Scott na adaptação cinematográfica do romance, *Blade Runner* (1982) –, que deve caçar os androides, identificá-los e "aposentá-los", i.e., executá-los. Os Nexus 6 são dotados de memória e sentimentos, implantados na fabricação, e é impossível distingui-los de humanos, a especificidade humana com relação aos androides residindo quase que exclusivamente na capacidade de empatia. Dessa forma, a identificação dos androides fugitivos que vivem como humanos na Terra, ocupando profissões as mais variadas, e algumas de destaque, como a cantora de ópera Luba Luft[55], passa a ser a aplicação de um sofisticado teste psicológico, que classifica na Escala Alterada Voigt-Kampff, desenvolvida recentemente por cientistas ligados às corporações multiplanetárias fabricantes de androides, o nível empático do indivíduo testado. O problema é que esta nova escala, ainda em teste, não é inteiramente confiável, havendo sério risco de que humanos – pacientes esquizoides, por exemplo – não passassem no teste, podendo então ser "aposentados" por engano[56]. É com este pano de fundo que a narrativa se desenrola, protagonizada por Dick Deckard, um caçador de recompensas que recebe mil dólares por android aposentado e que sonha em comprar, com o dinheiro obtido com a execução de androides, uma ovelha autêntica para substituir a sua mecânica, uma reprodução da que tinha antes e que morrera.

Essa a trama de fundo dessa distopia clássica contemporânea. A partir dos elementos já aqui identificados, podemos perceber uma série de recorrências. Trata-se de uma sociedade administrada, colonial, em moldes estritamente capitalistas, distintos portanto da configuração autoritária da gestão racional, matematizante, utópica, criticada nas ficções soviéticas. O androide consiste em uma mutação do robô, i.e., do servo, na tradição utópica descrita acima, mas transformado em empregado doméstico, ou operário industrial, em uma sociedade radicalmente individualizada, organizada em torno do consumo e da comunicação de massas, no contexto da ocupação colonial do espaço planetário. O motivo da empatia, desenvolvido pela psicologia clássica de Theodor Lipps, e que retoma a *identificação* e a *piedade* rousseauniana, reaparece agora na ficção como

---

55. Philip K. Dick, *O caçador de androides*, trad. Ryta Vinagre, Rio de Janeiro: Rocco, 2007, pp. 143-147.
56. *Ibidem*, p. 51.

estrutura distintiva do humano: inscrito na religião de massas, na *fusão virtual coletiva* – esse é o termo utilizado – com a figura vitimária de um messias que galga uma montanha e é alvejado por pedras que ferem realmente os crentes "linkados" por caixas empáticas; na relação com os animais de estimação, encorajada e desejada por despertar empatia nos humanos com não humanos; e finalmente como instrumento de diferenciação policial entre o humano e o inumano, último reduto de uma humanidade já agora completamente replicável. Como toda distopia, há em *O caçador de androides* uma série de diagnósticos da sociedade contemporânea: a programação de sentimentos por mídias, o consumo de massas, a religião universal, espécie de cristianismo tecnificado mesclado com taoismo – transpostos em chave hiperbólica para a figura ficcional, que consiste em uma leitura analógica da sociedade em que vivemos.

Mas, ao recompormos essa figura, estaremos muito longe de tocar na verdadeira arte de Dick. Se a ciência de referência de *Frankenstein* era uma patologia alquimizada, e a de *A máquina do tempo*, o evolucionismo biológico, em *O caçador de androides* a ficção científica dialoga com a inteligência artificial, a cibernética, e sistemas científicos abertos, informados pelo princípio de incerteza de Heisenberg[57].

Em um mundo "absolutamente moderno", para emprestar uma fórmula de Rimbaud, a simbiose entre homens e máquinas não permite mais que se julgue a legitimidade do princípio de desumanização maquínica a partir de um mundo humano de referência fixo e fechado. Dick estabelece zonas de reversibilidade do paradigma humanista que parece construir ao recorrer ao velho princípio empático para definir o humano. O texto não pretende fornecer respostas, apenas colocar boas perguntas. Assim: em que medida o humano Deckard, que passa com facilidade no teste empático ao executar friamente máquinas humanas, é de fato humano e não simplesmente uma máquina humana programada para matar? Qual o sentido de matar androides para comprar animais de estimação, trocando um inumano por outro? O dilema surge de forma aguda no confronto com seu duplo, Phil Resch, outro caçador de androides que gosta de matar, que poderia inclusive matar um humano como Deckard, só precisando para isso de um pretexto. Sua humanidade é posta à prova, já que

---

57. Patricia S. Warrick, *op. cit.*, p. 96.

ele poderia ser um androide sem sabê-lo. Ele realiza o teste Voigt-Kampff, e é detectado nele um "defeito em sua capacidade empática para assumir papéis[58]": ele não consegue sentir nenhuma empatia por androides.

Deckard explicita o dilema ético: por que devo matar uma cantora de ópera genial, com intensa sensibilidade artística – ele a encontra admirando o quadro *Puberdade,* de Münch, em um museu –, só porque é uma androide, e não um homem inútil à humanidade como Phil Resch, cujo único sentido na existência é matar? Uma máquina de matar androides é pura e simplesmente uma máquina como os androides. O episódio faz Deckard repensar o sentido de sua profissão e em mudar de carreira. Ele faz sexo com a androide Rachel Rosen, que aceita fazê-lo sem nenhum sentimento, incapaz que é, como androide, de empatia com o outro. Mas ele, como humano, se identifica com ela no ato de amor, o que o faz pôr em questão definitivamente a lógica de sua profissão. Apenas para, no instante seguinte, ameaçado por uma pistola laser, ele matar Pris Stratton, o duplo androide de Rachel Rosen.

Ou então: o que pensar do "Especial" John Isidore, funcionário subalterno de uma firma de consertos de réplicas animais, desprezado pelos humanos, seus semelhantes, incapazes de sentir por ele qualquer empatia? É ele que ajuda aos androides fugitivos, abrigando-os em seu apartamento, por pura empatia para com eles, que, por sua vez, como androides, são incapazes de reciprocar. Ou seja: entre os inumanos, quem é o mais humano?

Dick define as características da psicologia androide da seguinte maneira: "pobreza de sentimentos, previsibilidade, obediência, inabilidade de fazer exceções, e uma inabilidade de alterar-se com as circunstâncias e tornar-se algo novo[59]". Trata-se de uma definição tradicional do mecanismo, mas em que medida os humanos não têm uma psicologia semelhante, se não idêntica? O androide de Dick, como toda ficção científica, é um espelho analógico inumano a partir do qual podemos refletir sobre o humano, que é, na verdade, tão ou mais inumano do que as máquinas que criou. Apenas para percebermos que precisamos reinventar o humano em novas bases, já que as que conhecemos não dão conta minimamente da

---

58. Philip K. Dick, *op. cit.*, p. 153.
59. Philip K. Dick, citado em Bruce Gillespie (ed.), *Philip K. Dick: Electric Sheperd*, Melbourne: Nostrilla Press, 1975, p. 57, 63, *apud* Patricia S. Warrick, *op. cit.*, p. 223.

nossa ideia de humano, ou do que o humano deveria ser. Nesse sentido, a ficção científica aponta para um limite em nossa imaginação: temos condição de imaginar de fato o humano? Dick afirma que o herói principal da ficção científica é a *ideia*, termo que retorna mais uma vez a Platão, e nomeia algo como a imaginação ou a ficção[60]. De forma expandida, a ficção científica seria sempre uma *mise en abyme* que postula concomitantemente a ficcionalidade do real objetivo e a realidade da ficção subjetiva, como possíveis fontes da realidade objetiva que experimentamos. Isso é o que sugere o sistema de duplos espelhados dos personagens de *O caçador de androides*. O que significa perguntar-se, como o personagem do conto "Formiga elétrica", se a realidade objetiva não é uma universalização hipotética, estatística, de uma multiplicidade consensual de realidades subjetivas[61]. Pergunta que o inumano coloca ao humano.

---

60. Patricia S. Warrick, *op. cit.*, p. 216.
61. Philip K. Dick, "The Electric Ant". Em: John Brunner, (ed.) *The Best of Philip K. Dick*, Nova York: Ballantine Books, 1970, p. 441, *apud* Patricia S. Warrick, *op. cit.*, p. 229.

Fim da guerra clássica – novos estados de violência
Frédéric Gros

Nossos encontros situam-se sob o signo das grandes "mutações" contemporâneas. De fato, há várias décadas os progressos tecnológicos e genéticos, a multiplicação dos meios de comunicação, a globalização da economia, a crescente uniformização das referências culturais vêm alterando a face do mundo. Essas gigantescas modificações são, sem dúvida, aliadas a mutações antropológicas decisivas: a nossa relação com o tempo, com o espaço, com a Natureza, com o mundo e com os outros foi profundamente alterada. No entanto, no decorrer dessas transformações, consta que algo persiste no coração do homem: um núcleo irredutível de violência. Assim, no contexto desses progressos – e vale notar desde já que, apesar de afetarem todos, beneficiam apenas uma minoria – persistem ainda e sempre os mesmos dramas e as mesmas tragédias. Seria a violência em nós essa parte sombria, essa porção selvagem e rebelde em face de qualquer progresso, aquilo que no homem, escapando à história, sempre nela ressurge – sua natureza incontornável, sua trágica finitude? Pois, em todos os tempos e lugares, quando tudo à nossa volta se transforma, permanece o mal que o homem faz ao homem.

Trata-se de uma convicção amplamente compartilhada e que se manifesta espontaneamente por ocasião das notícias – que não são poucas – de mais um ato terrorista, de um novo massacre, de novas matanças ou de mais um genocídio. Os políticos e os editorialistas se apressam em manifestar horror e indignação e em denunciar em uníssono a "barbárie" e, mais uma vez, a "selvageria" desses atos. O bárbaro é aquilo que ressurge da natureza arcaica do homem sob o frágil verniz da cultura. O selvagem é uma bestialidade antinatural, uma alteridade monstruosa por vezes encarnada pelo homem. Assim, a violência é simultaneamente repelida aos confins da humanidade e inscrita em seu núcleo mais inerradicável. Aquilo que no homem seria, ao mesmo tempo, o mais essencial e o mais remoto.

Essas grandes declarações são bem conhecidas. Têm como principal consequência impedir o esforço do pensamento em reconhecer nas violências parte de nossa identidade. Fatalidade antropológica ou monstruosidade antinatural, a violência não teria história. Diante das violências armadas que conseguiram dilacerar o nosso novo século – do drama iugoslavo ao genocídio em Ruanda, da intervenção norte-americana no Iraque aos atos terroristas de 11 de Setembro – eu, ao contrário, gostaria de ousar uma pergunta: será possível, no meio desse caos e desse fogo, entre mortes e lágrimas, encontrar o trêmulo traçado do esboço de nossa atual identidade? E se é verdade que vivemos em uma época de mutações, a pergunta então deve ser: que mutações afetam o regime de distribuição das grandes violências contemporâneas? Farei referência, sobretudo, aos grandes conflitos internacionais, mas deve ser exequível seguir a mesma análise no contexto das violências privadas e dos crimes, das guerrilhas urbanas e das repressões policiais.

A história do mundo e dos povos é pontuada pelas guerras: foram elas que fizeram e desfizeram impérios, que traçaram as atuais fronteiras dos Estados. As grandes datas da história política são datas de batalhas, como tantas testemunhas de rupturas: o encerramento de uma época ou o surgimento de uma nova era.

As guerras proveram um certo molde cultural e histórico à violência, uma maneira de regulamentar, entre os povos, a troca da morte. É essa forma que os filósofos, de Maquiavel a Hegel, de Hobbes a Schmitt, problematizaram. Abordarei, portanto, de início, o conceito clássico de guerra elaborado pela filosofia clássica antes de, em um segundo momento, analisar, pautando-me pelas diferenças, as grandes violências armadas contemporâneas. Tratar-se-ia, assim, de estudar um processo de mutação no cerne do que, há muito, surgiu como o mais imemorial e o mais a-histórico: o empreendimento de destruição de seu semelhante, urdido pelo homem.

* * *

Meu ponto de partida será uma das mais antigas definições de guerra, a que Alberico Gentili dá, em seu tratado *De Jure Belli*, de 1598. Ele escreve, em uma exposição surpreendente: "a guerra é um conflito armado público e justo".

Dizer da guerra que é um conflito armado permite, de início, traçar uma linha de distinção entre a guerra e os conflitos de outra natureza: esportivos, jurídicos, econômicos, psicológicos, nos quais o objetivo é obter uma vitória em relação ao adversário e até mesmo aniquilá-lo, mas sem propriamente visar a sua destruição física. Em uma guerra, arrisca-se diretamente a própria vida ameaçando a vida de outrem, pois a guerra põe em confronto dois adversários armados. Arrisca-se a vida diante de um inimigo que também está expondo sua própria vida ao perigo. Esse duplo elemento de exposição à morte, em primeiro lugar, e de reciprocidade do perigo mortal, em segundo, define a identidade conceitual de guerra.

A guerra, em sua determinação clássica, era entendida como o confronto de dois exércitos identificáveis em um campo de batalha. Isso pressupõe a constituição de castas ou de grupos de indivíduos especialmente dedicados ao exercício das armas. Assim, os exércitos eram compostos de combatentes revestidos de armamento específico ou trajando uniformes. Mas esses homens estavam unidos por muito mais do que um simples uniforme. Estruturados por treinamentos e exercícios comuns, amalgamados por experiências ou lembranças de batalhas, eles compartilhavam, como qualquer grupo constituído, um código ético de comportamento. Esse código compreende, entre soldados de um mesmo campo de luta, requisitos substanciais de fraternidade e de socorro. Mas mesmo em relação aos soldados do campo adversário é possível encontrar regras de respeito, como se a destruição do outro só pudesse ser perpetrada segundo princípios estabelecidos (donde a noção jurídica de "crime de guerra"), como se a troca da morte acabasse formando uma comunidade de violência com seus ritos de reconhecimentos.

Esses elementos gerais são bem conhecidos. Gostaria de realçar agora que a guerra, estruturada segundo tal dispositivo, representou um reduto de experiência, longa e amplamente usado pela filosofia (pelo menos até o surgimento das armas nucleares) para fomentar sua filosofia moral. Darei apenas alguns exemplos.

Nietzsche, que parece se inspirar especialmente no modelo mítico de cavalaria, vê no combate o elemento decisivo de autoconstrução ética. Encontramos nesse filósofo a ideia de que é na luta e na resistência que cada indivíduo se constitui e se afirma. Afirmar-se não é desenvolver a própria identidade ou realizar-se, mas ganhar uma singular consistência através de provas, superar-se, em contraposição a acomodar-se em uma identidade dada. E, para tal, é preciso encontrar um inimigo digno e disposto a travar um combate leal que proporcionará a ambos uma oportunidade de crescimento. É uma ética da energia heroica.

A coragem, por outro lado, desde Platão, faz parte das virtudes cardeais, assim como a justiça, a temperança e a sabedoria. Ora, a valorização da coragem na cultura filosófica se compreende a partir da primeira grande revolução militar do Ocidente, e me refiro à invenção do sistema hoplítico, ele próprio fortemente ligado à instituição da cidadania. Essa revolução militar enfatizava o sentido de coesão e de disciplina, pois consistia em contrapor ao inimigo fileiras ordenadas de soldados de infantaria em cerrada formação, avançando a passos coordenados, cada qual protegendo com o escudo a parte esquerda do corpo do vizinho e pronto para tomar o lugar do companheiro da frente, caso este viesse a tombar sob os ataques do inimigo. Não era mais o caso de enobrecer-se pelo combate singular, mas de manter o seu posto com firmeza máxima. Daí essa nova definição de coragem que a filosofia irá retomar, não mais como ardor, mas como constância.

A terceira grande virtude, que possibilita a distinção imediata na experiência da guerra: o senso do sacrifício. Desde a batalha de Maratona, no século v a.C., até o desembarque na Normandia de 1944, vemos incessantemente exaltada essa capacidade do soldado de morrer por sua pátria, pela liberdade ou por ideais políticos. É assim que Hegel, na *Filosofia do Direito*, não hesita em proclamar a superioridade ética das guerras: ao aceitar expor sua vida pela pátria, o cidadão aprende a ultrapassar a consideração por seus interesses privados, elevando-se à consideração pelo interesse geral. É como se a autêntica razão de viver sempre fosse, simultaneamente, uma razão para morrer.

Poderíamos ainda evocar, como quarta grande virtude marcial, a obediência. No despertar da era moderna, Maquiavel, em sua *Arte da guerra*, de 1521, impregnado pela gloriosa lembrança da legião romana, ou ainda Charron, em seu *Pequeno tratado da sabedoria*, em 1601, insistiram no valor ético da condição militar, na medida em que o soldado, na vida militar, realiza o seu aprendizado de obediência ao superior, com tudo o que ela pode representar de autoanulação. Essa obediência militar faz eco, em sua dimensão de completa abnegação, à obediência exigida na cultura monástica cristã. A grande reviravolta na história da moral foi constituída, sem dúvida, por essa passagem de uma ética antiga da construção positiva e da autoafirmação imanente para uma moral moderna da obediência à lei. Para problematizar e proclamar essa nova moral fundamentada na obediência e na autorrenúncia, a referência à obediência militar, cega e total, foi capital.

Ao lembrar a importância da experiência da guerra para a filosofia ocidental, evidentemente, isto não significa, no meu caso, fazer a sua apologia e denunciar, no estado de paz, o elemento de incúria moral. Seria, aliás, extraordinariamente paradoxal defender a guerra em nome da moral e da ética. Portanto, deve-se ter sempre em mente que a guerra, ao longo dos anos, constituiu um empreendimento destruidor que arruinou civilizações inteiras e fomentou paixões nefastas, como o ódio e o furor de destruição. Os grandes confrontos travados entre os exércitos foram, com frequência, verdadeiras carnificinas, por vezes seguidas de pilhagens ou massacres das populações civis. Ademais, quando a filosofia moral descreve e exalta virtudes, cuja realização ela identifica na guerra, ela o faz considerando apenas um nível de realidade, ou seja, a experiência subjetiva daquele que luta. De fato, encontramos no conflito armado uma intensidade de coragem, de sacrifício, de obediência e de superação de si sem dúvida mais ostensiva do que na experiência civil. Porém, esta força ética do soldado que arrisca sua vida pode coincidir, por parte dos líderes políticos ou dos generais, com motivações totalmente sórdidas e interesseiras. Vale lembrar, nesse momento, a famosa máxima de Vauvenargues: "o vício fomenta as guerras, a virtude luta nas guerras". Tento apenas encontrar a resposta para um enigma: como explicar que a guerra, apesar de sua evidente negatividade destrutiva, tenha podido estimular a tal ponto a filosofia moral? Bem, creio que foi a partir destes dois elementos: a exposição deliberada da vida e a reciprocidade na troca da morte. Deveríamos nos perguntar se, nas novas formas de violência, esses dois elementos subsistem.

* * *

Alberico Gentili definia a guerra como um conflito "público". Essa segunda caracterização é importante e permeia uma parte considerável da filosofia ocidental. São Tomás define em sua *Suma teológica* a ideia da guerra como um conflito conduzido por uma autoridade política legítima. Rousseau escreveu em *O contrato social* que "a guerra é uma relação entre Estados". Carl Schmitt, por fim, define o político a partir da relação amigo/inimigo. Essa caracterização da guerra como um "conflito público" é essencial. Permite, de fato, distinguir, por um lado, as figuras do inimigo exterior e do criminoso interior, mas também reservar ao Estado o monopólio das grandes violências coletivas. Em realidade, trata-se de proibir toda e qualquer forma de rixa privada no interior de um Estado e, ao mesmo tempo, legitimar *a priori* qualquer engajamento militar no exterior. O Estado se define, desde sua fundação, por um dever absoluto de paz civil em seu interior e um direito de guerra ilimitado no exterior.

O Estado, em sua definição clássica, deve realmente assegurar aos seus sujeitos a mais plena segurança no espaço público. Porém, em suas fronteiras e no que diz respeito aos seus vizinhos, não lhe cabe nenhum dever de paz absoluta. Pois o que vigora entre os Estados é uma situação de guerra permanente em meio à qual a paz, dessa vez entendida como paz exterior e não mais a paz civil, se reduz a um tratado provisório e precário. A própria guerra adquire, também, dois sentidos: em primeiro lugar, é a guerra no seu sentido fundamental de um "estado de guerra". Trata-se, portanto, de uma possibilidade permanente e estrutural que rege indefinidamente a relação entre os Estados. No sentido mais estrito, a guerra pode ser também compreendida como um conflito efetivo que opõe, em determinado momento, duas potências e cujo desfecho será decidido nas batalhas e o término, na assinatura oficial de um tratado.

O Estado soberano, na definição europeia, nasce da experiência, por um lado, das guerras religiosas e, por outro, do desaparecimento do sonho medieval da formação de um Império cristão unificado. O projeto político consistia em formar unidades políticas autônomas, entidades centralizadas, homogêneas, impondo a um povo as mesmas leis em todo um determinado território. É nesse contexto que a guerra adquire seu sentido clássico. Na Antiguidade, os filósofos gregos atribuíam à guerra uma explicação psicológica: ambição, desejo de glória, cobiça. No fundo, considerava-se que uma cidade entrava em guerra porque ela despertava a cobiça ou a inveja de seus vizinhos. Na filosofia política moderna não é nos anseios das paixões que a guerra se fundamenta, pois é a própria substância política dos Estados que a reivindica. A guerra é, então, definida como o que confere ao Estado soberano sua consistência. A construção teórica desta síntese entre guerra e Estado compreende várias versões. Pode ser o conceito de estado de natureza ou da lei natural: comparamos, assim, as relações entre Estados com as que vigoram entre predadores, em que cada qual espreita o menor sinal de fraqueza do outro para atacá-lo. Os Estados se comportariam entre si de modo semelhante às feras selvagens que só conhecem a força e a astúcia e entre os quais as convenções e os acordos não têm nenhum valor. Ou, então, comparamos uma Nação a um animal gigantesco que, para crescer e se desenvolver, tem necessidade de conquistar a fim de expandir o seu espaço vital. Essa necessidade de guerra também pode ser depreendida de um princípio de equilíbrio político. O Estado, em sua definição clássica, se apresenta essencialmente como uma unidade instável, e a guerra é entendida, então, como o que permite a estabilização do Estado. Ela o estabiliza em diversos sentidos: por um lado, permite uma purificação das violências internas. De fato, a guerra oferece, segundo Bodin em sua *República*, para toda uma parcela da população indigente e violenta, um poderoso derivativo: a cidade, mediante a guerra, fica livre dos elementos mais agitados para os quais esta se torna um instrumento que lhes permite canalizar sua cólera social. Além de se livrar dos cidadãos mais perturbadores, o Estado encontra na guerra um princípio de congregação. Quero dizer, então, que o ódio ao inimigo comum é suficiente para cerrar fileiras e atenuar antigas divisões. A guerra, ao suscitar um inimigo exterior, permite, na realidade, que sejam esquecidas as diferenças entre ricos e pobres, entre dirigentes e dirigidos. Ela constrói, sobrepondo-se às divisões sociais, uma unidade em torno do ódio.

Podemos demonstrar, por fim, que o medo do inimigo e a ameaça de uma invasão estrangeira conferem mais legitimidade à autoridade do

Estado e promovem a obediência entre os cidadãos. É assim que identificamos um terceiro sentido de "guerra" em Hobbes, que é o da "guerra primitiva" ou da guerra de todos contra todos, algo como uma anarquia primordial que teria precedido o estado social. O Estado soberano se inventa no Ocidente moderno como uma conjuração contra essa violência primitiva. Encontramos, portanto, em Hobbes a ideia de que os indivíduos, para escaparem dessa guerra destrutiva de todos contra todos, instituíram o Estado e abriram mão, em nome deste, de seu direito natural, sob a condição de receber proteção. O sujeito político moderno paga, então, por sua segurança, o preço da obediência. Compromete-se a obedecer à autoridade política para não recair nesta famosa "guerra primitiva" cuja dura realidade ele pode constatar observando as relações internacionais. Assim, o estado de guerra permanente entre os Estados soberanos permite reviver, secretamente, em cada indivíduo, esse medo de morrer que seria a chave da nossa obediência política.

Entretanto, a guerra não é apenas o que permite ao Estado aumentar o seu domínio ou manter o seu poder. Além disso, é ela que lhe permite projetar a sua força. Trata-se do famoso princípio do "equilíbrio europeu" que encontramos nas obras de Hume ou Leibniz. A diplomacia, mediante um jogo de alianças, e a guerra, através da redefinição das fronteiras, são, então, definidas como o que permite reajustar o equilíbrio entre as potências e harmonizar o conjunto das nações. Ou, simplesmente, a guerra, mediante o posicionamento dos exércitos, constitui uma demonstração de força que deve servir de exemplo aos demais.

Quer seja para aumentar seu domínio, consolidar seu poder ou demonstrar força, o Estado soberano encontra na guerra um vetor de afirmação. E vale sempre lembrar que nos textos de filosofia política a guerra e a paz não se opõem, uma vez que é a situação permanente de guerra entre os Estados que permite a cada um deles construir a paz interior.

Assinalo, mais uma vez, que não é minha intenção fazer apologia da guerra em termos de seus efeitos políticos. Quero apenas lembrar como os filósofos clássicos se empenharam para depreender a necessidade da guerra da própria definição do Estado soberano. Entretanto, o progresso das técnicas de destruição foi tal que a guerra acabou se tornando, para os Estados, um elemento de ruína, e para a humanidade inteira, um risco de extinção. Foi assim que, depois das experiências das guerras mundiais, as grandes potências aceitaram, oficialmente e nas declarações de princípio que só comprometem aqueles que nelas creem, decretar a ilegitimidade das guerras de agressão. É a história das organizações internacionais, da Liga das Nações à ONU.

* * *

A guerra, enfim, escreveu Gentili, é um "conflito justo". Essa ideia da guerra justa, muito antiga na cultura ocidental, deve ser precisada, pois ela compreende três determinações muito diferentes.

De início, trata-se simplesmente de retomar um tema arcaico que compara sistematicamente a guerra a um processo: a batalha estabelece uma divisão entre o vencedor e o vencido com a precisão de uma decisão judicial. A guerra é justa, então, já que, ao designar um vencedor, ela fundamenta seu direito. Pois os deuses, ao fazerem pender para um lado a balança das forças, deram a conhecer a sua preferência. A guerra é justa no sentido em que ela é fonte de legitimidade para um vencedor.

O segundo sentido da guerra justa depende, por sua vez, de grandes construções teológicas, que vão de Santo Agostinho a Francisco de Vitória. Trata-se do sentido mais conhecido. O intuito dos teólogos era o de, com base no pacifismo evangélico, desqualificar todas as guerras travadas que tinham como único motivo a busca da glória ou a cobiça, só autorizando aquelas que visassem reparar uma injustiça ou punir culpados. As condições para travar uma guerra justa eram extremamente restritivas segundo esses teólogos. Poderiam compreender, além da causa justa, um princípio de proporcionalidade (é preciso que a gravidade da falta cometida seja proporcional ao esforço de guerra empreendido), um princípio de último recurso (é preciso que todas as outras possibilidades tenham sido esgotadas) e, às vezes, para alguns, era preciso até ter certeza da vitória. Entretanto, devemos lembrar que, em geral, esses autores faziam distinção entre guerras "justas" e guerras "santas", sendo que a diferença religiosa não era vista como uma causa justa de guerra. Foi em outras bases doutrinárias que o empreendimento das cruzadas na Terra Santa foi fundamentado. Resta, desses inúmeros discursos teológicos sobre a guerra justa, uma definição da guerra como a busca, entre Estados, de seu direito mediante a força, na ausência de uma jurisdição superior.

O terceiro sentido de "guerra justa" foi definido, dessa vez, pelos juristas do "direito das pessoas" (direito internacional). A estrutura doutrinal da guerra de causa justa tinha, de fato, esse grande defeito para os juristas, que era o de introduzir entre os beligerantes uma desigualdade moral. No contexto da guerra de causa justa sempre existem um bom e um mau, um justo e um culpado, um defensor do direito e um transgressor. Ora, essa assimetria entrava em contradição com o dogma jurídico da igualdade perfeita entre Estados soberanos e com o tema de que cada Estado soberano tem o monopólio da definição da justiça, não podendo receber lições de justiça de ninguém. A guerra justa muda de sentido com os juristas, significando o respeito, por parte de cada beligerante, pelas regras do direito, como por exemplo: a declaração de guerra, o respeito às tréguas, o respeito ao corpo diplomático, às vezes também a interdição de matar o inimigo desarmado, a obrigação de tratar bem os prisioneiros ou a proteção às populações civis. A justiça da guerra não depende da defesa de uma boa causa, mas do estrito respeito mútuo às regras estabelecidas e reconhecidas entre Estados civilizados. É assim que um teórico do direito internacional como Vattel poderá formar o conceito de uma "guerra justa de ambos os lados".

★ ★ ★

Em um primeiro momento, apresentei essa configuração histórica da violência que, em nossa cultura, assumiu o nome de "guerra". Não foi propriamente uma descrição histórica da guerra, mas um relato de sua problematização pela filosofia ocidental. O dispositivo da guerra, concebida como confronto regido por regras entre dois exércitos constituídos representando unidades políticas, permitiu, assim, defini-la como um conflito estruturado por uma tensão ética do lado dos que combatem; interesses políticos do lado daqueles que a decidem; e um plano jurídico em termos de sua realização.

Fica, aliás, evidente que após a formação das falanges gregas antigas, após o surgimento das primeiras armas de fogo no início da era moderna, e após a constituição dos exércitos cidadãos durante a Revolução Francesa, supondo uma mobilização geral, a arma nuclear terá representado na história a quarta grande revolução militar. A posse, por várias grandes potências, de poderio nuclear tornou o confronto entre elas praticamente impossível. Finalmente foi obtida a paz entre as grandes potências, embora a preço da ameaça de um apocalipse universal, materializada por uma corrida armamentista cada vez mais desenfreada. Essa ameaça, como sabemos, se fez acompanhar durante toda a Guerra Fria por uma proliferação de conflitos de baixa intensidade, através dos quais os blocos americano e soviético continuaram a medir forças, mas em tom menor e sem confronto direto. Posteriormente, a queda do Muro de Berlim em 1989 fez renascer, por um momento, o sonho de uma paz mundial em um contexto de cooperação internacional e de propagação do modelo democrático liberal.

Nem por isso cessaram as grandes violências coletivas, embora tenham mudado singularmente de forma. A filosofia clássica de Platão a Schmitt, de Spinoza a Hegel, problematizou a guerra a partir de uma distribuição historicamente determinada da violência. O desafio que a filosofia contemporânea enfrenta seria de problematizar essa distribuição de violência que se deixa entrever nos atos terroristas, nas guerrilhas urbanas, nas intervenções de grandes potências respaldadas por tecnologias de destruição altamente sofisticadas, nas violências endêmicas entre bandos armados de Estados desestruturados.

Se apontássemos o equivalente, nas últimas décadas, às grandes batalhas do passado que estudamos na escola, citaríamos, sem dúvida, sem seguir aqui nenhuma ordem em particular: o genocídio em Ruanda, em 1994; o massacre em Srebrenica, em 1995; a intervenção das forças da Otan em Kosovo, em 1999; a destruição das torres do World Trade Center, em 11 de setembro de 2001; assim como os atentados em Madri e em Londres, em 2004.

Não que as guerras clássicas tenham cessado totalmente (devemos lembrar da guerra Irã-Iraque, que durou de 1980 a 1988), mas já não constituem a forma predominante de grandes conflitos armados. Razão pela qual proponho distinguir a "guerra", tal como a filosofia a definiu, do que poderíamos chamar de "estados de violência" contemporâneos, irredutíveis ao modelo da guerra. Mas, aqui, temos de retomar uma ordem. O elemento ético da guerra sempre foi o mais frágil, pois se nutriu essencialmente de imagens e discursos: o mito do combate leal entre bravos cavaleiros ou o ideal do soldado morto pela pátria, exaltado em ritos fúnebres. Apesar do surgimento das armas de fogo, cujo alcance era cada vez maior, distanciando um pouco mais o momento do choque, e dos progressos da aviação, o elemento ético sobreviveu enquanto subsistia certa reciprocidade na troca de mortes regulada entre dois exércitos constituídos. Hoje, é preciso constatar que os conflitos contemporâneos são amplamente marcados pelo selo da unilateralidade, o que significa, sobretudo, que são as populações civis e desarmadas as mais afetadas, sendo os militares, muitas vezes, os mais protegidos.

Essa negação da reciprocidade é inicialmente encontrada em um certo número de operações militares por parte das grandes potências. Sabemos que, antes de engajar suas tropas em terra, as potências frequentemente realizam pesados e continuados bombardeios, com o objetivo de paralisar o país atacado. Essa estratégia da destruição pelo céu não apresenta nenhum perigo especial para os engenheiros ou pilotos. Exige apenas grande competência técnica para o cálculo das trajetórias dos mísseis e avaliação do impacto das bombas. Por ocasião da intervenção em Kosovo, Bill Clinton havia lançado uma nova doutrina, a da "guerra zero mortos". Sabemos que não foi nada disso o que aconteceu e que civis inocentes morreram nos bombardeios. É verdade que a intenção era, sobretudo, de não haver baixas nas tropas americanas. Mas é preciso dizer, também, que alvos civis, como mercados e hospitais, nunca foram diretamente visados e que a destruição destes pode ter sido resultado de um erro de cálculo (era a estes que se referiam quando falavam em "efeitos colaterais"). O domínio técnico das potências de destruição, na realidade, permitia esperar uma vitória obtida pela total paralisia dos meios de comunicação, do suprimento de energia e da destruição de alvos como arsenais ou veículos militares. Era preciso obter a rendição do inimigo, não por seu aniquilamento, mas impossibilitando deslocamentos, comunicações, e destruindo toda a sua capacidade militar. Esses conflitos de um novo tipo, que seriam vencidos a partir de uma tela de computador, pertencem ainda em grande parte a uma utopia, pois a tática dos bombardeios pesados prepara e facilita a luta em terra, mas não a substitui, e as populações civis continuam pagando um alto preço.

A segunda ilustração desse princípio de unilateralidade é, evidentemente, o ato terrorista. Em atos terroristas, como os cometidos em Nova York, Madri ou Londres, trata-se explicitamente de atingir civis, e até mesmo civis surpreendidos em suas ocupações cotidianas: indo trabalhar, a caminho de um compromisso, tomando um trem, trabalhando no escritório. O massacre de civis já não é, como no caso dos bombardeios, um simples efeito secundário, é o alvo explícito. No ato terrorista, o princípio de unilateralidade se manifesta em seu estágio máximo, pois se trata expressamente de matar pessoas que fundamentalmente não estão naqueles locais, seja uma estação de trem, metrô ou escritório, para morrer. Poder-se-ia dizer, no entanto, que há ainda aí uma dimensão de sacrifício, portanto, um elemento ético no terrorismo camicase, por também configurar uma exposição à morte. Só que, em vez de dar a própria vida, o terrorista multiplica a própria morte: seria, talvez, não tanto ofertar o próprio corpo, mas, sobretudo, transformá-lo em uma terrível máquina da morte.

Darei como último exemplo o caso de alguns países da África, como também do Cáucaso, vítimas de infindáveis convulsões. São situações de caos, em que bandos armados, de opções políticas indefinidas, vagos interesses ideológicos e alianças reversíveis e contraditórias, enfrentam-se basicamente, ao que parece, pelo controle de áreas com riquezas energéticas ou minerais. Esses bandos são comandados por senhores de guerra que não hesitam em recrutar crianças e aterrorizar as populações. É forçoso constatar que são principalmente as populações civis que sofrem com essas lutas incessantes, vítimas de chantagens atrozes de uns e de outros, espoliadas, massacradas, pilhadas, mutiladas, são elas as primeiras a sofrer.

Por meio desses três exemplos, entende-se o quanto o princípio da unilateralidade está presente nesses novos dispositivos de violência. Enquanto a guerra clássica opunha dois adversários armados, ambos prontos a morrer e a matar, os estados de violência opõem, na maioria das vezes, agentes de destruição, eles próprios bem protegidos, contra populações civis desarmadas e desmunicionadas.

Acrescentarei uma última razão, mais geral, para demonstrar o esvanecimento do elemento ético. Devemos, de fato, lembrar que por muito tempo a ética se construiu como "estética da existência", retomando a expressão cara a Michel Foucault. Significa que o esforço ético consistia em dar forma à própria existência, em considerar a própria vida um material a ser trabalhado. Mas, no âmbito dessa estética, tratava-se também de dar forma à própria morte, e por muito tempo foi colocado o problema do bem morrer. Ora, a guerra oferecia a esse bem morrer um esquema cultural poderoso, ao propor uma forma de morte socialmente valorizada. Ao longo dos séculos, no entanto, nossas civilizações ocidentais cada vez mais mascararam e rejeitaram a morte, construindo uma tal ética da realização vital que o projeto ético do "bem morrer", sob qualquer forma, foi lentamente desaparecendo.

★ ★ ★

Parece-me, em segundo lugar, que a guerra como vetor de afirmação de um Estado soberano também tende a desaparecer, mesmo que a posse de armas nucleares, por um lado, e a escassez de recursos energéticos, por outro, prometam ainda belos dias ao realismo político no sentido de Maquiavel ou de Hobbes. No dispositivo clássico, o Estado soberano construía seu poder segundo um duplo processo de acumulação e proteção. A guerra, então, servia ao Estado para que este se expandisse por meio de conquistas, ou, ao contrário, para assegurar a sua integridade territorial, fortalecendo suas fronteiras. O processo acelerado de globalização, como sabemos, desencadeou uma intensificação dos fluxos transnacionais: multiplicação do intercâmbio de mercadorias, mas também a circulação acelerada e contínua de pessoas, informações e imagens. Todos constatam a crescente importância dos atores transnacionais: máfias, ONGs, multinacionais… Essas novas lógicas levaram a uma nova definição de potência, como capacidade de gerar e controlar os fluxos. Ora, a violência pode sempre ser entendida como um acelerador de potência. O antigo princípio de conservação e acumulação impunha, então, uma declinação das violências em termos de guerras e de paz. E é segundo uma lógica de segurança e intervenção que se estruturam os atuais estados de intervenção. A principal garantia de paz consistia, no passado, na estanquidade das fronteiras, uma vez identificado um inimigo exterior. Os processos de segurança funcionam de outra forma: eles se dotam de meios para controlar os indivíduos durante todos os seus deslocamentos, fazendo assim surgir uma multidão de potenciais suspeitos, em lugar dos antigos inimigos. A segurança como processo generalizado de controle de fluxos de indivíduos e riquezas tende, assim, a substituir cada vez mais a paz entendida como uma proteção estática dos bens e das pessoas no interior de um território. De outro lado, o emprego das forças armadas contra um Estado soberano permite, hoje, a designação de "intervenção" em vez de guerra. Por isso falamos da intervenção americana no Iraque. As potência ocidentais não fazem mais a guerra, elas "intervêm".

Esta mudança de terminologia é capital. Ela revela não apenas a hipocrisia diplomática mas também traduz bem um desvio em relação à cultura clássica da guerra. O emprego sistemático deste termo "intervenção" é mais marcante ainda quando pensamos que durante muito tempo esse vocábulo serviu essencialmente para desqualificar uma operação de guerra: falar em intervenção segundo o antigo léxico do direito internacional era denunciar uma ingerência abusiva e um insulto ao princípio de soberania dos Estados. Ora, é esse o termo prevalente, hoje, para qualificar o emprego de forças armadas em frontes externas, como se a violação do princípio de soberania representada pela intervenção nada significasse diante de uma dimensão mais fundamental, que seria a restauração ou o retorno do equilíbrio global dos fluxos. Isso porque o termo "intervenção" remete primeiramente a um vocabulário técnico (intervir para reparar uma máquina), médico (intervir para curar os feridos) ou policial (intervir para restabelecer a ordem pública). A intervenção recompõe o intercâmbio de fluxos, restaura os equilíbrios vitais e restabelece uma ordem dinâmica. Se o emprego das forças armadas pelas grandes potências ocidentais se apresenta, atualmente, como "intervenção", é porque postulamos que o engajamento dos meios de destruição contra um outro país é, no fundo, da mesma natureza que uma assistência médica, um reparo técnico ou uma operação policial. Igualmente, o atual conceito da ONU de "segurança humana" coloca no mesmo plano os problemas do terrorismo e da mudança climática, do genocídio e da pobreza, da guerrilha urbana e da epidemia. O campo cultural próprio à guerra (os exércitos inimigos constituídos e hierarquizados, representando nações ou príncipes, a batalha decisiva que decide a vitória ou a derrota) cede, portanto, lentamente, espaço a outros esquemas culturais: os suspeitos são detidos, interrompem-se os tráfegos, os fluxos de intercâmbio são restabelecidos e os soldados enviados em missões humanitárias.

★ ★ ★

O último grande princípio que atua nos estados de violência é o de mediatização. Gostaria de ressaltar, por meio deste princípio, a importância conferida à informação e, sobretudo, à imagem. A guerra vista como "conflito justo" obtinha legitimidade pela causa justa ou pelo respeito às regras da guerra, configurando-se nas narrativas. As novas violências encontram uma nova fonte de legitimidade na imagem, particularmente na imagem televisiva. Os americanos, lembramo-nos bem, tiveram uma amarga experiência durante a guerra no Vietnã devido à desastrosa repercussão de certas imagens junto à opinião pública. Mas aprenderam a lição, e certamente nos lembramos dos cuidados que cercaram a apresentação de imagens na primeira intervenção no Iraque.

Por outro lado, não podemos deixar de levar em conta os efeitos deliberados da representação mediática do atentado de 11 de setembro de 2001 em Nova York. Os estados de violência descobrem nas imagens não apenas um elemento de estruturação e uma fonte de legitimidade, mas também um instrumento de transmissão. O problema não reside tanto em promover uma causa justa para a guerra, mas em passar uma boa imagem do engajamento armado. Poderíamos, por exemplo, observar que é muito mais a repetição de imagens de atentados no Iraque, o espetáculo dos corpos mutilados e das famílias em lágrimas, que desqualificam hoje a intervenção americana, do que a mentira ou a impostura em relação à causa justa que havia sido apresentada como motivo para a decisão da ação militar, ou seja, a presença de armas de destruição em massa em solo iraquiano e as conexões entre o regime e o terrorismo islâmico. A imagem, de fato, é capaz de desencadear imediatamente um escândalo, ela sensibiliza a opinião pública e pode, às vezes, desmentir flagrantemente os discursos oficiais. Ao mesmo tempo, porém, ela fascina e paralisa a consciência crítica, pois privilegia o registro da emoção e da compaixão. É por meio da imagem que se decide e se constrói o sentido dos estados de violência contemporâneos. Vale lembrarmo-nos de que as grandes greves do outono de 2005 na França tiveram na mediação televisiva um elemento de propulsão ilimitado, pois cada bairro tentava se sair melhor do que o bairro vizinho, de modo a oferecer um espetáculo de violência que merecesse a honra de figurar no noticiário da TV. Sabemos, por outro lado, que as câmeras dos telefones celulares deram margem, entre os adolescentes, a um novo estilo de agressão, que consiste em atacar e agredir para filmar a cena e poder dizer, "esse aqui sou eu". Já faz tempo que o ideólogo McLuhan escreveu: "A guerra na televisão significa o fim da dicotomia entre o civil e o militar". A violência na imagem e pela imagem rompe com as antigas divisões entre o inimigo e o criminoso, entre o soldado e o assassino, entre o interior e o exterior, já que, em qualquer lugar, os rostos banhados em lágrimas e olhos repletos de ódio são os mesmos. A violência, na imagem, fica ela própria fascinada, no terror, na emoção e na vertigem.

★ ★ ★

As novas grandes violências parecem se estruturar segundo estes três grandes princípios: unilateralidade, seguridade, mediatização. Longe de exprimir um retorno a uma natureza selvagem ou o perpétuo voltar de um mal metafísico, essas violências manifestam as grandes linhas de força de nossa identidade contemporânea.

Primeiramente, o princípio da unilateralidade opõe forças puras de destruição a populações civis desarmadas. Esta linha de abismo reproduz outra, sempre mais forte e transnacional, traçada entre a minoria dos bem aquinhoados e uma grande maioria dos excluídos. Pois hoje, mais do que as identidades simbólicas ou as comunidades éticas, o que aproxima ou afasta são as capacidades técnicas. Assim, os estados de violência trazem à tona novas fronteiras que residem no âmago do mundo contemporâneo.

Por outro lado, o princípio de seguridade dos fluxos testemunha a obsessão contemporânea com o movimento e o consumo. Atualmente, medimos nossa importância social em termos de nossa capacidade de gerar movimento: quantas transações bancárias, quantos carros ou aparelhos novos, quantas comunicações foram recebidos ou enviados. Não é mais no entesouramento, mas na gestão dos fluxos que a potência é medida.

Enfim, é quase inútil insistir sobre a importância da imagem em nossas sociedades contemporâneas, imagens também submetidas a um fluxo contínuo. Pois é por via de tais imagens que se decide a realidade do mundo: o que existe, o que é verdade, o que é real, é ao que assistimos na TV. São elas ainda que subsidiam os comportamentos: só existimos aos olhos dos outros na medida em que tentamos nos parecer com as imagens dominantes.

É dessa forma que os atos terroristas, as grandes guerrilhas urbanas, as intervenções da alta tecnologia destrutiva, como os massacres cegos, dão testemunhos de nossa identidade contemporânea. Se essas violências remetessem a uma natureza selvagem ou a um mal metafísico, poderíamos ser inocentados. Mas, na realidade, elas fazem parte da mesma trama que nossos hábitos e nossos desejos. Ostentam, irremediavelmente, a marca de nossa época, testemunham essas formidáveis mutações, elas se parecem conosco, elas são o nosso espelho.

Tradução de Ana Maria Lyra

Mal-estar na temporalidade: o ser sem o tempo
Olgária Matos

SPLEEN **E IDEAL**

Para tratar das transformações sociais e culturais do capitalismo, Benjamin as compreende segundo uma "teologia do inferno", seguindo Baudelaire, para quem a modernidade é a "queda de Deus". Não se trata de cisões de dois mundos – céu e inferno –, pois esta separação é consequência da cultura dualista da qual Deus é o criador: bem e mal, matéria e espírito, corpo e alma, Deus e Satã. Neste sentido Baudelaire anota: "A Teologia. Em que é que consiste a queda? Se é a unidade feita dualidade, então foi Deus quem caiu. Ou, posto em outros termos, não será a criação a própria queda de Deus?[1]".

Colocando-se acima da cissiparidade, responsável pelo tédio que aflige o mundo moderno, o Poeta e o "dândi revolucionário" respondem ao "decreto das potências supremas", seu dever é denunciar a falsidade dos valores sobre os quais essa vida se funda. Operando por antíteses, Baudelaire propõe: "a lei dos contrastes [...] governa a ordem moral e a ordem física (*physique*)[2]", por isso há, no homem, "duas postulações simultâneas, "uma em direção a Deus, outra a Satã[3]". E no Poeta, dois sentimentos contraditórios, "um de horror e outro de exaltação pela vida[4]", que são

1. Cf. C. Baudelaire, "Meu coração a nu", trad. Fernando Guerreiro. Em: *Charles Baudelaire, poesia e prosa*, Rio de Janeiro: Nova Aguilar, 1995, p. 534.
2. Cf. "Conselhos aos jovens literatos", trad. Joana Angélica d'Ávila Melo, *op. cit.*, p. 563.
3. "Meu coração a nu", *op. cit.*, p. 529.
4. "Meu coração a nu", *op. cit.*, p. 546.

a um só tempo "sonho e consciência", *spleen* e ideal". Na senda de Baudelaire, Benjamin reconhece no capitalismo triunfante um torpor mítico que se abateu sobre o século, o Capital do qual Paris é a capital, é sonho em estado de vigília. Para compreendê-lo, Benjamin reúne o cenário político seiscentista do seu *Drama barroco alemão do século XVII* às arcadas de Paris e às *Passagens*, indicando seu ponto de encontro: "comum a ambos os temas: teologia do inferno. Alegoria, publicidade, tipos: mártir, tirano – prostituta, especulador". Mundo dos duplos invertidos – o tirano que é mártir, o mártir tirano, a prostituta é especulador, o explorado, explorador. Universo dos paradoxos baudelairianos, à modernidade falta um "princípio de razão suficiente", segundo a fórmula leibniziana de que tudo tem fundamento, *"nihil est sine ratione"*.

Com efeito, entre os séculos XVI e XVII, o Tempo moderno significou o fim do cosmos fechado grego e da transcendência medieval, com o advento do universo infinito[5]. Assim, a *physis* grega, que possuía suas próprias razões imanentes de vir a ser e se transformar, de crescer e desaparecer, era o princípio governado pela "medida prudente e sábia". A representação antiga de um cosmos finito fazia da natureza norma e limite, a harmonia em que residem leis de funcionamento do mundo e do homem. Ordem estruturante e perfeita, a *physis* não concorre com os humanos, sua sacralidade preservada por desconhecerem qualquer desejo de ultrapassagem da permanência imutável das coisas. O infinito, ao contrário da "bela Totalidade", era o *ápeiron*, o "indefinido", o inacabado. Na *Física*, por exemplo, Aristóteles observava ser o infinito imperfeito; o finito, o terminado, o acabado, completo[6]. Desse modo, o que as filosofias do progresso denominaram civilizações tradicionais refere-se a sua defesa, através de um tempo circular, necessário, com respeito à história. Quanto ao tempo meta-histórico da Idade Média, os acontecimentos se inscreviam na história da salvação, e, por isso, consistiu em um período litúrgico, ao qual importa o que perdura e não o que passa. Se a compreensão religiosa grega e escatológica cristã dos fins últimos da vida e do universo – em que são limitados os horizontes de expectativa – o futuro vinculando-se ao passado – não previnem essas sociedades de disfunções

---

5. Cf. A. Koyré, *Do mundo fechado ao universo infinito*, 4ª ed., São Paulo: Forense Universitária/Edusp, 2006, será acompanhado na sequência deste trabalho.
6. Cf. Aristóteles, *Physique*, trad. H. Carteron, Paris: Les Belles Lettres, s.d.

e conflitos, elas não apresentam, porém, um mal-estar próprio à modernidade: "o tédio e o vazio de sentido não parecem ter sido um problema maior para essas sociedades[7]". O tédio é contemporâneo da filosofia do progresso, do pensamento que baniu milagres da Bíblia, mas também, em consequência das transformações culturais e da visão de mundo mecanicista de estilo cartesiano, desvalorizou as coisas criadas, silenciando a *natura loquax*, instituindo o reino de objetos mortos e regras arbitrárias em um mundo sem esperança de salvação. A modernidade, domínio das mercadorias e do capital, estabeleceu uma *Ersatz* da fé, os milagres morais do processo histórico.

Tomando o traumatismo da revolução proletária de 1848 em Paris e a repressão de Napoleão III, a modernidade evoca crueldades cometidas e tormentos sofridos, no contexto das terríveis circunstâncias de vida que reinavam em Paris e na França: "Paris, o inferno dos anjos, o paraíso dos demônios[8]". As condições de trabalho e a descrição dos massacres dos insurretos fazem de Dante uma presença infalível, a metáfora do inferno ampliando o lugar antes circunscrito à existência operária em geral. E, depois de junho, as aproximações com o Terror da Revolução de 1789 e com a "Noite de São Bartolomeu dos operários parisienses" foram correntes. Referindo-se à Paris de Napoleão III e à de Haussmann, Benjamin cita Paul-Ernest de Rattier:

> A verdadeira Paris é naturalmente uma cidade escura, lamacenta, mal-cheirosa, confinada em suas ruas estreitas [...], um formigueiro de becos, de ruas sem saída, de alamedas misteriosas, de labirintos que levam você até a casa do diabo; uma cidade em que os tetos pontiagudos de casas sombrias se reúnem perto das nuvens, disputando com você o pouco de azul que o céu nórdico dá de esmola à grande capital. A verdadeira Paris é cheia de pátios de milagres, dormitórios a três

---

7. Lars Svendsen, *Petitie philosohie de l ennui*, trad. De Hélène Hervieu, Paris: Fayard, 1999, p. 228, nota 66. Embora presente ao longo da história como *akedia* antiga, *acedia* medieval, melancolia na Renascença, o tédio e a monotonia como fenômenos sociais são característicos do mundo moderno, do sujeito privado da objetividade da Natureza dos antigos e da transcendência medieval. Cf. O. Matos, "Aufklärung na Metrópole: Paris e a Via Láctea. Em: W. Benjamin, *Passagens*, Belo Horizonte: UFMG, 2006, e Anne Larue, *L'autre méclancolie: Acedia ou les chambres de l'esprit*, Paris: Hermann éditeurs des sciences et des arts, 2001.
8. Cf. Heine, "Soucies babyloniens", *Poèmes et legendes*, OC, tomo 13, Paris: Akademie Verlag/Editions du CNRS, 1978, p. 123.

centavos por noite, de seres inimagináveis e fantasmagorias humanas […] Ali, numa nuvem de vapor de amoníaco […] E, em camas que não foram arrumadas desde a criação do mundo, repousam lado a lado centenas e milhares de saltimbancos, vendedores de fósforos, tocadores de acordeão, corcundas, cegos, mancos; anões e aleijados, homens com o nariz devorado em brigas; homens-borracha, palhaços envelhecidos, engolidores de espadas, malabaristas que equilibram um pau-de-sebo entre os dentes […] Crianças de quatro pernas, gigantes bascos ou outros tipos, o pequeno Polegar em sua vigésima encarnação […]; esqueletos vivos, homens transparentes feitos de luz […], cuja voz debilitada pode ser escutada por um ouvido atento […]; orangotangos com inteligência humana; monstros que falam francês[9].

A iminência de sublevações se expressa em fórmulas ameaçadoras, em panfletos indicando que, assim que o povo saísse de seu inferno, seria o inferno dos afortunados: "O século XIX tende a pensar o movimento histórico com categorias teológico-morais, e uma de suas ideias fixas é o Mal[10]". Mesmo Marx e Engels, que evitavam moralizar, partilharam o maniqueísmo, Marx apresentando os "plebeus" como mártires de uma burguesia ensandecida, de sua guarda móvel – "sanguinários cães da ordem". Por um lado, o egoísmo dos dominantes, a injustiça social, a "depravação dos privilégios"; de outro, a inveja dos pobres, nas palavras de Thiers, ou "a inquietude de espírito", nas de Tocqueville. Porque Paris – em 1789, 1830, 1848 e 1871 – inaugura a era do Capital e das barricadas, ela é o arquétipo da modernidade[11], é o tempo do inferno, das revoluções

---

9. Cf. Benjamin, "As ruas de Paris", P 4,1, *Passagens, op. cit.*, pp. 564-565.
10. Dolf Oehler, Dolf, "Bárbaros e Bestas/Monstros, demônios O Inferno/Satã o Mal". Em: *O Velho Mundo desce aos infernos,* trad. José Marcos Macedo, São Paulo: Companhia das Letras, 1999, p. 42.
11. Se para identificar a modernidade capitalista Walter Benjamin volta-se para Paris e não Berlim, sua cidade natal, isto decorre de seu maior poder de engano: ao mesmo tempo em que se estabelece a dominação capitalista e imperial em Paris, há rebeliões e insurreições operárias, lutas contra o colonialismo, sedução do capitalismo milionário e democracia, Estado de direito e estado de exceção. Dessa duplicidade fetichizante, Benjamin anota, citando Engels: "Só na França há uma Paris, uma cidade em que a civilização europeia atinge seu máximo esplendor, onde se unem todas as fibras nervosas da história europeia […], cidade onde a população sabe unir como nenhum outro povo a paixão pelo prazer com a paixão pela ação histórica, cujos habitantes sabem viver como o mais refinado epicurista de Atenas e sabem morrer como o mais destemido espartano – Alcebíadas e Leônidas em uma só pessoa; uma cidade que realmente é […] o coração e o cérebro do mundo" ("Movimento Social", a, 4, 1, pp. 715-716, *op. cit.*)

e das contrarrevoluções, e a redenção, antes teológica, se fará agora nos eventos temporais e pelo surgimento de uma nova personagem: o herói revolucionário.

Esse período assiste à oposição entre irmãos inimigos, Caim e Abel, à construção do martírio, em favor de Caim, com referência a Robespierre, "esse Caim da fraternidade[12]". Aqui os antecedentes da noção de luta de classes e a justificativa moral da violência nos termos de Caim, pois, embora tenha cometido um assassinato, ele foi injustamente desfavorecido por Deus. A partir de então, Marx compreenderá a cisão da sociedade em campos irreconciliáveis, ou entre capital e trabalho. O ideal da fraternidade, presente nos frontões de fevereiro de 1848, é assim denunciado por Marx: "A *fraternité*, a fraternidade das classes antagônicas, uma explorada pela outra, esta *fraternité*, proclamada em fevereiro, inscrita em letras garrafais nos frontões de Paris, sobre cada prisão, sobre cada caserna – a sua expressão verdadeira, autêntica, prosaica, é a *guerra civil*, a guerra civil em sua forma mais terrível, a guerra entre o trabalho e o capital. Essa fraternidade flamejava diante de todas as janelas de Paris na noite de 25 de junho, quando a Paris da burguesia iluminava-se ao passo que a Paris do proletariado ardia, sangrava, gemia[13]". Esse período, a que o historiador Maurice Agulhon denominou "aprendizado da República", polarizou, como proclamado por Marx, o antagonismo entre as classes, circunscritas em papéis estritamente econômicos, a moral como moral de uma classe, as leis como leis de uma classe, segundo a oposição amigo/ inimigo. Citando Marx, que chama a revolução de "nosso bom amigo, nosso Robin Hood, a velha toupeira que sabe trabalhar tão rapidamente sob a terra", Benjamin anota:

---

12. Cf. Dolf Oehler, *op. cit.*, p. 80. Também Baudelaire, "Abel et Caïn", entre outros.
13. Marx, *Die neue Reinishen Zeitung*, MEG, vol. v. Horkheimer permanece atento às ambiguidades do conceito marxiano de proletariado, "ficção heurística" de Marx: comunidade imaginária, classe inteiramente histórica e ao mesmo tempo fora da história, classe que não é uma classe porque dissolve todas as classes, ser que realiza os destinos de toda a humanidade. (Cf. Horkheimer, *Dämmerung*, Fischer Verlag, Frankfurt, 1974. Também Benjamin, afastando-se da letra do pensamento de Marx, aponta algumas dificuldades na conceituação. Em seu arquivo U, das *Passagens* transcreve uma citação que diferencia Saint-Simon e Marx: "O primeiro amplia de modo mais abrangente possível o número dos explorados, incluindo entre eles até os empresários, uma vez que estes pagam juros a seus credores. Marx, ao contrário, inclui na burguesia todos aqueles que de alguma forma são exploradores, ainda que estes também sejam vítimas de exploração" ("Saint-Simon, Ferrovias", arquivo U 4,2, *op. cit.* p. 621).

Na Idade Média havia na Alemanha um tribunal secreto, a *Femgericht*, para vingar os desmandos dos poderosos. Quando se via um sinal vermelho em uma casa, aquilo significava que seu proprietário caíra nas garras do *Femgericht*. Hoje há em todas as casas da Europa uma misteriosa cruz vermelha. A própria história é o juiz – e quem executa a sentença é o proletariado[14].

As lutas operárias de fevereiro – a conquista dos "três oitos" ("oito horas de trabalho, oito horas de descanso, oito horas de sono", bem como o "direito ao trabalho") – resultaram, no mês de junho, em sangue, de que a literatura da época, em particular a de Baudelaire, testemunha o horror. A repressão de junho de 1848 conclui-se na inércia do proletariado e da burguesia, no "despotismo do tédio[15]". Em seu poema "Ao leitor", expondo-se aos demônios para melhor apreender suas causas, Baudelaire denuncia o sonho de destruição do mundo:

> Na almofada do Mal é Satã Trismegisto/ Quem docemente nosso espírito consola,/ [...] É o diabo que nos move e até nos manuseia!/ Dia após dia, para o inferno caminhamos,/ Sem medo algum, dentro da treva que nauseia [...]/ Em nosso crânio um povo de demônios cresce [...]/ Em meio às hienas, às serpentes, aos chacais/ Aos símios, escorpiões, abutres e panteras,/ Aos monstros ululantes e às viscosas feras [...]/ Um há mais feio, mais iníquo, mais imundo/ Sem grandes gestos ou sequer lançar um grito,/ Da Terra, por prazer, faria um só detrito/ E num bocejo imenso engoliria o mundo./ É o Tédio! [...] Tu o conheces, leitor, aos monstros delicado;/ – Hipócrita leitor, meu igual, meu irmão.

A natureza mortífera do tédio das *Flores do mal* resulta no dandismo da indiferença dos *Projéteis* em face da degradação que a modernidade atesta em seu imobilismo: "Confesso que o que mais me mortifica nesses espetáculos [Baudelaire analisa aqui uma das pinturas de batalha de Horace Vernet] não é a profusão de ferimentos, a abundância hedionda

---

14. Cf. Karl Marx, *apud* W. Benjamin, "Movimento Social. Em: *Passagens, op. cit.*, p. 771.
15. Cf. D. Oehler, "Morte. Fim do velho mundo", *op. cit.*, p. 92.

de membros mutilados, mas, sobretudo, a imobilidade na violência e a espantosa e fria máscara de um furor paralisado[16]". Antes disso, no "Salão" de 1846 anotara, pensando também em seu padrasto, o general Aupick, que Vernet, por ser um militar que pretende praticar a pintura, só consegue borrar pinceladas militares: "O sr. Horace Vernet é um militar que faz pintura. Eu odeio essa arte improvisada ao rufar do tambor, essas telas borradas num galope, essa pintura fabricada com tiros de pistola, assim como odeio o exército e as forças armadas, e tudo que carrega armas barulhentas para um lugar pacífico. Essa imensa popularidade que, aliás, não durará mais tempo que a guerra, e diminuirá à medida que os povos tiverem outras alegrias – essa popularidade, repito, essa *vox populi, vox Dei*, é para mim uma opressão[17]". Essa "imobilidade no mal" é a do tempo dominado pelo tédio, um dos avatares do inferno, sentimento de prisão no espaço em *huis clos* e em um tempo estagnado, como no fragmento "Sintomas de ruínas":

> Fendas, rachaduras. Umidade proveniente de um reservatório situado perto do céu. – Como alertar as pessoas, as nações? *Uma torre. – Labirinto. Nunca consegui sair* [...]. Calculo, mentalmente [...] se uma tão prodigiosa massa, de pedras, mármores, estátuas, paredes que vão se chocar umas contra as outras, serão infectadas por essa multidão de cérebros, de carnes humanas e de ossadas trituradas. Vejo coisas tão terríveis em sonho que gostaria algumas vezes de não mais dormir[18].

"Eternidade negativa", esse tempo é doentio, é um labirinto cheio de cadáveres. Ruas, arcadas e escadarias constituem uma babel espacial, em que o "assombro do espaço é o assombro da privação do espaço". Refletindo sobre o labirinto, Benjamin contrapõe a "rua" ao antigo "caminho": "Ambos são completamente diferentes no que diz respeito a sua natureza mitológica. O caminho traz consigo os terrores da errância. Um reflexo

---

16. Baudelaire, Salão de 1859. Em *Poesia e Prosa*, org. Ivo Barroso, trad. Suely Cassal, Rio de Janeiro: Nova Aguilar, 1995, p. 821.
17. "Do Sr. Horace Vernet", Salão de 1846, *Poesia e Prosa, op. cit.*, p. 711.
18. Cf. Baudelaire, "Pequenos poemas em prosa", apud Benjamin, *op. cit.* J 44,3, *op. cit.*, p. 353, e "As Ruas de Paris", P. 2,1, *Passagens, op. cit.*, p. 560. Georges Poulet, referindo-se a este fragmento de Baudelaire, indica ser ele inspirado nos *Carceri* de Piranese. Cf. "Piranèse et les poètes romantiques français", *Trois Essais de Psychologie Romantique*, Paris: 1966.

deles deve ter recaído sobre os líderes dos povos nômades. Ainda hoje, nas voltas e decisões incalculáveis dos caminhos, todo caminhante solitário sente o poder que as antigas diretrizes exerciam sobre as hordas errantes. Entretanto, quem percorre uma rua parece não precisar de uma mão que o aconselhe e guie. Não é na errância que o homem sucumbe à rua; ele é submetido, ao contrário, pela faixa de asfalto, monótona e fascinante, que se desenrola diante dele. A síntese desses dois terrores, no entanto – a errância monótona –, é representada pelo labirinto", prisão em que a infinidade do espaço coincide com seu fechamento. Fantasmagoria do espaço e de privação do espaço, o labirinto identifica-se com a fonte de todas as perversidades e, também, de ânsia por novidades, no labirinto do consumo. A produção em série das mercadorias, a monotonia da multiplicação ao infinito do Mesmo, o medo pânico da deriva entre prateleiras e vitrines das galerias e lojas de departamentos, dissimulam-se nas pequenas variações nos protótipos de maneira a dissimular o sentimento de angústia e induzir à compra, para manter o circuito em funcionamento. Esse período é o do crescimento do proletariado e do capital especulativo[19], a produção de mercadorias em série afetando o devir temporal. Por isso Benjamin afirma que, na modernidade, mesmo os acontecimentos históricos se repetem como artigos em série no labirinto do consumo[20].

Período "cinzento pintado de cinzento" – drama farsesco em que tudo deve mudar para permanecer igual –, Marx o concebe, no *Dezoito Brumário*, como repetição histórica: "história sem acontecimentos; desenvolvimentos cuja única força motriz parece ser o calendário, cansativo pela repetição constante das mesmas tensões e das mesmas distensões". O capitalismo realiza revoluções permanentes no modo de produção, arquiva formas de vida e de trabalho, desenraizando os homens de seus hábitos e valores e criando *Langeweile e Ennui*[21]. Embora a modernidade

---

19. Em "Paris, capital do século XIX", Benjamin escreve que, sob Luís Felipe, Paris tornou-se a "sala de visita onde os banqueiros fazem seus negócios" (Cf. *Passagens, op. cit.*). Sob Luís Felipe, Paris vive "as mais belas horas da especulação".
20. No arquivo N das *Passagens*, em que Benjamin procede à crítica da noção capitalista de progresso, a situação mortífera do tédio é apresentada a partir da hipótese astronômica da "eternidade pelos astros" de Blanqui, o "eterno retorno" das forças cósmicas de Nietzsche, conceitos ampliados no "eterno retorno do sempre igual" (das *Immergleiche*). Cf. "Tédio, eterno retorno", arquivo D, *Passagens, op. cit.*
21. A monotonia que impregna a sociedade de massa coincide com o "esquecimento da política" e da descrença com respeito a projetos coletivos, seu esvaziamento resulta em "realismo político" e "decisionismo", ideologias que são "pseudoteorias do real", com o que "os espíritos fortes se entregam

seja, para Baudelaire, tédio – "infortúnio medíocre" que derrota todo desejo de ação –, este não aniquila, no spleenático, "anseios espirituais", "ambições tenebrosamente recalcadas", "Volúpia". Neste sentido, Baudelaire se refere a "Mulheres de Argel" de Delacroix, apreendendo nelas a vida vegetativa no harém, vida de espera e tédio[22]. São "mulheres doentes", "doentias", cuja beleza interior provém desta "tensão dos nervos", de sua "dor moral".

O tédio é, conforme se diz, um sentimento aristocrático que tensiona *spleen* e ideal, realidade prosaica e transcendência utópica, passado (*spleen*) e futuro (ideal). Aqui o pascalianismo de Baudelaire: "do caráter duplo e contraditório da natureza humana", escreve Poulet, "destaca-se, pois, no pensamento de Baudelaire, a concepção de uma beleza que, também ela, tem uma dupla natureza e um duplo rosto: uma natureza permanente e uma transitória, uma face de grandeza e uma de miséria. E, em um mesmo movimento, descobre-se a possibilidade de viver em um tempo que não seria nem o tempo da eternidade dos estados paradisíacos nem o tempo infeliz dos estados infernais; mas um tempo duplo que, na infelicidade, conteria a promessa de felicidade, que do feio faria surgir a beleza[23]. Já a monotonia caracteriza as massas. Inapelavelmente patológica, ela é tempo imóvel que não passa. Dominados por ela, não se é capaz de reconhecer ou criar valores. Tempo esvaziado de significações, é tão monótono quanto o gesto repetitivo do trabalhador junto à máquina. O capitalismo contemporâneo herda da filosofia e da literatura do século XIX a exclamação de Gautier, "antes a barbárie que o tédio". A cultura contemporânea combinou os dois: "Guerras, guerras sem nenhum interesse / O tédio das guerras de cem anos[24]".

---

ao culto da facticidade, esta deusa cruel, acompanhada por um assistente também cruel, a decisão, se se reconhece que a essência da decisão é de focalizar uma única opção e deixar morrer outras alternativas"(Cf. Peter Sloterdijk, *Écumes*, trad. Olivier Mannoni, Paris: Hachette, 2005, *op. cit.*, p. 618). Atesta-se a crise da democracia representativa, por exemplo, na ineficácia da Lei ou em sua inoperância, como nos casos de abusos de poder (práticas militares e policiais, entre outras), "improbidades administrativas"! etc. Cf. ainda, Olgária Matos, "Aufklärung na Metrópole: Paris e a Via Láctea". Em: *Passagens, op. cit.*).

22. Cf. Baudelaire, Salão de 1857 e também "Volúpia", em *Flores do mal, op. cit.*
23. Cf. *Études sur le tempos humain*, Paris: Plon, 1950, p. 365.
24. Ezra Pound, *Cantos, The Cantos*, Londres: Faber and Faber, 1975. A literatura de Dostoievski a Musil, a filosofia de Schopenhauer e Kierkegaard, Camus e Cioran, passando por Benjamin e Heidegger tematizam o tédio na cultura capitalista, a da produção de mercadorias e de não senso, de "pobreza da experiência". Como Heidegger, para quem o capitalismo, o bolchevismo e o americanismo são suas

O tempo da monotonia recebe algo dos anacoretas dos desertos de Alexandria e da acídia medieval que, a partir do século IV, caracteriza um estado moral de indiferença, desânimo e apatia do coração, temidos como sinais do demônio. O demônio do meio-dia (*daemon meridianus*), de todos o mais ardiloso, é o que surpreende monges em plena luz diurna, dando-lhes a impressão de um sol imóvel e de um dia insuportavelmente longo. Diferenciando-se da acídia – pecado mortal porque o demônio faz com que o religioso, em seu recolhimento, venha a recusar o lugar em que se encontra e a vida que tem –, o tédio e a monotonia não constituem apenas um fenômeno subjetivo e individual, mas da história social moderna e da cultura. Se em fevereiro de 1848 Baudelaire encontrava-se nas barricadas militantes, depois de junho seguiram-se destruição e apatia da sociedade. Acentuando a duplicidade antitética de suas *Flores do mal*, Baudelaire, como notou Benjamin, "via a Revolução dos dois lados", dentro e fora da burguesia. Apoiado na visão pascaliana do *homo duplex*, afasta-se da glorificação do proletariado e da luta entre as classes. Deslocando as litanias do "povo sempre sofredor", para as de Satã, o "senhor dos disfarces", aquele que tem "um duplo rosto", "figura da marginalidade", "deus deposto", "príncipe do exílio", "Deus traído pela sorte", "Príncipe e protetor dos exilados e proscritos", Baudelaire concebe a reversibilidade das forças: "Ormuz e Arimã, vós sois o mesmo". Carrasco e vítima confundidos, entre o povo e o tirano há sempre uma "furiosa reciprocidade". Em meio à carnificina das forças policiais defensoras das classes abastadas, os vencedores também têm seus supliciados, seus deputados, generais e bispos "que tombaram em nome da ordem". No arquivo "Movimento social" Benjamin cita um episódio da insurreição de junho de 1848:

> [...] viam-se mulheres jogando óleo fervente ou água escaldante nos soldados, aos berros e aos gritos. Em alguns pontos davam aos insurgentes uma aguardente misturada com diversos ingredientes, que os excitava até a loucura [...]. Algumas mulheres cortavam os órgãos ge-

---

expressões: o presente prosaico é o vazio, o tédio, a ambiguidade e a pobreza de verdadeiros acontecimentos. Cf. *Ser e Tempo* e as análises heideggerianas sobre a inautenticidade, o tédio e a situação existencial daqueles exilados à margem de qualquer sentido na história, jogados na pura facticidade, expostos na nebulosa esfera da mundaneidade. O homem moderno, o do progresso "erigiu em Deus a imagem de sua própria mediocridade". Cf. *Os conceitos fundamentais da metafísica: Mundo, finitude, solidão*.

nitais de vários soldados da guarda aprisionados; sabe-se que um insurgente vestido com roupas femininas decapitou vários oficiais prisioneiros [...]. Viam-se cabeças de soldados espetadas em lanças plantadas sobre as barricadas [...]. Muitos insurgentes fizeram uso de balas que não podiam mais ser retiradas dos ferimentos, porque tinham um arame que as atravessava de um lado a outro. Por detrás de várias barricadas havia bombas de pressão que projetavam ácido sulfúrico contra os soldados que atacavam. Seria impossível relatar todas as atrocidades diabólicas praticadas por ambos os lados[25].

Século das "festas sangrentas das revoluções", Baudelaire se diz *"physiquement dépolitiqué"*. Assim, no poema em prosa de 1864, que torna ultrapassadas as *litanias de Satã* de 1853, Satã responde ao interlocutor que lhe pede "notícias de Deus", "com uma indiferença nuançada por uma certa tristeza": "nós nos cumprimentamos quando nos encontramos, mas como dois velhos cavalheiros em quem uma polidez inata não conseguiria apagar completamente a lembrança de antigos rancores".

Essa Paris prosaica, dominada pelo tédio, é a da degradação temporal e de seus valores, como em *O cisne*, cujos versos falam de uma Andrômaca troiana e da "imensa majestade" de sua dor passada, agora convertida na silhueta de uma negra tísica", expressão baudelairiana da modernidade[26]. E, na "Negação de São Pedro", desenvolve a "metafísica da provocação", em um mundo em que "a ação não é irmã do sonho". "Espanquemos os pobres", "O mal vidraceiro", "O Bolo" exprimem menos sua "histeria" que satanismo e dandismo, a maneira baudelairiana de escapar ao *status quo*, ao realismo político: "Se alguma vez recuperar o vigor e a energia que já possuí", escreve Baudelaire a sua mãe, "então desabafarei minha cólera através de livros horripilantes. Quero incitar toda a raça humana contra mim. Seria uma volúpia que me compensaria por tudo[27]". Recusando a empatia filantrópica e patriarcal com os *miséra-*

---

25. Cf. *Passagens, op. cit.*, a, 2ª, 2.
26. O recurso baudelairiano aos modelos da Antiguidade clássica (Vênus, Pomona) e aos religiosos medievais revelam que o poeta-filósofo desiste do sonho de uma simultaneidade ou sincretismo entre o passado e o presente, como em "A musa doente", em que se misturam o sangue cristão da musa que circularia como os "numerosos sons das sílabas antigas." Cf. "A musa doente", *Spleen e Ideal, op. cit.*
27. Cf. Charles Baudelaire, "Lettres à sa Mère", Correspondance, 1, Bibliothèque de la Pléiade, Paris: Gallimard, 1973, p. 278.

bles, Baudelaire descarta também a filosofia do progresso, advertindo seus burgueses a não menosprezarem os pobres, superestimando-se a si próprios: "ainda quando se torna simbolicamente algoz, ele permanece (de modo satânico, é claro) um iluminista[28]". "Senhor das antíteses[29]", Baudelaire as imprime nos múltiplos sentidos de suas *Flores do mal*, na época para a qual "flores" eram o "bem", evocando, simultaneamente, mal moral e doença crônica – o tédio.

A "nova Paris", a da batalha de junho e do estado de sítio consecutivo, a Paris de 1851, "foi muitas vezes descrita como uma necrópole [...], uma cidade de vida aparente[30]". Essa paisagem de coisas mortas e tempo estagnado aparece em "Quarto de casal[31]", onde reina o Tempo mecânico e obsedante dos ponteiros dos relógios, seus minutos e segundos: "o Tempo agora reina como soberano [...] e retornou todo o seu cortejo demoníaco de Lembranças, Pesares, de Espasmos, de Terrores, de Angústias, de Pesadelos, de Cóleras e de Neuroses[32]". A modernidade é "queda satânica" que conduz a intermináveis recaídas de Sísifo, é fluxo de instantes estáticos e sequências mórbidas, é sono letárgico e retorno da violência mítica: "o tédio", escreve Benjamin, "é o lado externo dos acontecimentos incons-

---

28. Cf. D. Oehler, *op. cit.*, p. 187.
29. O "espírito de contradição" é, em Baudelaire, "crítica do presente", "energias teóricas" da prosa de Baudelaire, Benjamin escreve: "O mais das vezes Baudelaire expõe opiniões apoditicamente. Discutir não é a sua seara. Ele o evita mesmo quando as evidentes contradições em teses que adota sucessivamente exigiriam um debate. O "Salão de 1846", ele o dedicou 'aos burgueses' [...]. Mais tarde, por exemplo em suas investidas contra a escola do *bon-sens*, encontra para a *'honnête'* burguesia e para o notário – a figura do respeito no meio burguês – os traços da boêmia mais raivosa. Por volta de 1850 declara que a arte não deve ser separada da utilidade; alguns anos depois defende *l'art pour l'art*" (*Charles Baudelaire, um lírico no auge do capitalismo*, trad. José Carlos Barbosa e Hemerson Alves Batista, ed. Brasiliense, 1991, p. 10. O paradoxo opera, na obra de Baudelaire, como um antissistema, pois este é, por definição, o regime das classificações de diferenças assim codificadas. Tampouco aceita o "indiferenciado", o "sem-sistema" pois consiste em uma "sedução satânica." (Cf. Exposição Universal de 1855).
30. D. Oehler, *op. cit.*, p. 102.
31. Leda Tenório da Motta traduz o fragmento "Chambre double" de *Spleen de Paris* (Imago, 1995) por "Quarto de casal", e Aurélio Buarque de Holanda Ferreira escolhe "Quarto Duplo" em *Poesia e prosa*, *op. cit*. Ambas sendo igualmente possíveis, "quarto duplo", nos hotéis, não indica necessariamente "casal". Nos dois casos, trata-se de um duplo que deveria ser familiar, do acompanhante ou cônjuge, mas que se apresenta estranho e ameaçador, pois o Poeta é incomodado pelo credor que o persegue com o inferno de suas dívidas, no endividamento permanente e continuado que é a alma do sistema capitalista moderno, as determinações econômicas, o mundo externo invadindo as esferas da vida privada e da intimidade. De qualquer forma, "Quarto de casal" resolve melhor a poética filosófica, pois, como lembra Leda Tenório da Motta, Baudelaire é o lírico das "alcovas" e do "secreto".
32. Cf. Baudelaire, "Pequenos poemas em prosa", trad. Aurélio Buarque Ferreira. Em: *Poesia e Prosa*, *op. cit.*, p. 282.

cientes³³", é o retorno do reprimido: o Mal. O *homo duplex* em um mundo em que "diminuem os rastros do pecado original", que "vai acabar" pelo "aviltamento dos corações", bem como as carnificinas, tudo inviabiliza aceitar a ideia de que os movimentos sociais podem ser dramáticos mas no fim das contas seguem adiante porque a história tem sentido e finalidade. O diagnóstico baudelairiano do moderno é satânico, não é marxista, é o dos duplos em tensão: "Tu que, mesmo ao leproso e ao pária, se preciso,/ Ensinas por amor o amor do Paraíso". É assim que Baudelaire, segundo Desjardins, "aliou a sensibilidade do Marquês de Sade às doutrinas de Jansenius³⁴". Baudelaire, como um Pascal, entende que a *natureza* inteira participa do pecado original, da mesma forma que Sade convida, por náusea e derrisão, a rivalizar com ela. E, como Jansenius, "quer se jogar por terra como o culpado que suplica a graça". De onde atitudes contraditórias, mártir e carrasco em cada homem, vítima e sacrificador. Por isso, Baudelaire não adere ao ideário marxista, evolucionista e positivista do progresso, e em "Espanquemos os pobres!" não se limita a dar ouvidos às insinuações de seus demônios internos; transforma-as em atos imaginários, resguardando-se de acrescer à revolta dos pobres um discurso ideológico – o que levaria Brecht a considerar que Baudelaire tinha "abjurado suas ideias revolucionárias" e "apunhalado o movimento operário pelas costas". Baudelaire, o "parteiro dândi do movimento revolucionário dos *pobres*", não adere ao comunismo de tipo marxista, a ele preferindo Proudhon e seus lemas satânicos – "A propriedade é o roubo", "Deus, o grande perverso", mas sobretudo Proudhon é aquele que se atém à "discussão" e não "às barricadas". O que é bem diferente de se ter tornado um porta-voz do "despotismo imperial³⁵".

O *ENNUI* SEM IDEAL: TEMPO E TRABALHO

Para Benjamin, como para Baudelaire, evoca a eternidade, o tédio, mesclando o arcaico e o moderno, Sísifo, as Danaides e o Capital, o barril das Danaides, sempre cheio e sempre vazio. Figuras do tempo reificado e morto do trabalho alienado, repetitivo, automático, absurdo, cuja ex-

---

33. *Passagens*, "O tédio, eterno retorno", D 2ª, 2, p. 146.
34. *Passagens*, J, 43,1.
35. Cf. Oehler, *op. cit.*, p. 395, n. 403.

pressão cultural apresenta um déficit criador devido à inflação de mercadorias e informações. Se cada vez mais se dispõe de informações, isso não significa ter informações a mais, porque o tempo para transformá-las em compreensão e experiência não aumenta proporcionalmente, o que prejudica a vida intelectual e afetiva: "a saturação cognitiva", escreve Bernard Stiegler, "induz a uma perda de cognição, isto é, a uma perda de conhecimento, a um desregramento do espírito [...], a saturação afetiva engendra um desafeto generalizado[36]".

No consumo contemporâneo, o indivíduo consome, simultaneamente, coisas e seu tempo de vida. Porque tudo se equivale, escolher é indiferente, dissolvendo-se o sentido do preferível ou desejável. Em suas *Lições de ética*, Kant observa que o tédio se vincula a um desenvolvimento cultural, que difere de épocas em que se mantinha uma alternância entre necessidades e satisfação de carências: "Gozar a vida", escreve Kant, "não preenche o tempo, mas deixa-o vazio; ora, diante deste tempo vazio, a alma humana experimenta o horror, a irritação, o desânimo. Claro, o tempo presente pode nos parecer preenchido enquanto for presente, mas na lembrança ele é vazio, pois, quando não se fez nada da vida, a não ser esbanjar o tempo, e se volta o olhar para a vida passada, não se compreende como ela pôde tão depressa chegar a seu fim[37]. Se, no tédio, o tempo passado, que não foi experienciado mas perdido, parece ter transcorrido velozmente, também o tempo breve se manifesta intoleravelmente longo, com o que desaparece a diferença entre curta e longa duração, plasmando o Sujeito em um perpétuo presente.

Fundadas, de início, na subjetividade livre e no Cogito, as sociedades modernas eram "conscientes de ter um passado e de desejar um futuro", definindo-se por um projeto: "A consciência histórica era a de nos criarmos, de nos inventarmos no tempo. *Antidestino*, ele é tomada de consciência de uma *liberdade*, a de querer, agir e de transformar-se no tempo[38]", no qual

---

36. Cf. B. Stiegler, *Mécreance et discrédit – les sociétés incontrolables et les individus désaffectés*, Paris: Galilée, 2006, p. 125.
37. Cf. *Leçons d'éthique*, Fayard, 1997. No tédio, quando se recua no tempo, ele parece infinitamente curto, enquanto que um tempo plenamente vivido é infinitamente mais longo e assim a vida torna-se estranhamente curta na mesma medida em que o tempo torna-se longo, de tal forma que na monotonia ou no tédio profundo desaparece a diferença entre curta e longa duração.
38. Paul Zawadzki, "Malaise dans la temporalité". Em *Malaise dans la temporalité*, org. Paul Zawadzki, Paris: Publications de la Sorbonne, 2002, p. 42.

se constrói um mundo comum. O homem devia contar apenas consigo mesmo, endossando cada vez mais o papel antes reservado a Deus. Desse modo – e sobretudo a partir da revolução copernicana operada por Kant –, o mundo será constituído pelo Sujeito, Sujeito que compensa o vazio do mundo que se seguiu à ausência de Deus através do sentido que lhe confere o Eu transcendental. E, na senda do subjetivismo, a cultura romântica completa o individualismo filosófico que se desenvolveu durante o século XVIII. Hegel, um dos primeiros a considerar o subjetivismo a doença mais característica de nosso tempo, o vincula à revolução copernicana, quando não mais a consciência reflexiva satelizava os objetos do mundo, mas estes passaram a girar em torno do Sujeito. Sujeito abstrato, lembra Hegel, ele não basta para a constituição do sentido das coisas, pois "tudo o que não é o Eu e tudo o que existe pelo Eu podem igualmente ser destruídos pelo Eu". Enquanto nos atemos a estas formas inteiramente vazias, tendo sua origem no absoluto do Eu abstrato, nada aparece tendo um valor próprio, mas somente aquele inspirado pela subjetividade do Eu[39]. Como os valores dependem do Eu, sua importância não se prende às próprias coisas e serão, pois, vazios, sem distinção entre o significativo e o insignificante – com o que tudo se torna apenas interessante e, em consequência, igualmente tedioso[40]. Se Hegel indica o abandono no mundo moderno dos quadros de sua vida anterior, é para mostrar seu resultado: a insustentável leveza das coisas e seu duplo, o tédio, ambos, ligeireza e tédio ingressando bruscamente e de forma violenta na existência, constituindo a novidade do moderno – um transcorrer do tempo independentemente de objetivos preestabelecidos ou causas finais.

Nesta época – na qual a Substância ou a matéria se torna Sujeito e a necessidade se quer liberdade (como na ideologia da autorregulação do mercado) –, a consciência ligeira e entediada não é, como queria Hegel, sintoma passageiro e intermediário mórbido entre duas formas de solidez e segurança, a passagem do substancialismo católico da *parousia* (a manifestação do divino) para a liberdade pós-protestante (o livre exame da razão), pois esta se torna potencialmente ilimitada: desejos a cada

---

39. Hegel, *Esthétique*, tomo I, Introdução, Paris: Flammarion, 1979, pp. 98-99.
40. Hegel utiliza a expressão "subjetividade monstruosa" ao referir-se a Fichte. E Adorno, na *Dialética negativa*, escreve: "Toda a metafísica ocidental, fundada no sujeito, encarcerou o sujeito para a eternidade no seu próprio Eu como punição por sua idolatria".

dia renovados, inconstância permanente, prazeres efêmeros sempre, reduzidos a nada por uma nova necessidade. Neste sentido, o tédio é a impossibilidade de projeto ou simplesmente de qualquer expectativa a longo prazo.

Nesta nova situação, em que nada é efetivamente proibido, mas ao mesmo tempo nada é inteiramente possível, no indiscernimento na ordem de importância das coisas, dá-se uma clausura do futuro, desmotivação para escolhas e deliberações, abrindo-se o campo da monotonia, de tal modo que se configura a patologia do presente como perda do sentido da vida em comum dos homens[41]. Vive-se uma inflação das possibilidades de significados e, portanto, a impossibilidade em reconhecê-los. Nas palavras de Leder:

> O imaginário da sociedade contemporânea encontra-se condicionado [...] por uma extrema saturação [...]. É precisamente a tensão entre a intuição da presença da satisfação e a realidade de seu afastamento e inacessibilidade o que determina a situação da consciência contemporânea [...]. Um exemplo pode ser encontrado na sociedade polonesa, na dicotomia entre sociedade da penúria material e uma sociedade de consumo que ocorreu há quinze anos e transformou totalmente o imaginário social. A mudança da valorização e principalmente da saturação do campo simbólico foi muito mais acelerada que a melhora da qualidade de vida. Paradoxalmente, nos anos 1960, depois da desestalinização, quando praticamente a totalidade dos poloneses vivia em profunda penúria, mas ao mesmo tempo seu imaginário estava relativamente pouco saturado e também o mundo se regulava pelo vetor do progresso, a percepção da falta era pequena, e cada aquisição material era um símbolo valorizado positivamente. Nos anos 1990, a transformação econômica melhorou muito a situação material da maioria da população, mas, ao mesmo tempo, forçou a integração do campo simbólico dos poloneses no espaço da civilização global.

---

41. Cf. as análises de Bernard Stiegler sobre os levantes incendiários nas periferias francesas em novembro de 2005 e sobre o tédio dos jovens nas Cités (conjuntos habitacionais dos subúrbios metropolitanos): *Mécreance et discrédit – La décadence des démocraties industrielles*, Paris: Galilée, 2006, entre outros do autor.

O sentimento de falta e de frustração tornou-se generalizado em todas as camadas da sociedade[42].

"Perturbação mental", em uma formulação de Kant, é "perda do senso comum (*sensus communis*) e o aparecimento da singularidade lógica (*sensus privatus*)[43]", o "acosmismo[44]" e sua dupla consequência, moral e patológica. Moral: não há mais valores universais ou universalizáveis, reconhecidos por todos em um espaço comum, tampouco uma cidadania mundial e cosmopolita. Patológica: patologia da liberdade, é confinamento no tempo presente. Esse "presente perpétuo" caracteriza-se por uma vivência específica do tempo – ora transbordando mercadorias, ora tempos mortos:

> os doentes [escreve Benjamin], testemunhas insubstituíveis de seu tempo [...], têm um conhecimento bem particular do estado da sociedade: neles, o desencadeamento das paixões privadas se transforma, em certa medida, em faro inspirado pela atmosfera na qual seus contemporâneos respiram. Mas a área desta reviravolta é a "nervosidade". Seria importante saber se esta palavra não se tornou uma palavra da moda no *Jugendstil*[45].

Em todo caso, "os nervos são como fibras inspiradas que serpenteavam, com estreitamentos recalcitrantes, com sinuosidades febris, à volta

---

42. Malgorzata Szpakowska, *Vouloir e avoir. La conscience en Pologne du temps du changement*, Varsóvia, 2203, *apud* A. Leder, "Introduction à une analyse des transformations de l'intuition du temps dans la culture contemporaine". Em: *Malaise dans la temporalité*, org. Paul Zawadzki, Paris: Publications de la Sorbonne, 2002.
43. Kant, *Anthropologie du point de vue pragmatique*, trad. A. Renaut, Paris: Garnier-Flammarion, 1993, p. 53.
44. Lembre-se que o "acosmismo" integra a experiência, nos totalitarismos, do "ser supérfluo", do "ser a mais", de "estar sobrando", própria ao mundo da flexibilidade das leis trabalhistas e da terceirização, por um lado, o desemprego estrutural de outro. Para uma reconstituição de suas relações com o "paria" e o "parvenu". Cf. Eleni Varikas, "Les figures du paria: une exception que éclaire la règle", revista *Tumultes*, n. 21-22, nov. 2003.
45. *Jugendstill* (*modern style*, em inglês, *art nouveau*, na França), significa, em sentido literal, "estilo da juventude". Benjamin refere-se ao estilo arquitetônico e decorativo do final do século xix e início do século xx, que com seus aplicativos florais de arabescos criava um mundo de fantasia, a nostalgia da vida campestre enlaçando-se, com o ferro ondulado e os cristais coloridos, à vida da metrópole e seus fetiches. Sobre a patologia dos tempos modernos, cf. Benjamin, *Passagens*, arquivo I, "Intérieurs, flâneur", "Teoria do conhecimento, teoria do progresso", *op. cit.*, p. 529.

do mobiliário e das fachadas[46]". O *intérieur*, como Benjamin o compreende em "o *intérieur*, o *flâneur*" de suas *Passagens*, é o salão burguês saturado de enfeites, dourados, espelhos, paredes forradas de tecidos adamascados e com desenhos florais, tapetes, móveis em forma de naves ou de catedrais góticas etc., de onde o "burguês vê o mundo", com o ilusório sentimento de segurança no mundo do capital – mundo burguês que substitui a questão metafísica das incertezas da vida pelo elogio da insegurança no mercado alienado:

> O *intérieur* do século XIX. O espaço se disfarça, assumindo a roupagem dos estados de ânimo como um ser sedutor. O pequeno-burguês, satisfeito consigo mesmo, deve experimentar algo da sensação de que no aposento ao lado pudessem ter ocorrido tanto a coroação do imperador Carlos Magno como o assassinato de Henrique IV [...]. Ao final, as coisas são apenas manequins, e mesmo os grandes momentos da história universal são apenas roupagens sob as quais elas trocam olhares de conivência com o nada, com o trivial e o banal. Semelhante niilismo é o cerne do aconchego burguês; um estado de espírito que se condensa na embriaguez do haxixe, em satisfações satânicas, em saber satânico, em quietude satânica, mas que assim revela como o *intérieur* dessa época é, ele mesmo, um estimulante da embriaguez e do sonho. Aliás, este estado de espírito implica uma aversão contra o espaço aberto, por assim dizer, uraniano, que lança uma nova luz sobre a extravagante arte decorativa dos espaços interiores da época. Viver dentro deles era como ter se enredado numa teia de aranha espessa, urdida por nós mesmos, na qual os acontecimentos do mundo ficam suspensos, esparsos, como corpos de insetos ressecados. Esta é a toca que não queremos abandonar[47].

As guirlandas feéricas desses *intérieurs* acalmavam, não obstante, os nervos dilacerados pelo progresso, eram como uma *promesse de bonheur*. Por isso, *spleen* e "nervosidade" ligavam-se ainda ao Ideal, a neurastenia resguardando suas forças criativas. Quanto à contemporaneidade, a

---

46. Benjamin, *Écrits autobiographiques*, trad. Christophe Jouanlanne e Jean-François Poivier, Paris: Bourgeois, 1994, p. 206.
47. Benjamin, I 2, 6, *Passagens*, op. cit., p. 251.

"doença dos nervos" é substituída pelo estresse. Nos anos 1880, o médico norte-americano George Miller Beard[48] denominou "neurastenia" uma nova "doença dos nervos" cuja causa principal era a civilização que exigia cada vez mais desempenho, provocando, pelo constrangimento dos relógios de ponto no trabalho, mas também pelo "ritmo precipitado da época moderna", "colapsos nervosos". Em seguida conhecido como estresse, sem a dimensão metafísica do *spleen*, o fenômeno foi diretamente associado à economia de mercado. Tributário da medicina, de experimentos com hormônios injetados em animais de laboratório que aceleravam secreções levando à morte, o estresse foi detectado em indivíduos durante a "grande depressão" de 1929 nos EUA. Do ponto de vista da cultura em que a tecnologia não apenas predomina como se antecipa com respeito à política e à economia, ela tem por paradigma da aceleração a locomotiva e novos terrores, identificados por Benjamin no viajante que conhece

> [...] todas as provações e perigos da viagem pela estrada de ferro [...]; conhece, a perder de vista, o suceder [das imagens] deste deslocamento, como os limiares do espaço e do tempo que a viagem transpõe, a começar pelo "tarde demais" daquilo que ele deixa atrás de si, arquétipo do pesar, até a solidão no compartimento, o medo de perder a baldeação, o horror que inspira o saguão desconhecido em que o trem se precipita[49].

Utilizadas a partir de 1939, as palavras "estresse" e "exaustão" indicam uma degradação da experiência do tempo, ausência de pensamento, "consciência sonolenta" do presente, perda de seu sentido como projeto e futuro, confinado, então, no presente. No âmbito do trabalho, o não senso se expressa no "princípio do desempenho[50]", segundo uma mu-

---

48. Cf. *Nervous Exhaustion, Neurasthenia*, apud Lohar Baier, *Keine Zeit*, Munique: Kunstmann Verlag, 2000, p. 147.
49. Benjamin, "Kriminalromane, auf Reisen", Frankfurt/M: Suhrkamp, em: GS, IV, 1, 1972 a 1989, p. 381.
50. "Princípio do desempenho" é o conceito marcusiano, apresentado em *Eros e civilização*, que corresponde à exacerbação do "princípio de realidade", no desaparecimento da "racionalidade" da renúncia. Considere-se, aqui, o cristianismo e a condenação da gula, pecado capital adequado às condições materiais da Idade Média, período em que a sobrevivência dependia de recursos escassos. O princípio de realidade – de adaptação ao mundo circundante, de renúncia a um *quantum* de prazer, de dedicação ao trabalho, de deserotização do corpo requerido como instrumento das máquinas etc. – transforma-se em "princípio de desempenho", em uma época em que não mais são necessários tais sacrifícios; não

tação dos atributos do trabalho. Com efeito, se das formas tradicionais de organização do trabalho resultavam bens e serviços, no moderno ele não mais se conecta a um produto concreto, tornando-se cada vez mais abstrato e desterritorializado. Para Vincent de Gaulejac também a relação entre produtividade e salário não é evidente, dependendo cada vez mais de desempenhos coletivos; a comunidade de profissionais não é mais portadora de laços estáveis constituídos no longo prazo; não promove mais identidades sociais, de ofício e grupos de trabalho; não é mais um elemento de solidariedade, proteção e mediação entre o indivíduo e a empresa. Também o sistema de avaliação individualizada de desempenho reforça a competição em lugar da cooperação; o estabelecimento de uma organização que designa a cada um seu lugar e tarefa é substituído pela virtualidade polifuncional, ninguém mais sabendo exatamente quem faz o quê, desaparecendo a coerência do trabalho e a estabilidade do conjunto das atividades; e, sobretudo, o valor atribuído às realizações de cada um não se prende mais à qualidade de uma obra – a do objeto realizado, da atividade concreta –, mas a um conjunto de princípios que é preciso interiorizar. Por último, Gaulejac indica os efeitos de não senso[51] quando se pretende valorizar competências extrinsecamente, segundo as expectativas de clientes ou do mercado.

A perda do sentido do trabalho e a experiência do absurdo encontram-se, em particular, nas obras literárias, romances e contos, como os de Kafka, na identificação entre o homem e sua profissão; sendo absurda, ela revela o absurdo das profissões em geral: "fui empregado como espancador: portanto espanco", declara o personagem de *O processo*, forçado, por culpa involuntária de K., a bater sem parar em dois funcionários. Situação que se repetiria nas respostas dadas em juízo dos funcionários dos campos de concentração nazistas, resposta daquele que não é responsável porque não lhe foi conferida responsabilidade alguma. Neste caso, ser recompensado não corresponde a um mérito, deve-se, antes, ao acaso,

---

obstante a performance se impõe, ampliando o trabalho alienado e a extensão de sua lógica a todos os domínios da vida, do lazer às artes. Na "sociedade da abundância", o princípio de desempenho é acompanhado de "mais repressão" ou "dessublimação repressiva", o que não era permitido passando a obrigatório, como o "erotismo programado" da sexualidade.

51. Cf. V. Gaulejac, *La société malade de la gestion*. O autor refere-se ao último Natal na Inglaterra em que os Correios premiaram uma funcionária que vendeu grande número de um certo tipo de envelopes, o que não correspondia a nenhum desempenho especial, mas ao acaso.

com o que se desqualifica o trabalhador ao gratificá-lo[52]. E, se o trabalho é alienado, o mesmo se passa com o consumo. Realização perversa do "esquematismo" kantiano – a faculdade do conhecimento que, em Kant, promovia a passagem dos dados esparsos da sensação à construção de um objeto no espaço a seu sentido em uma nova figuração, organizado na maquinaria lógica do entendimento – a organização dos dados esparsos (as mercadorias) migra para o mercado: "O esquematismo kantiano", escrevem Horkheimer e Adorno, "a indústria o retomou para seus próprios fins. Esta implica o esquematismo como um serviço ao cliente [...]. Para o consumidor, nada resta para classificar que não tenha já sido englobado pelo esquematismo da produção[53]". O tédio crônico corresponde a esta carência de sentido pessoal na produção e no consumo, uma vez que objetos e informações nos chegam com um código pré-dado, inviabilizando a busca de um sentido próprio de compreensão.

A produção em excesso de mercadorias com respeito a necessidades, o consumo se realizando pelas necessidades do mercado e não do consumidor, corresponde a um estado de exasperação das carências reais da sociedade e a uma nova modalidade de aturdimento da mente, consequência do capitalismo contemporâneo e da cultura que ele engendra. O excedente material transfere-se para o plano imaginário e para a consciência daqueles que vivem em estado de penúria extrema, desorganizando os elementos capazes de estruturar o campo simbólico:

> O próprio conceito de justiça, quando colocado sob a égide da participação do sujeito de direito nas vantagens do sistema de propriedade [...], designa aqui a tarefa, jamais realizada plenamente, que consiste em liberar da situação precária aqueles que são manifestamente pobres e pauperizados, abrindo, também a eles, acesso ao mundo da abundância, [o que supõe] um aprendizado de uma vida coberta de mimos[54].

---

52. "On ne sais plus à quel sens se vouer", em *Les sentiments et la politique*, Paris: L'Harmattan, 2007.
53. Horkheimer e Adorno, *Dialética do esclarecimento*, trad. Guido de Almeida, São Paulo: Zahar, 1985.
54. Peter Sloterdijk observa que a produção do excesso corresponde ao advento da "sociedade da abundância", malgrado a persistência da retórica da era da penúria – o que se atesta pela proliferação de antenas parabólicas nas periferias, de consumo de eletrodomésticos e a ocupação do espaço urbano com equipamentos para a venda de alimentação nas cidades, entre outros: "o esbanjamento, à primeira vista escandaloso, do dinheiro dos fundos públicos devem ser interpretados, neste contexto, como uma participação do Estado à euforia da abundância". Esta circunstância foi detectada por Marcuse, cuja obra *Eros e civilização* continha as primeiras divergências com respeito a Freud, na direção de uma

No descompasso entre a abundância material e o desconforto moral, se inscreve a preparação para vencer o tédio crônico porque "os modernos devem renunciar ao mandato fictício da necessidade[55]". Se, como ensina a psicanálise, a falta produz desejos, do excesso decorrem patologias, uma vez abandonada a ética protestante em nome do espírito capitalista. Se tempo é consumo, não é busca de sentido e subjetividade, mas quantidade e heteronomia impostas pela temporalidade do capitalismo tardio – o que só aprofunda a crise do sentido da atividade: a desagregação do sentido da vida em comum arrisca subsumir o homem nesta alienação particular denominada "acosmismo", que faz cada um sentir-se estranho no mundo, o não pertencimento de quem se percebe supérfluo[56].

Modernização significa, assim, a passagem de um mundo com regras conhecidas a um mundo instável e incerto: no trabalho, o trabalhador encontra-se sob pressão permanente das empresas nas quais ele se sente "custando muito caro". Na perda da identidade profissional e da autoestima encontra-se uma situação traumática, uma vez que não apenas se perde um posto de trabalho para, talvez, encontrar um outro como – e antes de tudo – toda uma vida pode ser desfeita:

> [...] advêm sentimentos de desvalorização de si, ruptura de redes de solidariedade, perda de elementos constitutivos da identidade profis-

---

cultura não repressiva, no apagamento da diferença entre princípio de prazer e princípio de realidade. Para além da obra *A teoria da classe ociosa*, de Thorstein Veblen, o mundo urbano atual se converte em um sistema que perverte as pessoas de tanto "mimá-las".

55. Ibidem.
56. Uma de suas grandes expressões encontra-se na pintura de De Chirico e Hopper. Hopper, a desolação de suas paisagens e personagens, solidão lunar em que a luz do sol não aquece, seres estáticos sem comunicação na metrópole pós-industrial. Hannah Arendt indica a diferença entre *solitude* e *loneliness*. Se, na primeira, o recolhimento é solidão e reencontro com a intimidade de si, a segunda é isolamento e desolação, é ausência de um mundo comum compartilhado. Cf. "Nighthawks", de 1942, de Hopper e "Six O'Clock", entre outros. Nesses *intérieurs* como os *art nouveaux*, tapetes e mobiliário desempenhando o papel do inconsciente, em que Id e Super-Ego as associam, confinando o espaço do Eu, agora estranho a si mesmo, em estado de absoluta desolação, em espaços que se estreitam, aprisionam e asfixiam. (Cf. M. Canevacci, Power Point apresentado no XVII Encontro Internacional de Cinema de Salvador/Bahia, Teatro Castro Alves. Os manequins e ponteiros de relógio parados antes do "tempo", em De Chirico, como em "A melancolia da partida", onde o pêndulo marca 13h28. Ruas desertas, praças vazias, pórticos, torres, janelas com venezianas fechadas. Trens parados, estátuas, sombras imóveis, geometria metafísica, com seus retângulos, trapézios; quadrados com bandeiras onde não sopra o vento. A pintura de De Chirico realiza reflexões pictóricas sobre a acídia, suas telas atualizam os terrores medievais do deserto – essas "fornalhas de Deus", provação do fogo divino. Suas personagens e paisagens são os avatares dos "demônios do meio-dia" no mundo urbano.

sional, culpabilidade, vergonha, introversão, dilaceramento da comunidade de trabalho que sustentava a existência [...]. A perda de confiança no futuro – [...] que se anuncia incompreensível – produz uma profunda ansiedade a que respondem a angústia e o medo do abandono. Angústias arcaicas [...] que podem ter efeitos devastadores[57].

Diferem capitalismo de produção e capitalismo de consumo. No primeiro, o "homem só se sentia em casa quando fora do trabalho, e quando no trabalho, estava fora de si[58]". Milan Kundera, comparando o trabalho no mundo contemporâneo ao da Idade Média, reconhece no presente o tédio, pois os ofícios de outrora, em parte, não poderiam ser concebidos sem um apego apaixonado: os camponeses por sua terra; o carpinteiro era o mágico das belas mesas; os sapateiros conhecendo de cor os pés de todos os aldeões; os guardas-florestais; os jardineiros. O sentido da vida estava em suas oficinas e campos, cada ofício criara sua própria maneira de ser: "Um médico pensava diferentemente de um camponês, um militar tinha um outro comportamento com respeito a um professor". No capitalismo baseado na produção industrial e no estoque de bens que revelavam o longo prazo, o gesto do trabalhador é repetitivo, o imaginário social, padronizado pela produção em série de mercadorias e desejos. Não obstante, fora do trabalho encontrava-se consigo mesmo. Pode-se dizer que, na época da sociedade de massa e do consumo – de coisas, de imagens –, a escolha individual recai no que Nietzsche denominava "espírito gregário", no mimetismo organizado, na *mimésis de apropriação* ou na "rivalidade mimética[59]"; malgrado a produção cada vez mais diversificada de um mesmo produto, visando "indivíduos" que se reconheceriam nas pequenas diferenças de um objeto a outro, predominam a desindividualização psíquica e a proletarização generalizada, pois o consumo não supõe um *savoir-vivre*. Antes indispensável, a "arte de viver" era conhecimento de si, a *techné tou biou*, sendo ascese e autoelaboração das possibilidades

---

57. Vincent de Gaujelac, em: *La Société malade de la gestion*, Paris: Seuil, 2005, p. 164.
58. Cf Marx, *Manuscritos econômico-filosóficos de 1844*, São Paulo : Martin Claret, 2001.
59. René Girard entende por "rivalidade mimética" o desejo de objetos desejados ou apropriados por um outro, vindo este a ser constituído, ao mesmo tempo, como modelo e obstáculo à realização do desejo, no esquecimento do objeto desejado, deslocando-se o desejo do objeto para aquele que supostamente o detém, do que resulta um estado de guerra latente ou manifesto. Cf. *Politiques de Caïn: en dialogue avec René Girard*, org. Domenica Mazzu, Paris: Desclée de Brouwer, 2004.

e limites na realização de desejos: "Nenhuma técnica, nenhuma habilidade profissional pode ser adquirida sem exercício; também não se pode aprender a arte de viver – a *techné tou biou* – sem uma *askési* que deve ser compreendida como uma exercitação de si por si mesmo. Aí estava um dos princípios tradicionais a que, desde sempre, pitagóricos, socráticos e cínicos deram uma grande importância. Parece que, entre todas as formas tomadas por este treino (que comportava abstinência, memorização, exame de consciência, meditações, silêncio e escuta do outro), a escrita – o fato de escrever para si e para o outro – se pôs a desempenhar tardiamente um papel considerável[60]". Na contemporaneidade, ao contrário, os indivíduos não são mais sequer engrenagens na máquina de produção, mas compõem um mercado para o consumo, de tal forma que a modelação dos comportamentos visando o mercado implica uma destruição programada do *savoir-vivre*. Este saber referia-se, na tradição grega, às "almas noéticas", racionais, isto é, políticas, pois inclinadas à *philia*. E, assim como o operário submetido à máquina perde seu *savoir-faire*, reduzindo-se à condição de proletário, da mesma forma o consumidor, padronizado em seus comportamentos de consumo pela fabricação artificial de desejos, perde seu *savoir-vivre*. Na sociedade do consumo, quando o homem está fora do trabalho, tampouco se encontra junto a si. A "escalada da insignificância" resulta em uma lógica do desengajamento em relação a um mundo compartilhado e também a si mesmo, na obsolescência de valores como solidariedade, responsabilidade, fidelidade e respeito, o mercado induzindo ao consumo permanente, constrangendo à pressa, à rapidez e à aceleração, acentuando a superficialidade nos vínculos (na medida em que os sentimentos exigem a duração para desenvolverem-se), produzindo a "pobreza interior[61]". Não se engajar significa "não se empenhar na criação de valores espirituais[62]".

---

60. Cf. M. Foucault, "L'écriture de soi", *Dits et écrits* II, (1976-1988), Paris: Gallimard, 2001, p. 1236.
61. É interessante lembrar os ensaios de Walter Benjamin "O Narrador" e "Experiência e pobreza", nos quais o filósofo reflete sobre o mundo moderno, onde não é mais possível dar ou ouvir conselhos, onde não se pode desenvolver uma filosofia prática como aquela contida nas narrativas tradicionais, com suas fábulas, parábolas e provérbios que auxiliavam os homens a enfrentar infortúnio e boa-sorte.
62. Cf. Miguel Abensour, posfácio a *Quelques réflexions sur la philosophie de l'hitlérisme*, de Emmanuel Levinas, Paris: Rivages, 1997, p. 5.

LANGEWEILE: MONOTONIA E TECNOLOGIA

Ao tratar do espírito do capitalismo e a *Beruf*, que é profissão de fé e vocação para ganhar dinheiro, Weber lembra que um operário, assim que recebia um aumento de salário, passava a trabalhar menos, escolhia "levar a vida": "o ganho suplementar o atraía menos que a redução de seu trabalho[63]". Este trabalhador, embora não disponível ao que os gregos denominavam *skolé*[64] e os romanos, *otium*[65], estava predisposto a tomar o tempo como seu bem próprio, pois, ainda que o trabalhador estivesse voltado para a subsistência, ele se concebia como alguém que tem, antes de tudo, uma existência. Não se trata de um repouso medido pelo trabalho, mas de um tempo para viver, livre de todo *negotium*. Este, como *ethos* do capitalismo, viria a se tornar "vocação" para o negócio, o atarefamento para a sobrevivência tornado modelo da vida. Se é verdade que só o clero desfrutava propriamente do ócio, à distância de toda necessidade alienada no *negotium*, o operário, se bem que obcecado pela carência, participava, de alguma forma, da esfera do *otium* enquanto ser que crê nos rituais do culto de que se encarregam os sacerdotes. O capitalismo pré-industrial como "espírito" decorrente da Reforma já preparava, assim, sua metamorfose, a crença transformada em "confiança", melhor dizendo, em "crédito" que se obtém pela confiança, pois esta é calculável e mede o tempo da ocupação, do "negócio". Como anotou Benjamin Franklin: "Aquele que é conhecido por pagar pontualmente e na data prometida pode a qualquer momento e em qualquer circunstância solicitar o dinhei-

---

63. Cf. Weber, *A ética protestante e o espírito do capitalismo*, trad. Ana F. Bastos e Luís Leitão, Lisboa: Presença, 1990, p. 61.
64. Sobre ela Joaquim Brasil Fontes observa: "*Skolé* é a palavra com que os gregos significavam as coisas a que dedicamos nosso tempo, ou aquilo que merece o emprego do tempo. De onde, por meio de uma evolução notável, o sentido de 'estudo', encontrado em Platão. (*Leis*, 820 c). *Skolé* é, ainda, aplicada a discussões científicas, por oposição aos jogos ou brincadeiras) [...]. Skholé [...] significa também 'lazer', 'tranquilidade', 'tempo livre', e, às vezes, 'preguiça'. O advérbio *skholêi* indicava, para os gregos, o que dizem para nós as expressões: 'com vagar e ócio', 'lentamente'; 'à sua vontade' . O escoliasta seria, afinal de contas, um *flâneur* cerimoniosos? Ele caminha *em prenant son temps*, às margens dos textos, e pára, de vez em quando, oferecendo algumas flores, bonitas mas inúteis – puros pleonasmos –, ao leitor, culto por definição. Os comentários ou escólia são, assim, uma espécie de luxo, um capricho (do aluno atencioso), uma brincadeira (de professor aplicado), um jogo às margens dos discursos; um convite para que o leitor se transforme também ele em *flâneur*" (Cf. *Eros, tecelão de mitos*, São Paulo: Iluminuras, 2003, pp. 29-30.
65. Ócio é "cuidado", é prática livre da preocupação com a subsistência imediata e material, tempo livre da necessidade e das carências.

ro que seus amigos economizaram [...]. Na menor decepção, a bolsa de seu amigo se fechará para você⁶⁶". Não se trata apenas de respeitar uma regra e não esquecer um dever; o ganho se torna o fim, não mais um meio para satisfazer necessidades materiais.

Não constituindo o desejo de ganhar dinheiro nenhuma natureza humana, o capitalismo promove uma "educação" para recompensas materiais, e uma de suas práticas disciplinares é a pauperização:

> Depois do fracasso de um chamado para o "sentido do lucro" através de altos salários, só restava recorrer ao procedimento inverso: por um rebaixamento do salário, constranger o operário a um trabalho acrescido a fim de conservar o mesmo ganho [...]. Pois o povo não trabalha só porque ele é pobre e enquanto assim o permanecer[67]?

Na sequência virá a condenação da vida sacerdotal e de seus cultos porque, já para Lutero antes de Calvino, *otium* e práticas religiosas – as técnicas da ascese até então consideradas indispensáveis para a aquisição de uma *art-de-vivre* – são "coisas do demônio". No arquivo "Ócio e ociosidade", Benjamin anota:

> Na Grécia antiga o trabalho prático era reprovado e proscrito; embora fosse executado essencialmente por mãos escravas, era condenado principalmente por revelar uma aspiração vulgar por bens terrenos (riqueza); ademais, esta concepção serviu para a difamação do comerciante, apresentando-o como servo de Mammon: "Platão prescreve, nas *Leis* (VIII, 846), que nenhum cidadão deve exercer profissão mecânica: a palavra *banausos*, que significa artesão, torna-se sinônimo de desprezível [...]; tudo o que é artesanal ou envolve trabalho manual traz vergonha e deforma ao mesmo tempo o corpo e a alma. Em geral, os que exercem tais ofícios [...] só se empenham para satisfazer [...] 'o desejo de riqueza, que nos priva de todo tempo de ócio [...]'. Aristóteles, por sua vez, opõe aos excessos da *crematística* [arte de adquirir riquezas] [...]. A sabedoria da economia doméstica [...]. Assim, o des-

---

66. Benjamin Franklin, *apud* Weber, *op. cit.*, p. 45.
67. *Idem, op. cit.*, pp. 61-62.

prezo que se tem pelo artesão estende-se ao comerciante: em relação à vida liberal, ocupada pelo ócio do estudo (*skolé, otium*), o comércio e os 'negócios' (*neg-otium, ascolia*) não têm, na maioria das vezes, senão um valor negativo"[68].

A operosidade, intensificada a partir da Revolução Francesa, registra todas as energias humanas como mão de obra. Neste sentido, Benjamin cita Lafargue:

> O protestantismo [...] aboliu os santos no céu a fim de poder suprimir na terra os feriados a eles dedicados. A Revolução de 1789 foi ainda mais longe. A religião reformada havia conservado o domingo; os burgueses revolucionários achavam que *um* dia de descanso em cada sete era demais, e instituíram, no lugar da semana de sete dias, a década, para que houvesse um dia de descanso só a cada dez dias. E para enterrar de vez a lembrança dos feriados religiosos [...] substituíram no calendário republicano os nomes dos santos pelos nomes de metais, plantas e animais[69].

Na sequência, o capitalismo associa-se à eletrificação. Eis por que Benjamin dedica um de seus arquivos de *Passagens* às relações entre iluminação e trabalho, pois, à maneira dos mercados financeiros, o homem não deve dormir nunca. A modernidade capitalista, do industrialismo à microeletrônica, supõe a plena luz. Dessa forma, com a substituição dos lampiões a gás pela iluminação elétrica em fins do século XIX, "a Via Láctea foi secularizada[70]". Estas palavras não se referem apenas ao desencantamento psíquico e da cultura, mas também ao significado socioeconômico dessa realização: a atividade sem trégua do modo de produção capitalista tornou-a desmedida, não tolerando o tempo noturno – de passividade, repouso e contemplação. Benjamin não hesita em indicar a patologia desse tempo a partir da luz elétrica, considerando o mundo do capital um asilo de cegos e loucos:

---

68. Cf. Benjamin, "Ócio e ociosidade". Em *Passagens, op. cit.*, M 1, 1, *op. cit*, p. 839.
69. "Die Christliche Liebestätigkeit", arquivo G 2, 2, "A bolsa de valores, História econômica" *Passagens, op. cit.*, p. 819.
70. Cf. Benjamin, *Passagens, op.cit,* "arquivo J", 64,4, *op. cit.*

Vamos aos fatos. A luz jorrando da eletricidade serviu primeiro para iluminar as galerias subterrâneas das minas; no dia seguinte as praças públicas e as ruas; depois as fábricas, as oficinas, as lojas, os espetáculos, os quartéis; e, finalmente, as casas de família. Os olhos, em presença desse inimigo radiante, comportaram-se bem, mas pouco a pouco veio o deslumbramento, efêmero no início, depois periódico, e, no fim, persistente. Eis o primeiro resultado. – Compreendo; mas e a loucura dos grandes senhores? – Nossos magnatas das finanças, da indústria, dos grandes negócios, acharam bom [...] Dar a volta ao globo em pensamento, enquanto eles próprios permaneciam em repouso [...] Para isso, cada um deles pregou, em seu gabinete de trabalho, num canto da escrivaninha, os fios elétricos que ligam suas caixas às colônias da África, da Ásia, da América. Confortavelmente sentado diante da mesa, ele recebe, com um sinal de mão, o relato de seus correspondentes distantes, das agências semeadas pela superfície do globo. Um lhe comunicava, às dez horas da manhã, o naufrágio de um navio milionário [...]; um outro, às dez horas e cinco minutos, a falência fulminante da mais sólida casa das duas Américas; um terceiro, às dez horas e dez minutos, a entrada radiante, no porto de Marselha, de um navio carregado com a colheita dos arredores de São Francisco. Tudo isso numa sucessão rápida. Essas pobres cabeças, por mais firmes que fossem, curvavam, como curvariam os ombros de um Hércules do mercado se decidisse carregar dez sacos de trigo em vez de um. Eis o segundo resultado[71].

A economia, em sua forma atual de acumulação (cuja infraestrutura são as nanotecnologias, a microeletrônica e suas inovações), exige a extensão e a intensificação da atividade até os últimos limites físicos e biológicos do indivíduo. Razão pela qual, com a eletrificação, o dia iluminado terá 24 horas, estabelecendo-se o estresse como modo de vida, seja para aqueles ligados a um trabalho, seja para a massa crescente de trabalhadores precários e desempregados. A esse respeito, Anselm Jappe observa:

---

71. Cf., "Tipos de iluminação", T 3,1, *Passagens, op. cit.*, p. 610.

Aos olhos de qualquer senhor feudal, os *managers* de hoje, sujeitos ao estresse, mais pareceriam pobres plebeus [...]. Os capitalistas, e na *forma* mais pura os da *new economy*, não representam senão uma forma agravada da miséria geral e do sobretrabalho universal. Um verdadeiro pequeno empresário dos nossos dias orgulha-se mesmo de trabalhar mais do que um proletário inglês do tempo de Charles Dickens[72].

A produtividade intensificada do trabalho, em razão das tecnologias, não resultou em diminuição da jornada laboriosa, mas, devido à "baixa tendencial da taxa de lucro", o capital responde ampliando seu mercado, pela "proletarização do consumo", que corresponde a um "proletariado sem qualidades": "o estágio atual do capitalismo", escreve Jappe, "caracteriza-se pela ausência de pessoas que valha a pena explorar"[73]. Inúteis na lógica da produção de valor e acréscimo do capital, são as populações convertidas em humanidade supérflua para a contínua criação de mais-valia, de concentração do valor e acréscimo do Capital. Excesso de trabalho e ociosidade se reúnem em uma percepção do tempo na qual não mais se tem tempo – sentimento este presente, também, entre os desempregados[74]. O capitalismo ultraliberal confisca o "espaço da experiência" e o "horizonte de expectativas"[75], o porvir significando "mercados futuros": "o dinheiro – principal categoria da sociedade capitalista – tem por finalidade seu próprio crescimento, num processo que não pode ser interrompido e se estendeu às regiões infinitas da especulação que cria capital fictício, baseado na expectativa de mais lucros[76]".

Esse tempo paralisado, do eterno retorno do sempre igual, é a figuração do inferno, é repetição ou espera vazia: "A essência do acontecimento mítico é o retorno. Nele está inscrita, como figura secreta, a inutilidade gravada na testa de alguns heróis do inferno (Tântalo, Sísifo ou as Danaides) [...]. A espera é, de certa forma, o lado interior forrado do tédio (He-

---

72. Cf. A. Jappe., *As aventuras da mercadoria*, trad. José Miranda Justo, Lisboa: Antígona, 2006.
73. A. Jappe, *op. cit.*, p. 155.
74. Cf. Noëlle Bürge, *Minima sociaux et conditions salariales*, Paris: Fayard, 2000.
75. "Que se considere a mobilização dos jovens estudantes em novembro de 2006 contra a Lei do Primeiro Emprego (CPE) na França, a revelar que o jovem não quer apenas encontrar um *job*, mas sim desenvolver um trabalho, não procuram somente salário, mas motivação. Pois "a condenação de uma sociedade a uma vida sem saberes, quer dizer, sem sabor, lança a todos em um mundo insípido, economicamente, simbolicamente e libidinalmente miserável". Cf. Stiegler, B, *Mécreance...*, *op. cit.*, p. 93.
76. A. Guerreiro, "A alma da mercadoria", Jornal *Expresso*, 22 jul. 2006.

bel: o Tédio espera pela morte) [...]. Eu chegava primeiro, fui feito para esperar" (Jean-Jacques Rousseau, *Les confessions*)[77]. Tempo de angústia, a vida é repetição inútil e preparação para algo que não vai acontecer. Esse tempo patológico, Benjamin o encontra em Kafka, em seus romances e contos. Neles, o tempo se cristaliza em imagens estáticas, não havendo nenhum progresso nas ações: "Na verdade o ponteiro de segundos do desespero corre sem cessar e a toda a velocidade em seu relógio, mas o ponteiro dos minutos está quebrado, e o das horas, parado[78]".

A manifestação do tédio coletivo dá-se na passagem do capitalismo de produção para o do consumo[79], com a "mudança do espírito puritano do trabalho para a fixação liberal no lazer, do espírito da poupança para o crédito, da renúncia ao consumo para tudo já, da glorificação das virtudes do empreendedor para a heroicização das personalidades do esporte e do divertimento[80]". Sendo assim, a perda do sentido do tempo encontra-se também na hiperatividade, no desemprego ou no subemprego. Pesquisas recentes indicam que a percepção da "falta de tempo" encontra-se, de maneira enfática, entre os desempregados. Com efeito, a exclusão do trabalho e da própria sociedade não permite o afastamento da atmosfera carregada de comunicação do mundo contemporâneo[81]. Institucionalmente organizada, essa temporalidade não é a da experiência, do conhecimento, da felicidade, mas "o atributo mais eminente da dominação[82]". Consciente da heteronomia, o Maio de 1968 francês eternizou nos muros da cidade a inscrição: "Não mude de emprego, mude o emprego de sua vida". Por seu irrealismo político, o movimento estudantil pôde efetuar a crítica do presente, transformando uma sociedade em comunidade política utópica, afirmando, simultaneamente, os direitos da autonomia e do indivíduo.

77. Cf. Benjamin, "O tédio, eterno retorno", *Passagens, op. cit.*, pp. 159-158.
78. Günther Anders, *Kafka: pró e contra*, São Paulo: Cosac Naify, 2007, p. 48. Porque o tempo é o da repetição do sempre igual, Kafka inverte as determinações de causa e efeito. Em *O processo*, acusação vazia do início arrastará o acusado para a culpa. Em *América*, seu personagem recebe a carta que o expulsa da casa do tio, mas esta, como em seguida se verificará, já estava escrita antes de ocorrer a causa de sua expulsão.
79. Sobre a diferença entre o capitalismo em sua fase industrial e a pós-industrial, no abandono da noção de durabilidade e de estoque e sua substituição pelo descartável e pela obsolescência programada, cf. Harvey, D., *A condição pós-moderna*, Loyola, 2002.
80. Cf. P. Sloterdijk, *Écumes, op. cit.*, pp. 752-753.
81. Como no filme de Denys Arcand, *Joyeux Calvaire*, o *clochard*, como os empresários mais atarefados, não tem tempo algum.
82. Elias Canetti, *Masse et puissance*, trad. R. Rovini, Paris, 1966, p. 422.

Inscreveu em Nanterre: "É proletário aquele que não tem nenhum poder sobre o emprego de sua vida cotidiana e que sabe disso[83]".

O tempo na modernidade determina o decréscimo das faculdades criadoras e fantasmáticas, gerando insegurança e medo. Essa atmosfera de fim do mundo encontra-se nas pinturas de Yves Tanguy, especialmente *Jour de lenteur* ("Dia de lentidão"), de 1937, na incerteza de desertos onde pairam formas inidentificáveis, vazios de vida e de presença humana, impregnados apenas por um tempo que parou, onde há sombras, mutismo e luz que não aquece. *L'humeur des temps* ("O humor dos tempos"), de 1928, *L'extinction des espèces II* ("A extinção das espécies II"), de 1938, *J'avais déjà cet âge que j'ai* ("Eu já tinha naquela época a idade que eu tenho"), de 1939, *Encore et toujours* ("Ainda e sempre"), de 1942, *Ce matin* ("Esta manhã"), de 1951, *Mémoire du matin* ("Memória da manhã"), de 1944, evocam a extinção como o reverso da criação, a imobilização, a repetição infinita e sem esperança do Mesmo, no encontro marcado entre o eterno retorno e a desagregação das coisas, entre o que é imutável e o que é lentamente destrutível. Tempo sempiterno, cristalizado e sem saída, cada manhã não é em nada diversa de todas as outras manhãs. Assim, se "muitos viveram", fica subentendido que "para nada". "Eu já tinha a idade que eu tenho" manifesta a inutilidade de crescer quando nenhum acontecimento novo está previsto para nós. Quanto ao sol, no céu, sempre fixo no mesmo lugar, torna o tempo imensamente longo, pois o tempo parou de passar. O peso de um dia que não passa, Tanguy o retrata "pelo sol que se detém em seu curso, pelo tédio exasperado, ansioso, infinito [...]. Tudo confina em um vazio sideral, que já se comparou ao dia seguinte do apocalipse, aos primeiros tempos depois da explosão da bomba de megatons[84]". A temporalidade contemporânea produz um tempo que se exprime na ansiedade de "matar o tempo", oscilando este entre cansaço e exaustão, abulia e "hiperatividade". Aparentemente diversas, ambas "as atitudes possuem um traço comum: a reificação de si": "a atividade tornou-se uma variante da passividade e mesmo onde as pessoas se cansam até seu limite [...], ela tomou a forma de uma atividade – mas para nada – isto

---

83. "Est proletaire celui qui n'a aucun pouvoir sur l'emploi de sa vie quotidienne et qui le sait." Cf. *Les murs ont la parole: mai 68*, org. Julien Besançon, Paris: Eric Koehler, 2007
84. Cf. Anne Larue, *L'Autre mélancolie: Acedia, ou les chambres de l'esprit*, Paris: Hermann, Paris, 2001, pp. 192-193.

é, uma inatividade[85]". Porque no tédio o tempo não passa, ele é vazio e monótono, e é preenchido por ativismos e diversas formas de excesso, desde esportes radicais até a obesidade mórbida. Esse *horror vacui* é um "panteísmo demoníaco" em que a monotonia é um nada que impregna toda a realidade.

Neste âmbito, todas as formas do excesso atestam o desejo de "preencher o tempo": obesidade mórbida, anorexia, bulimia, terrorismos, guerras, esportes radicais. Poder-se-ia dizer o mesmo do culto das façanhas na Antiguidade grega, no contexto dos jogos pan-helênicos ou guerreiros, que não expressavam equilíbrio e proporção, como o atleta de maratona que ultrapassou seus limites até o esgotamento e a morte. Mas o que caracteriza as competições antigas, ao contrário das modernas,

> [...] é que o vencedor, superando todos, não ultrapassa a natureza humana, mas a realiza da maneira mais sublime, aparentando-se aos deuses, conquistando a glória, elevando-se, sempre, um "projeto" com objetivo final, pois guerreiros e esportistas não procuram nenhum ultrapassamento de si como princípio de suas ações. A agitação permanente revela hoje a "desvalorização de todos os valores", nessa impossibilidade de diferenciar o acessório do essencial, tudo parecendo ao mesmo tempo urgente e importante, e por isso devendo realizar-se já. É a cultura da *performance* e do desempenho, a capacidade de fazer cada vez mais em menos tempo[86].

A monotonia é, pois, a patologia do tempo e da falta de energia e de motivação: "ausência de projeto, ausência de motivação, ausência de comunicação, [a monotonia] é o avesso perfeito das normas de socialização[87]".

No auge da cultura científica instala-se, por último, a monotonia das revoluções técnicas: "a pálida vida de nossa civilização, monótona como o

---

85. Günther Anders, *L'obsolescence de l'homme*, trad. Cristophe David, Paris: Ed. De L'encyclopédie des Nuisances/Ivrea, 2002, p. 247. O autor refere-se às personagens de *Esperando Godot*, de Beckett. Assim, Estragon e Vladimir, que não fazem absolutamente nada, representam, na peça, milhões de homens ativos.
86. Cf. Nicole Aubert, "De l'accomplissement de soi à l'excès de soi: dépassement de soi et rapport à la finitude". Em: *Les sentiments et la politique*, Paris: L'Harmattan, 2007.
87. Cf. A. Ehrenberg, *La fatigue d'être soi. Depression et société*, Paris: Odile Jacob, 1998, p. 187.

trilho de uma estrada de ferro". Monotonia que o aumento crescente das indústrias da cultura atesta em seus espetáculos que são "o mau sonho da sociedade moderna encarcerada, que somente expressa, afinal de contas, seu desejo de dormir[88]". Se as estradas de ferro representaram velocidade e progresso, a crítica da civilização técnica é crítica do tempo reificado, na mesma medida em que o revolucionário benjaminiano é um ludista do tempo, aquele que interrompe a ideologia do progresso, como na xv tese de "Sobre o conceito de História":

> Na revolução de julho [de 1830] ocorreu um incidente em que essa consciência histórica fez valer os seus direitos. Chegado o anoitecer do primeiro dia de combate, ocorreu que em diversos pontos de Paris, ao mesmo tempo e sem prévio acerto, dispararam-se tiros contra os relógios nas torres. Uma testemunha ocular que deve, talvez, sua adivinhação à rima escreveu: *Qui le croîrait! On dirait qu'irrités contre l'heure / De nouveaux Josué, au pied de chaque tour / Tiraient sur les cadrans pour arreter le jour*[89].

---

88. Guy Debord, *La société du spectacle*, Paris: Gallimard, 1992, § 21.
89. Quem acreditaria! Dir-se-ia que irritados contra o dia/ Novos Josués ao pé de cada via/ Atiraram nos quadrantes para parar o dia (tradução própria). Cf. Tese n xv, "Über den Begriff der Geschichte, em: *Illuminationen*, Frankfurt/M: Suhrkamp, 1981, p. 259.

Novas afinidades eletivas
Eugène Enriquez

Por que evocar o amor, por que evocar a amizade, amor sublimado, ou seja, sem conotações sexuais, por que interessar-se por suas transformações e avatares, quando a maioria dos indivíduos considera que o campo das relações afetivas essenciais permanece, se não imutável, ao menos pouco passível de mudanças? É o que comprova o sucesso sempre atual de textos mais ou menos antigos que abordam essa questão, de Sêneca a Cícero, a Stendhal ou a G. Simmel. De fato, constatamos que muitos tomam como referência esses textos já canônicos, que parecem ter abordado todos os aspectos desses tipos de relações humanas e sociais e percorrido todo o leque de respostas possíveis.

Sem dúvida, diriam os primeiros, os espíritos magoados têm consciência de que nada mais variado e flutuante no tempo e no espaço quanto esses sentimentos. Recordam que na Idade Média o amor cortês – e falarei mais de amor do que de amizade – tornou-se uma das molas essenciais da sociedade europeia e um de seus signos da capacidade de idealização e de sublimação; que no século XVII o sentimento amoroso foi alçado aos píncaros pelas *Précieuses* que desenhavam a *carte du Tendre*; que no século XVIII foi ele a principal preocupação dos libertinos, obcecados pela conquista amorosa, assim como dos burgueses, que esperavam ter êxito tanto no casamento quanto nos negócios; que no século XIX o amor romântico só colocava em contato dois corações que se afinassem para além de todas as convenções e dos riscos de morte; e que no século XX, pelo menos segundo o sociólogo americano Talcott Parsons, o *"romantic love complex*" foi um elemento importante no desenvolvimento do capitalismo, pois, afastados de seus locais e famílias de origem, os amantes podiam, então, partir em busca de trabalho nos territórios dinâmicos em que se desenvolvia a economia. Percebem também que as amizades profundas, definitivas, duradouras – como a de Montaigne e La Boétie – vão progressivamente ceder o lugar a uma multiplicidade de relações relativamente superficiais, em que a proximidade da vizinhança ou ainda do trabalho vem a tornar-se um fator essencial de aproximação.

Faço parte desses espíritos mais ou menos prudentes que estimam que, embora haja nesses sentimentos elementos invariáveis, pelo menos nos países europeus ou das Américas do Norte e do Sul, as transformações e até mesmo mutações afetam os relacionamentos.

Quero desde já antecipar-me a uma objeção. É bem possível, dirão alguns espíritos fortes, que o amor e a amizade não desempenhem mais o mesmo papel de antes, mas o que importa? São apenas sentimentos! E hoje já não são os sentimentos que importam, mas a economia, de um lado, e, de outro, a realização para cada indivíduo de seu potencial. A riqueza das nações e das empresas e o sucesso de cada um, portanto. Naturalmente, há sentimentos que podem ter o seu lugar nesse novo universo: a vontade de competir, a agressividade, o desejo de conflito. O *agon* dos gregos: as relações econômicas, as relações humanas devem ser "agonísticas". Cada um tem a obrigação de ser aquilo que há uns vinte anos chamei de "um matador *cool*" (alguém que não mate de fato, mas que mostre sua capacidade de dominar e humilhar e que sinta a necessidade de ser reconhecido como um "senhor"). "Morte aos vencidos!", como diziam os antigos romanos. Embora a morte física não seja frequentemente consumada, ampliam seu campo de ação, por sua vez, a morte psíquica, a morte moral. O único sentimento positivo que permanece é o famoso "espírito de equipe". Todo indivíduo deve colaborar plenamente com o sucesso da equipe, do grupo, da empresa de que faz parte. Ele pode, no íntimo, desprezar os demais membros dessa famosa equipe; ele deve atuar "como se" e contribuir integralmente para seu êxito, sem fazer um jogo demasiadamente pessoal. Todos – membros da empresa, da universidade e de outras organizações – devem mirar-se no exemplo do mundo do esporte, em que cada um deve elevar-se, superar-se, seja em benefício próprio ou a serviço da nação, no caso do esporte individual, seja em prol do grupo (e da nação), no caso do esporte de equipe. Max Weber foi bom profeta quando escreveu em 1905:

> Quando a realização do dever profissional já não pode ser associada aos mais elevados valores espirituais e culturais, o indivíduo, em geral, desiste de justificá-lo. Nos Estados Unidos, mesmos nos locais de seu paroxismo, a perseguição à riqueza despojada de sentido ético-religioso tende hoje a associar-se a passivos juramentos agonísticos, o que lhe confere, no mais das vezes, o caráter de um esporte.

Quanto aos velhos sentimentos, amor e amizade, estes servem para escrever romances, fazer cinema, excitar a imaginação, mas não têm lugar em um mundo de concorrência desmesurada. Ameaçam desenvolver a fraqueza dos indivíduos, sua compaixão, seu "sentimentalismo" de mau gosto; torná-los, em suma, impotentes diante do aumento "das águas glaciais do cálculo egoísta", como diria Marx. O campo das relações preserva ainda uma satisfação: a satisfação sexual, pensada como um acordo ou um confronto dos corpos, desprovido de carga psíquica. É, portanto, preciso que a sexualidade fale alto e forte: e é o que esta faz, em uma sociedade em que muitas revistas alardeiam os encontros efêmeros, são pródigas em conselhos para aumentar, a todo custo, o prazer sexual; uma sociedade em que se multiplicam os *peepshows*, as revistas e os filmes pornográficos; em que a liberação sexual se mantém em pauta e parece permanecer a palavra de ordem de uma época dedicada ao prazer.

No que me diz respeito, gostaria de insurgir-me contra essa tendência atual, não por questões morais, mas porque considero que, se o amor e a amizade viessem a desaparecer, haveria um aumento de condutas patológicas, daquilo que Freud chamava simplesmente de doença – passo a explicitar melhor essa palavra mais adiante –, uma derrota do pensamento, uma crise do conformismo, uma impossibilidade de dar prosseguimento ao trabalho da cultura, a morte da poesia e a desagregação do liame social. Eles fazem parte do *próprio fundamento desse liame*.

Atenção: o que digo não pretende excluir a sexualidade. Mas temos mais do que consciência de que falar demais de alguma coisa significa – sempre, na realidade – fazê-la desaparecer ou calar. O exemplo mais significativo que posso dar é o da famosa frase de Stalin: "O homem é o capital mais precioso". E sabemos a que ele reduziu milhões de indivíduos. O atual discurso sobre a sexualidade, sobre o desempenho sexual, quer ocultar, recalcar o outro lado igualmente arriscado, perigoso da sexualidade, aquele que nos permite abrirmo-nos para o outro.

É por isso que minha vontade hoje é de lhes falar das metamorfoses do amor e da amizade. Assim, tentarei – de forma naturalmente parcial, em ambos os sentidos – apresentar aqui os elementos que considero essenciais daquilo que denomino "a construção amorosa", da qual a "construção amistosa" não passa de uma modalidade, e sua transformação. Que significado atribuir a esse termo: uma primeira definição (se é que definir o amor não pressuponha desfigurá-lo) poderia ser: o amor autêntico, aquele que estabelece uma simetria (ou a mais tênue assimetria possível) nas relações entre as pessoas ou uma reciprocidade de investimentos afetivos, baseia-se no desejo (expressão da libido) de manter com outro ou outra uma relação privilegiada, porém não exclusiva, pois a exclusividade é a marca da paixão, muito diferente do amor, como bem o demonstrou a psicanalista francesa Piera Aulagnier. Nessa relação, cada um será fonte de prazer e felicidade, assim como de sofrimento, e os processos de sublimação e o trabalho de mentalização serão mais ativos do que os processos de idealização e de descarga afetiva. (Não se preocupem, vou explicitar progressivamente essas diferentes noções.) É, portanto, uma edificação que passa continuamente por fases de construção, desconstrução e reconstrução, ou ainda, para falar como Stendhal, cristalização, descristalização e recristalização – de que falaremos ainda. Edificação eminentemente frágil, como um castelo de areia passível de ser desfeito pelo mar, mas que, ao mesmo tempo e ao contrário, é também capaz de conter a correnteza e vencer as ondas. Tal edificação exige toda uma vida ou, pelo menos, longos anos, e situa "os amantes" naquilo que é característico do ser humano e social – a temporalidade, signo de todas as aventuras, de todos os perigos, de todas as felicidades. (Os animais, até onde se sabe, são movidos pelos instintos e instalam-se na repetição. Os seres humanos, embora também repitam, às vezes, são condenados à inovação e à invenção.)

O ponto que me parece indispensável abordar em um primeiro momento (que se reveste de grande importância) é o das relações entre:

O AMOR, A DOENÇA E A CULTURA

É preciso avançar devagar. Vou falar de uma frase de Freud que parece anódina: "Um egoísmo sólido protege do amor, mas, no final, devemos nos amar para não adoecermos e devemos adoecer quando não podemos amar". Tentemos explorar ao máximo essa frase, remetendo-nos também, naturalmente, a outras percepções de Freud ou de outros autores importantes para o nosso assunto.

O "sólido egoísmo" conota a libido do ego que, invasora, pode tornar-se uma libido unicamente "narcisista". Mas o que significa ser unicamente narcisista? Não apenas correr o risco de morrer mirando-se no espelho, presa pela própria imagem especular (e a doença é o primeiro caminho em direção ao desenlace fatal), mas, inicialmente, renunciar à própria liberdade, pois o indivíduo fica pleno de si mesmo quando se encontra nessa compacidade (denunciada tanto por Ibsen quanto por Freud) que se esconde sob a máscara da plenitude, aproxima-se do sufocamento, de não mais conseguir viver ou fazer escolhas. No amor, ao contrário, embora o indivíduo se aliene para o outro, ele ao mesmo tempo se liberta e liberta o outro. Alienação e liberdade não são antinômicas. O homem livre não é doente. É o que quer dizer com muita correção Lévi-Strauss, inspirado por Lacan, a quem faz referência, quando escreve (1950): "Pois é aquele que denominamos são de espírito, propriamente, que se aliena, pois que consente em existir em um mundo apenas definível pela relação entre mim e o outro". Hegel já havia percebido isso em sua primeira dialética escrita no tempo de Iéna: *A dialética dos amantes*.

Para Hegel, o amor é o que torna o homem especificamente humano, já que é a expressão do desejo de um outro desejo, quer dizer, o desejo do reconhecimento. Ao amarem-se, os amantes reconhecem-se simultaneamente e reconhecem a alteridade irredutível. Assim, um e outro são dados juntos, mais exatamente, nascem juntos. Como são definidos pela morte, tanto um quanto outro entendem que é a própria finitude que os torna livres e disponíveis para essa aventura excepcional. Um sociólogo como G. Simmel (1921) escreve estas frases que seguem a mesma direção:

> Só o ser que ama é um espírito realmente livre, pois sozinho enfrenta cada fenômeno com essa capacidade ou essa propensão a acolhê-lo, a

apreciá-lo pelo que é, a sentir plenamente todos os seus valores... O cético, o espírito crítico, aquele que não tem preconceitos, em teoria, comporta-se de forma diferente. Muitas vezes observei que esses tipos de homens, por medo de perder a liberdade, não oferecem uma acolhida verdadeiramente independente em relação ao todo de fora, uma acolhida que sempre pede uma certa entrega ao fenômeno.

Assim, o ser experimenta a sua liberdade e a sua capacidade de lutar pela vida quando a libido pode investir em um novo objeto radicalmente diferente de si mesmo. Este "narcisismo bem temperado" nega o narcisismo de morte, pois vem acompanhado *do dom* de si mesmo, que não acontece uma única vez, mas que se revela uma verdadeira criação. Como escreve ainda Simmel: "A conservação do amor do outro é uma *reconquista contínua* [grifo nosso] e a conservação do amor que trazemos em nós, uma recriação igualmente contínua".

Quando um homem é incapaz de amar, quando só se preocupa consigo mesmo, ele fica "doente", pois se encarquilha dentro de si mesmo, e ele próprio é verdadeiramente pouco.

Assim, se alguns falam de "doença do amor" e outros da proximidade entre o amor e a morte (aliás, os gregos tiveram uma certa dificuldade em separar Áthropos de Afrodite), Freud nos diz que o amor é o que nos permite ter uma vida "saudável". Sabemos, é verdade, que ninguém é perfeitamente saudável (normal) e que ninguém, nem mesmo o mais psicótico, é totalmente doente (patológico). No entanto, se seguirmos G. Canguilhem, percebemos que o indivíduo saudável, normal, é antes e essencialmente aquele que é normativo, portanto, apto para estabelecer suas próprias normas, para questionar as normas sociais, mesmo que as aceite; aquele que não tem "medo de se desfazer" (M. de M'Uzan) e que é, portanto, capaz de assumir riscos, mesmo arriscando a morte. É, portanto, um "ser de convicção" (M. Weber), uma pessoa que é "causa de si mesma" (M. Enriquez), embora conheça as determinações sociais que pesam sobre seus sentimentos e suas decisões. Amar o outro é, por conseguinte, assumir um risco importante. Porque o outro pode aceitar o nosso apelo, como pode rejeitá-lo ou divertir-se com ele. Ao enfrentar esse "perigo" em potencial, essa possibilidade de adoecer por causa do outro, o homem afasta de si a doença. Mas que doença é essa? A doença suprema, a de estar separado do corpo social, da espécie humana, de encerrar-se dentro de si, de só dar atenção a suas pulsões e fantasias, de ser incapaz de estabelecer relações de reciprocidade com os outros, e, assim, contribuir à tessitura do liame social. A doença consiste, então, em permanecer, como os animais, em estado natural e não conceber a si próprio como um ser da cultura, ou seja, um ser que pensa, que sublima, que atua com outros na fundação sempre renovada de uma civilização. Assim, o doente é o indivíduo que se entrincheira da civilização, que só contempla os próprios prazeres e sofrimentos, esquecendo-se de que é parte ativa dos prazeres e sofrimentos do outro.

Apesar disso, em seus escritos e mais particularmente em *Mal-estar na cultura*, Freud parece desenvolver uma ideia em contradição com esta. Ele mostra que o amor é excessivo, que os amantes podem bastar-se no amor sem precisar do que acontece à sua volta[1]. Pensamento popular bem representado pela canção: "os amantes são sós no mundo". O amor seria contra a civilização, ou, pelo menos, instauraria nela uma falha.

Mas a contradição pode ser sustada. É incontestável que o amor provoca uma ruptura no processo civilizador, na medida em que sempre quer criar "unidades sempre maiores" e tende a homogeneizar o mundo desenvolvendo o amor essencialmente sublimado: camaradagem, fraternidade. Mas trata-se aí de um processo civilizador na forma como este se realiza em nossas sociedades, nas quais o desenvolvimento econômico e a obsessão pelo poder têm a primazia sobre qualquer outro valor, uma sociedade, portanto, de guerra política ou de guerra econômica. Sociedades que acentuaram "as tensões intoleráveis" (Freud), que aumentaram as restrições (Elias) e que acabaram (é o diagnóstico de Freud em *Mal-estar na cultura*) por fazer prevalecer a pulsão de morte sobre a pulsão de vida.

Se, ao contrário, considerarmos o processo civilizador como querendo sempre criar "essas entidades sempre maiores", mas dessa vez respeitando as diferenças individuais e coletivas (cada indivíduo sendo um "desvio absoluto" [Fourier] para os outros), dando-se mais peso à

---

1. Tradução livre: "No auge do amor, não subsiste nenhum interesse pelo mundo que os cerca: os amantes se bastam, não precisam nem de um filho comum para serem felizes. Em nenhum outro caso Eros traduz melhor a essência de sua natureza, seu intento de fazer de vários seres um só: mas conseguiu isso fazendo com que dois seres se apaixonassem um pelo outro, isto lhe basta, como comprova o provérbio, e ele se dá por satisfeito".

troca, ao dom, à gratuidade, ao convívio, à corrente do amor (Eros) que atravessam a espécie humana e que fazem de todos os seres irmãos e irmãs (o que não quer dizer que seja sempre fácil viver com eles), tendo os cidadãos direitos e deveres em relação aos outros e ao planeta inteiro, então o amor, como a amizade, torna-se um elemento central no processo cultural e civilizador, pois indica que, se alguns seres se preferem, nem por isso rejeitam os demais. Pelo contrário, o amor que cultivam um pelo outro enriquece a espécie humana pelos sonhos que suscitam (imaginemos um mundo ocidental sem Tristão e Isolda, sem Romeu e Julieta, sem Laura e Petrarca, sem Dante e Beatriz, sem Jaufre Rudel e a condessa de Trípoli. Pois bem, esse mundo seria bem empobrecido e até muito mais do que isso, pois citei apenas alguns nomes, embora outros me venham à mente) e pela capacidade que têm os amantes de criar um contágio, uma imitação de epidemia à sua volta, contribuindo, por mais estreito que seja o seu poder, para a criação de uma civilização de amor.

Utopia, sonho insensato, dirão talvez os leitores. Isso não é tão certo, assim. Embora o nosso mundo seja mais atravessado por Tânatos do que por Eros, pelo combate do que pelo debate pela língua, ainda assim, se o amor jamais se manifestasse, mesmo que em tom menor, estaríamos em um planeta entregue unicamente aos mais fortes, onde ninguém demonstraria nenhuma compaixão (no sentido forte do termo), ou respeito, ou consideração pela dignidade dos outros. No entanto, diferentemente dos "espíritos fortes", essas tendências existem, mesmo que permaneçam minoritárias, e assinalam a participação de todos na cultura e na espécie humana.

Infelizmente a tendência ao egoísmo é reforçada pela sociedade liberal em que vivemos. Em vez de entender que a verdadeira liberdade é experimentada na provação, o liberalismo (principalmente o econômico, que é o que predomina em nosso mundo) insistirá apenas no princípio do prazer, no gozo egoísta, na multiplicação dos encontros. Ora, é mais do que sabido que, seja Don Juan ou Casanova, estão condenados à insatisfação, pois o que obtêm fica apenas, como dizia corretamente Sade, "muito longe do que haviam ardentemente desejado". Assim, o desejo vai ricochetear de objeto em objeto, a busca será infinita e sempre decepcionante. Não é à toa que emerge aqui, inclusive, a figura de Sade: a vontade da proliferação dos afetos significa que o homem entrou definitivamente no mundo da produção e da utilização de "utensílios" (Enriquez, 1991). Ele acreditou ser livre, mas, ao contrário, transformou-se completamente em homem produtor-consumidor. Ele terá necessidade de prazeres sempre renovados, de novos parceiros, de novas maneiras de "fazer amor" (péssima expressão, no caso). Ele desejará sentir sensações originais, ser sacudido por emoções inacreditáveis, ou, ao contrário (mas isso não passará do outro lado da mesma moeda), desejará ser o organizador e encenador de suas próprias volúpias, porém sem "ser tocado", sem "sentir a menor emoção" (Sade). Daí a possibilidade, como escreveu Sade em sua obra, de "instrumentalizar" completamente o outro, de situá-lo como um objeto de gozo, passível de ser descartado e morto se necessário (como nesses filmes em que a mulher encontra o ápice da satisfação enchendo o amante de facadas). O ser humano conduz-se, então, de modo totalmente aberrante, mortífero, patológico. Se não chegar a isso, encontrará compensações nas mais variadas drogas e nos vícios mais obstinados.

Ele ter-se-á, então, transformado em um verdadeiro doente e a sociedade com ele, caso não o tenha precedido nesse caminho. Ter-se-á transformado, sem o saber, em um personagem sadiano. O mundo do capitalismo liberal está sendo, na realidade, o mundo sonhado (simplesmente sonhado) pelo marquês de Sade, o mundo da perversão polimórfica que terá deixado a fase da infância para caracterizar a fase do universo adulto.

NARCISISMO BEM TEMPERADO

Mas, para lutar contra essa tendência, é preciso nos perguntar o que poderá acompanhar essa liberdade que se abre em direção ao outro: o amor-próprio, ou seja, uma certa dose de narcisismo, mesmo que possa parecer paradoxal. Embora o narcisismo exacerbado só possa resultar no egoísmo ou na morte (Narciso afogando-se na própria imagem), um narcisismo "bem temperado" é indispensável. De outro modo, o amor pelo outro, o investimento no outro, a sua idealização frenética não passariam de indícios de um "buraco" na personalidade que o outro deveria imperativamente preencher. O outro seria aquele galho ao qual se agarraria o amante, por falta de balizas, de pontos de referência. Esse amor daria ao outro o lugar de um objeto, cujo único papel seria o de fornecer uma satisfação total e constante para a falta fundamental de confiança em si próprio, e até mesmo no ser do amante. "Nada sou, tudo és, e graças a ti vivo." Se for esse o caso, o outro – objeto de tal excesso de investimento, instalado em um lugar de "grande Todo" impossível de ocupar, insubstituível, que dá sentido à vida, será, na realidade, devorado (trata-se propriamente de uma vontade e de um ato de vampirismo ou de canibalismo). "Se existo apenas pelo outro, continuo sem existir, e mato o outro." É talvez o sentido que podemos atribuir aos versos de Oscar Wilde (mesmo que ele não os tenha escrito com essa intenção): "Sempre matamos o que amamos". Embora alguns aceitem ser devorados, por se sentirem indispensáveis à vida do outro e todo-poderosos (o que os coloca em uma posição narcisista perfeitamente mortífera), eles se iludem, pois o parceiro jamais cessará de devorá-los. Este nunca ficará satisfeito, desejará sempre mais sinais de amor, de solicitude, pois a rachadura (não criadora) só aumentará de tamanho, donde um ciúme e um desejo que assumem formas mórbidas. A salvação do "tão amado" só pode ser a fuga. De outra forma, ao acreditar ser tudo para o outro, ele perceberá que nada é e que o outro não é grande coisa. O amor não tem nenhuma relação com a impotência de um e o excesso de poder do outro.

Assim, para amar é preciso sentir-se relativamente bem consigo mesmo. Isso não significa que o amante não sinta algumas carências, não experimente contradições, não tenha, às vezes, necessidade de sentir-se tranquilizado. Como todo ser humano, o amante é falível, mas sente-se suficientemente consistente para enfrentar o mundo, mesmo que tenha de ficar só e sofrer com isso. Mas não conseguirá ficar assim. A libido do ego, como vimos, deve completar-se com uma libido voltada para um objeto (no sentido psicanalítico do termo – melhor dizer um sujeito) procurado por sua própria alteridade. Pois, como é dito em *O banquete*, cada um busca a sua metade perdida. É um mito, naturalmente, nada mais do que um mito. Mas, como todo mito, expressa um desejo profundo da humanidade, contém sempre um pouco de verdade e tem sempre fundamentos na realidade, é possível propor que aquele que tenta construir um amor ou uma amizade durável se conduz "como se" sentisse algo de incompleto em seu interior, que vai se esforçar permanentemente por remediar, encontrando e construindo o outro como uma outra parte de si mesmo, com a sua cooperação íntima, desconstruindo-se a si próprio.

Esse movimento em direção ao outro não é o puro reconhecimento do outro, sem benefício para o amante. Este deseja não apenas reconhecer o outro, conhecê-lo, fazê-lo existir, mas deseja também ser reconhecido pelo outro como aquele que pode assumir o papel da metade que falta, e espera que outro lhe devolva uma imagem positiva do que ele é e do que ele faz. As relações entre seres humanos nunca são puramente altruístas. Implicam sempre o desejo de um prêmio de prazer lisonjeiro para o narcisismo, esse narcisismo necessário, como dissemos anteriormente, justamente por ser capaz de amar sem o desejo de vampirizar o outro, sem a ilusão de ver todas as suas necessidades atendidas, como pôde fazer a mãe cujo amor (assim como o ódio ou a indiferença) é sempre marcado pelo excesso. É verdade que todo indivíduo, mesmo aquele que só estabelece relações simétricas (ou menos assimétricas possíveis) com o parceiro ou a parceira, lembrar-se-á constantemente, mesmo inconscientemente, dos momentos de fusão ou de rejeição da mãe, e sua tendência será ou sentir saudades e tentar reencontrá-los, ou ter horror a eles e tentar compensá-los e superá-los estabelecendo uma formação reacional. A mãe permanece presente em cada um dos seres humanos, e todos devem saber pagar essa dívida (na realidade, insolvível, porque infinita). Mas aqueles que tentam construir relações de reciprocidade, mesmo reconhecendo sua dívida para com a mãe, tentam fazer com que seja minimizada essa palavra que continua a ecoar dentro de si.

PROXIMIDADE E CONFLITO

Esse movimento em direção ao outro não é dirigido a qualquer outro. Este não apenas não deve tentar garantir o seu domínio sobre o amante, mas deve ser, apesar das diferenças, algo semelhante a ele. O amor durável tem mais chances de nascer entre pessoas que adotem as mesmas regras de vida e tenham gostos que possam ser compartilhados. Tristão só amaria uma princesa e Romeu, uma mulher de família tão nobre quanto a sua. O amor da princesa e do limpador de chaminés é uma bonita lenda. Como toda lenda, raramente se inscreve na realidade. Se o outro é sempre um estranho *unheimlich* (inquietante), ele deverá ser também suficientemente *heimlich* (familiar) para ser escolhido. Freud o percebeu bem, como aquele que sempre vê no outro essa mistura de perigo e de proximidade. A maioria dos seres opta pela proximidade, na tentativa de negar ou diminuir o perigo inerente a todo encontro.

E, no entanto, a proximidade pode ser um engodo. É a promessa de um prazer recíproco fácil de conquistar e de um sofrimento evitado. Estabelece o impasse sobre a dificuldade de uma relação em que cada qual permanece irredutível ao outro (qualquer que seja a sua proximidade) com seus sentimentos, suas opiniões, suas convicções próprias, e em que há a possibilidade de conflito aberto ou latente e de ser fonte de sofrimento. Se a relação for simétrica, deve necessariamente ocorrer o conflito, enquanto elemento estruturador inerente a toda relação (Kant tinha razão em observar, com Empédocles, que, embora o homem deseje a concórdia, a natureza chama à discórdia[2]) em que o "eu" e o "tu" (caros ao sr. Buber) não são réplicas um do outro. Ele nada tem de patológico, não pode ser considerado uma disfunção. O conflito (a discórdia) é a outra face do amor. Se o conflito não existisse, se a resistência fosse definitivamente vencida, os seres fundir-se-iam ou admirar-se-iam no espelho um do outro e baliriam como as ovelhas kantianas. Quando dois seres se amam verdadeiramente, são capazes (eu diria até devem) de causar sofrimento mútuo, cada qual podendo apontar para a falha do outro e aumentá-la, mesmo que só persiga o seu bem. Não se deve esquecer, inclusive, que o amor não é um jogo de dois personagens, mas de três. Como o falo que cada um busca conquistar, que se esquiva como o furão da canção ("*il court, il court le furet*"[3]) e que desempenha o papel de um terceiro por sobre os protagonistas da luta pelo poder, o amor é também uma instância tal que fura com suas flechas um e outro, que toda pessoa quer agarrar e encarnar ("eu te amo" significa, na realidade, "eu sou todo amor, eu sou todo amor"), mas que não é propriedade de ninguém. (Os antigos o perceberam bem, fazendo do amor o personagem que conduz o jogo, mas que não é conduzido por ninguém.) Assim, o amor é, em si

---

2. "Sem as propriedades, em si decerto não dignas de apreço, da insociabilidade (dos homens), de que promana a resistência com que cada qual deve deparar nas suas pretensões egoístas, todos os talentos ficariam para sempre ocultos no seu germe, numa arcádica vida de pastores, em perfeita harmonia, satisfação e amor recíproco: e os homens, tão bons como as ovelhas que apascentam, dificilmente proporcionariam a esta sua existência um valor maior do que o que tem este animal doméstico", escreveu Kant. *Ideia de uma História Universal com um propósito cosmopolita (1784)*, trad. Artur Morão. Disponível em: LusoSofia Press, <www.lusofia.net>, p. 8.
3. "Corre, corre o furão." [N.T.]

mesmo, fonte de sofrimento. Estar amando significa sofrer (e também, como já foi dito, ter prazer!), viver como um ser em sofrimento.

> *Ainsi Amour inconstamment me meine;*
> *Et quand je pense avoir plus de douleur*
> *Sans y penser je me treuve hors de peine.*
> *Puis quand je croye ma joye être certaine*
> *Et être au haut de mon désiré heur*
> *Il me remet en mon premier malheur*[4]
>
> Louise Labbé

Embora o conflito esteja estruturalmente presente na relação amorosa, se o amor é uma terceira instância que traz, além do prazer, o sofrimento, é simplesmente porque Eros está sempre imbricado com Tânatos. A pulsão de morte joga seu jogo e realiza a sua obra: o desligamento. Nisto ela luta contra as ligações excessivamente estreitas, contra a tentação da fusão, e assim se inscreve como o sinal de que a paixão com seus descaminhos, de que a alienação com sua impossibilidade de retomada não ocorrerão. Ela impede aquilo que Fedra, de Racine, vai viver em seu grau mais extremo:

> *Je le vis, je rougis, je pâlis à sa vue;*
> *Un trouble s'éleva dans mon âme éperdue;*
> *Mes yeux ne voyaient plus, je ne pouvais parler.*
> *Je sentis tout mon corps et transir et brûler*[5].

Embora Eros tenha de falar alto para criar e manter o elo, Tânatos deve desfazê-lo, o que é causa de sofrimento, mas que proporciona o prazer do encontro com um ser que, também ele, é causa de si próprio, que ama o outro por ele próprio e não para satisfazer algum desejo paranoico ou megalomaníaco, como é cada vez mais o caso atualmente.

---

4. Tradução livre: "Assim com inconstância me conduz o Amor/ E quando penso que mais vou penar/ sem perceber desaparece a dor/ E quando creio que a alegria é certa/ Que soa a hora de meu desejo/ A desventura Ele desperta".
5. Tradução livre: "Eu o vi, corei e empalideci ao vê-lo;/ Uma aflição elevou-se em minh'alma perdida;/ Meus olhos já não viam, não pude mais falar./ Senti todo o meu corpo tremer e arder".

JOGOS SOCIAIS

Mas os jogos do amor, da amizade e do acaso não são jogados entre dois seres apenas. Eles intervêm diretamente na constituição dos liames sociais. Três pontos serão examinados. Inicialmente:

O narcisismo das pequenas diferenças

Lembramos que Freud assim designa um "narcisismo grupal" levado à incandescência. Para que tal narcisismo possa se desenvolver, é necessário que a libido vincule os seres humanos profundamente uns aos outros, assim como a seu chefe, quando substituem o seu ideal de ego por um objeto encarnado pelo chefe.

Como mostrou Freud, esse "amor" é necessário para a criação da coesão do grupo. É raramente uma atração sexual direta – seria mais inibida, assexuada, sublimada. Seria mais do tipo homossexual ou, em alguns casos, sem referência à sexualidade, cada membro do grupo semelhante ao outro – uniformes, conformes.

O grupo rumará em direção a uma homogeneização perfeita, à "massificação". Ora, o que nos diz a nossa sociedade de capitalismo liberal senão que se o indivíduo é livre, ele é livre de ser como os outros. A individualização resulta na massificação. Só a individualização diferencia os seres. E, ao contrário, para ser um indivíduo "individualizado" é indispensável buscar os mesmos prazeres que os outros, sobretudo quando se pertence a um grupo particularmente coeso, que não dá importância aos demais. A identidade individual tende a fundir-se em uma identidade coletiva. Pois, como nos adverte G. Devereux (1973): "Se a gente é apenas um capitalista ou um proletário, um ateniense ou um espartano (e podemos acrescentar franceses ou alemães, partidários do rock ou de Wagner), a gente está bem perto de não ser grande coisa ou mesmo *coisa alguma*" (grifo do autor). E acrescentar ainda: "O ato de formular e assumir uma identidade maciça e dominante" – e isto, qualquer que seja a identidade –"constitui o primeiro passo para a renúncia 'definitiva' à identidade 'real'".

Essa vinculação alienada desenvolveu-se particularmente em nossas sociedades. Basta constatar a proliferação de confrarias, seitas, grupos de todos os tipos que tendem a preencher a insatisfação dos indivíduos pouco seguros em relação a si mesmos e que se abastecem no amor mútuo e na rejeição, no desprezo aos outros (que servem como superfícies de projeção de tudo o que é vil, abjeto, sujo que possa existir em sua própria interioridade), com uma aparência de solidez que pode desaparecer diante de qualquer choque violento.

Assim, esse "falso amor", essa falsa amizade (essa conivência, essa colusão, essa alienação), são particularmente valorizados pela cultura liberal que, ao fingir incensar os indivíduos, transforma-os em uma "massa estagnante" (Canetti, 1960).

Voltado para dentro

Consideremos aqui certas consequências do narcisismo em seu apogeu. O indivíduo, ao não obter o que deseja, não conseguir atender às suas necessidades, responsabilizará a sociedade por essa limitação. O nosso indivíduo triunfante transforma-se, então, em vítima da sociedade, apenas capaz de se lamuriar, quando não se enche de raiva diante da situação, exigindo, aos gritos, uma reparação pelos danos sofridos. Não há dúvida de que a nossa cultura liberal gera vítimas de verdade. Mas, ao nos fazer acreditar que o indivíduo pode ser um rei que tem de poder satisfazer todos os seus desejos (quando Freud nos deixou bem claro que a civilização não nutria a renúncia à satisfação imediata de um grande número de desejos), ela desenvolve uma tendência à vitimização, que por vezes apresenta aspectos cômicos (tal o indivíduo que cai na escada de casa e ataca o arquiteto e o empreiteiro, para obter uma indenização pelo prejuízo). O homem que não ama os outros passa a ter medo do outro, a temer pela própria vida, por sua integridade, e se prepara para defender-se antes mesmo que qualquer perigo o ameace. Como aqueles americanos denunciados por Michael Moore, no filme *Tiros em Columbine*, que valorizam suas armas para preservar a liberdade, às vezes abatendo quem os possa colocar em dificuldades; ou ainda como aquelas crianças também apresentadas por Michael Moore, que matam os colegas de colégio por razões difíceis de destrinchar, mas em que medo, ciúme, inveja e o ódio próprio certamente têm a sua parte.

Voltar-se para dentro e para seus próprios prazeres pode também ter como consequência um rápido distanciamento das pessoas, até daqueles com quem se mantém algum vínculo, mesmo que relativo. Assim, um marido que perde a esposa é incentivado pelo meio que o cerca não a empreender um trabalho de luto, mas a preencher o vazio o mais rapidamente possível encontrando uma nova companheira, com quem poderá casar-se ou manter uma ligação temporária (outras virão, pois como diz o ditado popular, "perde-se uma, ganha-se dez"). Percebemos assim que os indivíduos, obcecados pelo desejo da plenitude, não conseguem mais suportar a menor falta, tolerar a menor rachadura, e só pensam numa coisa: esquecer o mais rápido possível o que poderia incomodá-los ou provocar neles qualquer ferida psíquica. Assim, o amor por si próprio pode resultar na queixa, no medo, no assassinato físico, ou no esquecimento. Em todas as circunstâncias, ele progressivamente dissolve os vínculos sociais.

Dissemos que Eros desempenha um papel essencial na formação de "entidades sempre maiores" (Freud, 1930)

Voltemos a este ponto.

Freud insistiu no papel de Eros na criação, a cada dia, de novas ligações com seres diferentes e cada vez mais afastados do círculo familiar. Eros obrava, como a libido, para aproximarmo-nos uns dos outros, dessa vez sob a forma do amor sublimado, portanto, da amizade amorosa, da fraternidade, da camaradagem, da convivência. Como já vimos, não amar é, ao contrário, colocar-se sob a égide de Tânatos, da pulsão de morte em seu aspecto autodestrutivo. Ora, uma sociedade de indivíduos em que cada um é posto em concorrência econômica e competição política, em constante emulação por honras, não apenas os afasta uns dos outros, mas faz com que se tornem muitas vezes insuportáveis uns para os outros. Se o indivíduo fiel à injunção da sociedade liberal quiser fazer parte dos *winners* e não dos *losers*, ele terá de transformar-se, como já disse, num "matador *cool*". Não se trata (mas quase!) de matar o outro de verdade, pois ele poderá ainda vir a ser útil em outras circunstâncias, tornar-se um parceiro, mas apenas de eliminá-lo da corrida ao sucesso, como deve fazer todo bom desportista (bem sabemos quanto a referência ao esporte tornou-se central em nossas sociedades liberais).

Ao amar o outro (ou até mesmo simplesmente manter com ele relações cordiais, ternas, calorosas), corremos o risco de ficar à sua mercê, quando o que desejamos, para sermos os primeiros, é subjugá-lo, dominá-lo, adequá-lo aos nossos próprios desejos. Sem perceber, ao rejeitar esse vínculo, o homem está contribuindo para o desaparecimento dos liames sociais. O homem passará a só considerar o outro dentro de "estratégias relacionais" por ele articuladas. Percebe-se, então, que esse homem não passa de um servo da cultura estratégica, única cultura imaginável em uma sociedade liberal que só considera o outro como objeto a ser seduzido, manipulado ou banido.

EROS NÃO SÓ DESEMPENHA UM PAPEL PREPONDERANTE NA CONSTITUIÇÃO DOS VÍNCULOS SOCIAIS, MAS TAMBÉM UM PAPEL CENTRAL NO TRABALHO DA CULTURA (*LA KULTURARBEIT*)

O trabalho da cultura, isto é, a possibilidade evocada por Freud, especificamente em *Moisés e o monoteísmo* (1939), de que esta permite "avançar em direção à espiritualidade", contribuir com a sua pedra para a emancipação humana e para o reconhecimento mútuo, depende diretamente do amor capaz de criar a vinculação entre os seres. Freud dizia: "Tudo o que reforça os laços afetivos afasta a guerra". Efetivamente, os laços afetivos fazem recuar os desejos de destruição e favorecem o impulso criador: obras literárias, artes plásticas, música e sobretudo a afinação das relações dos homens, que se tornam mais afáveis entre si, mais corteses, mais inclinados à ajuda mútua. Por outro lado, sem o sentimento positivo, sem a compreensão do outro, sem o interesse pelo outro, a cultura só pode periclitar e as pulsões reencontrarem sua força arcaica e suas tendências destrutivas. Certos psicanalistas, em particular N. Zaltzman (2002), em sua obra *De la guérison psychanalytique*, nos mostra que uma psicanálise "exitosa" não significa que o homem vá se sentir melhor no mundo, ou que seja capaz de resolver seus problemas, mas que tomou consciência de seu pertencimento àquilo que R. Antelme chamava de "espécie humana". É quando o indivíduo se concebe conectado ao mundo, "homem entre os homens" (Sartre), capaz de dialogar com todas as etnias, todas as religiões, todas as nações, e de compartilhar o sofrimento dos outros (Tocqueville, inclusive, pôs bem em evidência o papel central da simpatia em relação aos outros para fundar, de forma durável, a democracia), que ele se torna verdadeiramente um homem da cultura e que contribui para a sua "obra". Por outro lado, na sociedade do cada um por si, do um contra o outro, o homem se "des-cultura", ele se "des-civiliza" (como observava N. Elias, 1989) e passa a nada mais ser do que a sede de suas paixões egoístas. Não se faz mais necessário continuar a avançar. O amor como encontro entre dois seres, entre vários seres, entre uma multidão de seres tecendo relações de reciprocidade de longa duração e marcadas pela simetria, está longe de caracterizar a nossa cultura liberal. Nela, como escreveu N. Luhmann (1982), o amor transformou-se em problema, a incomunicabilidade tornou-se a regra, o desempenho (permanecer o mais jovem, o mais belo, o mais viril ou, para uma mulher, a mais atraente), obrigatório. Como disse, também, A. Giddens (1992), "só se fica junto se a relação trouxer satisfações", "só nos comprometemos pelo que podemos esperar levar desse compromisso", ou ainda, como escreveu Z. Bauman (2003), "o amor tornou-se líquido", podendo escoar-se rapidamente. Só irá interessar se contribuir para a autorrealização. Se, ao contrário, trouxer dúvidas, suscitar questionamentos, ocasionar queimaduras, ele só poderá ser rejeitado.

Assim, os vínculos (sejam os indivíduos legalmente casados ou não) desfiam-se rapidamente, os divórcios multiplicam-se, predominam os encontros efêmeros. É preciso satisfazer *todos* os desejos, e isto, *continuamente*. Não deverá haver repouso, momentos difíceis, problemas a resolver. *"Je t'aime, moi non plus"* não é mais o nome de uma canção. É a afirmação prototípica de uma sociedade em que o lugar do outro é o do fornecedor de satisfações imediatas e duradouras.

Mas como fruir constantemente pertence à ordem do impossível, como o outro não necessariamente jogará esse jogo, tendo, por sua vez, o seu próprio jogo a cumprir, como a doença está à espreita, o homem das sociedades liberais transforma-se, na realidade, em um ser cada vez mais insatisfeito, que não entende que o outro não se comporta como um bom computador, o qual basta dedilhar para obter-se a reação desejada. Instala-se, então, o mal-estar.

As nossas sociedades não estão doentes apenas por não conseguirem resolver o problema do desemprego, por serem cada vez mais desiguais, por deixarem partes inteiras da população na mais completa privação, a ponto de algumas pessoas já não viverem, mas apenas sobreviverem. Elas sofrem da doença da falta de amor. Nossa cultura liberal esqueceu que o amor, a amizade, o respeito, a deferência, a consideração pelo outro constituíam o *cimento* indispensável para sua consistência e permanência. Acreditou que, ao instaurar "a guerra de todos contra todos", permitia a cada um ultrapassar, realizar-se, fruir sem entraves. A consequência desse estado de coisas, como constatamos diariamente, não é a crise (é sempre possível sair de uma crise – como a palavra o indica –, ela tem os seus aspectos positivos, na medida em que abre portas), mas o mal-estar difuso, constante, sufocante, impalpável, verdadeiro *smog* psicológico que envolve todos dentro de uma espessa névoa. Esse mal-estar, a que Freud (1930) se referiu e que todo mundo esperou ser temporário, persiste e torna-se cada vez mais denso. O homem moderno não sabe o que fazer dele. Volta-se contra a sociedade, contra os outros, contra si mesmo, sem enxergar que faz parte disso e que o cultiva a cada dia.

Se chegamos a esse ponto do mal-estar, é por uma série de razões que os senhores puderam perceber nesta palestra, mas que eu gostaria de recapitular.

Em primeiro lugar, a transformação da sociedade

Que tende a passar da *"universitás"* à *"societás"*, duas modalidades sociopolíticas que haviam sido enunciadas pela escolástica medieval e recentemente retomadas por vários autores.

Universitás significa que "a sociedade, com suas intuições, valores, conceitos, língua, vem sociologicamente primeiro em relação a seus membros particulares, que só se tornam homens pela educação e pela adaptação a uma sociedade determinada" (L. Dumont, 1983).

Societás "corresponde à tendência que considera que a sociedade consiste em indivíduos, indivíduos estes que vêm primeiro do que os grupos ou relações que constituem ou 'produzem' entre si, mais ou menos voluntariamente" (L. Dumont, 1983). A sociedade ocidental não é mais uma *universitás* e tende a tornar-se, sem o conseguir inteiramente, uma *societás*.

Já não é uma *universitás* (ou é uma *universitás desconjuntada*) desde que Husserl, em 1935, evidenciou, em suas célebres conferências de Viena e Praga, "a crise da humanidade europeia", e desde que H. Broch, em 1933, apontou na história ocidental a história da desagregação de valores, no terceiro livro de sua grande trilogia *Les Somnambules*. Para esses dois autores, um filósofo e outro romancista, nossa história não tem mais como horizonte "o mundo concreto da vida" (*Die Lebenswelt*) e nossas sociedades são afetadas pela perda de um senso comum e pelo declínio do que significa conviver.

Para que haja *universitás* é necessário que as instituições sejam sólidas, coercivas, remetendo-se a símbolos fortes, suscitando a crença e o respeito, fundando-se em princípios e valores comumente aceitos (mesmo que sempre exista um núcleo de deslocados ou de dissidentes), irrigando a ação coletiva. Cada indivíduo sente-se parte de uma "alma coletiva" (para retomar a terminologia de antes da Primeira Guerra Mundial), ou da "consciência coletiva", descrita e preconizada por Durkheim. Ele faz parte de um "todo", que o protege e em grande parte lhe dita a conduta. Ele obedece, pois tem o sentimento de obedecer a si mesmo, o superego coletivo prevalecendo sobre o seu superego individual. Ele é o homem do dever. Para ele, a regra e a norma são sagradas. Em tal universo, reina a moral. As prescrições são respeitadas como prescrições, por ser quase natural. Sem elas, o mundo ruiria.

Esse tipo de sociedade – que não apenas realiza uma divisão do trabalho implicando uma interdependência de todos, mas também uma aspiração coletiva a sentir-se protegido em uma comunidade de fundamentos transcendentais (Deus ou os deuses, ou ainda, em se tratando de uma sociedade secularizada, a Nação, a Pátria, o Estado) – está em via de extinção.

Cede lugar, cada vez mais, a uma sociedade de individualismo, em que o fundamental para cada um é "a fruição em suas atividades privadas" e a aceitação "apenas daquelas instituições que permitem essa fruição" (B. Constant, 1819). Os indivíduos já não desejam se sacrificar ao "grande Todo", têm valores diferentes e cuidam para que estes sejam respeitados. Desaparece a moral imperativa – os homens querem ter cada vez menos deveres, e têm (ou exigem) cada vez mais direitos. Como não chegar a esse ponto, a esse foco sobre si mesmo, sua família, sua tribo, após uma Segunda Guerra Mundial particularmente assassina, depois da Shoah (Holocausto), dos *gulags* soviéticos, das guerras no Vietnã, dos massacres em Ruanda, da guerra no Iraque... Como acreditar ainda em valores comuns? As pessoas querem proteção e a realização individual.

O triunfo da racionalidade instrumental e a derrota do pensamento

"O mundo da vida" não é mais o horizonte da *societás*: esta deseja apenas inventar a cada dia novos instrumentos, utensílios, ferramentas, métodos, técnicas, próteses que lhe permitirão entregar-se um pouco mais ao sonho da dominação do real. O que não puder ter valor operacional imediato perde o interesse. Assim, a pesquisa fundamental, o pensamento que sai dos caminhos batidos, veem-se abandonados e em grande perigo. Pois há uma relação essencial entre esse pensamento e o amor. Fernando Pessoa dizia, aliás, admiravelmente: "O amor é um pensamento". O amor, como o pensamento, perturba, questiona a ordem estabelecida.

Todo pensamento exigente que permita dar conta das relações sociais reais e desvendar os processos de exploração e alienação (o pensamento de Marx é um bom exemplo dessa ambição); que favoreça a exploração do inconsciente e aponte para um aparelho psíquico conflituoso (neste caso, a referência primeira é a de Freud); ou ainda que dê uma outra imagem do mundo ou da espécie humana (Copérnico, Galileu, Darwin), lança uma inquietação à sociedade e à economia psíquica dos indivíduos, pois obriga a enxergar o que não apenas havia sido ocultado, mascarado, reprimido, recalcado, mas que simplesmente não havia sido percebido ou o que havia sido esquecido. Obriga a reestruturar o nosso modo de apreender as coisas e os seres. Ele sempre funciona como uma "destruição criadora", retomando a expressão de Joseph Schumpeter. Tanto destruir quanto criar são um escândalo, pois ambos rompem a ordem das coisas e impedem as rotinas. São contra a repetição, e é bem sabido, depois de Freud, que a compulsão à repetição é fundamental nos seres humanos. Não são apenas os pensamentos excepcionais que evacuam os paradigmas mais estáveis e inauguram novos *epistémes*, como os que acabam de ser mencionados. Trata-se de todo pensamento expresso ou traduzido em ato (como o dos pintores impressionistas, por exemplo) que, sem uma intenção consciente de arruinar as maneiras antigas de conceber e de fazer, emite novas interrogações, aponta para aspectos inesperados do "mundo experimentado", provoca rachaduras nos sistemas. Monet queria apenas captar a luz, Cézanne, compor o "tema" à sua frente. E, na verdade, vieram a transformar paciente e dolorosamente a nossa visão da natureza. Em outras palavras, lançaram uma perturbação duradoura e crucial na ordem da percepção, quando sua única ambição era fazer o seu trabalho, tal como o concebiam, da melhor forma possível.

O amor, por sua vez (dizer isso não é nenhuma novidade), provoca perturbação. Faz surgirem ali, onde reinava a tranquilidade da alma e do corpo, sentimentos violentos e contrastantes. Basta lembrarmos a canção de Querubino, em *Bodas de Fígaro*, ou a epidemia de suicídios de amantes incompreendidos, quando da publicação de *Werther*, de Goethe. Racine o expressou admiravelmente em *Fedra*, quando a faz se lembrar de seu encontro com Hipólito.

A perturbação perdura, pois o amor não deixa o sujeito descansar e viver com serenidade.

O amor levanta um duplo problema fundamental – o da duração e o da intensidade. O amante se pergunta sempre: "Será que vai durar, será que ele ou ela me ama tanto quanto eu o ou a amo? Será que não devo questionar o que sou ou mudar de vida para ser digno do amor que tem por mim?". "Não existe amor feliz", escrevia Aragon. Seria melhor dizer: "Não existe amor sem asperezas, amor que alivia". O amor desperta para os prazeres desmedidos e para o sofrimento mais agudo. Com ele, nenhuma certeza. Tudo tem de ser reinaugurado a cada dia. Como o pensamento, ele é destruição criadora, integra a pulsão de morte à pulsão de vida. Ele quer o outro vivo; ele quer o outro morto, se não for semelhante ao sonho projetado; ele é o sinal do nosso *élan* para a vida, mas muitas vezes assina a nossa sentença de morte. Há, portanto, uma homologia entre a perturbação do pensamento e a perturbação provocada pelo amor.

Tanto o pensamento exigente quanto o amor autêntico são rechaçados em nossa sociedade, pois ambos são perturbadores. E os indivíduos atuais precisam de certezas, querem refletir de forma binária, e todos os meios sofisticados de comunicação tomam essa direção. O que não é passível de ser posto em números, submetido a cálculos, torna-se insignificante. O quantitativo substitui o qualitativo considerado não "científico".

O culto à excelência e ao desempenho – o dinheiro-rei

Todos os seus instrumentos, cada vez mais sofisticados, são confiados a pessoas extremamente qualificadas que devem provar sua competência diariamente superando todos os desafios (os *"challenges"*, como se diz em francês!) suscitados por um trabalho que a cada dia implica novos riscos. Assim surgiu o mundo da gestão rainha (Gaulejac, 2005), onde todos devem tornar-se *tomadores de decisões*, capazes não apenas de realizar bem o seu trabalho, mas de fazê-lo com excelência e ainda se possível melhorar os seus desempenhos. A organização do trabalho tal como se aplica hoje segue essa direção. O indivíduo com desempenho insuficiente desaparece, pois representa um prejuízo pesado para o aumento do lucro. A conclusão disso é a de que reina o dinheiro distribuído prioritariamente aos acionistas e aos donos de fundos de pensão.

A transformação do cidadão em consumidor

Antigamente (na época da *pólis* ateniense), havia o cidadão. Os tempos modernos inventaram o Produtor, o Trabalhador (com maiúsculas). O nosso mundo contemporâneo só se interessa pelo consumidor. "É preciso aumentar o consumo para impulsionar ou reimpulsionar a economia." "Aquele que não consome não é um bom americano, um bom francês..." São essas as palavras de ordem. O indivíduo que não compra, que não possui o último produto útil (ou inútil) não tem a sensação de existir. Um humorista resume assim a situação: *"L'Être s'est fait avoir"*[6] – caricatural, mas bastante correto. Quando os indivíduos não têm o que consideram que deveriam ter, revoltam-se, pilham lojas, queimam carros. Amplia-se o reino do ciúme e da inveja.

A nova concepção do tempo – a vida imediata

"A vida imediata" já não nos remete à bela coletânea de poemas de Paul Éluard nem à vontade de viver intensamente de Gide ("Eu te ensinarei o fervor..."), dos dadaístas ou dos surrealistas. Não significa mais do que a necessidade de agir rápido, com urgência (N. Aubert, 2002), de concentrar-se no efêmero, no "que está na moda"; e, sobretudo nas empresas, ser capaz de estar informado e reagir "em tempo real". Para os mais despossuídos, ela tem a sinistra significação da sobrevivência no dia a dia. Para todos, não há mais futuro (não são apenas os seguidores do "*no*

---

6. Jogo de palavras significando ao mesmo tempo "o ser se fez ter" e "o ser se deixou enganar". [N.T.]

future" que o afirmam, mas o próprios futurologistas, pois suas profecias geralmente revelam-se equivocadas), diminui a capacidade de previsão e desaparece a programação a longo prazo. Assim, tem-se que aproveitar imediatamente, lançar mão da oportunidade propícia (o KAIROS) no próprio momento, já que o futuro se tornou imprevisível. Com a vida imediata, o declínio da construção amorosa, dos laços de amizade, da solidariedade. Salve-se quem puder! Cada um por si.

A precariedade – a reinvenção do "inútil para o mundo"

Se todos devem saber manejar instrumentos sofisticados, demonstrar bom desempenho, ser bons consumidores, particularmente reativos (tomando as decisões corretas no momento oportuno), que fim levará aquele que (por todo tipo de razão) não estiver em condições de estar nessa situação? Pois bem, ele corre o risco de ser eliminado (demitido, sobrevivendo de "bicos") socialmente, psiquicamente, às vezes fisicamente. Ele se tornou o que na Idade Média se chamava "um inútil no mundo", a quem se deve dar certa ajuda, mas que incomoda. Se desaparecesse, ninguém sentiria a sua falta.

A instalação de um mundo sadiano (perverso)

Se todo indivíduo puder fazer uso de instrumentos, ele poderá enxergar a si próprio como um instrumento que é preciso afinar (as técnicas de capacitação aí estão para preencher suas lacunas). Se ele for um instrumento, pode ser usado como tal por outros. Assim, se crê livre, mas tem sempre de estar na ponte, estressando-se, superando-se, tornando-se melhor, mais completo. Na realidade, ele se vê negando a sua existência, os seus desejos, as suas dúvidas, os seus momentos de abandono, de desespero ou de entusiasmo. Ele tem que estar em conformidade, e, mesmo que esteja, poderá sempre ser objeto de manipulações infames. Pois o único valor que conta é o dinheiro, e é lícito, neste mundo, seduzir, coagir, persuadir, manipular o outro e, a rigor, matá-lo se isto significar um resultado econômico positivo para o manipulador. Então, assim chega o "tempo dos assassinos" anunciado por Rimbaud. Como escreveu H. Broch (1932), "o maior miserável toma sempre o papel do carrasco no processo de degradação dos valores, e, no dia em que as trombetas do julgamento soarem, o homem isento de valores tornar-se-á o carrasco de um mundo que condenou a si mesmo".

Haverá, talvez, quem ache este quadro um tanto negro. E é, mas não mais – é até menos – do que a realidade que nos é lembrada diariamente pelos milhares de seres que morrem de fome, sucumbem às guerras, são presas de assassinos (às vezes de colarinhos brancos), vivem no limite da sobrevivência e nas nossas sociedades desenvolvidas são percebidos e rejeitados como dejetos (D. Lhuilier e Y. Cochin, 1999) no dia em que não parecem mais rentáveis ou em que sua empresa é adquirida, relocalizada. E, no entanto, alguns sinais, sem dúvida discretos, lembram-nos que nem sempre acontece o pior. Nem todos os homens se resignam a esse mundo sem amor, sem paixão recíproca e não alienante, sem reconhecimento mútuo. De fato, muitas pessoas ainda querem casar-se e ter filhos (filhos que, como mostrou Hegel, significam ir além de uma relação dual que poderia se tornar mortífera); os casais homossexuais querem ter filhos (graças a mães de aluguel) ou adotá-los. Desejam, cada vez mais, casar-se ou manter relações duradouras. As mulheres solteiras também desejam prolongar-se em seus filhos.

Em outro plano completamente diferente, o indivíduo atomizado começa a retomar o gosto pelo coletivo, pelos grupos de afinidades (é verdade que muitas vezes ele se engana e adere a seitas alienantes. Mas, apesar de tudo, ao escolher esse caminho, o que se quer sinalizar é a impossibilidade de viver só, isolado de seus semelhantes e com o coração frio), pelos grupos políticos que se situam fora dos partidos políticos ou dos sindicatos tradicionais. Retoma também o gosto pela política, quer dizer, o interesse pela vida da cidade, e, assim, pelos seres humanos que a compõem; investe em movimentos sociais mais ou menos inovadores, ou, pelo menos, não tradicionais (como os movimentos altermundialistas). Interessa-se pela construção europeia, mesmo que combata as suas formas atuais.

Portanto, Eros ainda não disse a última palavra. E é provável que jamais o faça, pois um mundo em que cada um é definitivamente separado dos outros só poderia transformar-se em uma "terra devastada", onde reinaria um inverno eterno. Sendo assim, a voz de Eros ainda está baixa, e ouvem-se bem melhor os clamores de Tânatos. Apesar disso, o futuro ainda está longe de estar decidido. Há muito sabemos que, quando as sociedades evoluem em um certo sentido, reticências e resistências acabam emergindo. Como dizia Hölderlin: "Quando aumentam os perigos, aumenta também o socorro". Talvez, em um momento imprevisível, um grande número de homens poderá repetir os famosos versos de La Fontaine:

> *Amants, heureux amants, voulez-vous voyager*
> *que se soit aux rives prochaines,*
> *soyez vous l'un à l'autre un monde toujours beau*
> *Toujours divers, toujours nouveau*[7]

Isto é pouco provável de acontecer. No entanto, não se trata de abandonar toda esperança de surpresa, pois, como escrevia outro poeta, René Char: "A cada derrocada das provas, o poeta responde com uma salva de futuro".

Tradução de Lucia Melim

---

7. Tradução livre: "Amantes, felizes amantes, desejam vocês viajar/ Que seja em margens próximas,/ Sejam um para o outro um mundo sempre belo/ Sempre diverso, sempre novo".

Depressão e imagem do novo mundo
Maria Rita Kehl

A depressão, forma contemporânea do *spleen*, tão em voga em nossos dias quanto foi a histeria nos tempos de Freud, é uma expressão da dor psíquica que desafia todas as pretensões da ciência de programar a vida humana na direção de uma otimização de resultados. Fatia de mercado disputada pelos laboratórios farmacêuticos, os depressivos formam um grupo desunido e incômodo a desafiar, ainda que inadvertidamente, a norma do bem-estar *prêt-à-porter* predominante nas sociedades ditas avançadas: estas que se tornaram incapazes de refletir sobre a dor de viver. Estas que, convencidas de que a riqueza se mede pela abundância de mercadorias em circulação, se tornaram incapazes de tolerar a falta, de criar estéticas para o vazio, de usufruir da lentidão e vislumbrar o saber contido na tristeza.

A experiência da depressão talvez prove que algo no humano resiste à aliança entre tecnologia e publicidade, assim como às novas formas de credo que elas promovem. Do homem, sabemos, a máquina de moer carne capitalista aproveita até o berro: os depressivos, porém, não oferecem nem isso. Os depressivos não berram. Seu silêncio, seu recolhimento, sua falta de interesse por todas as ofertas de gozo em circulação, fazem do depressivo a expressão do *sintoma social* contemporâneo. O depressivo, como no verso do poeta suicida Torquato Neto, desafina o coro dos contentes nesta primeira década do século XXI.

A depressão é a marca humana porque remete à experiência inaugural do psíquico. O psiquismo, acontecimento que acompanha toda a vida humana sem se localizar em nenhum lugar do corpo, resulta de um trabalho de representação contra um fundo vazio que poderíamos chamar, metaforicamente, de um núcleo de depressão. O núcleo de nada de onde há de emergir um sujeito capaz de simbolizar o objeto que lhe falta.

A rigor, a vida não faz sentido; nossa passagem individual pelo planeta não tem nenhuma relevância. A rigor, o *eu* que nos sustenta é uma construção fictícia, depende da memória e também do olhar do outro para se reconhecer como uma unidade estável ao longo do tempo. A rigor, não existe um Ser Superior que nos proteja, que se preocupe com nossas desgraças e nos salve de nossos tropeços. Não existe um Deus que nos forneça uma bula em que se leia: "vida, modo de usar"¹. Ninguém, a não ser pai e mãe – dois pobres-diabos tão confusos e desamparados quanto nós mesmos –, espera nada de nós, ao longo de nossa breve passagem pelo mundo. Inventamos os deuses, ou um único Deus, para que Ele espere algo de nós, para que satisfaça nosso desejo de servidão. Inventamos Deus, e seus desígnios, de modo a atribuir a Ele a resposta para o enigma do desejo do Outro: "o que Ele quer de mim?" – e assim nos livrarmos do duro dever de desejar. A esse Deus a quem nada falta, entretanto, falta existência. Daí que nosso único dever, no dizer de Lacan, é acreditar Nele. Ora, se nossa crença é que sustenta a existência de Deus, voltamos à estaca zero: estamos nus sob um céu desabitado.

Contra este pano de fundo de *nonsense*, solidão e desamparo, o psiquismo se constitui em um trabalho permanente de estabelecimento de laços – "destinos pulsionais", como se diz em psicanálise – que sustentam o sujeito perante o outro e diante de si mesmo.

Freudianamente falando, a subjetividade é um canteiro de ilusões. Amamos: a vida, os outros, e sobretudo a nós mesmos. Estamos condenados a amar, pois com esta multiplicidade de laços libidinais tecemos uma rede de sentido para a existência. As diversas modalidades de ilusões amorosas, edipianas ou não, são responsáveis pela confiança imaginária que depositamos no destino, na importância que temos para os outros, no significado de nossos atos corriqueiros. Não precisamos pensar nisso o tempo todo; é preciso estar inconsciente de uma ilusão para que ela nos sustente.

1. Alusão ao título do livro de Georges Perec, 2009.

A depressão é o rompimento desta rede de sentido e amparo: momento em que o psiquismo falha em sua atividade ilusionista e deixa entrever o vazio que nos cerca, ou o vazio que o trabalho psíquico tenta preencher. É o momento de um enfrentamento insuportável com a verdade. Algumas pessoas conseguem evitá-lo a vida toda. Outras passam por ele em circunstâncias traumáticas e saem do outro lado. Mas há os que não conhecem outro modo de existir; são órfãos da proteção imaginária do "amor", trapezistas que oscilam no ar sem nenhuma rede protetora embaixo deles. "A depressão é uma imperfeição do amor", escreveu Andrew Solomon, autor de *O demônio do meio-dia*[2], vasto tratado sobre a depressão publicado nos Estados Unidos e traduzido no Brasil no final de 2002. Faz sentido, se considerarmos o sentido mais amplo da palavra amor. Se "amor" é o conjunto de laços que atam o sujeito à vida, aliado a representações imaginárias que produzem sentido à existência, a depressão pode ser entendida como uma imperfeição amorosa. Não confundir com o luto, mergulho necessário na dor e no vazio que decorre da perda de uma pessoa amada. O luto não é uma patologia, a não ser nos casos em que algum conflito inconsciente impeça o enlutado de superar a perda.

Não confundir, também, a depressão com o tipo de sofrimento decorrente de abandono, de maus-tratos, de falta de amor na infância. A depressão, ao contrário do que propõe a perspectiva teórica norte-americana autodenominada *ego psychology* (psicologia do ego), é uma *posição do sujeito*. Não deve ser confundida com o tipo de abatimento, ou de confusão mental, resultantes do que denominamos vulgarmente um *trauma*.

É óbvio que a rede de proteção do psiquismo pode ser rompida por uma eventual invasão traumática do Real: guerras, calamidades, formas extremas de violência que recaem sobre uma pessoa indefesa na forma de magnitudes de energia tão intensas que o psiquismo é incapaz de simbolizar o ocorrido. Eventos traumáticos abatem o sujeito porque inutilizam a principal função da consciência, que é a de proteger o psiquismo dos estímulos inesperados do mundo real. Freud explicou a natureza dos sonhos traumáticos, que reproduzem repetidas vezes um evento violento sofrido pelo sujeito, como tentativas de simbolizar o trauma.

2. Andrew Solomon, O *demônio do meio-dia*, Rio de Janeiro: Objetiva, 2002.

Mas mesmo as piores "desgraças da vida" recaem sempre sobre um sujeito, incidem sobre uma posição desejante e são rearticuladas pelas formações do inconsciente, que são formações da linguagem. Na clínica psicanalítica, observa-se com frequência que, a depender da posição assumida pelo sujeito, as consequências de uma agressão, uma perda ou uma calamidade podem ser muito diferentes: luto ou luta; abatimento ou ressentimento; melancolia, depressão, sublimação – a lista de possibilidades é infindável. A pior forma de abordar aquele que sofre é tratá-lo como mera *vítima*; ainda que, em alguns casos, o sujeito possa não ter tido nenhuma participação nas causas de seu sofrimento, o psicanalista deve ajudá-lo a superar ativamente o mal que o vitimou. A passividade, além de uma forma mortífera de gozo com a dor, é uma posição fatalista que impede a superação do trauma.

Pode parecer paradoxal, mas uma sociedade narcisista tende a favorecer o culto à vítima. A vítima está sempre preservada da responsabilidade, ou da participação, em relação às causas de seu sofrimento. Do ponto de vista do vitimismo, a cura das dores da vida, assim como da depressão, consistiria na eliminação de todo traço de "má notícia" que advenha do inconsciente. A vítima está a salvo do conflito e da divisão subjetiva, assim como da indagação sobre seu desejo. Ninguém mais íntegro do que uma vítima, do ponto de vista do narcisismo do *eu*. Nietzsche entendeu, com grande perspicácia, a pureza da vítima – a vítima está sempre alheia ao mal assim como, diria um psicanalista, figura-se como inocente diante do gozo. É sempre de fora, do outro, que advém a causa de seu sofrimento[3].

A ideia de que os depressivos sejam meras vítimas dos acidentes da vida é compatível não apenas com a ilusão narcisista a respeito da pureza e da integridade dos sujeitos, mas também com os interesses da indústria farmacêutica, que visa eliminar rapidamente as expressões do mal-estar para tornar os deprimidos, os tristes, os enlutados e os entediados aptos a produzir e, principalmente, a consumir. A psiquiatria e a indústria farmacêutica aliam-se nesta luta pela eliminação da subjetividade. "Assistimos a um *conluio* curioso entre a descrição psiquiátrica e a própria queixa do deprimido", escreve Daniel Delouya[4]. "A ignorância a respeito

---

3. Ver Maria Rita Kehl, *Ressentimento*, São Paulo: Casa do Psicólogo, 2004.
4. Daniel Delouya, *Depressão*, São Paulo: Casa do Psicólogo, 2000, p. 24. Kehl, *Ressentimento*. São Paulo: Casa do Psicólogo, 2004.

do psíquico une o fenômeno depressivo com a parafernália nosográfica da psiquiatria." O autor é crítico em relação a esta perspectiva, assim como em relação ao ideal de remoção química de toda a dor de existir. "Nós patologizamos o curável. Quando existir uma droga contra a violência, ela será encarada como uma doença."

Mas justamente porque a depressão vem expor, a uma sociedade que não quer saber nada sobre o psíquico, a "má notícia" de que as formações do inconsciente resistem à domesticação farmacológica, entendo o crescimento atual das depressões como um sintoma social.

SINTOMA SOCIAL

Analisar as depressões como uma das expressões do sintoma social contemporâneo significa supor que os depressivos constituam, em seu silêncio e seu recolhimento, um grupo tão incômodo e ruidoso quanto foram as histéricas no século XIX. A depressão é a expressão de mal-estar que *faz água* e ameaça afundar a nau dos bem adaptados ao século da velocidade, da euforia *prêt-à-porter*, da saúde, do exibicionismo e, como já se tornou chavão, do consumo generalizado. A depressão é sintoma social porque desfaz, lenta e silenciosamente, a teia de sentidos e de crenças que sustenta e ordena a vida social desta primeira década do século XXI. Por isso mesmo os depressivos, além de se sentirem na contramão de seu tempo, veem sua solidão agravar-se em função do desprestígio social de sua tristeza. Se o tédio, o *spleen*, o luto e outras formas de abatimento são malvistos no mundo atual, os depressivos correm o risco de ser discriminados como doentes contagiosos, portadores da má notícia que ninguém quer saber. "Entre nós, hoje em dia, o *blues* não é compartilhável", escreve Colette Soler. "Uma civilização que valoriza a competitividade e a conquista, mesmo se em última análise esta se limite à conquista do mercado, tal civilização não pode amar seus deprimidos, mesmo que ela os produza cada vez mais, a título de doença do discurso capitalista[5]."

A falta de empatia que encontramos em nossa cultura em relação aos depressivos costuma ter, entre os adolescentes, efeitos catastróficos; não é incomum que meninos e meninas de 14, 15 anos, se precipitem em tentati-

---

5. Colette Soler, *Des Mélancolies*, Paris: Éditions du Champ Lacanien, 2002, p. 105.

vas de suicídio (por vezes, fatais) não tanto em função da gravidade de seu quadro depressivo – que poderia muito bem ser um episódio passageiro, característico da chamada crise adolescente –, mas por não suportarem a imensa perda de autoestima, os sentimentos de incompreensão e de isolamento provocados pelo estigma da depressão, que afasta amigos e os torna alvo de chacotas e de sérios preconceitos. A depressão entre os adolescentes é a mais inconveniente expressão do mal-estar psíquico. Em função de sua disponibilidade para a novidade, para o consumo e a moda, os adolescentes foram escolhidos como garotos-propaganda das atuais sociedades de mercado. Deles se espera que estejam sempre dispostos a aceitar todas as ofertas de gozo, todas as formas de diversão, todas as engenhocas tecnológicas postas em circulação.

A popular crise adolescente perdeu seu antigo prestígio. A adolescência, transição entre a infância e a vida adulta criada pelas condições sociais da modernidade, sempre foi um período difícil de enfrentar. A não ser em função das obrigações escolares, o adolescente habita uma espécie de terra de ninguém, sem nenhuma função social relevante, dependente dos pais, limitado em sua liberdade sexual, improdutivo. Refiro-me a adolescentes das classes média e alta, que não precisam trabalhar para sobreviver. A crise adolescente é motivada pela dificuldade de substituir as referências da infância por novas referências significativas; daí a pergunta angustiada – "quem sou eu?" – que meninos e meninas se fazem, a partir dos 14, 15 anos. Angústia, sentimento de inutilidade e de vazio, desânimo, falta de amor-próprio etc. eram considerados, até pelo menos os anos 1970, características normais da passagem pela adolescência. O adolescente tinha direito a essa crise, e sentia certo orgulho em compartilhá-la com os amigos. Passar por uma crise, sentir angústia, ficar na "fossa" eram entendidos como sinais de maturidade. A infelicidade que o adolescente compartilhava com os amigos era prova de sua sensibilidade, de seu espírito crítico em relação ao mundo adulto, de seus ideais elevados. O adolescente que se deprimia não se desesperava, nem se isolava de seus companheiros, que sabiam escutá-lo e valorizar sua crise. Podiam se identificar com ele; ainda não viviam sob as ordens da sociedade do espetáculo.

Ocorre que, a partir dos movimentos jovens das mesmas décadas de 1960 e 1970, o mundo capitalista encontrou um lugar privilegiado para os adolescentes: o de cidadãos com direito a novas experiências de consumo, assim como de novas e inesgotáveis modalidades de gozo. Pascal Bruckner, em *A euforia perpétua*, resume bem a questão:

> O que ocorreu para que a crítica da sociedade de consumo tivesse tão rapidamente, a partir dos anos 1960, conduzido ao triunfo do consumismo? É que as palavras de ordem lançadas à época: "Tudo imediatamente", "Morte ao tédio", "Viver sem prorrogação e gozar sem entraves", se aplicavam menos ao domínio do amor e da vida do que ao da mercadoria. Acreditava-se estar subvertendo a ordem estabelecida, mas favorecia-se com total boa-fé a propagação do mercantilismo universal. [...] A intenção era libertária, o resultado foi publicitário: liberou-se menos a libido do que nosso apetite de compras sem limite, nossa capacidade de agarrar sem restrição todos os bens[6].

A adolescência, cujas pulsões sexuais até então deveriam ser fortemente reprimidas, tornou-se a idade de ouro da sociedade de consumo. A operação que Herbert Marcuse chamara, em *Eros e civilização*, de *dessublimação repressiva*, consistiu em fazer das forças pulsionais recém-liberadas o motor do impulso consumista. Seduzir é desviar alguém do seu caminho; ao transformar a antiga ordem repressiva em uma ordem regida pela sedução, o capitalismo liberal consolidou sua aliança com as forças do inconsciente e solidificou-se como o sistema produtivo *como modo de dominação* mais eficiente da história do planeta. Não se trata mais de pedir ao adolescente que se comporte, mas que se divirta. "Divertir-se é estar de acordo", escreveu Adorno em 1947, antecipando o que Fredric Jameson viria a qualificar de *colonização do inconsciente* pelo capitalismo.

A adolescência do terceiro milênio não se parece mais com a travessia em terreno desconhecido que o sujeito empreende para se reencontrar – como o jovem Sidarta, personagem do livro de cabeceira dos adolescentes de trinta anos atrás. A adolescência contemporânea não é uma passagem: é uma chegada abrupta, talvez precoce, em um lugar privilegiado que os meninos e meninas não tiveram que conquistar.

---

6. Cf. Pascal Bruckner, *A euforia perpétua: ensaio sobre o dever da felicidade*, Rio de Janeiro: Difel, 2002, tradução de Rejane Janowitzer, p. 59.

A passagem por uma depressão, neste caso, tem um sentido muito diferente das crises adolescentes do século xx. Do ponto de vista do grupo social a que o adolescente pertence, a depressão é uma crise inconveniente a ser medicada com urgência para que o garoto ou garota volte a participar da festa dos incluídos. Aquele que se deprime, com maior ou menor gravidade, sente que falta sentido ao seu sofrimento, assim como faltam interlocutores solidários ou interessados em sua experiência.

Ouvi, de um psicanalista que também trabalha como psicólogo em um colégio de classe alta em São Paulo, que ao longo de seu primeiro ano na escola teve a oportunidade de conversar com cerca de quarenta meninos e meninas que haviam passado por algum acontecimento difícil: morte na família, separação dos pais, desemprego e queda de padrão de vida etc. A todos eles o psicólogo perguntara se haviam conversado sobre o que o afligia com algum amigo. Apenas um deles disse que sim. Os outros não entendiam o sentido de compartilhar seu sofrimento. "Para quê?" "Não tem nada a ver." "Ninguém se importa..." E de um analisando de 19 anos que não se encorajava a enfrentar a fúria por diversão que caracterizava as baladas de sábado à noite: "Sinto-me como se em algum lugar houvesse uma festa fantástica, imperdível, onde todos os outros estão, mas eu nem ao menos sei o endereço".

Mal sabe ele que grande parte de seus colegas que parecem tão bem adaptados à regra da *euforia perpétua* está apenas se esforçando para fazer um papel que não lhes diz respeito.

Mas os adolescentes também inventam suas novas estratégias de compartilhar o sofrimento. Talvez nas salas de bate-papo na internet, sob a proteção do anonimato, eles encontrem a possibilidade de conversar sobre as várias modalidades de tristeza que experimentam escondidos, envergonhados por se sentirem na contramão dos mandatos de gozo e prazer que imperam no imaginário de sua faixa etária.

Tudo o que é recalcado, sem acesso à simbolização, tende a retornar no Real. O crescimento alarmante do número de suicídios entre adolescentes de classe alta, nas grandes cidades brasileiras, demonstra dramaticamente que a crise da adolescência, hoje, lança os meninos e meninas em um isolamento social e em um sentimento de inadequação insuportáveis. A mesma rede virtual que abriga as salas de bate-papo onde os adolescentes podem compartilhar suas angústias oferece *sites* e salas que incentivam e orientam os que pensam em se suicidar. A estetização do suicídio é a face bárbara do retorno do recalcado em uma sociedade que proíbe a dor, silencia sobre o mal-estar e faz da tristeza uma praga perigosa a ser "curada" com o emprego de drogas pesadas.

Por que privilegio a adolescência ao abordar o fenômeno depressivo na vida contemporânea? Porque o adolescente, por sua posição particular no laço social, está mais sujeito a absorver inconscientemente as formações ideológicas de seu tempo, assim como a reagir *em ato* às contradições que o capturam. Não importa se a passagem ao ato adolescente é de natureza violenta, transgressiva, autodestrutiva ou silenciosa (como nas crises de depressão). O importante é que as passagens ao ato indicam dificuldades de simbolização. Situados precariamente entre a infância e a vida adulta, os adolescentes são muito mais dependentes das limitações e fantasias dos pais do que eles próprios conseguem perceber; ao mesmo tempo, convidados a ocupar espaço no teatro do mundo, potentes sexualmente e impotentes como sujeitos da ação política, os adolescentes sofrem de falta de referências, tanto éticas quanto identitárias.

A poeta brasileira Ana Cristina César criou uma formulação luminosa para se referir à posição periclitante do adolescente: "É muito mais difícil ancorar um navio no espaço[7]".

Talvez sejam eles os representantes mais numerosos da forma de mal-estar que Alain Ehrenberg chamou de *fatigue d'être soi même*[8]. As referências que se produzem através da transmissão entre as gerações – mesmo quando contestadas pelos jovens – perderam sentido sob o império da novidade, da obsolescência programada das mercadorias que obriga o sujeito, sempre na posição de consumidor, a renovar continuamente os objetos *e as atitudes associadas a eles* (pois são os objetos que comandam nossas atitudes, e não o inverso). Os adolescentes, em fase de construção de novas identificações e novas referências, veem-se diante da missão impossível de construir o *ser* a partir do *nada*. Ehrenberg considera que o aumento das depressões resulta de uma espécie de "fadiga identitária". Para o autor, a sociedade contemporânea caracteriza-se por uma dinâmica "cujas duas faces são a liberação psíquica e a insegurança identitária".

7. Ana Cristina César, "Adolescência", *A teus pés*. São Paulo: Brasiliense, 1982.
8. Alain Ehrenberg, *La fatigue d'être soi: dépression et société*, Paris: Odile-Jacob, 2000.

Se a liberação psíquica foi rapidamente capturada pela publicidade, a insegurança identitária manifesta-se sob a forma de síndromes do pânico, de depressões, que a indústria farmacêutica apressou-se em domesticar. Ehrenberg é pessimista quanto aos resultados dessa empreitada:

> As novas moléculas não são mais eficazes que as antigas, a porcentagem de depressões resistentes não diminuiu, os efeitos sobre os pacientes são aleatórios, estamos longe [da descoberta] de uma molécula que possibilite o domínio dos afetos [...] segundo nossos gostos.
>
> O que resultou dos milagres da farmacologia com a transformação da depressão em uma doença crônica[9]?

Analisar o aumento significativo das depressões como sintoma do mal-estar social no século XXI significa dizer que o sofrimento dos depressivos funciona como sinal de alarme em relação àquilo que faz água na grande nau da sociedade maníaca em que vivemos. Que muitas vezes as simples manifestações de tristeza sejam entendidas (e medicadas) como depressões graves só faz por confirmar esta ideia. A tristeza, os desânimos, as simples manifestações da dor de viver parecem intoleráveis em uma sociedade que aposta na euforia como valor agregado a todos os pequenos bens em oferta no mercado.

Do direito à saúde e à alegria passamos à obrigação de sermos felizes, escreve Danièle Silvestre. A tristeza é vista como uma deformidade, um defeito moral, "cuja redução química é confiada ao médico ou ao psi[10]". Ao patologizar a tristeza, perde-se um importante saber sobre a dor de viver. Aos que sofreram o abalo de uma morte importante, de uma doença, de um acidente grave, a medicalização da tristeza ou do luto rouba ao sujeito o tempo necessário para superar o abalo e construir novas referências, até mesmo outras normas de vida mais compatíveis com a perda ou com a eventual incapacitação. Aos que verdadeiramente se deprimem, as tentativas de cura através de psicofármacos correm o risco de *atropelar o tempo psíquico* de que o sujeito necessita para recuperar sua capacidade de simbolização e superar o sentimento de vazio que o abate.

9. Ibidem, p. 269.
10. Danièle Silvestre, "L'obligation au bonheur (ou le devoir d'être Heureux). Em: Colette Soler (org.), *Des Mélancolies, op. cit.* pp. 47-52.

Talvez aqueles que, na contramão das promessas de quimioterapias milagrosas, procuram a psicanálise estejam em busca de tempo. A psicanálise, com sua lentidão inegociável, pode representar a esperança de um (re)encontro com a temporalidade perdida. A delicadeza da vida subjetiva das crianças, adolescentes e adultos, exige uma relação mais distendida com o tempo; episódios de luto ou de conflito próprios da infância e da adolescência podem custar a perda de um ano escolar, o mau desempenho em atividades esportivas ou mesmo a perda de popularidade entre os amigos de escola – motivo de importante dor narcísica em uma sociedade em que o valor de cada um é avaliado a partir do "valor de gozo" que o grupo social lhe confere. Mas é importante que os pais suportem o tempo de que seus filhos necessitam para atravessar e superar a crise, assim como o preço em popularidade, ou em competitividade, que isso há de custar.

São os pais, e não as crianças, que não suportam que seus filhos estejam expostos aos conflitos e crises inevitáveis da vida, assim como não toleram a ideia de que as vicissitudes da vida subjetiva possam deixá-los para trás na corrida precoce por boas colocações no futuro. São os pais que se apressam a medicar o sofrimento de seus filhos de modo a (re)ajustá-los rapidamente às exigências da vida escolar e dos ideais da vida social.

O PAPEL DOS LABORATÓRIOS NOS ÍNDICES DE AUMENTO DAS DEPRESSÕES

Da década de 1990 em diante, o diagnóstico psiquiátrico das depressões, que a psicanálise vem tentando recuperar para seu campo de investigação, tomou o lugar que fora da melancolia até as primeiras décadas do século XIX[11]. *Depressão* é o nome contemporâneo para os sofrimentos decorrentes da perda do lugar dos sujeitos junto à versão imaginária do Outro. O sofrimento decorrente de tais perdas de lugar, no âmbito da vida pública (ou pelo menos, coletiva), atinge todas as certezas imaginárias que sustentam o sentimento de *ser*. O aumento da incidência dos chamados "distúrbios depressivos", desde as três últimas décadas do

---

11. Para um bom resumo dos diagnósticos psiquiátricos das depressões a partir do DSM-IV ver: Luis Hornstein: *Las Depressiones; afectos y humores del vivir.* Buenos Aires: Paidós, 2006. Ver também Bernard Granger: "Les Français n'ont jamais autant consommèd antidépresseurs". Em: Granger, *La Depression. (Idées Reçues)*, Paris: Le Cavalier Bleu, 2006.

século XX, indica que devemos tentar indagar o que as depressões têm a nos dizer, no lugar até então ocupado pelas antigas manifestações da melancolia, como sintomas das formas contemporâneas do mal-estar. Em 1970, em um colóquio internacional dedicado às depressões em Nova York, o psiquiatra Heins Lehmann divulgou uma projeção segundo a qual a depressão estaria se tornando a doença mental de maior expansão no planeta, atingindo 3% da população mundial, equivalente na época a cem milhões de pessoas[12]. Na década seguinte, na França, o número de depressivos teria aumentado em 50%[13].

Em 1994 o relatório DSM-IV, quarta versão do *Manual estatístico e diagnóstico das doenças mentais* publicada nos Estados Unidos, estimou que a "depressão unipolar" (um quadro predominantemente depressivo, diferente dos ciclos alternados característicos da melancolia freudiana, hoje chamados transtornos "bipolares[14]") teria sido, em 1990, "a principal causa de anos vividos com incapacitação" em países desenvolvidos[15]. O DSM-IV aponta um crescimento em taxas epidêmicas dos diagnósticos de depressão nos países industrializados. Só nos Estados Unidos, estima-se que 3% da população norte-americana sofre de depressão crônica – cerca de 19 milhões de pessoas, dos quais 2 milhões são crianças. Outros estudos norte-americanos, como o NCS (National Comorbidity Survey), estimam a prevalência da depressão na determinação do tempo de vida para 17% da população do país[16]. A depressão é a principal causa de incapacitação em pessoas acima de 5 anos de idade. Quinze por cento das pessoas deprimidas deverão cometer suicídio. Os suicídios entre jovens e crianças de 10 a 14 anos nos EUA aumentaram 120% entre 1980 e 1990. No ano de 1995, mais jovens norte-americanos morreram por suicídio do que da soma de câncer, Aids, pneumonia, derrame, doenças congênitas e doenças cardíacas.

O que mais nos espanta, diante desses números, é que vivemos em uma sociedade que parece essencialmente *antidepressiva*, tanto no que se

---

12. Citado por Alain Ehrenberg, *La fatigue d'être soi: dépression et société*, p. 138.
13. *Ibidem*, p. 231.
14. É importante questionar a precisão do termo psiquiátrico *bipolar*, associado sempre a depressões graves já que podemos observar oscilações bipolares também na histeria e na neurose obsessiva. O diagnóstico não deve se basear nos sintomas, mas em hipóteses sobre a estrutura clínica de cada paciente.
15. Cf. Paulo Rossi Menezes e Andréia F. Nascimento: "Epidemiologia das depressões nas diversas fases da vida". Em: Beny Lafer *et al.*, *Depressão no ciclo da vida*, Porto Alegre: Artes Médicas, 2000, p. 28.
16. José Alberto Del Porto: "Conceito de depressão e seus limites". Em: Beny Lafer, *Depressão... op. cit.*, p. 20.

refere à promoção de estilos de vida e ideais ligados ao prazer, à alegria e ao cultivo da saúde quanto ao que se refere à oferta de novos medicamentos no combate às depressões. No entanto, esta forma de mal-estar tende a aumentar, *na proporção direta* da oferta de tratamentos medicamentosos: há vinte anos, 1,5% da população dos Estados Unidos sofria de depressões que exigiam tratamento. Já no século XXI este número subiu para 5%, e a OMS divulgou que os "transtornos depressivos" tornaram-se a quarta causa mundial de morte e incapacidade, atingindo cerca de 121 milhões de pessoas no planeta – sem contar, evidentemente, os que nunca se fizeram diagnosticar. O aumento das depressões entre crianças, adolescentes e jovens também indica que as depressões tomaram o lugar de sintoma emergente do mal-estar na civilização que, no século XIX, fora ocupado pela histeria.

A revista *Época* de 5 de junho 2006 publicou outra pesquisa, da Associação Americana de Psiquiatria da Infância e Adolescência, segundo a qual se estima que 1 em cada 33 crianças norte-americanas sofra de depressão. Na adolescência, o número salta para uma em oito. Um estudo da Universidade de Washington apresentado no Congresso da Academia Americana de Psiquiatria avaliou que os sintomas depressivos foram encontrados em 7% das crianças entre 4 e 7 anos, o que representa um aumento de 98% em dez anos. "Fatores estressantes", como o aumento do número de compromissos na vida das crianças pequenas, foram incluídos entre as causas mais tradicionais do sofrimento infantil, como a herança genética e a estrutura familiar. Vale observar que tais "fatores estressantes" pertencem exatamente ao estilo de vida atribulado e supostamente estimulante que os pais impõem a seus rebentos, de modo a prepará-los desde cedo para a disputa feroz por boas colocações no mercado de trabalho. Crianças que desde pequenas se acostumam a um cotidiano de agenda cheia, no mesmo estilo de seus pais, são privadas do tempo ocioso indispensável ao desenvolvimento da fantasia, do devaneio, da invenção de brincadeiras que não só proporcionam prazer legítimo como emprestam encanto à vida, para muito além da infância. Para Donald Winnicott[17], fantasiar e brincar são atividades fundamentais

---

17. Cf. Donald Winnicott, *O brincar e a realidade* (1971), trad. José Octávio de Aguiar Abreu e Vanede Nobre, Rio de Janeiro: Imago, 1975.

para que a criança desenvolva confiança em sua capacidade criativa de enfrentar as dificuldades da vida.

Coerentemente, estes pais que não toleram que seus filhos descubram ou inventem por conta própria estratégias criativas para lidar com o vazio são os mesmos que, por ansiedade ou por amor, se apressam a levá-los a um psiquiatra que lhes prescreva medicamentos para atravessar todas as crises e percalços da existência.

O recurso ao tratamento farmacológico como único modo de enfrentar as diversas manifestações da dor de viver é alarmante. Em novembro de 2006 o jornal *Folha de S.Paulo* reproduziu uma reportagem do *New York Times* sob o título "Hipermedicação de crianças alarma os EUA[18]", relatando o abuso de medicamentos psiquiátricos utilizados por pais de crianças supostamente *hiperativas* ou *depressivas*, tratadas com "coquetéis de drogas" por pais desorientados, ou mal orientados por médicos e psiquiatras, sem atentar para os efeitos colaterais de tais excessos.

> No ano passado, nos EUA, cerca de 1,6 milhão de crianças e adolescentes, 280 mil dos quais com menos de 10 anos, receberam tratamento por meio de combinações de ao menos dois medicamentos psiquiátricos, de acordo com uma análise conduzida pela Medco Health Solutions a pedido do NYT. Mais de 500 mil crianças usaram combinações de pelo menos três medicamentos, e mais de 160 mil tinham receitas para quatro remédios combinados.

A reportagem se encerra com dados da Medco segundo os quais, entre 2001 e 2005, o uso de medicamentos antipsicóticos para tratamento de crianças e adolescentes cresceu 73%.

Em julho de 2007 a mesma *Folha de São Paulo* publicou um estudo citado na revista norte-americana *Archives of General Psychiatry*[19] que indica que o número de crianças e adolescentes diagnosticados como portadores de "transtorno bipolar" nos EUA aumentou 40 vezes em nove anos (entre 1994 e 2003): de 25 a cada 100 mil pacientes até 19 anos, entre 1994

---

18. Gardiner Harris, do *New York Times*. Publicado no caderno *Mundo* da *Folha de S.Paulo*, 26 nov. 2006, p. A32.
19. Denise Godoy, de Nova York, para a *Folha de S.Paulo*, 5 set. 2007: "EUA veem surto de jovens tratados por transtorno bipolar". Caderno *Mundo*, p. A15.

e 1995, para 1.003 a cada 100 mil pacientes na mesma faixa etária, entre 2002 e 2003. De acordo com os psiquiatras entrevistados no artigo citado pela *Folha*, tal aumento, chamado de "surto" no título, indica apenas um aperfeiçoamento dos métodos diagnósticos dos transtornos bipolares.

Mas há, ainda, a vontade desesperada de alguns pais de enquadrarem o comportamento explosivo de seus filhos em uma definição clínica e, na opinião de alguns críticos, a pressão das indústrias farmacêuticas – já que as drogas indicadas para o transtorno são bem mais caras do que as empregadas contra ansiedade ou depressão[20].

Em 90,6% dos casos, foi prescrita medicação para as crianças e adolescentes diagnosticados como bipolares. O psiquiatra Mark Olfson, do Instituto Psiquiátrico do Estado de Nova York, prudentemente sugere que, antes de pensar em medicar seus filhos, os pais deveriam aprender a lidar com seus ataques de raiva e suas crises de desânimo. Embora Olfson não questione o diagnóstico psiquiátrico de bipolaridade, não deixa de ser corajosa sua posição, ao convidar os pais de crianças-problema a assumir seu lugar de educadores responsáveis por ajudar seus filhos a atravessar as crises e conflitos da vida, com seus inevitáveis altos e baixos de fúria e desânimo, onipotência e inapetência de viver, antes de pensar em "estabilizar o humor" das crianças à base de medicamentos. Quanto ao Brasil, a reportagem de Márcio Pinho, na mesma edição, sugere que o menor aumento do número de crianças e adolescentes bipolares se deve à insuficiência de diagnósticos. Ainda assim, no Serviço de Psiquiatria da Infância e da Adolescência, do HC de São Paulo, o número de pacientes atendidos saltou de 22, em 1995, para 135 em 2007.

Não é possível precisar se todos esses crescimentos estatísticos revelam um aumento epidêmico das depressões (assim como dos transtornos bipolares e da hiperatividade infantil), um aperfeiçoamento de métodos diagnósticos, uma estratégia de expansão da indústria farmacêutica ou, na pior das hipóteses, uma atuação conjunta de todos esses fatores. Alguns psiquiatras preocupam-se com a possibilidade de que o desenvolvimento de medicamentos cada vez mais especializados venha provocando uma

20. *Ibidem.*

falência teórica no seio da psiquiatria, que já não conta com hipóteses etiológicas para a compreensão das doenças mentais. Medicam-se comportamentos, detectados um a um através das exaustivas tabelas propostas pelo DSM-IV; o diagnóstico se estabelece *a posteriori*, a depender do sucesso da medicação. Como o número de comportamentos incluídos entre os indicadores de depressão é cada vez maior, o diagnóstico vem se tornando cada vez mais impreciso.

> A partir do momento em que não se sabe mais definir a depressão, mas que se dispõe de antidepressivos eficazes, manejáveis e que agem bem sobre o humor depressivo, seja este inibido ou ansioso, como definir esta patologia a não ser como aquela que os antidepressivos curam? Neste caso, a noção de conflito perde totalmente o interesse para guiar o diagnóstico. De fato, o paradigma descritivo se substitui ao paradigma etiológico[21].

O mais expressivo representante desta concepção utilitária da vida humana é o psiquiatra norte-americano Peter Kramer, que desde o final da década de 1990 propôs que não há nenhuma razão para que as medicações do "bem-estar" sejam ministradas apenas àqueles que se dizem doentes. Secundado no Brasil pelo psiquiatra Valentin Gentil, do HC de São Paulo, Kramer defende uma "medicina de comportamentos"; já não se trata de tentar curar o sujeito, nem mesmo a pessoa, mas pontualmente substituem-se comportamentos indesejáveis por outros, mais adequados. Dessa forma, não há razão para não se oferecerem medicamentos também às pessoas consideradas "normais", de modo a eliminar um ou outro comportamento indesejado, um ou outro estado de humor desagradável, e assim possibilitar a conquista de um estado de ânimo estável e sem conflitos, uma saúde mental "melhor que bem". O psicanalista André Green qualificou esta corrente pragmática de "psiquiatria veterinária[22]".

Na mesma linha de raciocínio, alguns psiquiatras, nos debates de que tenho participado, apontam um elemento importante que pode falsear os números sobre o aumento das depressões nos países industrializados:

---

21. Ehrenberg, *La fatigue... op. cit.*, p. 191.
22. *Apud* Ehrenberg, *op. cit.*, pp. 261-264.

as novas estratégias de vendas dos laboratórios farmacêuticos não se limitam à divulgação dos novos remédios lançados no mercado. A ênfase dos panfletos distribuídos nos consultórios de médicos e psiquiatras recai sobre os novos critérios de diagnóstico das depressões, de modo a incluir um número crescente de manifestações de tristeza, luto, irritabilidade e outras expressões de conflito subjetivo entre os "transtornos" indicativos de depressão a serem tratados com o emprego de medicamentos.

Assistimos, assim, a uma patologização generalizada da vida subjetiva, cujo efeito paradoxal é a produção de um horizonte cada vez mais depressivo. Embora o aperfeiçoamento das novas medicações ofereça um auxílio precioso ao analista no tratamento das depressões, a psicanálise não pode e não deve ser excluída desta abordagem. Onde quer que se encontre, *encolhido* pela depressão, o sujeito, é lá que o analista deve ir buscar a expressão significante de seu sofrimento. Não importa quanto ele demore até ter vontade ou forças para dirigir a palavra ao analista. O projeto pseudocientífico de subtrair o sujeito – sujeito de desejo, de conflito, de dor, de falta – a fim de proporcionar ao cliente uma vida sem perturbações, acaba por produzir exatamente o contrário: vidas vazias de sentido, de criatividade e de valor. Vidas em que a exclusão medicamentosa das expressões da dor de viver acaba por inibir, ou tornar supérflua, a riqueza do trabalho psíquico – o único capaz de tornar suportável a dor inevitável diante da finitude, do desamparo, da solidão humana, e lhe dar sentido.

As classificações em forma de *transtornos* oferecidas pelos DSM norte-americanos e pelo CID-10, da Organização Mundial da Saúde, fazem obstáculo a qualquer tentativa de abordagem metapsicológica desta forma epidêmica de sofrimento psíquico. Com quantos "transtornos" se faz uma depressão? O relatório da Organização Mundial da Saúde começa pelos transtornos do humor, que serão os primeiros a identificar o padecimento daqueles que se dizem depressivos. "Estados de ânimo depressivos" e "perda de interesse ou de capacidade para o prazer" são os primeiros critérios para a classificação dos TDM (transtorno de depressão maior)[23]. Segue-se uma lista de "transtornos" que podem caracterizar várias outras formas de sofrimento psíquico: insônia, fadiga, sentimentos de culpa e de inutilidade, diminuição do apetite, das funções sexuais, da sociabilidade,

---

23. Hornstein, *op. cit.*, p. 144.

do pensamento (por exemplo, indecisão e incapacidade de concentração – sintomas frequentes também, como se sabe, entre neuróticos obsessivos).

Nos congressos internacionais de psiquiatria patrocinados pelos grandes laboratórios, mais do que a propaganda de novos produtos lançados no mercado, o que se divulga são novos métodos diagnósticos capazes de detectar os menores sinais de distúrbios depressivos. Trata-se de instruir os médicos e psiquiatras a detectar a depressão, assim como outros distúrbios medicalizáveis, a partir de praticamente todas as queixas de seus pacientes: diminuição do apetite, oscilações do humor, insônia ou excesso de sono, fadiga, pessimismo, desânimo, inapetência sexual...

A longa lista de sintomas de depressão divulgada em um folheto do laboratório Wyeth[24], por exemplo, inclui: tristeza, ansiedade, irritabilidade, medo, insegurança, indecisão, falta de prazer, fadiga, redução na autoestima e na capacidade de concentração, visão pessimista do futuro, sono e apetite perturbados, queixas físicas variadas, diminuição do apetite sexual além de, evidentemente, desejos suicidas. Sintomas semelhantes, acrescidos do vago e popular estresse, de preocupação excessiva e dores nas costas, constam de um folheto distribuído pelo laboratório Lilly, que convida o leitor a autodiagnosticar-se a partir de uma lista desenvolvida pela Universidade de Michigan. Por precaução, o autor do folheto recomenda que depois de preencher a lista o leitor procure a ajuda de um médico antes de concluir seu próprio diagnóstico. Outro *folder*, do LIBBS, depois de listar mais ou menos a mesma série de sintomas, dedica algumas linhas às "causas da depressão": hereditariedade, "vulnerabilidade biológica" e alterações químicas nos neurotransmissores indicam que a depressão se situa entre as doenças do corpo a serem curadas com medicamentos. Mas "fatores ambientais" e diversos incidentes tristes da vida também participam da lista.

É importante notar que esses folhetos não são apenas distribuídos entre médicos e psiquiatras, mas também entre leigos, como forma de ajudá-los a detectar os primeiros sintomas de depressão e não demorarem a procurar tratamento. A divulgação, para o público leigo, da importância do diagnóstico precoce e do valor do tratamento farmacológico para

---

24. *Depressão: comprometa-se com seu tratamento*, assinado pelos professores Ângela Miranda Scippa e Irismar Reis de Oliveira.

todas as manifestações de tristeza que se pareçam com as depressões também tem um efeito expressivo no aumento de pessoas que procuram os consultórios dos psiquiatras dizendo-se deprimidas. "Em muitos casos, o que se fala é que uma tristeza mais profunda, mas passageira, passou a ser vista como depressão", escreve Chris Martinez em reportagem para o jornal *Valor*[25]. A ideia que se propaga neste caso é de que as dores da vida deveriam ser todas dispensadas, eliminadas por meio de medicação, em busca de um grau ótimo de eficiência existencial. "O importante é que as pessoas tenham bem-estar e se aliviem das tensões que as acometem no dia a dia", declarou à reportagem do *Valor* um psiquiatra do hospital Albert Einstein. Como não associar esta busca do conforto psíquico a qualquer preço com a atitude fatalista e a recusa a enfrentar conflitos que se encontram na origem das depressões?

Diante de tal unanimidade, o psiquiatra e pesquisador inglês David Healy, ex-secretário da Associação Britânica de Psicofarmacologia, lançou em 2004 *Let them eat Prozac: the unhealthy relationship between the pharmaceutical industry and depression*[26], em que contesta o mito criado pelas companhias farmacêuticas, segundo o qual as causas das depressões se reduzem à falta do neurotransmissor serotonina no cérebro. Healy também presta aos leitores o importante serviço de divulgar os efeitos colaterais do uso contínuo de antidepressivos, a começar de graves sintomas de dependência que, segundo o autor, as companhias farmacêuticas procuram justificar como se fossem efeitos da própria depressão. Além deste problema, os psicanalistas percebem com frequência que os tratamentos com antidepressivos deixam de fazer efeito depois de algum tempo, deixando o usuário em um estado crônico de desafetação sem dor, mas também sem desejo. "Já não sinto nem a depressão nem mais nada", disse-me uma conhecida que, depois de uma década tomando Efexor, pediu uma indicação de analista. Estudos recentes revelaram também que o impacto benéfico dos medicamentos baseados na fluoxetina só é significativo para pacientes gravemente deprimidos[27].

---

25. Chriz Martinez, "Uma indústria do bem-estar"... *op. cit.*
26. David Healy, *Let them eat Prozac: the unhealthy relationship between the pharmaceutical industry and depression*. Nova York: New York University Press, 2004.
27. Jeremy Laurance, do *Independent*, traduzido para a *Folha de S.Paulo*, 26 fev. 2008: "Estudo aponta que antidepressivos têm baixa eficácia".

A VIDA COMO INVESTIMENTO SEGURO

À aparente eficiência dos tratamentos medicamentosos soma-se a *paixão pela segurança*[28] que caracteriza a sociedade contemporânea, na qual a ideia de que a vida seja um percurso pontuado por riscos inevitáveis produz uma espécie de escândalo. A aliança entre os ideais de precisão científica e os de eficiência econômica produz uma versão fantasiosa da vida humana como um investimento no mercado de futuros, cujo sentido depende de se conseguir garantir, de antemão, os ganhos que tal investimento deverá render. É evidente, de acordo com a lógica subjacente a este projeto, que o campo incerto da subjetividade, tributário do movimento errante do desejo inconsciente, deve ser reduzido à sua dimensão mais *insignificante* a fim de que nenhum rodeio inútil se interponha entre cada projeto de vida e sua meta final. Tal desvalorização dos meios (e dos rodeios, dos descaminhos, da errância e de todas as formas de digressão que permitem certo usufruto desinteressado do tempo) em favor de uma finalidade urgente e inquestionável favorece o sentimento genuinamente depressivo de desvalorização da vida.

A infindável listagem dos transtornos indicativos dos diagnósticos de depressão poderia incluir também importantes transtornos existenciais, expressos através das (poucas) palavras daqueles que se queixam, nos consultórios dos psicanalistas, de que suas vidas não fazem sentido e não valem a dor de viver. Além disso, encontramos com frequência, entre os depressivos, transtornos na percepção temporal revelados por aqueles que sentem que o tempo cotidiano, sem a sustentação de uma fantasia a respeito do futuro, tornou-se um tempo estagnado, um tempo que não passa. Transtornos da esperança trazem graves efeitos colaterais de resignação e fatalismo, sintomas da anulação do sujeito (do desejo) quando ele vive a impressão, ou a certeza, de que sua existência não há de fazer nenhuma diferença no curso "natural" de uma vida que não lhe pertence, pois já está desde sempre determinada por interesses e poderes planetários imunes aos efeitos da ação política. Sem contar transtornos da imaginação, colonizada pela indústria onipresente do espetáculo. Ou seja: o que importa, no estudo das depressões, é entender em que consiste

---

28. Cf. capítulo XI, parte final.

o nó que amarra o conjunto de "transtornos" que se manifestam, acima de tudo, pela via da palavra, ainda quando tais incidências da linguagem atinjam também o funcionamento do corpo erógeno.

CEDER EM SEU DESEJO

Talvez seja possível ensaiar uma abordagem efetivamente teórica e buscar uma hipótese comum a esta série interminável e fragmentária de transtornos que não devem, nem podem, ser medicados ou escutados um a um. Escolho, para começar, a hipótese lacaniana que relaciona a depressão a uma posição específica do sujeito. *Demissão subjetiva* foi como Lacan designou a posição do sujeito que se deprime: aquele que sofre da única culpa justificável, em psicanálise: a culpa por ceder em seu desejo. Não se trata de supor que a alternativa para as depressões seria o domínio egoico e consciente do *objeto* do desejo. O desejo, em psicanálise, é por definição inconsciente – e seu objeto, perdido.

O modo como cada sujeito se posiciona ante o objeto cuja perda faz dele a *causa do desejo* determina sua posição subjetiva. Na tentativa de evitar uma perda que já ocorreu, o neurótico negocia seu desejo em troca da demanda do Outro. Explico: em vez de se responsabilizar pela sua condição sempre "desejante" e inventar objetos que possam satisfazer, ainda que precariamente, o desejo (numa busca que acompanha a vida inteira), os neuróticos preferem se colocar a serviço do desejo de um Outro. Escrevo Outro com maiúscula pois é assim que Lacan designa não só o lugar simbólico da linguagem como os seres que introduzem a criança na linguagem. O Outro primordial é a mãe, primeira mediadora do contato do bebê com o mundo. Seguem-se o pai, os professores, os ídolos, as autoridades, os deuses – enfim, todos os seres, reais ou inventados, sobre os quais recai uma suposição de saber.

O que o neurótico pergunta ao Outro é: "O que você quer de mim?". É fácil perceber a inversão que resulta desta operação: ao se colocar a serviço da demanda do Outro, o sujeito tenta esquivar-se do duro destino de desejar. Não é ele quem quer, é o Outro. Ele apenas tenta obedecer. A fantasia de conseguir oferecer ao Outro o que lhe falta é uma tentativa de reverter o efeito da castração. Se eu for o objeto privilegiado de satisfação do Outro, nada me faltará.

Desta posição sobre a qual se sustenta a própria estrutura neurótica, todo sujeito, forçosamente, deverá cair – se não na vida, certamente ao longo de uma análise. Mas o depressivo é aquele que se deixa cair, ou – tomo de empréstimo a expressão de Mauro Mendes Dias[29] – aquele que "cai antes da queda". Ele nem tenta enfrentar o desafio de servir ao gozo do Outro; não por uma constatação, que poderia ser realista, sobre a inutilidade da empreitada. Ele não tenta porque desiste antes. Prefere recolher-se. Há uma covardia neste deixar-se cair, uma covardia no que toca ao enfrentamento com a castração – já que o neurótico pelo menos se arrisca a fracassar no projeto de satisfazer o Outro.

No que toca à demissão subjetiva, o que varia de um sujeito a outro não é o maior ou menor "conhecimento" do objeto do desejo, mas o compromisso – ou não – com a condição desejante, através das escolhas de vida que representam o que mais importa para cada um. A via do compromisso com o desejo é a única via não alienada de produção de sentidos para a vida, ou seja, a única cuja escolha não serve a um suposto desígnio do Outro. O desejo, em Lacan, é "metonímia do nosso ser". À impossibilidade de reencontro com a totalidade do *ser*, para sempre perdido, as moções do desejo representam o ser a partir de pequenos fragmentos, de frações metonímicas, como as ruínas das grandes edificações desaparecidas permitem deduzir que um dia elas estiveram inteiras, ali. Ceder desta dimensão equivale assim a desistir de ser.

> O que chamo ceder de seu desejo acompanha-se sempre, no destino do sujeito, [...] de alguma traição. Ou o sujeito trai sua via, se trai a si mesmo [...]. ou, mais simplesmente, tolera que alguém com quem ele se dedicou mais ou menos a alguma coisa tenha traído sua expectativa, não tenha feito com respeito a ele o que o pacto comportava, qualquer que seja o pacto [...], pouco importa. Algo se desenrola em torno da traição, quando se a tolera, quando, impelido pela ideia do bem – quero dizer, do bem daquele que traiu – se cede a ponto de diminuir suas próprias pretensões e dizer-se: "Pois bem, já que é assim, renunciemos à nossa perspectiva" [...]. Aqui, vocês podem estar

---

29. Mauro Mendes Dias, *Neuroses e depressão*, Campinas: Escola de Psicanálise de Campinas, 2004.

certos de que se reencontra a estrutura que se chama ceder de seu desejo[30].

Esta seria, para Lacan, a única causa justificada dos sentimentos de culpa; não a culpa do neurótico em dívida para com as pretensões incestuosas que o supereu herdou do complexo de Édipo, mas a culpa daquele que se deprime, que se vê abatido e sem razão de viver porque intui que traiu a si mesmo, traiu a via que o representava como sujeito de um desejo marcado pelo significante. E, se ele traiu, pensa Lacan, foi sempre na tentativa de responder a um ideal de Bem – um ideal cristão? – que coloca o bem do outro à frente do bem do sujeito: "pois, se é preciso fazer as coisas pelo bem, na prática deve-se deveras sempre perguntar pelo bem de quem[31]".

Neste ponto, é preciso fazer um pequeno rodeio. A culpa de ceder de seu desejo supõe uma condição subjetiva particular, muito característica do que venho chamando do indivíduo moderno: a condição de que a verdade do sujeito esteja em desacordo com o que seu meio social estabeleceu como sendo o Bem. Este desacordo entre o sujeito e o Bem pode ocorrer em qualquer época, em qualquer cultura. Mas, nas condições da modernidade, até mesmo de nossa modernidade tardia, ele se generaliza. Arrisco afirmar que, nas condições anteriores à modernidade, o Bem não seria necessariamente incompatível com a verdade de um sujeito uma vez que este se reconheceria, acima de tudo, como partícipe da mesma tradição a partir da qual este Bem se estabelecera. É quando as tradições perdem a força de determinar os destinos das novas gerações; quando a Verdade deixa de ser entendida como revelação divina e se multiplica em versões parciais e saberes especializados; quando o Outro deixa de estar representado, imaginariamente, por uma única e incontestável figura de autoridade, que o indivíduo é obrigado a se afirmar como centro de suas referências e a se responsabilizar por estabelecer alguma concordância entre a verdade do ser e o Bem, entendido como convicção coletiva estabilizadora do laço social.

---

30. Jacques Lacan, *O Seminário*, livro 7, *A Ética da psicanálise* (1959-1960), 1988, tradução de Antonio Quinet. São Paulo: Zahar, pp. 384-385.
31. *Ibidem*, p. 383.

Dito de outra forma: é na modernidade que a verdade do sujeito advém do inconsciente. O sujeito da psicanálise se constitui como efeito da operação de recalque necessária para separá-lo do gozo do Outro. Desta operação resulta a ignorância do indivíduo (este, compreendido como uma função do eu) a respeito da verdade que sustenta seu desejo[32]. Em Freud o recalque primário que funda o inconsciente é entendido como condição universal da fundação do sujeito[33]. Não é esta, portanto, a condição do inconsciente afetada pelas transformações do laço social ao longo da história.

O que varia da passagem das sociedades tradicionais para a modernidade é, por um lado, o estatuto imaginário do Outro, que se fragmenta em inúmeras representações. Por outro lado, aumenta a responsabilidade do eu – que se individualiza – por suas escolhas, o que favorece a culpa neurótica[34].

Lacan, em sua formulação, inverte a razão do que o senso comum entende como culpa moral: em vez de se abater por ter se deixado levar para longe do caminho do Bem, entendido como organizador supremo das regras morais, o depressivo da psicanálise sente-se derrotado por ter cedido de um bem muito mais precioso, o caminho singular e intransferível de comunhão com a força inconsciente que o sustenta.

A depressão, em Lacan, é indissociável do sentimento fatalista que se encontra no centro das reflexões de Walter Benjamin sobre as causas da melancolia[35].

Mas esta não é a única razão pela qual os depressivos continuam a chegar aos consultórios dos psicanalistas. Alguns porque já não suportam o empobrecimento da vida interior produzido pelo uso prolongado de antidepressivos. Outros porque julgam que as várias experiências com psicofármacos não surtiram o efeito esperado, ou deixaram de fazer efeito depois de um período de uso mais ou menos prolongado – o que é mais frequente do que se acredita. Ou ainda porque o tratamento medicamentoso não foi capaz de torná-los totalmente inapetentes para falar e eles

---

32. Daí o sentido da subversão feita por Lacan sobre a verdade do sujeito cartesiano, que pode ser resumida como: "eu penso onde não sou/ sou onde não penso". Cf. Jacques Lacan: "A instância da letra no inconsciente ou a razão desde Freud". *Escritos* (1966) vol. 1. Madri: Siglo Veintiuno, 1975, pp. 473-509.
33. Freud, *Totem e tabu* (1914).
34. Cf. Maria Rita Kehl, *Sobre ética e psicanálise,* São Paulo: Companhia das Letras, 2002.
35. Cf. Walter Benjamin, *A origem do drama barroco alemão* (1925) e *Teses sobre o conceito de história* (1940).

vêm em busca de escuta, quando não de "bons conselhos", sem saber que em pouco tempo estarão mais interessados em escutar a si mesmos do que em "aprender" a atender a demanda do Outro a partir do suposto saber do analista.

Em uma sociedade na qual as formações discursivas apagam o sujeito do inconsciente, em que a felicidade e o sucesso são imperativos superegoicos, a depressão emerge – como a histeria na sociedade vitoriana – como sintoma do mal-estar produzido e oculto pelas condições imaginárias que sustentam o laço social. O vazio depressivo, que em muitas circunstâncias pode ser compensado pelo trabalho psíquico, é agravado em função do empobrecimento da subjetividade, característico das sociedades consumistas e altamente competitivas. A "vida sem sentido" de que se queixam os depressivos só pode ser compensada pela riqueza do trabalho subjetivo, ao preço de que o sujeito suporte, amparado simbolicamente pelo analista, seu mal-estar. A eliminação farmacológica de todas as formas de mal-estar produz também, paradoxalmente, o apagamento dos recursos de que dispomos para dar sentido à vida.

O novo inconsciente
Lionel Naccache

INTRODUÇÃO

Entre as inúmeras "mutações" que caracterizam a evolução das nossas sociedades e das nossas representações, algumas têm sua origem com o aparecimento de novos paradigmas científicos. Entre esses últimos, a exploração contemporânea da nossa vida mental, com a ajuda das neurociências cognitivas, constitui uma das fontes mais fecundas dessas mutações, devido ao fato de que o objeto dessa exploração é a nossa própria subjetividade, fonte dos dados imediatos da nossa consciência. Quais são as propriedades psicológicas objetivas desses pensamentos conscientes? Qual é o substrato cerebral desses processos de representação que nos permitem produzir significação? Uma das estratégias de pesquisa que permitem formular essas perguntas consiste em estudar, de forma espelhada, a extensão e os limites dos nossos processos cognitivos inconscientes, a fim de isolar o que é próprio da consciência. Esta epopeia científica permitiu, em cerca de quarenta anos, esboçar o retrato vivo do inconsciente contemporâneo, da maneira como ele se revela na tranquilidade de inúmeros laboratórios de pesquisa, desde o final dos anos 1970. Esse novo campo de saber originou-se de um *ménage à trois* cujos protagonistas são a psicologia cognitiva, o conjunto de imagens cerebrais funcionais e a neuropsicologia clínica. Desse modo, passamos de uma concepção científica de um inconsciente estúpido, automático e reflexo, para a de um inconsciente muito mais rico e elaborado, concepção moderna que reconhece, principalmente, a existência de representações mentais muito abstratas e complexas que coexistem com nossos pensamentos conscientes. Essas descobertas também permitem compreender que todas as regiões do nosso cérebro, mesmo as mais complexas e as mais recentes, de um ponto de vista filogenético, são o substrato dessa face oculta da nossa vida mental. Fazendo eco a essa riqueza do inconsciente objetivada pelas neurociências cognitivas, conhecemos igualmente os limites desses processos mentais inconscientes. Ao contrário do que aprendemos, esses limites às cogitações inconscientes não serão encontrados no nível de abstração das representações mentais, mas na temporalidade, no controle estratégico e na espontaneidade.

O objetivo desta conferência é expor com brevidade essa pequena revolução da nossa representação desse inconsciente objetivado pelas neurociências e, em seguida, formular a pergunta que não pode deixar de preocupar nossas consciências alimentadas por nossa herança cultural: que relação poderemos estabelecer entre esse *corpus* de conhecimentos contemporâneos e o conceito de inconsciente construído por Freud? Meu interesse por esse "confronto" se deve a duas profundas motivações. Primeiramente, o conceito de inconsciente foi amplamente difundido pela obra de Freud e, para além dos limites do campo da prática psicanalítica, suas ideias continuam a dar forma a inúmeras representações artísticas e culturais da nossa vida mental inconsciente. Elaborar um discurso contemporâneo sobre o inconsciente sem abordar uma discussão do pensamento freudiano seria, a meu ver, desprezo ou ignorância, ou seja, uma forma de barbárie intelectual. Farei um esforço para conduzir essa discussão evitando os dois obstáculos que atrapalham esse tipo de exercício: o "diálogo de surdos", no qual neurocientistas e psicanalistas se insultam uns aos outros sem conseguirem criar uma verdadeira troca, e a "grande missa ecumênica", que celebra a tão esperada reconciliação entre profissionais do divã e obcecados por neurônios, cultivando as analogias possíveis entre essas duas concepções e fechando os olhos, ao mesmo tempo, para os pontos de oposição radical que às vezes as distinguem. A segunda motivação que me leva de volta a Freud é mais pessoal. Não sou psicanalista e não reivindico nenhum conhecimento específico sobre a obra teórica de Freud. Sou um simples leitor, de longa data, dos escritos de Freud, cujo percurso admiro. Como neurologista e pesquisador em neurociências da cognição, não posso ignorar o mistério constituído pelo "caso Freud" que me é oferecido todas as manhãs, quando atravesso os mesmos caminhos do hospital Salpêtrière percorridos pelo próprio Freud há mais de um século. Como pôde um conhecimento neurológico e experimental tradicional, no qual eu mesmo me reconheço, levar Sigmund Freud a abandonar, com a maior serenidade, sua relação inicial com as ciências do sistema nervoso – que ainda não se chamavam neurociências – para elaborar a psicanálise? Levar a sério esse enigma significa percorrer também, um século de neurociências depois, o caminho intelectual seguido por Freud e, uma vez chegado ao final do percurso, fazer a seguinte pergunta: onde estou? O que significa hoje em dia para nós o "inconsciente" freudiano? Ficaremos então surpresos ao descobrir que o lugar fabuloso para onde nossos passos nos conduziram, ao seguirmos as pegadas de Freud, não é o mesmo para o qual ele supunha se dirigir. Em homenagem ao fundador da psicanálise, que utilizava a arte da metáfora num grau de incomparável justeza, tomarei a liberdade de, por minha vez, fazer uso dessa figura de estilo. A tese que defendo neste ensaio pode, de fato, ser ilustrada pela seguinte metáfora: Freud pode ser considerado o Cristóvão Colombo de nosso universo mental. Assim como Colombo nos deu de presente um novo continente, podemos reconhecer no "inconsciente" de Freud uma imensa descoberta psicológica que revolucionou o conhecimento que temos de nós mesmos. A analogia entre esses dois viajantes não se limita, no entanto, a esse primeiro ponto. Assim como Colombo explorava as Américas acreditando estar descobrindo as Índias, Freud também cometeu um erro. O "erro de Freud" foi acreditar que tinha descoberto o "inconsciente", quando estava desvendando a essência profunda da nossa consciência!

DEFINIÇÃO OPERATÓRIA DO INCONSCIENTE

Comecemos pela definição operatória e descritiva daquilo que entendemos por "consciente" e "inconsciente" para dissipar qualquer mal-entendido. Assim como Freud formulava desde 1912, em "Nota sobre o inconsciente em psicanálise", é possível partir de uma definição descritiva em negativo daquilo que entendemos por inconsciente: "Chamemos agora de 'consciente' a representação que está presente na nossa consciência e que é percebida por nós, e digamos que esta é a única significação do termo 'consciente'. Quanto às representações latentes, se tivermos algum motivo para supor que elas existem na mente – como é o caso da memória –, serão designadas pelo termo de 'inconsciente'". À luz desse critério da "possibilidade de ligação mental", torna-se possível buscar dissociações entre várias *performances* cognitivas (perceptivas, motoras, emocionais, categorização semântica, operações linguísticas...) que surgem inconscientemente, isto é, na ausência de ligação consciente. A neuropsicologia cognitiva contemporânea teve aqui um papel particularmente original ao revelar essas dissociações sob formas muito variadas em pacientes *blindsight* portadores de lesão do córtex visual primário, em pacientes portadores de negligência ou ainda em doentes com agnosia visual. Esses resultados, na maioria dos casos, foram generalizados e validados no indivíduo saudável com a ajuda de paradigmas astuciosos da psicologia cognitiva experimental, como o *priming* e o *attentional blink*.

ILUSTRAÇÃO DA ESTRATÉGIA EXPERIMENTAL: NÃO NEGLIGENCIEMOS PORTADORES DE NEGLIGÊNCIA

Tomaremos um exemplo surpreendente oferecido pela neuropsicologia clínica ao estudar uma afecção neurológica frequente, mas bem menos conhecida do grande público do que outras afecções, como as afasias ou as amnésias. Estou falando da síndrome da heminegligência. Todos os anos, na França, cerca de 90 mil pacientes são vítimas de um acidente vascular cerebral. Essas afecções, de inúmeras causas ou etiologias, podem atingir os diferentes territórios vasculares cerebrais. Entre as quatro principais artérias que irrigam o cérebro humano, as artérias carótidas internas cobrem, de longe, o território mais importante. Essas carótidas internas se dividem elas mesmas em várias ramificações mais finas que constituem uma verdadeira árvore arterial cuja arborescência pode ser visualizada nos exames radiológicos. De modo esquemático, quando uma das ramificações da artéria carótida interna esquerda está bloqueada por um coágulo, o paciente apresenta uma afasia, isto é, um problema de linguagem que pode tomar numerosas formas clínicas. Isto hoje é bem conhecido do grande público. Se esse coágulo migra, por outro lado, para o hemisfério direito, exatamente no nível de uma região do lobo parietal, o paciente apresentará um quadro neurológico quase tão frequente quanto as afasias, porém incrivelmente mais ignorado: o paciente ficará "negligente" da metade esquerda de seu ambiente, isto é, ele irá se comportar "[...] como se a metade do universo [que inclui o lado esquerdo do seu próprio corpo] tivesse brutalmente deixado de existir sob alguma forma inteligível", como resume Marsel Mesulam. A observação do comportamento desses pacientes é cheia de descrições surpreendentes: diante de um espelho, o paciente só fará a barba do lado direito; à mesa, só comerá a metade direita do que está no prato; se várias pessoas estão à sua volta e uma delas, situada à sua esquerda, lhe dirige a palavra, ele responderá a uma das pessoas que estiverem à sua direita... Um século de explorações neurológicas dessa curiosa síndrome de múltiplos nomes nos propiciou uma análise rigorosa que nos permite captar o essencial em algumas frases. A negligência não se limita a uma modalidade sensorial, mas pode afetar o conjunto dos nossos sentidos e atingir nossa capacidade de agir. Um doente, por exemplo, poderá negligenciar tanto informações visuais, auditivas ou táteis quanto certos odores. Por outro lado, ele não utilizará mais o braço e a perna esquerdos, mesmo que não estejam paralisados: fala-se de "subutilização motora", que não deve ser confundida com hemiplegias que atingiram os membros motores principais. O doente parece estar paralisado. Na realidade, ele não presta mais atenção no lado esquerdo do seu corpo e nem pensa mais em se mover! Existe então uma transformação maior do esquema corporal que pode às vezes chegar a incríveis situações nas quais o paciente não reconhece mais como seus o braço ou a perna esquerdos, e até mesmo toda a metade esquerda do seu corpo! É sempre uma situação espantosa para um jovem residente de neurologia lidar ele mesmo com essa experiência de caráter desorientador. A negligência é portanto, por excelência, uma doença da consciência que se caracteriza pela perda da consciência da existência do "lado esquerdo": desaparecimento dos estímulos situados à sua esquerda, desaparecimento das intenções motoras relativas ao braço ou à perna esquerdos, desaparecimento da própria noção de possuir essa metade esquerda! As equipes de Eduardo Bisiach, em Milão, e de Luigi Pizzamiglio, em Roma, descobriram, há alguns anos, que esse "desaparecimento" também atinge as imagens mentais geradas a partir do interior.

Na experiência, agora famosa, da praça da Catedral de Milão, Bisiach e seus colegas pediram a pacientes que se imaginassem nessa praça, de costas para a Catedral, e descrevessem os edifícios visíveis. Os indivíduos ignoravam os edifícios situados à esquerda. Na versão parisiense desse teste clínico, quando se pede aos doentes que se imaginem de pé, na Place de la Concorde, de costas para o Obelisco e olhando para a avenida dos Champs-Élysées, eles ignoram a Assembleia Nacional e o rio Sena, que ficam à esquerda... Num segundo momento, os pesquisadores italianos submeteram seus pacientes ao mesmo teste, pedindo-lhes que fizessem mentalmente um giro de 180°, isto é, ficando agora de frente para a Catedral. Dessa vez, os edifícios negligenciados da primeira vez foram citados, e os que tinham sido citados foram esquecidos. Na versão parisiense, pede-se ao paciente que se imagine de costas para o Obelisco, de frente para o Jardim das Tulherias. O rio Sena e a Assembleia Nacional não são mais ignorados, pois se encontram agora à direita dos pacientes, que negligenciam então o hotel Crillon e a rua Royale. Ou seja, aquilo que é negligenciado nessa situação de imaginação mental depende diretamente do ponto de vista utilizado pelo paciente para gerar sua imagem mental.

Em 1988, dois psicólogos ingleses, John Marshall e Peter Halligan, relataram na revista *Nature* um resultado espetacular que sugeria com firmeza que processos cognitivos abstratos inconscientes estavam em jogo nesses pacientes. Eles apresentaram a uma mulher portadora de negligência os desenhos de duas casas, uma embaixo da outra. Essas duas casas eram absolutamente idênticas em todos os pontos, exceto por um pequeno detalhe: o lado esquerdo de uma das duas casas estava pegando fogo! Do ponto de vista da paciente, que negligenciava a parte esquerda desses desenhos, essa diferença não era conscientemente perceptível. Quando Marshall e Halligan pediram a ela que encontrasse uma diferença entre essas duas casas, ela não foi capaz de distinguir uma da outra e afirmou, simplesmente, que as duas casas eram idênticas. Entretanto, quando lhe pediram que escolhesse a casa em que preferiria morar, a paciente respondeu sem hesitar apontando com o dedo a casa que não estava pegando fogo! Se levarmos a sério esses resultados, eles nos revelam que processos perceptivos inconscientes foram capazes de analisar o lado esquerdo dessas casas e interpretar corretamente o significado dos desenhos de chamas! Depois dessa publicação, novos exemplos de dissociações entre desempenho e consciência visual na negligência surgiram na literatura médica e científica. Apoiadas nesses resultados, inúmeras experiências permitiram generalizar essa descoberta no indivíduo sem nenhuma lesão neurológica, demonstrando, por exemplo, que palavras apresentadas de maneira subliminar podiam ser percebidas de maneira inconsciente em níveis de representação muito abstratos. No nosso laboratório, pudemos mostrar, por exemplo, que a atividade da amígdala cerebral, pequena estrutura que participa da elaboração das emoções, era afetada pelo valor emocional de palavras apresentadas de maneira subliminar. Ou seja, se a amígdala reage de modo diferente às palavras "violento" e "violino", isso mostra que essas palavras foram inconscientemente representadas em níveis capazes de extrair as significações associadas a esses estímulos simbolicamente arbitrários. Essas experiências realizadas com indivíduos sadios ou com pacientes neurológicos, com a ajuda de métodos de psicologia experimental, combinados a conjuntos de imagens cerebrais funcionais, permitiram revelar assim a existência de codificações inconscientes, ricas e abstratas.

RIQUEZA DO INCONSCIENTE COGNITIVO

Podemos resumir essa riqueza do inconsciente cognitivo decompondo-a em três propriedades principais.

A primeira dessas propriedades é a grande variedade dos processos inconscientes que encontramos. O que é importante constatar aqui é que essas representações inconscientes não se limitam a um só tipo de domínio psicológico, como as emoções, por exemplo. Elas podem corresponder a qualquer conteúdo mental do qual também tenhamos a experiência conscientemente: encontramos representações inconscientes de rostos, palavras, números, gestos mais ou menos complexos, emoções, imagens mentais, lugares... Procurando um eventual limite para a riqueza desses conteúdos mentais inconscientes, fizemos a surpreendente descoberta de que as representações de nossos conceitos mais abstratos podem operar de maneira inconsciente. A significação dessas cadeias de símbolos arbitrários que são as nossas palavras, joias da cultura humana, pode ser apreendida inconscientemente. Contrariamente aos preconceitos recebidos como herança do primeiro encontro moderno entre as neurociências e o inconsciente cerebral, através do paradigma do reflexo, o inconsciente não é, portanto, necessariamente estúpido, e não pode ser diferenciado de nossos pensamentos conscientes do ponto de vista da riqueza do conteúdo mental que é representado.

Fazendo eco a essa riqueza do inconsciente cognitivo, as neurociências contemporâneas atualizaram a multiplicidade das regiões cerebrais que são seu teatro. Dos arcaicos circuitos cerebrais subcorticais "coliculares", ou amigdalares, aos sistemas corticais mais evoluídos e mais recentes, no plano filogênico, observamos que todos os recônditos do nosso cérebro são capazes de produzir diversas formas de atividades mentais inconscientes. Existem, portanto, diferentes formas de codificação inconscientes, consideradas sob o ângulo de sua implementação cerebral. Essas diferentes formas de inconsciente não têm muito em comum, e é provável que escapem ao nosso conteúdo consciente por razões completamente distintas umas das outras.

Também descobrimos o princípio da proximidade anatômica que governa as relações entre os substratos cerebrais de nossos processos mentais conscientes e inconscientes. Esse princípio permitiu que nos libertássemos daquilo que chamávamos de visões "tópicas" da consciência, visões que foram declinadas de Jackson a Milner e que postulam a existência de uma relativa vedação entre setores do sistema nervoso, cuja atividade sustentaria exclusivamente nosso pensamento consciente, e outros setores abandonados às cogitações inconscientes. Existem, provavelmente, setores anatômicos que nunca participam do nosso conteúdo consciente, mas o resultado fundamental reside no fato de que não existe nenhuma região cerebral cuja atividade seja exclusiva e necessariamente reservada aos pensamentos conscientes. A grande proximidade, e até mesmo a identidade dos circuitos cerebrais implicados na elaboração nervosa de certas representações conscientes e inconscientes é, provavelmente, a explicação da ausência de diferenças notáveis entre a riqueza de seus respectivos conteúdos. Quando elaboramos inconscientemente uma representação semântica da quantidade numérica de um número, ou uma representação visual abstrata de uma palavra, utilizamos os mesmos circuitos cerebrais que estão em uso quando percebemos conscientemente esse número ou essa palavra. Uma das consequências mais importantes dessa proximidade cerebral diz respeito à natureza das relações que nossa vida mental consciente e nossos processos inconscientes mantêm entre si. Até apenas dez anos atrás, a concepção teórica dominante considerava que os processos inconscientes eram necessariamente incontroláveis, independentes de qualquer influência consciente, e que evoluíam numa espécie de anestesia mental sem nenhuma força consciente. Aceitava-se, é claro, que esses processos inconscientes pudessem influenciar nossos processos conscientes, mas, por outro lado, eram concebidos como uma horda selvagem e incontrolável. Dez anos e algumas experiências depois, esse último reduto de resistência da herança da teoria reflexa foi pelos ares. Ainda existem, é claro, no interior do inventário heterogêneo desses processos inconscientes, alguns exemplares que respondem ao critério do automatismo psicológico tradicional, mas o que descobrimos é que existe uma camada de processos inconscientes que é extremamente sensível ao que chamamos de postura consciente do indivíduo, isto é, aquilo em que ele pensa, aquilo que ele espera, a estratégia que ele usa em determinado momento... Algumas ilustrações neurológicas e psicológicas nos revelaram assim como um indivíduo não para de moldar, sem se dar conta, a natureza de suas próprias representações mentais inconscientes, de acordo com seu "querer" consciente. Ou seja, um inconsciente maleável e sensível às modificações dinâmicas da consciência do indivíduo. Embora essa terceira propriedade tenha essencialmente sido objeto até o momento de estudos de psicologia experimental, não seria arriscado prever que essa camada de processos inconscientes sensíveis às influências conscientes contém os processos mais abstratos que repousam na atividade do neocórtex. Assim, uma outra consequência do princípio de "vizinhança cerebral" está na existência de trocas ricas entre os processos conscientes e os processos inconscientes. Podemos nos arriscar a considerar que certos saberes orientais, ou certas práticas de meditação, de ioga ou de concentração intensa repousariam sobre essa propriedade: saber que possuímos a capacidade de modificar uma parte daquilo que nos escapa, sem nunca precisar conhecer essa parte.

A concepção do inconsciente que nos é oferecida é, portanto, a de uma multiplicidade de processos mentais inconscientes que coexistem e que se distinguem uns dos outros, tanto por sua correlação cerebral quanto por sua complexidade representacional. Essas diferentes formas de processos mentais inconscientes não parecem compartilhar coisa alguma a não ser o critério negativo que utilizamos para reagrupá-los: eles são inconscientes, isto é, não são narráveis pelo indivíduo que os abriga. Nesse sentido, é incorreto utilizar o singular para qualificá-los sob o termo genérico de "inconsciente", já que são, na verdade, uma população variada e multiforme de seres independentes. Por comodidade, continuaremos no entanto a reuni-los nesse vocábulo enganador de inconsciente cognitivo, no singular.

Limites do inconsciente cognitivo

Essas três propriedades principais que ilustram a riqueza da vida mental inconsciente devem ser confrontadas com os limites desses fenômenos: essas representações inconscientes plurais não são, sob nenhum aspecto, comparáveis a nossos pensamentos conscientes. Existem propriedades que parecem estar exclusivamente ligadas às nossas representações mentais conscientes. A capacidade de conservar ativamente uma representação durante um tempo virtualmente ilimitado precisa de um modo de elaboração consciente. O conjunto das situações de cognição inconsciente revela o caráter muito efêmero das representações mentais inconscientes que desaparecem em alguns centésimos de milésimos de segundos. A segunda grande limitação está ligada ao que chamamos de dinâmica do controle estratégico: a adoção de uma nova estratégia de elaboração da informação, a invenção de um novo modo de elaboração e a modificação do nível de controle executivo exigem que tenhamos consciência do parâmetro que justifica essa mudança. Enfim, o nascimento de um comportamento intencional espontâneo parece necessitar de uma elaboração consciente.

Aqui, vou ilustrar apenas o limite temporal de nossas representações mentais inconscientes, por meio de uma experiência realizada em 1960 pelo psicólogo George Sperling. Numa tela negra surge repentinamente um quadro constituído de 12 letras organizadas em três fileiras de quatro. Uma fração de segundo depois, esse quadro de letras já desapareceu, e a tela voltou a ficar negra. Se pedíssemos que descrevessem suas impressões subjetivas numa situação como essa, vocês afirmariam sem pestanejar que viram um quadro piscar, rapidamente, nessa tela, e que esse quadro parecia conter letras. Poderiam até citar algumas sem fazer esforço: "um A no alto, à direita, um x na segunda linha…". Mas, se quiséssemos saber o que havia exatamente em cada uma das casas, vocês descobririam não ser capazes de dizer a totalidade das letras existentes no quadro. Se vocês não tinham consciência da posição e do conteúdo de cada uma das casas, de que exatamente teriam tido consciência, diante desse efêmero quadro de letras? Num primeiro momento, Sperling pediu a alguns indivíduos que dissessem todas as letras que haviam percebido. Em média, 5 das 12 inicialmente apresentadas foram citadas: menos da metade do total das letras. Esse primeiro resultado nos informa sobre o número máximo de objetos que podemos perceber conscientemente num simples piscar de olhos. As letras que não foram citadas pelos indivíduos simplesmente não foram percebidas conscientemente. Sperling se perguntou então qual havia sido o destino psicológico das outras letras, aquelas que os indivíduos não puderam citar conscientemente. Essas letras não citadas teriam sido representadas inconscientemente na mente dos indivíduos, ou simplesmente não foram representadas? Para responder a essa pergunta, Sperling imaginou uma variante sutil da primeira experiência. Apresentou novamente um quadro de letras a seus indivíduos. Desta vez, porém, em vez de pedir o conteúdo de sua consciência perceptiva, submeteu-os a "perguntas surpresa". Imediatamente após o desaparecimento do quadro, Sperling produzia um som cujo timbre era agudo, intermediário ou grave. De acordo com o som tocado, os indivíduos deviam dizer as letras que haviam percebido na linha superior, mediana ou inferior.

Baseado nos resultados da primeira experiência, Sperling podia fazer o seguinte cálculo: primeiro, os indivíduos citariam espontaneamente menos da metade das 12 letras do quadro; segundo, as respostas seriam igualmente distribuídas pelas três fileiras de letras; terceiro, os indivíduos não poderiam saber qual seria o som emitido.

Logicamente, poderíamos esperar então que o número de letras citadas durante as "perguntas surpresa" acompanhadas do som fosse inferior à metade do número de letras de uma fileira, isto é, inferior a dois.

Contrariamente a qualquer expectativa, os indivíduos se mostraram, no entanto, capazes de responder quase perfeitamente a cada uma das perguntas associadas aos sons. Que o som tivesse sido agudo, intermediário, ou grave, os indivíduos citavam sorrindo todas as letras da fileira! No entanto, era impossível trapacear, *colar* ou receber uma *dica* com antecedência sobre quais fileiras recairiam as perguntas!

Esse resultado com ares de paradoxo psicológico nos mostra, na realidade, uma propriedade fundamental de nosso funcionamento mental. Quando o quadro rapidamente apresentado desaparece, nossa mente ainda conserva representações inconscientes de cada letra mostrada. Na verdade, os resultados das duas experiências podem ser resumidos da seguinte maneira: só podemos tomar consciência de um número limitado (cerca de cinco) das 12 letras do quadro. Mas temos a capacidade de escolher quais delas serão as felizes eleitas! Essa escolha diz respeito a estímulos que não estão mais diante de nós, pois a tela é uniformemente negra. Essa seleção tem então necessariamente a ver com as representações mentais inconscientes das letras. Uma vez desaparecida, a totalidade do quadro é, portanto, inconscientemente codificada na nossa mente. Como explicar então a limitação da nossa capacidade de ter consciência, se as letras do quadro estão disponíveis de forma inconsciente? Só podemos chegar a uma única conclusão lógica: essas representações mentais inconscientes são efêmeras. Enquanto tomamos consciência de uma, depois da outra, e assim por diante, até a quinta, as representações inconscientes das outras letras simplesmente desapareceram!

A fim de confirmar que se tratava efetivamente de uma efemeridade das representações mentais inconscientes do quadro, Sperling variou o intervalo entre o desaparecimento do quadro e a reprodução do som. Quando o quadro desaparecia, Sperling deixava passar um certo tempo antes de especificar qual das três fileiras de letras deveria ser citada. Os indivíduos não podiam portanto adivinhar que letras seriam citadas antes que Sperling o indicasse com o som. Nessa variante experimental, Sperling observou que quanto mais o tempo passava, mais o desempenho dos indivíduos diminuía: quanto mais o intervalo aumentava, menos os indivíduos conseguiam citar o número total de letras contidas na fileira pedida. Quando o intervalo passava de meio segundo, os indivíduos só podiam citar uma letra ou duas letras por fileira.

De acordo com o pequeno cálculo que fizemos acima, isso significa que, nessa situação, os indivíduos tomaram consciência espontaneamente de cinco letras repartidas pelo quadro sem poder utilizar o som para orientar sua atenção de maneira eficaz. Ou seja, basta apenas meio segundo depois do desaparecimento do quadro para que as representações mentais inconscientes das letras ainda não citadas tenham desaparecido completamente da nossa mente. Várias repetições e variantes dessas experiências permitiram criar um modelo matemático dessa degradação temporal da relação consciente sob a forma de um decréscimo exponencial.

Vamos resumir: na experiência de Sperling, as representações inconscientes de cada uma das letras do quadro são potencialmente acessíveis imediatamente após o seu desaparecimento. Algumas serão conscientemente apreendidas e citadas pelo indivíduo, enquanto outras irão perdendo rapidamente a qualidade e desaparecerão em alguns segundos.

Parafraseando Jacques Lacan, cujo gosto pela matemática e pela geometria era bem conhecido, podemos então afirmar, graças a George Sperling, que o inconsciente é estruturado, se não como uma linguagem, pelo menos como uma exponencial decrescente!

Inversamente, podemos observar que as letras que tiverem sido conscientemente citadas poderão permanecer na memória ativa de maneira ilimitada durante várias horas, dias, como assim o indivíduo o desejar! Isso também não é desprezível: quando estamos conscientes de uma informação, sua representação mental está livre das contingências temporais, e seu destino não segue mais as leis inexoráveis do decréscimo exponencial! A longo prazo, a memorização na memória chamada de episódica, isto é, a elaboração das lembranças de algumas de nossas experiências conscientes, é uma faculdade que está bem evidentemente reservada apenas às nossas representações mentais conscientes. Não nos lembramos nunca de uma coisa da qual não tenhamos tido antes a experiência consciente!

O maravilhoso resultado experimental de Sperling não diz respeito apenas, evidentemente, aos quadros de letras, mas ao conjunto de processos perceptivos inconscientes visuais ou oriundos de outras modalidades sensoriais, e, de modo mais geral, esse resultado parece governar todas as formas de representações cognitivas inconscientes conhecidas, sejam elas perceptivas ou não.

RELEITURA DO CONCEITO DE INCONSCIENTE FREUDIANO

Quando relemos os escritos de Freud sobre o inconsciente, considerando a evolução particular de seu pensamento (por exemplo por meio dos dois tópicos), é possível destacar os pontos de convergência mas também os focos de divergência, até mesmo de oposição radical, entre o sistema inconsciente, por exemplo, e o conjunto dos processos cognitivos inconscientes objetivados pelas neurociências contemporâneas.

O ponto de partida da concepção psicanalítica do inconsciente em Freud foi de ordem descritiva. Tudo que acontece na minha mente, mas que escapa à minha consciência, no momento presente em que me exprimo, constitui meu inconsciente. De certo modo, Freud considerava então que o objetivo principal do trabalho analítico consistia em ajudar o indivíduo analisado (o analisando) a ter consciência das representações mentais inconscientes, geralmente de forte conteúdo emocional, que têm um papel importante no seu comportamento e na sua personalidade. Seguro desse primeiro inconsciente puramente descritivo, Freud sentiu rapidamente a necessidade de avançar sua teoria, introduzindo uma distinção no próprio interior daquilo que respondia a essa primeira definição muito geral da noção de inconsciente. Entre os processos mentais inconscientes, Freud opôs aqueles que podem chegar ao nosso conteúdo consciente, mas que não ficam permanentemente ali (o pré-consciente), aos que estão ativamente afastados dali por um mecanismo inconsciente de recalque (*refoulement*) e que correspondem a um espaço psíquico distinto da consciência. Apenas esses dois últimos foram conservados nessa segunda definição de inconsciente que surgiu no enunciado da primeira concepção tópica de Freud. Tratava-se de uma reviravolta teórica importante, pois ele enunciava, pela primeira vez, a ideia de três sistemas psíquicos diferentes que mantêm relações dinâmicas e complexas. De um lado, um duplo sistema consciente-pré-consciente (Cs-Pcs) e, de outro, o sistema inconsciente (Ics) propriamente dito que é, por natureza, radicalmente diferente dos outros dois. De passagem, assinalemos que Freud havia explicitamente se questionado sobre a significação neurocientífica desses três sistemas: seria possível encontrar uma correspondência entre essas áreas mentais e regiões anatômicas cerebrais? Ele foi evoluindo nas suas respostas a essa pergunta, preciosa para nós, de uma maneira muito coerente, ao longo da sua obra. No devido tempo, usaremos a evolução das suas ideias a esse respeito. A introdução de uma dimensão tópica no aparelho psíquico teve consequências quanto ao objetivo do trabalho analítico. A partir daí, não era mais possível tornar consciente ou pré-consciente o território inconsciente, pois este último não é considerado uma qualidade das representações, mas um estado fundamental particular que difere daquele que é próprio da consciência. O trabalho analítico se orientava então para o estudo da circulação de certas representações mentais de uma região física para outra e, principalmente, para um trabalho da consciência do indivíduo que tenta perceber e inferir certos elementos importantes dessa organização mental oculta. Essa concepção tópica do inconsciente levou então, explicitamente, a enterrar a ideia de que se possa tornar qualquer parte do inconsciente acessível à consciência. Freud se perguntou, aliás com frequência, sobre o que acontece a uma representação inconsciente quando ela se torna pré-consciente ou consciente: essa representação seria duplicada com um exemplar original e bruto que permanece na região psíquica do inconsciente, e com um segundo exemplar de qualidade diferente existente entre os espécimes do sistema Pcs-Cs? Ou será que devemos considerar que só existe, o tempo todo, uma única representação, cujo estatuto é modificado qualitativamente e que "pula", desse modo, de um lugar para o outro? Podemos ainda consultar as cogitações de Freud sobre isso. Foi por estar às voltas, principalmente, com essas dificuldades conceptuais oriundas do estudo da dinâmica psíquica das representações mentais de um sistema para o outro que Freud modificou, outra vez, profundamente, em 1922-1923, sua teoria do aparelho psíquico, conservando a ideia central dos três tópicos, mas modificando completamente seu conteúdo. Em vez de atribuir um lugar psíquico ao Inconsciente, um outro ao Pcs e um outro, finalmente, ao sistema Cs, Freud propôs uma organização "perpendicular" mais complexa: o primeiro lugar psíquico seria o do *ego*, o segundo, do *id*, e o terceiro, do *superego*. A novidade residia no fato de que o próprio *ego* tem conteúdos conscientes ou pré-conscientes, mas também todo um conjunto de representações mentais inconscientes previamente categorizadas no sistema Inconsciente. Esse segundo tópico deu lugar a numerosas interrogações e discussões, em Freud, quanto ao conteúdo exato de cada um desses três lugares, principalmente durante o desenvolvimento da criança e nos doentes neuróticos ou psicóticos.

Munidos desse mapa de navegação elementar, é chegado o momento de estabelecermos o retrato falado do inconsciente, ou melhor, dos inconscientes de Freud. As descrições freudianas do inconsciente podem ser classificadas em três categorias, de acordo com o grau de coerência com aquelas que são apresentadas pelas neurociências da cognição. Proponho, então, que examinemos, sucessivamente, os pontos de possível convergência entre Freud e o inconsciente cognitivo, em seguida os pontos de divergência inquietante e, finalmente, aqueles que correspondem a uma oposição radical entre essas duas concepções teóricas.

Várias ideias importantes parecem comuns a essas duas concepções teóricas. A riqueza do inconsciente, a condição originariamente inconsciente de cada representação mental, o papel da atenção na conscientização e, finalmente, a divisão do espaço inconsciente em várias categorias qualitativamente distintas nos pareceram elementos de aproximação indiscutíveis. Entretanto, para cada um desses argumentos "consensuais", um exame atento e rigoroso nos trouxe várias dúvidas quando à solidez desses pontos de passagem entre os conceitos de inconsciente freudiano e inconsciente neurocognitivo. Ao argumento da reconhecida riqueza do inconsciente veio se associar uma possível discordância sobre os limites dessa riqueza: nos limites claramente enunciados pela psicologia cognitiva, o discurso freudiano nos pareceu menos categórico e portador de várias ideias heterodoxas que seriam pontos de ruptura imediata com os projetos de aproximação. Quando Freud formula a ideia da constituição originariamente inconsciente de toda representação mental, ele chama a atenção para um mecanismo de recalque (*refoulement*) inconsciente que nos pareceu ser ainda uma discordância importante entre os dois discursos estudados. Se o reconhecimento comum do papel da atenção no mecanismo da conscientização foi para nós uma surpresa inesperada, rica em numerosos prolongamentos, sua utilização por Freud para associá-la à função da linguagem fez surgir uma nova diferença importante. Enfim, a descrição de diferentes níveis de inconscientes através da sutil diferença estabelecida por Freud entre sistema pré-consciente e sistema inconsciente explica um fenômeno fundamental. Mas a explicação teórica usada para descrevê-lo está no outro extremo daquela que é proposta pelas neurociências. A importância atribuída por Freud ao conceito hipotético de recalque (*refoulement*), imaginado como uma instância inconsciente de controle, vem acabar com essa aproximação possível. Resumindo, esses elementos de "convergência" em torno do conceito de inconsciente permanecem limitados! É de fato curioso observar que todas as vezes que descobrimos um elemento de convergência, ele só se referia a uma "mínima porção" do discurso freudiano. A riqueza própria do discurso freudiano não é a definição do pré-consciente, nem a do papel da atenção, ou a proclamação da riqueza do inconsciente. Como logo veremos, essas diferentes ideias brilhantemente explicitadas por Freud não são, essencialmente, a coisa mais importante do seu pensamento, mas já aparecem de maneira explícita na literatura psicológica e neurológica dos séculos XVIII e XIX. As criações científicas próprias de Freud, em termos de inconsciente, são o conceito de recalque (*refoulement*), a definição tópica do Inconsciente e o conteúdo psicodinâmico das representações mentais que ele possui. Para cada um dos elementos de convergência estudados, tínhamos sempre dificuldades toda vez que aparecia uma dessas ideias que se encontram no cerne do pensamento freudiano.

Quando buscamos compreender o que ocupa o sistema Inconsciente postulado por Freud, a própria ideia da possibilidade de uma troca entre o discurso neurocientífico parece se dissipar brutalmente. Basta consultar as múltiplas formulações unívocas do conteúdo do sistema Inconsciente em Freud para ficar convencido disso. No "Homem dos ratos", por exemplo, Freud escreve que o inconsciente é o "infantil recalcado". Esse conteúdo do sistema Inconsciente é afirmado por Freud em várias ocasiões. Em "Uma dificuldade da psicanálise", texto publicado em 1917, Freud povoa o inconsciente exclusivamente de conteúdos pulsionais sexuais. Os conceitos que encontramos ali parecem estar situados a anos-luz dos protótipos das representações mentais com as quais lidamos até aqui em pacientes neurológicos ou em indivíduos sadios que participaram dessas diversas experiências de psicologia cognitiva e de imagens cerebrais funcionais. De onde Freud tirou essa relação exclusiva do sistema Inconsciente com a primeira infância do indivíduo? Por que a dimensão sexual das representações mentais constitui, repentinamente, um atributo primordial dos objetos do sistema Inconsciente? O tom levemente ingênuo das nossas perguntas não é leviano. Evidentemente, sabemos que as construções de Freud derivam essencialmente de um rico material clínico psicopatológico no qual a dimensão afetiva das representações mentais tinha um papel fundamental. A leitura e o tratamento clínico de pacientes neuróticos, fóbicos, histéricos ou obsessivos colocam necessariamente o clínico diante de questões psicoafetivas e emocionais. Entretanto, o que questionamos aqui não é a natureza do material utilizado por Freud, mas a orientação unívoca de sua construção teórica. Desse modo, o sistema Inconsciente conteria apenas material recalcado, vestígios de pulsões sexuais da primeira infância do indivíduo! Dito isto, o que deveríamos enterrar não é necessariamente a validade e a pertinência do conteúdo das teorias freudianas, mas a possibilidade de confrontá-las com as nossas teorias neurocientíficas da consciência e do inconsciente.

A segunda grande divergência entre o inconsciente freudiano e o inconsciente cognitivista diz respeito à questão da linguagem. Em múltiplas ocasiões, Freud insiste no papel fundamental da linguagem no mecanismo da conscientização, afirmando que a representação consciente compreende, ao mesmo tempo, a representação de coisa associada à representação de palavra aferente, enquanto a representação inconsciente é a representação só de coisa. O papel atribuído à linguagem por Freud é bastante problemático por duas razões principais. Primeiro, esse aspecto do pensamento de Freud sugere que ele não concebe a ideia de representações inconscientes de palavras, mesmo que aquilo que é visado por essa expressão permaneça bem enigmático. A representação de palavra parece ser, em Freud, necessariamente consciente, ou pré-consciente. Entretanto, tivemos a ocasião de descrever várias ilustrações de ativações inconscientes de representações mentais verbais em níveis tão variáveis quanto a forma visual abstrata de uma palavra, sua morfologia, sua fonologia ou até mesmo seu conteúdo semântico. Essas ativações verbais inconscientes não se distinguem, na nossa opinião, dos outros conteúdos representados. Não existe condição especifica para as representações de palavras, em comparação com todas as outras categorias de objetos mentais representados, conscientemente ou não. É claro que não estamos questionando o importante papel da linguagem, principalmente da linguagem interior, na verbalização de nossos conteúdos conscientes, por meio das relações que estabelecemos para nós ou para os outros. No entanto, e esse é o segundo ponto problemático da condição das representações mentais em Freud, existe, hoje em dia, bastante evidência clínica e experimental para afirmar que um conteúdo mental consciente não é necessariamente verbal. Ou seja, contrariamente à posição aparente de Freud, um pensamento pode ser consciente, isto é, pode se relacionar a ele mesmo ou a outros, sem estar associado a representações de palavras.

Até agora, o estudo do inconsciente freudiano através do prisma de nossos conhecimentos neurocientíficos contemporâneos nos levou a destacar, na obra de Freud, algumas intuições profundas relativas aos fenômenos mentais inconscientes, assim como numerosos pontos de divergência que, quase sempre, dizem respeito à interpretação teórica desses fenômenos, interpretações que são quase sistematicamente desautorizadas pelas neurociências da cognição. É surpreendente constatar o caráter visionário dessas intuições que vão esperar às vezes mais de um século o aparecimento de novos paradigmas científicos – como este trazido pelas ciências cognitivas ao introduzir a teoria da informação para descrever as operações mentais –, e novas tecnologias, à frente das quais está o conjunto das imagens cerebrais funcionais, antes de serem reformuladas e redescobertas pelas neurociências. Até agora, portanto, os fenômenos mentais inconscientes descritos por Freud nos pareciam relativamente coerentes com a descrição feita pelas neurociências, e só as interpretações teóricas pareciam introduzir uma distância abissal das nossas teorias contemporâneas. Existem, no entanto, três propriedades do inconsciente freudiano que estão em franca e radical contradição com a nossa concepção da vida mental. Cada uma dessas três propriedades representa um papel fundamental no edifício freudiano, e sua reunião constitui de certo modo o "cerne" da definição freudiana do inconsciente.

No interior desse "cerne do inconsciente freudiano" o conceito de recalque (*refoulement*) se distingue tanto por sua originalidade quanto por sua importância determinante, o que faz dele a verdadeira "pedra angular" das diferentes teorias freudianas. O papel mais importante que atribuímos ao recalque foi, no seu tempo, reconhecido pelo próprio Freud, ao longo da sua obra. Em um texto clássico redigido em 1914 como um manifesto da história oficial do nascimento da psicanálise, Freud escreve: "O recalque (*refoulement*) é, atualmente, o alicerce sobre o qual repousa o edifício da psicanálise" ("Uma contribuição à história do movimento psicanalítico"). Já fizemos referência, em várias ocasiões, a esse conceito sem nos aventurarmos por suas entranhas. O que é então o recalque (*refoulement*) para Freud? A ideia geral do recalque é a de um processo psicológico que lutaria ativamente contra a erupção, no interior da consciência do indivíduo, de certas representações mentais desagradáveis. Com seu talento para a metáfora, Freud colocou em cena esse processo utilizando a imagem de um personagem incomodativo retirado por guardas da sala que representa o espaço consciente do indivíduo. Já em 1909, Freud usa essa metáfora por ocasião de uma conferência feita em Worcester:

Ilustrarei o processo do recalque e sua relação necessária com a resistência através de uma comparação grosseira. Suponham que na sala de conferência, na minha plateia calma e atenta, se encontre, no entanto, um indivíduo que se comporta de maneira a me perturbar e que me atrapalha com risos inconvenientes, conversas, ou batendo com os pés. Direi que não é possível continuar dessa maneira; nesse momento, alguns dos presentes, fisicamente mais fortes, irão se levantar e, depois de uma breve luta, colocarão o personagem para fora. Ele será "excluído" (*refoulé*) e poderei continuar minha conferência. Mas para que o fato não se repita, caso o excluído queira voltar para a sala, as pessoas que me ajudaram irão colocar as cadeiras de encontro à porta e formar assim uma espécie de "resistência". Se transportamos agora para o plano psíquico os acontecimentos de nosso exemplo, se transformarmos a sala de conferência no consciente e o vestíbulo no inconsciente, teremos uma boa imagem do recalque (Freud).

Freud introduz assim, com seus "guardas da paz mental", a ideia de um processo de controle dotado da capacidade de inibir ou excluir certas representações mentais com base em decisões estratégicas. Todos os dias, temos a experiência de fenômenos de rejeição ativa, consciente e deliberada, de certas ideias que nos incomodam, que expulsamos da nossa consciência, ou que tentamos esconder de nós mesmos. Hoje, já começamos a dispor de um grande conjunto de dados experimentais e clínicos que permitem desenhar modelos teóricos sofisticados e realistas desse fenômeno geral do controle mental. Por que então o conceito de recalque seria um tema de oposição radical com as neurociências cognitivas? Em razão de um ponto fundamental: os mecanismos de controle cognitivo, como estes que acabamos de descrever, são o apanágio exclusivo do funcionamento consciente. As belas experiências de Merikle ou de Kunde nos mostraram como um estímulo não percebido conscientemente não poderia estar na origem de uma estratégia de controle. Jacoby foi o primeiro a ter a ideia de que, quando nos são apresentadas palavras escritas e que devemos explicitamente nos recusar a utilizá-las para responder a determinadas perguntas do pesquisador, conseguimos, sem dificuldade, "excluí-las" ativamente apenas se tivermos consciência dessas palavras. Quando essas palavras nos são inconscientemente apresentadas, de maneira subliminar, ou utilizando outras técnicas mais recentes como o *attentional blink*, não podemos evitar usá-las. Ou seja, o desencadeamento estratégico desses mecanismos de controle cognitivo que governam os processos de rejeição ativa de uma representação é necessária e exclusivamente consciente.

O problema com o conceito de recalque freudiano é que ele é explicitamente definido como um processo inconsciente que atuaria sobre representações inconscientes. Se as neurociências contemporâneas conseguem estudar os mecanismos de defesa conscientes, a ideia de um recalque, no sentido freudiano, parece em total contradição com os dados experimentais e os modelos teóricos mais pertinentes. Os alicerces do edifício ameaçam ceder quando consideramos o inconsciente freudiano uma construção psicológica científica.

A segunda das três propriedades que me parecem definitivamente condenar qualquer tentativa de encontrar, na obra de Freud, uma psicologia científica do inconsciente, diz respeito à duração de vida de nossas representações mentais inconscientes.

A terceira e última das três propriedades do inconsciente freudiano que nos parecem ser um problema diz respeito à causalidade do inconsciente, isto é, aos princípios que determinam e governam o curso dessa vida mental inconsciente. Por que essa representação mental seria confrontada com as instâncias de recalque? O que guiaria a evolução desse processo de censura inconsciente? Freud nunca hesita em responder a essas perguntas, atribuindo a todos os elementos do inconsciente intenções, desejos e afetos. Se essa representação é confrontada com o recalque é porque ela "deseja penetrar na consciência", se ela toma uma ou outra forma disfarçada é porque ela tenta se esconder e prosseguir mascarada, para não ser reconhecida pelo "guarda", que também é, lembremos, totalmente inconsciente! Da mesma maneira que Freud atribui a nossas representações mentais inconscientes a capacidade de pensar estrategicamente e de se conservar por muito tempo numa forma ativa, ele também postula, muito seriamente, a existência de verdadeiras intenções e desejos inconscientes. Entretanto, aí também nos deparamos com aquilo que nos parece hoje, de um ponto de vista científico, uma incrível confusão entre a própria essência da consciência, de um lado, e, de outro, a das nossas representações mentais.

O INCONSCIENTE FREUDIANO É POR DEMAIS CONSCIENTE

Ao final dessa leitura comparada do inconsciente freudiano com aquele que hoje temos a possibilidade de observar por meio das neurociências da cognição, o que podemos constatar é, ao mesmo tempo, radical e original. O inconsciente freudiano é bastante incompatível com o inconsciente cognitivo. Se existem pontos de convergência, basta um mergulho, mesmo rápido, no seu conteúdo para trazer à tona profundas divergências sobre as explicações teóricas dos fenômenos inconscientes em questão. Além dessas primeiras divergências, o próprio cerne da psicanálise freudiana do inconsciente, isto é, o conceito de recalque (*refoulement*) e certas propriedades das representações mentais inconscientes postuladas por Freud estão em total contradição com aquilo que conhecemos hoje sobre o funcionamento mental e sua psicologia. Entretanto, o que constitui para mim um problema na concepção do inconsciente de Freud não tem muito a ver com os argumentos que são tradicionalmente apresentados pelos seus adversários. Onde vários críticos puseram em dúvida a extrema riqueza da concepção freudiana da vida mental inconsciente, nós reconhecemos uma profunda intuição de Freud. Essa intuição teve que esperar mais de um século de esforços científicos antes de encontrar sua demonstração definitiva, através do destaque de processos mentais inconscientes que culminaram nos níveis mais abstratos de representação mental. O que alguns desprezavam, como sua metáfora da dinâmica incessante entre os aspectos conscientes e inconscientes de nossa vida mental, nós podemos aplaudir, à luz do que sabemos hoje sobre a grande proximidade psicológica e cerebral de nossos pensamentos conscientes e inconscientes. O que definitivamente me incomoda no inconsciente freudiano não é sua riqueza, mas sua estranha e suspeita semelhança com a nossa consciência! Na sua descrição do inconsciente, Freud não hesita em atribuir ao inconsciente uma coleção de atributos que nos parecem próprios da consciência: modo de pensamento estratégico, tempo de duração das representações mentais inconscientes, liberado das contingências da transitoriedade temporal, característica intencional e espontânea. Esses atributos não são pequenos pontos que podemos tirar da obra de Freud sem desnaturá-la. Pelo contrário, constatamos que cada um deles ocupa um lugar central no próprio interior do conceito de inconsciente freudiano. Em seu magnífico esforço de descoberta do inconsciente, me parece que Freud fracassou na tentativa de ultrapassar a consciência, ultrapassagem, porém, da qual ele foi o mais vigoroso dos apóstolos.

DESCARTES E HUSSERL EM SOCORRO DE SIGMUND

Como isolar a forma do discurso freudiano sobre o inconsciente do conteúdo de suas proposições? Uma solução consiste em fazer uso de um método filosófico genial descoberto por Descartes e reutilizado depois, de maneira extremamente aprofundada, por Husserl. É o método da redução fenomenológica (*epoché*) ou o "parêntese". A fim de aplicarmos essa "redução" ao discurso freudiano sobre o inconsciente, é preciso começar livrando-o do seu conteúdo. Coloquemos entre parênteses todos os atributos que já exploramos. Deixemos de lado o recalque, a concepção tópica do inconsciente, seu conteúdo sexual infantil, sua natureza fantasmática originária, sua imortalidade psíquica... Esqueçamos, durante essa "redução", todas as significações próprias da mensagem freudiana. Essa primeira etapa consiste, então, em colocar de lado todos os resultados reivindicados pela psicanálise freudiana, todas as suas proposições teóricas, todas as suas conceituações, seus tópicos, seu complexo de Édipo, passando por suas múltiplas formulações sobre as relações psicodinâmicas do Inconsciente, do *id* e do *ego*... O fato de fazer esse "parêntese" permite que não nos preocupemos diretamente com as condições de verdade desses resultados em cujo interior já identificamos contradições com a nossa conceituação do mental. A segunda etapa da "redução" consiste em fazer a seguinte pergunta: "O que resta da psicanálise quando esse parêntese foi feito?". Se ainda restar alguma coisa da psicanálise freudiana do inconsciente nesse estágio do raciocínio, poderemos identificar essa "alguma coisa" como o fundamento não revogável de uma possível elaboração entre neurociências e psicanálise. Se não restar nada, esse trabalho estará definitivamente encerrado. Será que a psicanálise resiste a essa redução? Sem dúvida alguma que sim. O que poderemos então isolar pela "redução", na psicanálise, uma vez que não consideramos mais o conjunto das teorizações freudianas? O que se oferece a nós, em sua verdade nua e crua, é a postura do psicanalista, sua postura de indivíduo consciente que interpreta o mental, que não para de procurar e construir significações e causalidades em tudo que provém da vida psíquica do seu paciente, dele mesmo e, mais amplamente, de todo indivíduo humano. Essa postura não é banal. Não é óbvia. Constituir um olhar psicológico, não sobre um discurso descritivo, que seria a base primeira e prévia de toda elaboração posterior, mas sobre um olhar primitivamente interpretativo, isto é, sobre um tipo de pensamento que considera que a realidade profunda da vida psíquica procede, necessariamente, da construção de uma significação para o indivíduo, isso não é comum. A singularidade desse olhar freudiano repousa inteiramente sobre esse processo de criação e no sentido de "ficcionalização" da existência psíquica. Onde a maioria, se não a totalidade, das outras abordagens psicológicas começa descrevendo o mental antes de começar a interpretá-lo à luz de um ou outro sistema conceitual, o discurso de Freud não deixa espaço para essa "primeira camada" descritiva. Freud aborda o mental interpretando-o diretamente. Quando Freud se interessa por um sonho, por exemplo, não é o conteúdo próprio ou "objetivo" do sonho que o interessa. Primitivamente, é a forma que o narrador do sonho dará ele próprio à sua experiência onírica que terá importância e constituirá o verdadeiro material de elaboração psíquica. O discurso de quem sonha em torno de seu sonho, isto é, a interpretação que ele já construiu, é isso que conta para Freud. Da mesma forma, quando se interessa pelas fantasias sexuais infantis de seus pacientes, ele não se importa com a realidade biográfica dos episódios narrados. Ele escreve, em 1916-1917:

> Não conseguimos até hoje destacar uma diferença nas consequências, quando se trata da fantasia ou da realidade ligada a esses acontecimentos da infância [...]. Essas fantasias possuem uma realidade psíquica que se opõe à realidade material, e aprendemos, pouco a pouco, a compreender que, no mundo da neurose, o que é determinante é a realidade psíquica.

Que se dane a realidade objetiva! Aos olhos de Freud, o que é determinante é aquilo que faz sentido para o indivíduo, e apenas isso. Os erros que identificamos na sua construção do conceito de inconsciente vêm desse princípio. Em vez de procurar descrever os fenômenos mentais inconscientes, como tinham começado a fazer os primeiros pesquisadores do século XIX, e como farão mais tarde os neurocientistas, Freud apreendeu diretamente esses fenômenos interpretando-os. Na maioria das passagens que citamos, Freud adota assim essa postura interpretativa que caracteriza a psicanálise. Seu distanciamento contínuo e progressivo do discurso científico me parece sintomático dessa postura. De certo modo, Freud foi, gradualmente, se liberando da questão da condição de verdade das proposições que ele manipulava, e acabou só atribuindo pertinência a esses processos interpretativos que lhe pareciam deter uma parte considerável da organização psíquica de seus pacientes e de seus congêneres. A única coisa que importa para ele é a realidade psíquica compreendida como essa interpretação consciente primitiva e essencial.

Desse modo, a meu ver, aquilo que constitui a única mas inestimável herança do pensamento freudiano, relativa ao inconsciente, é precisamente essa postura consciente interpretativa, não o conteúdo das suas interpretações, que me parecem errôneas. Essa postura, adotada pela primeira vez de maneira totalmente explícita por Sigmund Freud, constitui uma das descobertas científicas mais importantes das neurociências da mente. Indo assim ao encontro da sabedoria popular – aliás incorreta – que identifica Freud ao descobridor do "Inconsciente", penso, de minha parte, que a grande descoberta de Freud, escondida sob esse vocábulo de "Inconsciente", não é nada mais do que uma das propriedades fundamentais da... nossa vida consciente! Freud deve ser considerado o Cristóvão Colombo da vida mental e o descobridor de um imenso continente psíquico, o da interpretação consciente ficcional que, erroneamente, ele chama de "inconsciente". Esse continente é, a meu ver, uma das peças que estão faltando nas nossas teorias contemporâneas da consciência!

AS ELUCUBRAÇÕES DE UM HEMISFÉRIO DESCONECTADO

Apreciaremos toda a grandeza do gênio freudiano mergulhando, pela última vez, no universo da neuropsicologia clínica, a fim de descobrir aí a confirmação do papel vital que representa a interpretação na organização do nosso funcionamento mental consciente. A observação atenta de pacientes neurológicos permite ainda compreender princípios fundamentais do nosso psiquismo. Façamos uma viagem pelo pensamento, em 1977. Estamos num laboratório americano de psicologia no qual estão sentados o pesquisador Michael Gazzaniga e, diante dele, um paciente neurológico apresentando uma desconexão inter-hemisférica. Esse paciente apresentava uma epilepsia refratária aos tratamentos médicos disponíveis na época. Para diminuir a frequência e a intensidade das crises de epilepsia, esse paciente submeteu-se a uma intervenção neurocirúrgica durante a qual o corpo caloso, espesso feixe de fibras brancas que liga nossos dois hemisférios, foi seccionado no seu comprimento. Depois de uma intervenção como essa, os dois hemisférios de um mesmo cérebro não são mais capazes de se comunicar e trocar informações entre si. Essa situação provoca sintomas raros mas bem conhecidos pelos neuropsicólogos clínicos: por exemplo, se este paciente fechasse os olhos e lhe déssemos um isqueiro na mão esquerda, ele conseguia pegar corretamente o isqueiro, acendê-lo, e tudo no comportamento de sua mão esquerda levaria a crer que o indivíduo sabia que segurava um isqueiro. No entanto, se perguntássemos o que ele estava segurando na mão esquerda, ele era absolutamente incapaz de responder corretamente! Esse sintoma de "anomia tátil esquerda" é, na verdade, uma das consequências diretas e obrigatórias da desconexão inter-hemisférica da qual esse paciente fora vítima. Quando ele segurava o isqueiro na mão esquerda com os olhos fechados, as únicas informações relativas a esse objeto eram as informações táteis enviadas por sua mão esquerda a seu hemisfério direito. O hemisfério direito desse paciente era perfeitamente capaz de identificar esse objeto, de reconhecê-lo e de realizar as sequências gestuais adaptadas para manipular o isqueiro. Esse hemisfério direito, aliás, manifestava uma consciência do isqueiro, mas, por outro lado, era incapaz de nomeá-lo. De fato, as capacidades linguísticas do hemisfério direito são extremamente limitadas, e, quando nos expressamos, são as conexões cerebrais da linguagem, enroscadas no nosso hemisfério esquerdo, que atuam, na maioria das pessoas. Ou seja, quando colocamos um isqueiro na mão esquerda de um indivíduo sadio que tem um corpo caloso não seccionado, assim que seu hemisfério direito recebe informações táteis, algumas dessas informações são transmitidas a seu hemisfério esquerdo. As representações mentais desse objeto podem igualmente circular de um hemisfério ao outro. Então, se pedirmos a um indivíduo sadio para dizer o nome desse objeto, seu hemisfério esquerdo pode responder sem dificuldade: "Isqueiro, é um isqueiro!". Por outro lado, no paciente cujo corpo caloso foi seccionado, estudado por Gazzaniga, quando lhe faziam a mesma pergunta, só seu hemisfério esquerdo, desconectado do direito, respondia verbalmente. Visto que esse hemisfério esquerdo não recebera informações relativas ao isqueiro, o paciente não podia responder corretamente. Essa prova do isqueiro permitiu revelar assim que sob o crânio desse paciente que, à primeira vista, parecia ser um indivíduo único, exatamente como nós mesmos pensamos ser, escondiam-se dois hemisférios separados e portanto duas mentes disjuntas, mas que habitavam o mesmo corpo! Às vezes, um "paciente caloso" ou calotomizado – como dizem os neurologistas – apresenta assim dois comportamentos voluntários simultâneos e contraditórios: um paciente pode abrir a porta de um refrigerador com a mão direita para pegar uma garrafa de água fresca sob o impulso do seu hemisfério esquerdo, enquanto com a mão esquerda baterá violentamente a porta do refrigerador para fazer outra coisa, sob o comando de seu hemisfério direito, que também é dotado de uma vontade consciente! Gazzaniga elaborou em seguida uma experiência surpreendente. Pediu ao paciente para olhar uma tela situada à sua frente. De repente, sem aviso prévio, surge um verbo durante alguns décimos de segundo à esquerda da tela: *"walk"* (ande). Essa ordem verbal, apresentada no campo visual esquerdo do paciente, foi recebida apenas pelas regiões visuais de seu hemisfério direito. Esse hemisfério direito era capaz de compreender sem poder pronunciar essa ordem que cabia em uma palavra. Gazzaniga ficou em silêncio. O paciente se levantou e começou a andar em direção à porta da sala. Quando chegou na soleira da porta, Gazzaniga perguntou a ele, de repente, isto é, a seu hemisfério esquerdo que sabia falar mas ignorava aquilo que sabia e fazia o hemisfério direito: "Aonde você vai?". Imediatamente, o paciente respondeu: "Vou até em casa pegar um suco de frutas". O que nos revela essa experiência, repetida de várias maneiras com inúmeros pacientes calotomizados, desde 1977? Ela nos ensina que, quando o hemisfério esquerdo desse paciente se conscientizava de um comportamento que afetava seu corpo – aqui, o fato de andar até a porta –, ele logo elaborava uma interpretação consciente desse comportamento que permitia atribuir-lhe um significado. Em vez de responder a Gazzaniga: "Bom, eu estava saindo desta sala, mas não sei bem por quê, é estranho não é?", o paciente dava sua própria resposta com uma força de convicção desconcertante. O paciente construía imediatamente uma interpretação do seu comportamento, exatamente no instante em que se conscientizava desse comportamento, mas sem perceber que essa interpretação era só uma qualquer. Nesses pacientes, cujo cérebro está dividido (*split-brain*), descobrimos então que seu hemisfério esquerdo dotado das faculdades de linguagem não para de elaborar conscientemente histórias que dão sentido ao real. Essa faculdade de criar uma história para o real significa considerar essas produções mentais conscientes autênticas obras de ficção! Em vez de considerar, num primeiro momento, os dados objetivos do seu próprio comportamento e depois discutir, racionalmente, diferentes hipóteses para explicá-lo, o paciente constrói, sem nenhum distanciamento, uma causa fictícia desse comportamento, e não abandona mais essa explicação, que para ele tem a força de uma crença! Vejam só, o paciente *split-brain* coloca então, debaixo dos nossos olhos, aquilo que tínhamos acabado de considerar sobre o inconsciente freudiano: a dimensão fictícia das nossas construções mentais conscientes! Do ponto de vista do próprio indivíduo, isto é, do ponto de vista de seu discurso consciente elaborado na primeira pessoa, as representações mentais que são manipuladas nada mais são do que construções fictícias às quais ele atribui uma condição de crença profunda. O paciente de Gazzaniga não se pergunta simplesmente por que estava saindo da sala, e também nem pensou em discutir uma ou outra hipótese, mas forjou uma interpretação causal na qual não podia deixar de acreditar firmemente. Aquilo que isolamos nesses pacientes, com a ajuda dessas pequenas experiências, não é nada mais do que um acesso privilegiado a certas regiões de sua "realidade psíquica", para usar os termos de Freud. Essa realidade psíquica nos parece estar aqui completamente dissociada da realidade objetiva: o que faz verdadeiramente sentido para o paciente é uma construção mental fictícia. Essa ficção, que a realidade objetiva pode perfeitamente contradizer, é só uma construção mental com uma força de certa forma mais tangível e mais forte para a organização mental do paciente do que a realidade "experimental" da qual ele é, no entanto, o objeto. Sem dúvida alguma essas ficções são os verdadeiros habitantes do pensamento consciente desses pacientes. Inúmeros outros exemplos de neuropsicólogos confirmam esse resultado fundamental.

INTERPRETO, LOGO SOU!

Ao chegarmos a este ponto da nossa reflexão, vocês já devem ter adquirido os mecanismos do modo de pensar de todo neuropsicólogo em potencial. Vocês se perguntarão, com todo o direito, se aquilo que descobrimos nesses inúmeros pacientes de quadros clínicos tão diferentes e com lesões cerebrais tão variadas também se aplica ao mais comum dos mortais. Seríamos todos intérpretes conscientes que nada sabem a seu próprio respeito? Mal formulamos essa pergunta e não nos é difícil imaginar que cada minuto de nossa vida consciente se traduz em interpretações que não cessamos de elaborar. Estão esperando por alguém que se atrasa para o encontro? Imediatamente, várias histórias que permitem explicar as causas desse atraso são representadas no palco das suas consciências: o despertador não tocou, o carro enguiçou, um enorme engarrafamento, um acidente, um falecimento inesperado... Estão tentando imaginar de que será feito o amanhã? Adivinhar o que pensa de vocês determinada pessoa que conhecem?... Se prestarmos atenção ao espaço ocupado na nossa vida mental pelo componente interpretativo, a lista não para de aumentar, e logo vemos que ela alimenta, de maneira mais ou menos visível, cada um dos nossos pensamentos conscientes. O aspecto que nos diferencia dos pacientes neurológicos que acabamos de descrever não está então tanto nessa faculdade mental de interpretação consciente que temos em comum com eles, mas na capacidade de incorporar os outros dados do mundo real e utilizá-los para estar sempre corrigindo essas histórias mentais. Onde os doentes neurológicos fracassam, por diversas razões, em utilizar essas informações suplementares para revisar suas construções conscientes, nós conseguimos atualizar sem dificuldade nossas ficções para que elas possam adquirir melhor os contornos do real. É, portanto, mais difícil para nós imaginar o caráter ficcional dessas construções conscientes. Ou seja, às vezes, é difícil atualizar a parte de interpretação que está, acredito eu, sempre presente no interior de nossos pensamentos conscientes, quando a distância que os separa do real parece ínfima. Imaginemos que estejam vendo uma rosa num vaso sobre uma mesa. Vocês afirmarão estar "vendo uma rosa num vaso", mas o que aprendemos com nossos pacientes neurológicos é que, mesmo numa afirmação aparentemente tão banal, neutra e "objetiva", nossa palavra tem, na realidade, o valor de uma interpretação, à qual creditamos uma certa crença. Ao nos externar a existência dessas interpretações, quando elas estão totalmente desconectadas do real, os pacientes neurológicos nos revelam um segredo fundamental: nossa realidade mental consciente é, antes de tudo, um universo ficcional que construímos à luz da realidade objetiva, mas que preexiste a ela e não se resume nela. É fascinante quando nos debruçamos sobre as crenças que elaboramos na ausência de suporte de informação exterior e imediato. Quando cem pessoas neurologicamente sadias veem a rosa no vaso, cada uma delas relata ver conscientemente essa rosa, e esse relato consciente estará acompanhado de um valor de interpretação e de crença que será difícil evidenciar. Por outro lado, se interrogarmos cada uma delas sobre suas convicções religiosas, teremos um conjunto de crenças disparatadas e cheias de nuanças. No primeiro caso, os dados objetivos do mundo real, da maneira como se imprimem, de forma idêntica, nos cem cérebros normais considerados no nosso exemplo, limitarão as interpretações da percepção, e uma interpretação perceptiva consensual surgirá. No nosso segundo exemplo, quando a interpretação dada não está mais limitada por um grupo de dados tão rígidos, a riqueza do componente interpretativo surgirá com toda a sua força, e na sua liberdade relativa ao real. De certo modo, quando expomos nossas crenças religiosas, místicas, mas também várias outras crenças sociais e interpessoais, parecemos com aqueles pacientes neurológicos que expõem suas interpretações protegidos por regiões inteiras da realidade que eles não consideram. Nessas diferentes situações, elaboramos interpretações do universo que lhe tragam causalidade, acreditamos nessas interpretações, e a realidade exterior não nos envia informações decisivas que permitem validar ou invalidar essas interpretações. O que acontece então? Em vez de duvidar ou nuançar nossas opiniões, continuamos a atribuir uma crença, frequentemente forte, a essas interpretações que nada contradizem de modo irrevogável. É sintomático considerar que as trocas racionais sobre essas questões, ou as tentativas de resolução de conflitos interpessoais por meio de argumentos lógicos, quase sempre não têm efeito sobre a força de convicção das crenças consideradas.

    As interpretações conscientes fictícias são portanto crenças extremamente fortes em todos os pacientes que acabo de evocar, mas também em cada um de nós. Sem exagero, todas essas descrições proclamam em alto e bom tom que a vida consciente repousa sobre esses processos de interpretação e crença. A máxima das nossas existências poderia ser: "Interpreto, logo sou!". Uma vez formuladas, essas ficções alimentam o curso de nossos pensamentos e são utilizadas para guiar nossas decisões e para ajustar nossos comportamentos: enfim, essas crenças, que no entanto são fictícias, estão na origem dos efeitos, esses bem reais, que afetam o curso da existência desses doentes neurológicos e de cada um de nós. Essas interpretações ficcionais constituem, portanto, um aspecto importante da realidade psíquica, isto é, daquilo que representa efetivamente um papel causal na nossa vida mental. Ficções do real e realidades da consciência, assim se constituem essas interpretações mentais.

CONCLUSÃO

Nessa busca do inconsciente descrito hoje pelas neurociências, percorremos nosso caminho a fim de desmascarar a identidade do sistema Inconsciente de Freud, e formulamos a surpreendente hipótese de que este não era outro senão a consciência do indivíduo que interpreta sua própria vida mental e inconsciente, à luz das suas crenças conscientes. Por mais fictícias que sejam essas interpretações conscientes, elaboradas com convicção pelo indivíduo, elas nos parecem ser o coração da realidade psíquica do indivíduo e, desse modo, um "espaço vazio" da nossa teoria moderna da consciência. Essa reflexão nos levou, finalmente, a considerar o papel fundamental dessa camada de representações mentais conscientes, representações fictícias e autênticos suportes de crença, na organização psíquica de certos doentes e, mais do que isso, na de todos os indivíduos conscientes. Por trás desse "erro" de Freud, descobrimos assim a propriedade fundamental não do nosso inconsciente, mas da nossa consciência: nossa necessidade vital de inventar conscientemente ficções mentais para podermos existir. Desse modo, Freud nos abriu, talvez sem se dar conta, as portas das neurociências da arte da ficção, faculdade fundamental da nossa atividade mental consciente, arte da ficção que estamos apenas começando a explorar de maneira científica.

Tradução de Hortencia Lencastre

Por um saber sem fronteiras
Sergio Paulo Rouanet

I

Nosso ciclo de palestras parte do pressuposto de que estamos vivendo uma época de mutação. Mas mutação é passagem de um a outro estado de coisas, e toda a questão se resume em saber se nosso presente é fruto de uma mutação já consumada, ou se é transição para uma mutação ainda por vir.

No primeiro caso, o conceito de mutação está associado a uma visão pessimista da história. Para ela, somos vítimas de mutação ocorrida com o advento da modernidade, cataclismo histórico que destruiu valores e referências fixas, e nos expôs à anomia, à desorientação existencial, à incapacidade de pensar o homem e seu futuro. Ficamos entregues a uma tecnociência cega, que se desprendeu do humanismo da Renascença e do Iluminismo, e nos deixou órfãos de sentido, num mundo privado de certezas. Para essa concepção, somos todos mutantes, frutos lamentáveis de uma corrupção que já aconteceu, tristes descendentes de uma humanidade perdida para sempre.

No segundo caso, a mutação ainda não se deu, o que justifica certo otimismo. Mesmo que nosso presente seja tão assustador quanto o descrevem os partidários da versão pessimista, ele nos oferece os instrumentos para preparar uma verdadeira mutação, em que o homem recupere a capacidade de pensar o ser e programar seu destino, em vez de ser arrastado por uma tecnociência que lhe tira a visão do todo e o arrasta, como um turbilhão, em direção a um futuro não desejado.

Num caso, a mutação é fato, realidade já dada, ou Fado, decreto do destino, de cuja redação o homem não participou; no outro caso, é utopia, algo a ser construído pelo homem, no bojo de uma teologia da história que não perdeu inteiramente o contato com a ideia messiânica.

Gostaria de explorar a segunda concepção, mostrando que grande parte de nossa sensação de impotência diante do desdobramento aparentemente incontrolável da técnica vem do fato de que a extrema fragmentação do saber nos impede de aceder a uma visão clara do processo de conhecimento como um todo. O progresso da ciência só se tornou possível graças à divisão intelectual do trabalho, mas essa mesma divisão bloqueou a possibilidade de qualquer sobrevoo generalista, sem o qual não temos como dar sentido e direção ao desenvolvimento científico-tecnológico. Mas a perda de sentido gerada pelo desaparecimento da visão de conjunto não foi o efeito de uma mutação trágica, mas de uma consequência natural da extrema complexidade e diversificação alcançadas pela ciência ao menos desde Galileu. Os resultados podem ser terríveis, mas não foram gerados por nenhuma grande mutação. A mutação está à nossa frente. É agora que ela se impõe. É preciso que haja uma inflexão, a passagem para uma etapa em que o homem volte a ser sujeito do processo de geração e aplicação do conhecimento. A mutação que pretendemos deverá devolver ao homem a capacidade de ter uma visão de conjunto das atividades técnico-científicas, sem o que a democracia seria substituída pela logocracia.

Sem dúvida, a obsessão com o todo não deve levar o homem a subestimar o conhecimento do particular. Segundo Adorno, totalidade e totalitarismo são termos correlatos. O desejo de vislumbrar o conjunto não deve ser confundido com a aspiração de aceder ao saber soberano, cujo verdadeiro nome é poder. Ele exprime, simplesmente, a vontade de não se resignar à impotência, de não abdicar diante de um processo que se passa à nossa revelia, de não aceitar passivamente um *sacrificium intellectus* que nenhuma divindade impôs, de não aceitar a interdição imposta à razão humana de compreender o movimento do todo.

A mutação que está à nossa frente é portanto a de um saber que recusa as fronteiras que inibem o conhecimento do real. Entre essas fronteiras estão (1) as fronteiras internas dentro do campo da ciência, (2) as fronteiras da ciência com a religião, a moral ou a política e (3) as fronteiras nacionais.

II

A questão das *fronteiras intracientíficas* remete ao problema da hiperespecialização dentro do campo da ciência. Um Aristóteles podia abranger a totalidade do saber de sua época, e na Renascença não eram raros espíritos universais como Leonardo da Vinci, artista supremo e cientista genial, ou Leon Battista Alberti, que compôs églogas em latim, era físico e matemático e inventou a câmara escura. Um século mais tarde um Leibniz ainda podia pensar num *"mathesis universalis"*, abrangendo todas as ciências formais, e mesmo num *"Atlas universalis"*, cujo plano incluía, além das disciplinas propriamente científicas, a gramática, a geopolítica e a teologia natural. Mas já no século XVIII o desenvolvimento da ciência tinha alcançado tal grau de complexidade e diversificação que nenhum pensador isolado podia ter a pretensão de dominar a totalidade do saber. Ao mesmo tempo, havia uma aguda consciência de que todo conhecimento meramente parcial daria uma visão mutilada da realidade. A compartimentalização das ciências tinha sido responsável por um enorme progresso nas diferentes disciplinas, mas também por uma sensação de desalento diante da impossibilidade de uma visão de conjunto. Sem fronteiras não teria havido progresso, mas essas mesmas fronteiras bloqueavam a percepção do todo.

Duas estratégias foram postas em prática para lidar com essa compartimentalização. Uma delas respeitava as fronteiras, mas pretendia facilitar a comunicação entre as disciplinas que elas demarcavam. A outra, partindo do princípio da unidade ontológica do real, aspirava a uma ciência igualmente unitária, além das fronteiras disciplinares. As duas estratégias se encarnaram, respectivamente, em duas enciclopédias: a *Encyclopédie*, de Diderot e d'Alembert, e a *International Encyclopedia of Unified Science*, concebida pelos positivistas lógicos do chamado Círculo de Viena.

Segundo o Prospecto de 1750, que anunciava a obra, a *Encyclopédie* se destinava a indicar "as ligações, remotas ou próximas, dos seres que compõem a natureza e que preocuparam o homem; mostrar pelo entrelaçamento das raízes e dos ramos a impossibilidade de bem conhecer algumas partes desse todo sem remontar ou descer a muitas outras". Mas esse empreendimento gigantesco não seria obra de um homem isolado, mas de uma *"société de gens de lettres"*, como dizia o *"Discours préliminaire"*, redigido por d'Alembert. A concepção enciclopédica francesa aspirava assim a um sobrevoo generalista que permitisse relativizar a rigidez das fronteiras, reconhecendo ao mesmo tempo que nenhum homem, por mais culto que fosse, podia de fato dizer-se detentor desse saber, o que significava que a manutenção de fronteiras, mesmo porosas, era necessária na etapa atual do desenvolvimento da ciência.

O fantasma da Enciclopédia continuou assombrando o século XIX. A obra capital de Hegel se intitula, justamente, *A Enciclopédia*. Mas ela não tinha como objetivo lidar com o problema da fragmentação do saber, mas sintetizar o sistema especulativo do próprio Hegel, dividido numa Lógica, em que o Espírito aparece como essência abstrata, numa Filosofia da Natureza, em que o espírito surge na forma da exterioridade, e numa Filosofia do Espírito, em que o Espírito é estudado enquanto tal.

É no século XX que a problemática enfrentada pela *Encyclopédie* vai reaparecer. Mas, menos tímida que sua precursora francesa, que se limitava a mostrar *"l'ordre et l'enchaînement des sciences"*, sem nenhuma preocupação de unificar as diferentes disciplinas, a *International Encyclopedia of Unified Science* tinha essa preocupação expressa, como indica o título. Composto por filósofos como Otto Neurath e Rudolf Carnap, o grupo se propunha "integrar, unificar e compatibilizar de tal maneira as disciplinas científicas que os progressos numa delas acarretassem progressos nas demais". Em princípio, o grupo buscava a unidade da linguagem científica, não necessariamente a unidade das leis. A ideia é que a linguagem das ciências poderia ser "traduzida" para uma linguagem comum a todas, baseada em predicados observáveis: "predicados de coisas", como "quente" e "frio" e "predicados disposicionais", como "elástico", "solúvel", "flexível" etc. Carnap reconhecia relutantemente que o fato de o vocabulário da biologia ser *traduzível* para o vocabulário da física não provava que as leis biológicas pudessem ser *derivadas* das leis físicas, mas deixou claro que a ambição última do grupo era a "construção de um sistema homogêneo de leis para a ciência como um todo".

Hoje em dia, o problema da hiperespecialização é visto de um ângulo diferente dos adotados pelos enciclopedistas e pelos partidários da ciência unificada. Essa terceira estratégia é mais ambiciosa que a escolhida por Diderot e d'Alembert, porque não se contenta com a acumulação pura e simples de verbetes abrangendo todas as áreas do saber. E é menos radical que a adotada por Neurath e Carnap, porque não está preocupada em chegar a um saber universal que abranja todos os demais, mas em facilitar a hibridação das disciplinas, sua fertilização recíproca. As disciplinas são preservadas, mas têm que sair de si mesmas, visando amalgamar-se com outras disciplinas. Podemos chamar essa estratégia de inter ou transdisciplinar, como quiserem. Sei que muitos distinguem entre esses dois termos, mas, para meus fins, não há inconveniente em tratá-los como sinônimos. O importante é que as ciências tenham uma abertura extradisciplinar.

Essa abertura é ainda rara. Alega-se, entre outras coisas, que ela redunda na intromissão de amadores. Mas o amadorismo pode produzir resultados surpreendentemente fecundos. Foi o caso de Schliemann, comerciante autodidata sem nenhuma formação em história, filologia ou arqueologia, que desafiou os profissionais nas respectivas áreas e que, guiado apenas por sua fé na veracidade do relato homérico, redescobriu Micenas e Troia. Ou o caso de Michael Ventris, amador genial (era formado em arquitetura) que decifrou o linear B, escrita encontrada em tabletes em Creta e no Peloponeso, com base na hipótese, que todos os especialistas consideraram delirante, de que a língua usada pelos escribas era uma forma arcaica de grego. Um dos primeiros trabalhos conjuntos que realizei com Barbara Freitag foi uma análise de *A montanha mágica*, de Thomas Mann. A única parte original do ensaio foi devida a Barbara, que nada tinha de amadora, mas, que por não ter lido Georg Lukács, defendeu a tese heterodoxa de que Naphta, longe de ser um fascista *avant la lettre*, como sustentava o crítico marxista, era um representante perfeitamente credenciado da dialética negativa, de Adorno.

Mais frequentemente, a abertura extradisciplinar assume a forma da "importação" de conceitos de outras disciplinas. Mas essas migrações interdisciplinares nem sempre são apreciadas pelos profissionais das disciplinas dentro dos quais aqueles conceitos emergiram. E, no entanto, essa circulação foi responsável por verdadeiras mutações teóricas, criando novos continentes científicos. Assim, Darwin (aliás outro exemplo de gênio sem nenhuma titulação acadêmica) revolucionou a ciência do seu tempo combinando o conceito de evolução, já existente na biologia (Lamarck) e na filosofia (Diderot), com o de seleção natural, proveniente da teoria demográfica de Malthus. Marx criou o materialismo histórico assimilando noções pertencentes ao repertório da filosofia (idealismo alemão), da ciência política (socialismo utópico) e da economia política (Adam Smith e Ricardo). A antropologia estrutural, de Lévi-Strauss, surgiu graças à utilização da linguística de Saussure e Jakobsen na interpretação de temas tradicionais da etnologia, como as relações de parentesco e os mitos. A ideia de informação, engendrada na prática social, contribuiu para a criação da cibernética, depois migrou para a biologia para se inscrever no gene, e se associou à linguagem jurídica para constituir a noção de código genético. A importância dessas migrações justifica a tese provocativa de que, quando não se encontra solução para um problema dentro de uma disciplina, é porque a solução está em outra disciplina. Adaptando a frase famosa de Von Clausewitz, seria o caso de dizer que a sociedade e a saúde são demasiadamente sérias para serem deixadas aos sociólogos e aos médicos.

Para os que, como eu, vêm da área das ciências humanas, a questão de maior interesse não é a das fronteiras intracientíficas em geral, mas a das fronteiras entre as ciências sociais e as naturais.

Na tradição vitalista europeia, inspirada em Dilthey, existe uma diferença de princípio entre as ciências naturais, voltadas para a explicação empírica, para o *Erklären,* e as ciências histórico-hermenêuticas, as ciências do Espírito, as *Geisteswissenchaften,* voltadas para a interpretação, o *Verstehen,* não para a explicação causal. É um procedimento em que o investigador, em vez de excluir sua subjetividade, mergulha no objeto estudado, fundindo-se com ele através da empatia, *Einfühlung.*

Na tradição positivista, pelo contrário, não há diferença de natureza entre ambas: se quiserem ser verdadeiramente científicas, as ciências sociais devem adotar procedimentos que não diferem substancialmente dos adotados pelas ciências naturais, ou seja, seus enunciados devem descrever regularidades causais, permitir previsões e ser validáveis empiricamente pela observação e pela experiência, em contextos que permitam a repetição e o controle por parte de outros investigadores. Para os positivistas, a fronteira real é entre os enunciados descritivos das ciências naturais e das ciências sociais empíricas, depuradas de todo julgamento de valor, e os enunciados supostamente científicos de disciplinas sociais que se permitem formular julgamentos de valor. É uma fronteira intransponível, porque é a fronteira entre a ciência e a pseudociência, entre a ciência e a ideologia.

A Escola de Frankfurt rejeita essa formulação, ao comparar a teoria tradicional com a teoria crítica. Para Horkheimer, a teoria social crítica não somente não perde sua cientificidade quando toma partido pela transformação de uma realidade desumana, como só nesse momento se torna verdadeiramente científica. Mas isso pressupõe justamente a operação mais abominada pelos positivistas, a introdução explícita dos julgamentos de valor. Essa introdução só poderia justificar-se com a extinção do grande abismo entre fatos e normas, entre o *Sein* e o *Sollen*, o que significaria o fim do grande interdito positivista que condena as proposições normativas e axiológicas à esfera do incognoscível e do não científico. Os "frankfurtianos" teriam que demonstrar que essas proposições podem ser tão validáveis quanto as proposições descritivas das ciências naturais.

Foi o papel da teoria da ação comunicativa, de Jürgen Habermas, que mostrou que as duas classes de proposições são validáveis em contextos argumentativos semelhantes: os discursos. O objetivo dos discursos é validar ou refutar proposições em torno de fatos que se apresentam como verdadeiros (discurso teórico) e em torno de normas que se apresentam como justas (discurso prático). Mas, se é assim, fecha-se o fosso entre o *Sein* e o *Sollen*, e consequentemente entre uma ciência descritiva (ciência natural, legitimável em discursos teóricos) e uma ciência baseada em valores (sociologia não positivista, legitimável em discursos práticos). Mas não estaria Habermas, com isso, confirmando a tese positivista de que não há fronteiras de natureza entre as ciências sociais e as naturais? Não, porque a tese da inexistência de fronteiras significa, para os positivistas, que as ciências sociais podem ser reduzidas às ciências da natureza, enquanto a mesma tese significa apenas, para Habermas, que o processo de validação das proposições se dá em instâncias discursivas semelhantes, sem que em nenhum momento a esfera do *Sollen* perca sua autonomia com relação à esfera do *Sein*.

Creio que hoje em dia a discussão mais interessante, nesse tema, não se situa mais no terreno dos princípios, e sim no terreno mais pragmático das trocas entre os dois grupos de ciências, qualquer que seja o respectivo estatuto epistemológico. Já vimos alguns exemplos de trocas intracientíficas em geral. Vejamos outros exemplos, aplicáveis especificamente ao intercâmbio entre as ciências humanas e as da natureza. O evolucionismo de Darwin influenciou profundamente a sociologia de Spencer, do mesmo modo que a sociologia funcionalista de Talcott Parsons deve muito a uma teoria do equilíbrio sistêmico que vem diretamente da biologia. A teoria piagetiana da ontogênese da inteligência humana se baseia em grande parte nos conceitos biológicos de assimilação e acomodação que Jean Piaget desenvolveu quando pesquisava moluscos no lago de Neuchatel. Ao mesmo tempo, nota-se hoje um movimento inverso: a introdução nas ciências naturais de modelos vindos das ciências humanas. Por exemplo, a onda de relativismo que atravessa hoje as ciências da natureza, segundo o qual a teoria de Copérnico não difere do geocentrismo de Ptolomeu por ser mais verdadeira, mas por situar-se em outro "paradigma" (Kühn), parece-se nos mínimos detalhes com uma das correntes mais influentes no campo das ciências humanas, o historismo, para o qual o que é considerado verdadeiro varia de cultura para cultura e de período para período.

A dissolução das fronteiras entre as ciências humanas e as da natureza não seria uma bênção incondicional. Ela poderia redundar na subordinação das primeiras às segundas, mas esse risco seria contrabalançado pelos benefícios de uma circulação mais ampla de modelos e noções entre os dois grupos de disciplinas. De qualquer modo, estamos longe ainda desse estado de coisas. Para o bem ou para o mal, os respectivos departamentos acadêmicos se encarregam de manter a autonomia dos dois campos disciplinares.

Essa conclusão pode ser generalizada para a questão das fronteiras intradisciplinares em geral. Os diferentes esforços de interdisciplinaridade são ainda insuficientes e esporádicos. As universidades e os pesquisadores têm interesses criados na manutenção dos respectivos nichos institucionais. Uma verdadeira mutação implica algo mais que isso: uma revolução de Copérnico, para a qual a interdisciplinaridade não seja um método entre outros, mas a própria forma normal de funcionamento da ciência.

III

Vejamos agora as *fronteiras sociais* – as que se situam entre a ciência e outras esferas da sociedade, como a religião, a moral e a política. Sabemos que a característica central da modernidade, para Max Weber, foi a autonomia da ciência com relação à religião – o processo de "desencantamento", ou *Entzauberung* – e a esferas sociais como a moral e a política. Do ponto de vista do cientista, a autonomia significava liberdade completa de pesquisa, que deveria ter como único horizonte a busca desinteressada da verdade, quaisquer que fossem suas consequências.

A lógica da autonomia foi de uma extraordinária fertilidade. Graças a ela, a ciência se emancipou das restrições impostas pela Igreja, pela moral tradicional e pela política totalitária. Imagine-se o que teria acontecido se essas restrições não tivessem sido removidas. As restrições religiosas talvez estivessem até hoje proibindo a doutrina heliocêntrica ou o evolucionismo de Darwin, como ocorre entre os fundamentalistas americanos e agora brasileiros, que contestam a doutrina da seleção natural em nome do criacionismo bíblico ou da teoria do "desígnio inteligente". A moralização da ciência teria impedido as pesquisas que resultaram na descoberta da pílula anticoncepcional. A politização da ciência já levou a aberrações como o darwinismo social, que serviu para justificar o racismo e o imperialismo; a psicologia ariana, com a qual a Alemanha nazista quis deslocar a psicanálise, definida como psicologia judaica; e a biologia "proletária", de Lysenko, uma das criações mais dementes do totalitarismo stalinista.

Mas tudo indica que o princípio da autonomia total já está atingindo seus limites. Está chegando o momento de repensar a relação da ciência com a religião, a moral e a política.

IV

Enfim, vêm as *fronteiras geográficas*. O período áureo dos estados nacionais, no século XIX, coincidiu com um desenvolvimento sem precedentes da ciência e da técnica. Hoje o nacionalismo transformou-se em grave obstáculo à circulação mundial das informações de caráter científico. Há uma consciência crescente de que a ciência é um empreendimento que interessa à humanidade como um todo, e de que todos os povos devem beneficiar-se do desenvolvimento científico-tecnológico. Mas o progresso em direção à universalidade ainda é modesto. Felizmente já superamos no Brasil o historismo ingênuo dos anos 1950, que levou uma instituição como o Iseb, tão importante sob certos aspectos, a propor "reduções sociológicas" destinadas a proteger nosso pensamento social de teorias estrangeiras consideradas inaplicáveis ao Brasil. Mas, de outro ponto de vista, as fronteiras nacionais ainda são excessivamente resistentes. Em grande parte, os *scholars* americanos ignoram o trabalho e até a existência dos seus confrades europeus e latino-americanos, e vice-versa. A filosofia e as ciências humanas continuam repartidas em dois "continentes" teóricos, o anglo-saxônico e o europeu. No primeiro, predominam a filosofia analítica e suas herdeiras; no segundo, os professores continuam se movendo entre duas "linhagens", a que se origina em Kant e vai até Habermas, e a que se origina em Nietzsche e, passando por Heidegger, vai até Levinas. Derrida é muito popular nos Estados Unidos, mas não é debatido nos departamentos de filosofia das universidades, mas nos departamentos de literatura, que se dedicam conscienciosamente às mais variadas "desconstruções", muito apreciadas pelos praticantes dos *cultural studies*. Frequento há anos simpósios internacionais patrocinados pela Unesco e por várias universidades, e sempre me surpreendo com o fato de que em geral os participantes anglófonos, ilustres professores de universidades americanas, inglesas e australianas, jamais ouviram falar de intelectuais franceses que são verdadeiros gurus para os intelectuais latino-americanos. Os participantes franceses conhecem melhor os autores americanos, mas em geral o desconhecimento é recíproco. É uma deformação propriamente escandalosa, e constitui um das fronteiras mais inaceitáveis que paralisam a geração e a circulação do conhecimento no mundo de hoje.

Em suma, é hoje arquievidente que as fronteiras rígidas são indesejáveis. A rigidez das fronteiras intracientíficas transformou o saber num arquipélago de particularismos autárquicos, impedindo a percepção do conjunto. A rigidez das fronteiras entre a ciência e seu entorno impediu a comunicação da ciência com a religião, a moral e a política, levando a uma ciência autossuficiente, isolada em seu universo microscópico, impermeável ao restante do mundo humano. E a rigidez das fronteiras nacionais produziu uma espécie de nacionalismo epistemológico, que como todos os nacionalismos poderia desembocar na guerra, uma guerra de verdades regionais, cujo desfecho seria uma Hiroxima científica.

A mutação que desejamos é a de um conhecimento baseado na relativização dessas três fronteiras.

V

Gostaria de ilustrar a relativização da *primeira fronteira* – a intradisciplinar – com dois textos, uma cena do *Fausto*, de Goethe, e um conto dos irmãos Grimm, *A senhora Holle*.

No início do *Fausto*, o célebre necromante é mostrado em seu gabinete de estudo, num monólogo em que se reconhece tão ignorante como antes, depois de ter dedicado toda a sua vida à ciência:

> Estudei profundamente, com o máximo de zelo, ai de mim! a filosofia, a jurisprudência e a medicina e também, infelizmente, a teologia, e agora, pobre tolo, sei tão pouco como sabia no início. Chamam-me mestre, e até doutor, e durante dez anos levei meus discípulos pelo nariz, para cima, para baixo, a torto e a direito, para perceber, no fim, que nada podemos saber! [...] É verdade que sou mais sábio que todos os idiotas, doutores, mestres, escritores e padres, que não sou atormentado por nenhum escrúpulo e nenhuma dúvida, que não temo nem o diabo nem o inferno. Em compensação, falta-me toda alegria. Não tenho a ilusão de conhecer verdadeiramente seja o que for, nem de poder ensinar alguma coisa, nem de melhorar ou converter os homens. Não tenho, tampouco, nem bens nem dinheiro, nem honrarias nem prazeres mundanos. Nem um cão tem uma vida tão mísera quanto a minha! Por isso, consagrei-me à magia, na esperança de que a força e a voz dos espíritos me revelassem inúmeros segredos, de que eu não precisasse mais, com o suor do meu rosto, dizer aquilo que ignoro, de que eu pudesse penetrar a essência mais íntima do universo, de que eu pudesse contemplar todas as energias e sementes da natureza, em vez de revolver meras palavras!

Vê-se por esse monólogo que, ao contrário da interpretação tradicional, Fausto não vendeu sua alma apenas para obter em troca juventude, amor e riqueza, mas sobretudo para chegar ao conhecimento da natureza em sua essência mais íntima, ou, na versão alemã quase intraduzível, daquilo que "mantém junto" o mundo em seu âmago, *"was die Welt im Innersten zusammenhält"*. Esse conhecimento não podia ser obtido pelos saberes parciais, incompletos, que no fundo se reduziam a simples palavras, oferecidos pelas disciplinas que constituíam o *trivium* ou o *quadrivium* da universidade medieval, ou aqueles mencionados por Fausto: a filosofia, a jurisprudência, a medicina e a teologia. Daí a necessidade de outro olhar, um olhar que Fausto chama de mágico, mas que em meu racionalismo empedernido prefiro chamar simplesmente de totalizante.

Goethe não se limita a apontar a utopia do saber integrado, mas mostra o caminho para alcançá-lo. Não é num gabinete de alquimista, cheio de retortas e pentagramas, que essa integração poderá ser conquistada, mas no mundo da vida, onde o amor está à espera do Fausto rejuvenescido, e no mundo do trabalho, onde Fausto e Mefistófeles se colocarão a serviço do processo de modernização, aterrando largas extensões do litoral e colonizando os territórios conquistados ao mar.

Isso mostra a superficialidade das leituras irracionalistas de uma das mais célebres frases de Goethe: "Cinzenta, meu amigo, é toda teoria, e verde apenas é a árvore dourada da vida". Há duzentos anos que as correntes contrailuministas da Alemanha e de outros países citam esses versos, buscando a chancela de Goethe para uma contraposição banal entre a vida e a razão. O que se esquece de dizer é que a frase não exprime o pensamento de Goethe, e sim o de Mefistófeles, assumindo o papel de Fausto, num diálogo irônico com um estudante, que fica deliciado com o conselho implícito na citação: em vez de estudar, ele deveria dedicar-se ao *far niente*. Mas, mesmo que a frase correspondesse à opinião de Goethe, a invocação da vida não significa a negação da ciência, mas o apelo a outro registro, o registro da vida e da ação, que não configura o outro da ciência, mas uma ciência *outra,* que por emergir de um real múltiplo não aceita a compartimentalização disciplinar do saber.

Passo, agora, ao conto dos irmãos Grimm, *A senhora Holle.* É a história de uma viúva com duas filhas, uma bonita e trabalhadeira e outra feia e preguiçosa. A viúva gostava mais desta última, que era sua filha de verdade. Por isso, a viúva obrigava a enteada a fazer todas as tarefas da casa. Uma vez a menina trabalhadeira perdeu num poço seu carretel. Para tentar recuperá-lo, mergulhou na água, afundou, perdeu os sentidos e quando acordou estava num belíssimo prado, ensolarado e florido. Ela caminhou e chegou a um forno, cheio de pães. Os pães gritaram para a menina: tire-nos daqui, senão vamos queimar, pois já estamos assados. A menina tirou os pães. Mais adiante ela encontrou uma árvore cheia de maçãs. A árvore gritou para a menina: sacuda-me, porque todas as minhas maçãs já estão maduras. Ela sacudiu a árvore, todas as maçãs caíram, e a menina as arrumou numa pilha. Finalmente, ela chegou numa casinha, onde morava uma velha, a senhora Holle, que a convidou a trabalhar para ela durante algum tempo. A menina a princípio se assustou com a velha, que tinha dentes muito grandes, mas acabou aceitando, porque ela lhe prometeu uma recompensa. A menina fez todo o trabalho da casa durante algum tempo, prestando atenção especial à tarefa de sacudir as penas do cobertor, para que elas voassem como flocos de neve, sem o que não nevaria na terra. Mas depois teve saudades de casa e pediu para voltar. A senhora Holle concordou, levou-a até a porta que conduzia à superfície e, quando a porta se abriu, caiu uma chuva de ouro que aderiu à roupa da menina, como recompensa pelo seu esforço. A viúva devolveu-lhe então o carretel, e a porta se fechou de novo. Voltando para casa, a viúva quis que a outra menina, a preguiçosa, tivesse a mesma boa fortuna da irmã. Ela jogou no poço o carretel, despertou no prado, mas rejeitou tanto o pedido dos pães como o das maçãs. Aceitou o convite da senhora Holle, mas desde o segundo dia recusou-se a fazer as tarefas caseiras e a sacudir as penas do cobertor. Em consequência, foi despedida, e quando passou pela porta, em lugar da chuva de ouro, recebeu como castigo uma chuva de piche (note-se que em alemão *Pech,* piche, também quer dizer "azar"), que ficou preso a seu corpo durante toda a vida.

    Embora isso não esteja na versão original dos Grimm, as crianças alemãs conhecem as duas irmãs pelo nome de *Goldmarie* e *Pechmarie,* Maria do Ouro e Maria do Piche. A diferença entre as duas é óbvia. Maria do Piche vê o mundo como uma coleção de objetos, e Maria do Ouro, como uma coleção de tarefas. A visão de Maria do Piche é passiva, contemplativa. Seu correlato é um mundo concebido como *realitas* pelos antigos. A visão de Maria do Ouro é ativa. Seu correlato é um mundo concebido como *Wirklichkeit,* palavra alemã cuja raiz é *wirken,* agir, produzir efeitos, trabalhar, ser eficaz. Uma conhece o mundo como algo a ser visto, outra, como algo a ser transformado. O sujeito da *realitas* – Maria do Piche – não se deixa afetar pelo objeto. O sujeito da *Wirklichkeit* – Maria do Ouro – é convocado pelo objeto para agir sobre ele. Os pães e as maçãs estendem seus braços para que Maria do Ouro os salve da combustão e da putrefação, interpelam-na, pedem que ela intervenha, que faça o gesto que vai redimi-los. A senhora Holle é a natureza que depende do trabalho da moça para sobreviver, do mesmo modo que a Terra depende desse trabalho para que os ritmos do clima não se alterem, para que a neve não deixe de suspender seus cristais brancos nos galhos das árvores. O mundo visto por Maria do Piche é um conjunto de objetos isolados, porque lhes falta o fio unificador, que só pode ser dado pela categoria do trabalho. Para ela, nada há em comum entre as flores, o forno, a macieira e a casa. Para Maria do Ouro, ao contrário, tudo isso tem um denominador comum, porque todos foram produzidos pelo trabalho humano, e estão a exigir um trabalho adicional. Quando esses objetos interpelam Maria do Ouro, eles não querem ser conhecidos e transformados apenas enquanto mônadas, mas enquanto partes de uma multiplicidade orgânica, que guardam entre si um vínculo de complementaridade. Os dois olhares geram duas atitudes mentais distintas. Se um dia Maria do Piche quiser estabelecer com seu mundo uma relação cognitiva, seguirá inevitavelmente o modelo da epistemologia empirista, baseada em meticulosa divisão intelectual do trabalho. Cada região do real será objeto de uma disciplina própria, autárquica, seja científica, como a botânica, seja tecnológica, como a arte de construir casas ou de fabricar pão. Maria do Ouro, ao contrário, está sendo interpelada pelo real enquanto unidade do diverso, em seus múltiplos aspectos, e, mesmo que cada um desses aspectos tiver que ser pesquisado por uma disciplina específica, o conhecimento do real como um todo só poderá ser alcançado se essas disciplinas interagirem e dialogarem. Maria do Piche se move num mundo disciplinar, porque se faz surda à natureza multidimensional do mundo; sensível à variedade de vozes que emanam do real, a visada cognitiva de Maria do Ouro é espontaneamente transdisciplinar.

Comparemos as duas experiências, a de Fausto e a de Maria do Ouro. Mergulhando no mundo da vida, que inclui o amor (para Platão, Eros não é inimigo do conhecimento, mas seu impulsionador) e também o trabalho e a ação, Fausto não está dando as costas à razão, mas abandonando um modelo de conhecimento parcelar, fragmentário, e portanto incapaz de dar acesso à realidade integral. Mas esse mergulho no mundo da vida é ainda uma decisão subjetiva de Fausto, e não uma demanda do próprio objeto. No caso de Maria do Ouro, a interdisciplinaridade é um apelo que emana da própria realidade, que, sendo múltipla, exige um saber que lhe seja homogêneo. É o real que pede socorro a Maria do Ouro, implorando que ela o resgate, pelo trabalho, em sua natureza plural.

A relativização da *segunda fronteira* – aquela que separa a ciência da religião, da moral e da política – é necessária para garantir a porosidade da ciência a seu entorno normativo. Quanto à religião, muitos pensadores insuspeitos, como Habermas, pensam que é preciso reconstruir pontes, recuperar mediações que se perderam com o processo de secularização. Certos conteúdos da tradição religiosa remetem a uma antiga sabedoria, uma *fronesis* prudencial, distinta da *episteme* científica, e que completam a ciência, sem deformá-la. Alega-se, por exemplo, que não podemos entender o Holocausto sem utilizar termos religiosos como o mal, o remorso e a expiação. No que diz respeito à moralidade, não podemos enfrentar os desafios propostos pela atual engenharia genética sem recorrermos a categorias éticas. O desenvolvimento atual da bioética confirma essa tese. Quanto à política, enfim, a própria sobrevivência da democracia depende da capacidade dos cidadãos de reassumir algum controle sobre os rumos da ciência, pois de outro modo haveria o risco de que uma ciência cada vez mais esotérica e menos inteligível para o homem comum, cada vez mais comprometida com o complexo industrial-militar, cada vez menos sensível aos riscos ecológicos que pesam sobre o planeta, usurpasse o poder decisório que numa sociedade democrática só pode ser exercido pelo povo soberano.

A relativização da *terceira fronteira* – a fronteira política que separa os diferentes estados nacionais – é essencial para a mutação com que sonhamos. Ela exige absolutamente a remoção das barreiras que impedem a difusão e livre circulação de ideias e conhecimentos científicos e tecnológicos através do mundo, o que requer, entre outras coisas, uma reformulação do sistema internacional de propriedade intelectual.

VI

Mas a mutação do saber não pressupõe apenas uma mudança de orientação dentro da comunidade científica. Não basta que os próprios cientistas adquiram a capacidade de transcender seus respectivos casulos disciplinares. A mutação pressupõe também que a sociedade como um todo tenha algum tipo de acesso, mesmo aproximativo, ao saber interdisciplinar que está sendo gerado.

O primeiro pressuposto é um imperativo de cientificidade, pelo menos com relação a certos objetos, que somente são acessíveis ao olhar interdisciplinar. Quem segue um caminho unidisciplinar para estudar esses objetos não está escolhendo um método entre outros possíveis – simplesmente não está fazendo ciência.

Sugiro chamar esses objetos de "transliminares", porque são aqueles que têm a propriedade de cruzar nossas três fronteiras.

Entre os objetos transliminares está a Terra. Não precisamos aderir à chamada ecologia profunda nem ao culto pagão de Gaia para sabermos que a compreensão desse objeto exige a flexibilização das três fronteiras que examinamos antes. É preciso flexibilizar a primeira fronteira, de caráter intracientífico, porque o estudo da Terra exige a interação de inúmeras disciplinas, como a geografia, a geologia, a meteorologia, a zoologia, a botânica, a economia, a política. É preciso flexibilizar, também, a segunda fronteira, porque todas essas disciplinas precisam interagir com seu entorno religioso, moral e político, do qual recebem insumos e demandas, e que elas por sua vez influenciam. E é preciso flexibilizar a terceira fronteira, de caráter geográfico, porque o entendimento e a salvação da Terra constituem um empreendimento transnacional e transcultural, de interesse decisivo para a humanidade inteira.

Há vários outros objetos transliminares, como o homem, cuja inteligibilidade plena exige a convergência das ciências humanas, da biologia, da psicanálise; cujo futuro depende da interação com seu entorno social e ético (em áreas como a clonagem e a biologia molecular); e cuja sobrevivência depende de uma comunidade internacional capaz de assegurar a difusão de um saber planetário. É o caso também de temas como a globalização, a paz, o desenvolvimento, a religião e a democracia, todos eles objetos transliminares que, como os outros, exigem a confluência de várias disciplinas, a interação com o meio social e a instauração de um contexto internacional favorável à pesquisa e à ação.

Em todos esses exemplos, a flexibilização das fronteiras é uma exigência da própria realidade – o mundo da vida, para a qual se volta o velho Fausto, o mundo do trabalho, que suplica a intervenção de Maria do Ouro para que ela o transforme e conheça –, não a imposição voluntarista de um determinado método, exprimindo as preferências subjetivas do pesquisador.

O segundo pressuposto tem caráter político. É a essência da mutação que estamos reivindicando: devolver aos cidadãos a capacidade de compreender e influenciar o movimento infinitamente complexo da gestação e difusão social do saber.

Tecnologicamente, a humanidade tem melhores condições para chegar a essa compreensão que em qualquer outro momento da história. Nem Aristóteles nem Leonardo da Vinci tinham à sua disposição o Google, instrumento que agrega o saber universal e permite não somente estocar todos os dados possíveis como estabelecer entre eles todas as relações e relações de relações. Os gregos antigos diriam que, como repertório de dados, o Google é uma Biblioteca de Alexandria com capacidade ilimitada de estocagem; como fonte de todas as relações imagináveis, tem atributos que o assemelham à inteligência divina.

Mas, do ponto de vista social, não tenho receitas para implantar o reino da interdisciplinaridade. O humanista Wilhelm von Humboldt o situou na universidade, que para ele se baseava na comunidade multidisciplinar dos docentes, dos estudantes e dos pesquisadores. A universidade seria o espaço ideal em que os professores de grego conviveriam com os químicos, em que os estudantes de direito confraternizariam com os estudantes de teologia, e em que os biólogos assistiriam a experiências de física. A realidade, é claro, é bem diferente. A universidade é um espaço em que convivem vaidades autossuficientes e em que os vários departamentos se entrincheiram em seus respectivos feudos acadêmicos, exatamente como na época em que Kant redigiu *O conflito das faculdades*, para descrever uma situação em que mesmo falando do mesmo objeto – Deus – a faculdade de teologia e a de filosofia partiam de pontos de vista inconciliáveis, incapazes de levar a qualquer consenso. Nada nos impede de sonhar com uma universidade em que os departamentos não se engalfinhem para disputar verbas oficiais e em que os professores de diferentes áreas conversem uns com os outros sobre assuntos que não sejam greves ou cargos administrativos. O tempo virá, talvez, em que os núcleos interdisciplinares existentes em algumas universidades produzam mais que um somatório de monólogos.

Mas, enquanto isso não ocorre, a melhor esperança de despertar uma consciência multidisciplinar é começar na escola. Num mundo ideal, as turmas seriam compostas de meninos e meninas de diferentes etnias, nacionalidades, religiões e classes sociais. Os alunos aprenderiam várias línguas. Conheceriam a literatura e a música de outros países. Adquiririam, assim, uma sensibilidade intercultural e um saber humanístico, sem os quais não há como desprovincianizar o espírito, tornando-o apto a pensar em termos generalistas. Além disso, as atividades de pesquisa solicitadas dos alunos deveriam se orientar pelo critério multidisciplinar, levando-os a mobilizar várias matérias lecionadas em sala de aula, não apenas uma. Não quero dizer que com isso estaríamos formando futuros gênios enciclopédicos, mas pelo menos não estaríamos produzindo idiotas, no sentido etimológico: pessoas ilhadas em seu microuniverso particular.

A teoria da complexidade, de Edgar Morin, pode encaminhar-nos para uma conclusão. Ao contrário do paradigma cartesiano, baseado na simplificação e na parcelização, o paradigma da complexidade não separa o sujeito do objeto, o objeto do seu contexto, o todo das partes, as partes do todo, as partes entre si, a razão da emoção, a ciência da ética, o indivíduo da sociedade, a sociedade do indivíduo, os grupos e sociedades particulares da humanidade como um todo. O paradigma da complexidade pode ser o fio condutor para pensarmos a mutação que está à nossa frente.

Esse paradigma tem um precursor ilustre: Blaise Pascal, ele próprio pensador sem fronteiras, inventor, matemático, filósofo e teólogo. "Todas as coisas sendo causadas e causantes", escreveu Pascal, "e todas elas se comunicando por um laço natural e insensível que liga as mais afastadas e as mais diversas, considero impossível conhecer as partes sem conhecer o todo, ou conhecer o todo sem conhecer particularmente as partes."

Revoluções, mutações...[1]
Francisco de Oliveira

A convergência, simultaneidade, abrangência e profundidade das transformações em curso conduzem a pensar numa mutação de grandes proporções. Este ciclo dedica-se a interrogá-las.

Até mesmo o conceito de revolução tende a ser abandonado; estaríamos diante de algo que parece mais capaz de ser compreendido nos termos das grandes mutações geobiológicas, como a era glacial, ou o salto – para trás? – dos dinossauros aos pássaros. A atualidade de Darwin parece sobrepor-se a qualquer outra explicação ou exploração dos fenômenos. Enumerá-las seria algo entre o óbvio e o fastidioso.

Proponho-me a algo diverso, até remando contra a corrente – pelo menos nos seus trechos mais caudalosos –, para perguntar-me pelo radicalismo da mutação: vá lá, adotemos o termo para propósitos de discussão.

Alguns aspectos são realmente assombrosos. Dentre estes, tem-se ressaltado a revolução tecnocientífica, que Laymert Garcia dos Santos chama de molecular-digital, sustentado por uma vasta e magnífica literatura. Aí estão tanto a eletrônica quanto a verdadeira – e iminente – fabricação de seres vivos; que, aliás, se reforçam e interpenetram, haja vista a codificação dos genomas, inalcançável sem os recursos da informática: a genômica mesmo é uma ciência informática.

Noutro campo, o processo e inter-relacionamento e hierarquização das economias e sociedades, chamado de globalização – que Chesnais

---

1. Ciclo de Palestras: Rio de Janeiro, 21; Belo Horizonte, 22; São Paulo, 23 de agosto de 2007; Salvador, 13 de setembro de 2007.

prefere chamar de "mundialização" –, é também em parte movido pela revolução molecular-digital e tende a mudar a estrutura da riqueza mundial e a anular velhas construções histórico-sociais, como as nações, por exemplo.

Tudo parece indicar que a radicalismo da "mutação" é de tal porte que torna irrelevantes quaisquer experiências anteriores. Há até quem proclame uma mudança cognitiva de tal radicalismo que a forma de pensar, os conceitos e os nomes das coisas já não designam nada, tornaram-se ineficazes, instrumentos sem corte que já não dissecam os processos em curso.

Por razões óbvias, a magnitude das mudanças e o limitado alcance de meu campo de investigações obrigam-me a destacar algumas daquelas que considero as mais importantes para tentar ao menos arranhar sua complexidade. Destacarei particularmente o que chamamos "globalização".

As grandes transformações societais tiveram por fulcro o trabalho, seu estatuto, sua centralidade, ou sua superfluidade. Parece que a mutação em curso simultaneamente potencializa o trabalho humano a um ponto em que ele se torna supérfluo. Enorme paradoxo?

Mesmo se fizermos a clássica distinção – cara aos marxistas como eu, e aos herdeiros de Aristóteles – entre *opera* e *labor*, a revolução molecular--digital parece torná-las indistinguíveis.

Tudo ainda é uma "passagem na neblina", ou, em termos gramscianos, o choro dos bebês e o lamento dos velhos parecem o mesmo, mas o novo está aí, apenas não o distinguimos, não conhecemos sua face, seus contornos definitivos. O mais radical: talvez jamais venhamos a vê-los, pois a velocidade da descartabilidade dos processos nos dá apenas a chance de ver fantasmagorias.

A "mundialização" – prefiro Chesnais, como é evidente – é um processo real de fusão das economias – e sociedades – que elevaram o poder do capital a dimensões imensuráveis, quase fora do alcance da percepção de todos nós. Fora do alcance da percepção mesmo dos seus possuidores, como já previra Marx. Ela, a mundialização, não é um processo de homogeneização ou equalização: longe disso e ao contrário disso. É processo do capital fictício, nem sequer do capital financeiro, como se diz comumente: até mesmo Chesnais chama-a de "acumulação à dominância financeira".

Essa crise em movimento o mostra: começou com o estouro da bolha imobiliária nos EUA e logo se estendeu a todas as partes: de Nova York a Tóquio e de lá a São Paulo, e a todos os setores. A resposta dos bancos centrais – e o Brasil ficou quieto porque isso é "briga da cachorro grande", e não porque nossa economia é sólida – foi jogar gasolina para apagar o fogo, porque se trata de desvalorizar tanto o capital fictício que já não compensa comprá-lo, ou, em termos de Marx, já não compensa realizar o valor. É isto que significa a taxa de juros negativa do Fed, do Banco Central europeu e do Japão.

Um breve parêntese: a "economia sólida" do Brasil tinha reservas de 160 bilhões de dólares, que é menos do que os bancos centrais citados torraram em seis dias de combate ao fogo financeiro! O paradoxo da globalização: enquanto suas taxas de juros já são negativas em termos dos lucros reais do sistema produtivo, no Brasil as taxas de juros são altamente positivas, e como! É o movimento de engolir os capitais da periferia, ou, como prefere Leda Paulani, da transformação das periferias em plataformas de valorização do capital financeiro: trata-se, rigorosamente, de um epifênomeno do mesmo capital fictício! Capital fictício é, pela lição de Brecht, a ficção do capital. Juntemos Marx e Brecht e o enigma fica resolvido, mas não o problema.

Na sua origem, o capital fictício emana do capital produtivo, mas, como na homeopatia, sua diluição é tal que apenas guarda a memória de sua origem produtiva, assim como a diluição na homeopatia guarda a memória do princípio ativo.

O capitalismo, ao tornar a ciência uma força produtiva, elevou a produtividade do trabalho a ponto de torná-lo banal, *quase* supérfluo. Com isso, o aumento das forças produtivas definitivamente separou a realização do valor da distribuição do valor, o clássico problema da realização já apontado por Marx em *O capital*.

Durante o período chamado "estado do bem-estar", ou os "anos gloriosos", o problema das desproporções assinalado foi resolvido mediante o recurso às riquezas públicas como um "antivalor", melhorando substancialmente a distribuição da renda e com isso a realização do valor.

Mas o recurso transformou-se numa espécie de Aids, um vírus autoimune, pois, justamente pela não destruição do capital e melhoria da renda, o crescimento das forças produtivas foi gigantesco. Do que resultaram a chamada "financeirização" e, por consequência, uma expansão ilimitada do capital fictício, jogando sempre para diante a realização do valor.

Como um imenso vórtice ou um "buraco negro", todas as formas de riqueza são capturadas, vampirizadas; e, em primeiro lugar, as finanças públicas, que são sempre a primeira linha de desvalorização do valor, prevista por Keynes e, até certo ponto por Marx, que a chamava de "acumulação primitiva", mas fora do circuito do dinheiro. A desestruturação das finanças públicas é avassaladora, e principalmente os países chamados "emergentes" perdem inteiramente a autonomia em suas decisões de política econômica, especialmente na área monetária. Pelo ralo desaparecem as nações, e sobram apenas os poderes de polícia do estado de exceção.

Veja-se o caso do Brasil: falemos de corda em casa de enforcado. Reservas de 160 bilhões de dólares, irrisórias comparadas às cifras jogadas para sustentar as bolsas. Todos reclamam da taxa cambial, e o governo nada pode fazer. Quando se valoriza o real, é o mercado; quando se desvaloriza, como aconteceu no círculo virtuoso que empurrou as exportações de *commodities*, também é o mercado. Nenhum analista arrisca uma previsão para dez dias: ou se prevê o amanhã, ou se diz que a crise vai durar. Quanto? Tarefa para Nostradamus.

O crescimento das forças produtivas é espantoso. A China continua bombando a 10% ao ano, e a Índia quase no mesmo patamar. Como foi possível? Mediante a combinação marcante nesta revolução/mutação: o uso poderoso da tecnologia disponível que criou imensos exércitos de trabalhadores antes na reserva agora na ativa com salários aviltados. Quem poderia pensar que os poderosos e imensos contingentes populacionais da China e da Índia se tornariam mão de obra industrial?

No meu modo de ver, a revolução em curso ainda não atinge a escala das grandes mutações. Até o momento, ainda estamos num sistema capitalista, a riqueza continua sendo apropriada privadamente, e o trabalho banalizado colocou à disposição imensos contingentes de mão de obra que, ao mesmo tempo, deslocaram o sujeito do trabalho do seu lugar central na sociedade. Na expressão já clássica de Robert Kurz, trata-se de sujeitos monetários sem dinheiro.

O estágio atual, um rosto ainda por definir-se melhor, é da soberania do capital fictício, da irrelevância das nações, de uma sociedade sem política, uma espécie de piloto automático, incontrolável, classes sociais em desaparição, sendo substituídas pela pobreza, uma sociedade de controle total: nos termos de Foucault, a biopolítica do biocontrole, e, para homenagear uma velha marchinha carioca, "mais de mil palhaços no salão", chamem-se calheiros ou lulas.

O novo ainda tem muito trabalho de destruição para realizar, até que o velho seja inteiramente liquidado. Mas, se esse rosto ainda é indiscernível em suas sutilezas, uma coisa é certa: será uma sociedade – se é que ainda podemos encontrar algo que aglutine as pessoas em grupos, menos que mônadas – abundantemente rica e escandalosamente pobre. Índia e China de enormes proporções, ou Brasil e África do Sul exponenciados. Movida por ciência e tecnologia: um "admirável mundo novo", salve Huxley e Orwell.

BIBLIOGRAFIA

Aldous Huxley, *O admirável mundo novo*.
Francisco de Oliveira, *Os direitos do antivalor*.
François Chesnais, *A mundialização do capital*.
George Orwell, *1984*.
John Maynard Keynes, *A teoria geral do emprego, da renda e do dinheiro*.
Karl Marx, *O capital*.
Karl Marx e Friedrich Engels, *A ideologia alemã*.
Laymert Garcia dos Santos, *Politizar a tecnociência*.
Leda Paulani, *Brasil delivery*.

Tradição e ruptura
Luiz Felipe de Alencastro

A história dos povos e dos indivíduos flui, muda sempre, como um curso d'água em caudal contínuo. Ninguém vê duas vezes a mesma cena ou vive várias vezes os mesmos eventos. "Não é possível mergulhar duas vezes no mesmo rio", escreveu o filósofo grego Heráclito no final do século VI a.C.

Todavia, a mutação nem sempre é percebida na sua dimensão. O peso das tradições, a contingência dos fatos e a abrangência das rupturas embaciam o sentido das transformações da vida das pessoas e da sociedade. Refletindo sobre estes temas, Fernand Braudel, num texto que se tornou um clássico das ciências humanas, distingue os três arcos concêntricos do tempo histórico.

No arco de fundo desenrola-se o *tempo longo*, "uma história lenta, quase imóvel, a história do tempo geográfico onde vem se inscrever as sociedades e as civilizações brevemente agitadas pelas oscilações curtas da história dos acontecimentos". No arco ou na cena mediana sucede o *tempo social*, composto por "uma história lentamente ritmada, [...] uma história dos grupos e das comunidades". Enfim, na cena de primeiro plano corre o tempo curto ou *tempo individual*. É o tempo da história tradicional, na dimensão do indivíduo e não do homem provido de sua consciência coletiva. Aqui intervém uma história dos acontecimentos (*événementielle*) marcada por "uma agitação de superfície, pelas ondas que as marés levantam no seu possante movimento; uma história de oscilações breves[1]".

---

1. Fernand Braudel. *Ecrits sur l'histoire*, Paris: Flammarion, 1969, reed. 1977. Ver ainda a esse respeito

Na concepção braudeliana, o historiador – envolvido pelo movimento curto dos eventos cotidianos – deve procurar divisar o tempo social mediano e, para além, o tempo longo, para compreender a temporalidade histórica.

Há acontecimentos da atualidade brasileira que ilustram a mutação no contexto da concentricidade temporal explicada por Braudel. Assim, o sucesso do agronegócio, e, em particular, da agroindústria sucroalcooleira, remete a um tempo longo – a *longue durée* – que incorpora o tempo social mediano e também o tempo curto dos eventos imediatos. Sem procurar discorrer sobre todas as etapas da história da indústria canavieira, é possível distinguir as representações mais emblemáticas da cultura da cana-de-açúcar em nosso país[2].

ENGENHO DE SEMPRE

No tempo longo, os fatos são conhecidos. O povoamento português nasceu em torno do engenho de açúcar, no prolongamento da colonização implantada nas Ilhas Atlânticas. O Brasil entrou no mapa do mundo porque exportava açúcar. Ninguém em Portugal tomou ao pé de letra a frase da Carta de Pero Vaz de Caminha afirmando que na *Terra Brasilis* "em se plantando tudo dá". Concretamente, ninguém pensou em plantar oliveiras e uvas no Brasil para exportar azeite e vinho para Lisboa. Conhecido como a mais importante *commodity* da época – já produzido pelos portugueses na ilha da Madeira e em São Tomé –, o açúcar de cana sustentou o impulso da economia colonial nos dois primeiros séculos de presença europeia.

Ambrósio Fernandes Brandão, cristão-novo e senhor de engenho na Paraíba quinhentista, escreveu a respeito do Brasil: "o principal nervo e substância da riqueza da terra é a lavoura dos açúcares". No seu livro *Diálogos das grandezas do Brasil* (1618), ele discorre sobre a cultura canavieira na América portuguesa, equiparando a produção de açúcar à fabricação

---

Gérard Noiriel, "Comment on récrit l'histoire. Les usages du temps dans les *Écrits sur l'histoire* de Fernand Braudel", na *Revue d'histoire du xixe siècle*, n. 25, 2002. Número dedicado ao tema "O tempo e os historiadores".

2. Numa perspectiva mais ampla, Sidney Mintz escreveu um precioso livro sobre as metamorfoses do açúcar, Sidney W. Mintz, *Sweetness and power – The place of sugar in modern history*, Nova York: Viking, 1986.

da pólvora e do papel no topo das invenções humanas. Comparando ainda o Brasil com outras colônias americanas, Brandão considerava a economia açucareira "muito maior que a das minas de ouro e de prata" que se desenvolviam na mesma época na América espanhola[3]. Não se tratava de uma intuição do autor. Mesmo no século XVIII – o século das Minas Gerais –, o açúcar proporcionou maiores rendimentos do que o ouro, como demonstrou Stuart B. Schwartz, apoiando-se em cifras e pesquisas de fundo[4]. Gilberto Freyre – numa das interpretações fundadoras da historiografia brasileira – vai mais longe em suas análises para situar as relações sociais engendradas nos engenhos no cerne da sociedade colonial e imperial[5].

Note-se que os períodos de expansão canavieira provocaram, desde o início da colonização, o estrangulamento da cultura de alimentos e a "carestia dos víveres", mais exatamente da farinha de mandioca, objeto de repetidas queixas nas capitanias do litoral brasileiro. Na fieira de medidas contra os danos da monocultura que se escalonam no tempo, e que incluem as providências do governo holandês em Pernambuco, é possível lembrar a ordem régia de 1788 que obrigava os lavradores e senhores de engenho a plantar "mil covas de mandioca por cada escravo que possuísse empregado na cultura da terra". Num livro pioneiro e insuficientemente conhecido, *Nordeste* (1937), Gilberto Freyre também mostrava as mazelas da monocultura açucareira na sua região natal[6].

Por essas e outras razões, o prestígio do açúcar nem sempre tem sido evidente na esfera das representações. A primeira bandeira brasileira, cuja

---

3. Ambrósio Fernandes Brandão, "Diálogo primeiro", *Diálogos das grandezas do Brasil* (1618), edição de Capistrano de Abreu. Salvador: Progresso, 1956.
4. Stuart B. Schwartz, *Sugar Plantations in the Formation of Brazilian Society Bahia 1550-1835*, Londres, 1985; ed. bras. *Segredos Internos – Engenhos e escravos na sociedade colonial*, São Paulo: Companhia das Letras, 1988. Cf. resenha do livro por Francisco de Oliveira e L. F. de Alencastro, "Engenho de sempre", *Novos Estudos Cebrap*, nº 24, 1989, pp. 196-202.
5. Sabe-se que as principais interpretações do Brasil desenvolvem-se em torno de um eixo social dominante que se inscreve na continuidade histórica. Assim, a importância da criação de gado na bacia do rio São Francisco foi posta em relevo por Capistrano de Abreu, em *Capítulos de história colonial* (1907); as relações escravistas nos engenhos de açúcar são estudadas por Gilberto Freyre, em *Casa-grande & senzala*, (1933); Caio Prado Jr. analisou o impacto do capitalismo mercantil na sociedade colonial em *Formação do Brasil contemporâneo*, (1942); Raymundo Faoro se debruçou sobre os privilégios burocráticos em *Os donos do poder* (1958); Celso Furtado estudou a articulação do mercado interno, fundado na economia do ouro, ao mercado internacional, em *Formação econômica do Brasil* (1959).
6. Veja-se a análise desta obra em Regina Horta Duarte, "Com açúcar, com afeto: impressões do Brasil em Nordeste de Gilberto Freyre", *Tempo*, Rio de Janeiro, n. 19, pp. 125-147.

composição foi definida alguns dias depois da Independência, contém tão somente um ramo de café e outro de tabaco, concebidos como emblemas da "riqueza comercial" da nova nação. Sendo extensamente praticada nas possessões europeias do Caribe, a cultura canavieira permanecia marcada pelo estigma de produto típico das colônias. Nessas circunstâncias, o tabaco e sobretudo o café apareciam como símbolos mais adequados do futuro promissor do Brasil independente. Símbolo que funcionava para os brasileiros como para os portugueses inconformados com a Independência. Foi deste setor ultracolonialista que partiu a cantiga de troça difundida após 1822: "Cabra gente brasileira/ Do gentio de Guiné/ Que deixou as Cinco Chagas/ Pelos ramos do café".

A representação desfavorável da cultura canavieira tem também origem no caráter patrimonial que sempre envolveu a atividade. É sabido que a açucarocracia nordestina se beneficiou, desde o século XVII, de subsídios oficiais e garantias de não execução de dívidas por seus credores. No século XIX, essas franquias eram reconhecidas pelos tribunais sob o título geral "privilégio de senhor de engenho". Apesar de tudo, a concorrência da produção caribenha atingia periodicamente os senhores de engenho e, mais tarde, os usineiros, fazendo-os retomar a cantilena, repetida ao longo das últimas décadas, pelo perdão das dívidas contraídas junto ao governo e pela concessão de novos créditos bancários. A crise do regime escravista trouxe perspectivas sombrias para os fazendeiros e, em particular, para a cultura canavieira. Comentando o diário de Sebastião Antônio de Accioly Lins Wanderley (1829-1891), barão de Goicana e senhor de engenho pernambucano, Evaldo Cabral de Mello analisa magistralmente o pessimismo histórico que impregnava a açucarocracia (utilizado por Gilberto Freyre e Evaldo Cabral de Mello, o termo foi cunhado por Silvio Romero) nordestina na derrocada do escravismo e do Império[7].

Na virada do século XIX, com a mudança do eixo da política nacional do Nordeste para o Centro-Sul – completada pela imigração estrangeira e a expansão do café no Oeste paulista –, a cultura açucareira inscrevia-se no imaginário nacional com cores de atraso e decadência, mesmo quando

7. Evaldo Cabral de Mello, "O fim das casas-grandes". Em: L. F. de Alencastro, *História da vida privada no Brasil – Império: a corte e a modernidade nacional*, vol. II, São Paulo: Companhia das Letras, 1997, pp. 386-440.

era retratada com nostalgia e arte, como nos romances de José Lins do Rego, *Menino de engenho* (1932) e *Banguê* (1934). Paradoxalmente, a modernização canavieira seguia seu curso no Nordeste e em outras áreas tradicionais brasileiras. Sobretudo em usinas de Pernambuco (a Central Barreiros) e de Alagoas (Central Leão), e ainda em Campos, no Rio de Janeiro. Ou seja, em zonas cujo cultivo havia se iniciado nos séculos XVI e XVII. No entanto, por volta de 1951, as usinas paulistas, mais dinâmicas, ultrapassavam a produção nordestina[8]. Nomes da imigração italiana em São Paulo – Dedini, Mattarazzo, Morganti, Romi, Ometto – substituíam as velhas cepas luso-brasileiras da oligarquia nordestina e fluminense na liderança da agroindústria canavieira.

O PROÁLCOOL: DA DITADURA À GLOBALIZAÇÃO

Após 1964, a aliança entre grandes empresários e ditadura facilitou a constituição, no Centro-Sul, das grandes cooperativas que dominaram o mercado sucroalcooleiro do país: a Cooperativa dos Produtores de Açúcar e Álcool Fluminense (Cooperflu) e, sobretudo, a Cooperativa de Produtores de Cana-de-açúcar, Açúcar e Álcool do Estado de São Paulo (Coopersucar). Dona da maior parte do álcool produzido no Brasil, a Coopersucar teve um papel decisivo na implementação do Proálcool (1975). De fato, em 1977, a Coopersucar possuía 77 usinas, 68 das quais em São Paulo, comercializando 41% da produção nacional de açúcar e 64% da de álcool[9].

Associando-se a Emerson Fittipaldi, o primeiro campeão brasileiro de Fórmula 1, e projetada nos circuitos mundiais de corrida pelo carro que levava seu nome, a Coopersucar apresentava-se como a face avançada e moderna do "Brasil Grande" da ditadura. Num anúncio de maio de 1976, publicado no *The Times*, com a foto de Fittipaldi e do carro Coopersucar Fittipaldi, a Coopersucar saudava a "histórica" visita oficial do ditador-presidente Geisel a Londres, sob o título "O Brasil está na corrida, a Coo-

---

8. Graciela de Souza Oliver e Tamás Szmrecsányi, "A Estação Experimental de Piracicaba e a modernização tecnológica da agroindústria canavieira (1920 a 1940)", *Revista Brasileira de História*, 2003, vol. 23 (46), pp. 37-60.
9. Barbara Nunberg, "Structural Change and State Policy: The Politics of Sugar in Brazil Since 1964", *Latin American Research Review*, vol. 21, n. 2, 1986, pp. 53-92.

persucar ajuda o Brasil a competir[10]". Na mesma época, outros órgãos da imprensa inglesa denunciavam as ligações de dirigentes da Coopersucar com os setores mais truculentos da ditadura brasileira.

Independentemente da influência exercida pela Coopersucar, o Proálcool suscitou críticas desde o início. Note-se que o objetivo prioritário do programa – substituir parte do combustível importado após o primeiro choque petroleiro – não deixava espaço para considerações ambientais. Quanto aos objetivos sociais, havia a meta da geração de empregos no campo. Não se pretendia promover a melhoria das condições do trabalho rural. De maneira geral, as sequelas do Proálcool apareciam para a ditadura e para os defensores do programa como um mal menor diante da ameaça da crise energética iniciada em 1973-1974 e confirmada pelo segundo choque petroleiro de 1979, na sequência da Revolução Iraniana. Decerto, os efeitos perversos da monocultura, a favelização das cidades vizinhas às usinas, a exploração dos boias-frias, as queimadas dos canaviais e os dejetos espalhados no campo, como o bagaço e o vinhoto (resíduo do fabrico do açúcar e do álcool), poluidor de rios e riachos, foram discutidos e criticados por especialistas e setores da oposição.

Resta que tais críticas surgiam no âmbito dos ataques dirigidos ao "capitalismo selvagem" implementado pela ditadura e não constituíram um tema dominante na fase da transição democrática brasileira. Objeções de outra natureza foram dirigidas ao Proálcool por setores das camadas dirigentes e até por beneficiários do programa. Para estes setores – industriais, outros ramos do agronegócio e grupos sucroalcooleiros mais capitalizados –, os defeitos do Proálcool provinham do uso de verbas públicas para financiar usineiros ineficientes – leia-se nordestinos –, com o fito de guardar as clientelas políticas tradicionalmente aliadas ao governo.

Tal restrição vem ainda registrada num balanço favorável do Proálcool publicado recentemente pelo Centro de Tecnologia Canavieira:

> Iniciado em 1975 no rastro do choque do petróleo [...] o programa [Proálcool] foi associado por décadas a uma invenção do Regime Militar para subsidiar usineiros Brasil afora, alguns deles atavicamente comprometidos com o atraso. Não se pode dizer que é um argumento

---

10. *The Times*, 3 maio 1976, p. 37.

falso. Mas, olhando para trás, vê-se que vieram do programa os avanços que hoje colocam o País na vanguarda do setor[11].

Como é sabido, os ciclos de baixa dos preços do barril do petróleo, juntando-se ao aumento do preço do açúcar no mercado internacional, provocaram um declínio do uso do álcool combustível no país. Tais fatores levaram à estagnação do programa do álcool entre 1986 e 1995. A retomada veio com o aumento da proporção do álcool misturado à gasolina e, sobretudo, com a tecnologia *flex fuel*, importada da Califórnia e utilizada a partir de 2003 nos carros fabricados no Brasil.

DO ÁLCOOL AO ETANOL

Na sequência, a imagem positiva da cultura canavieira surgiu bem mais recentemente, quando cresceu o alarme dos especialistas e da opinião pública ocidental a respeito do aquecimento planetário e do efeito estufa. Embora tivesse se recusado a ratificar o Protocolo de Kyoto, o governo Bush, no seu segundo mandato, começou a sofrer a pressão de ambientalistas e de estados importantes, como a Califórnia, Massachusetts e Nova York, que implementaram medidas estaduais de respeito ao ambiente[12]. Guerras e instabilidade nos países produtores de petróleo e a vitória dos democratas – mais favoráveis às políticas ambientalistas – nas eleições do Congresso em 2006 levaram o governo Bush a manifestar interesse pelos biocombustíveis. Paralelamente, o fabrico do etanol a partir do milho (caso dos EUA) ou de beterraba e colza (caso europeu) fez com que os governos europeus e asiáticos ampliassem a pesquisa e o uso de combustíveis renováveis. Obviamente, a exemplo do governo brasileiro durante o Proálcool, os governos ocidentais também procuravam justificativas para subvencionar seus agricultores ameaçados pela concorrência internacional.

11. "As mentes brilhantes do etanol brasileiro", entrevista com o físico José Walter Bautista Vidal, um dos criadores do Proálcool, publicada no site do Centro de Tecnologia Canavieira. fundado em 1969, em Piracicaba, pela Coopersucar, e que reúne atualmente 173 associados, representando mais de 55% da produção nacional de cana-de-açúcar. Disponível em: <http://www.ctcanavieira.com.br/index.php?option=com_content&task=view&id=65&Itemid=26>. Acesso em: jul. 2008.
12. "America's Greenest States", *Forbes*, 17 out. 2007. Disponível em: <http://www.forbes.com/business/2007/10/16/environment-energy-vermont-biz-beltway-cx_bw_mm_1017greenstates.html>. Acesso em: jul. 2008.

A globalização do tema levou, em alguns meses, a uma significativa substituição semântica. A palavra "álcool", usada em todos os postos de abastecimento brasileiros desde 1975, foi substituída, nos discursos e na mídia nacional, pela palavra usada nos Estados Unidos e na Europa: etanol.

Diante do interesse internacional sobre a experiência brasileira – exemplo único e perene de substituição em larga escala da gasolina por um combustível renovável –, o programa do álcool transformou-se num trunfo diplomático para o governo Lula. A partir de então, o Itamaraty e o presidente Lula, nas suas viagens no país e no exterior, assumiram plenamente o papel de propagandistas do programa do álcool. Cooperação técnica para a fabricação de usinas-destilarias similares às do Brasil nos países da América Central e da África e campanha para a redução das tarifas que pesam sobre o álcool combustível na Europa e nos Estados Unidos compunham a estratégia de Brasília, definida por um jornal costa-riquenho como "diplomacia de biocombustíveis[13]".

Ponto alto desta ofensiva diplomática, a visita do presidente Bush ao Brasil, em março de 2007, concretiza a assinatura do chamado "Acordo do Etanol" pelos dois presidentes. Buscando a padronização internacional do produto para transformá-lo numa *commodity* apta a ser negociada no mundo todo, o acordo prevê ainda a cooperação norte-americana-brasileira na produção de biocombustíveis nos países do Caribe e da América Central. Enfim, os dois países comprometem-se a compartilhar pesquisas em biocombustíveis da "nova geração", isto é, extraídos de material celulósico de restos de madeira, palha e outros produtos.

Embalada pela expectativa de baixa das tarifas de importação na União Europeia e nos Estados Unidos e pelo consumo crescente de biocombustíveis, a cultura canavieira ganhou novamente grande destaque. E Lula passou a ver no etanol a salvação da lavoura, do Brasil e do mundo. Tomado de euforia, o presidente Lula lançou-se numa ode aos usineiros:

> Os usineiros de cana, que há dez anos eram tidos como se fossem os bandidos do agronegócio neste país, estão virando heróis nacionais e

---

13. *La Nación*, 10 ago. 2007. Disponível em: <http://www.nacion.com/ln_ee/2007/agosto/10/ultima-sr1199181.html>. Acesso em: jan. 2017.

mundiais, porque todo mundo está de olho no álcool. E por quê? Porque têm políticas sérias. E têm políticas sérias porque quando a gente quer ganhar o mercado externo, nós temos que ser mais sérios, porque nós temos que garantir para eles o atendimento ao suprimento[14].

Francisco de Oliveira, pernambucano e ex-diretor da Sudene, escreveu um comentário sarcástico sobre esta declaração presidencial:

> Fazendo tábula rasa da história dos trabalhadores sob o capitalismo, Lula se entregou a perigosos exercícios intelectuais: designou os usineiros de açúcar do Brasil como heróis, os mais importantes do Brasil moderno, vale dizer, do Brasil lulista. Logo ele, pernambucano, desconhecer a história dos trabalhadores da cana-de-açúcar. Jogou na lata de lixo as vidas ceifadas e de qualquer modo amesquinhadas por uma das formas de exploração do trabalho mais brutais[15].

OS MALES DA MONOCULTURA DE ONTEM E DE HOJE

Tirante as críticas que tocam nas condições do trabalho nos campos de cana-de-açúcar, sobre as quais voltarei a falar, fatores internacionais provocaram uma nova cambalhota no prestígio da cultura canavieira e do etanol brasileiro. No começo de 2008, ao mesmo tempo em que a crise financeira dos *subprimes* atingia os Estados Unidos e a Europa, a retomada da inflação reaparecia no horizonte da economia mundial. Na sequência de vários estudos, o aumento dos preços de alimentos passou a ser atribuído à extensão do cultivo de agrocombustíveis em alguns países. De Fidel Castro aos ecologistas e à CNBB levantaram-se protestos contra os efeitos sociais e ambientais dos agrocombustíveis e do etanol de cana.

A declaração mais radical veio, em abril de 2007, do sociólogo Jean Ziegler, relator da Organização das Nações Unidas para o Direito à Alimentação. Para ele, a produção de etanol constituía nada mais, nada menos do que um "crime contra humanidade", pois agravava a crise

---

14. *Folha de S.Paulo*, 20 mar. 2007. Disponível em: <http://www1.folha.uol.com.br/folha/brasil/ult96u90477.shtml>. Acesso em jan. 2017.
15. Francisco de Oliveira, "O pós-moderno", *Folha de S.Paulo*, 27 maio 2007.

alimentar e a fome no mundo[16]. Voltavam à ordem do dia os malefícios da monocultura que haviam sido detectados e combatidos sem sucesso no período colonial. A alegação de que a cana-de-açúcar estava invadindo, ou invadiria, a Amazônia fez a junção de duas ameaças largamente ressentidas mundo afora: o etanol reduzia o cultivo de alimentos e acelerava a desflorestação do "pulmão do mundo".

Tais críticas paralisaram momentaneamente a "diplomacia dos biocombustíveis" itamaratiana e colocaram o presidente Lula na defensiva. No seu discurso na "Cúpula sobre Segurança Alimentar", organizada no mês de junho de 2008 pela FAO, em Roma, Lula partiu para o contra-ataque, declarando que as críticas ao etanol eram uma manobra perpetrada por setores comprometidos com a indústria do petróleo e do carvão:

> É com espanto que vejo tentativas de criar uma relação de causa e efeito entre os biocombustíveis e o aumento do preço dos alimentos. [...] Vejo com indignação que muitos dos dedos apontados contra a energia limpa dos biocombustíveis estão sujos de óleo e carvão[17].

Mas o debate registrou reviravoltas. De um lado, as críticas aos biocombustíveis poupam o caso da cana-de-açúcar. Insuspeita de condescendência com o agronegócio, a Oxfam, organização não governamental inglesa dedicada ao combate à pobreza no mundo e muito ativa na África, publicou um relatório afirmando que a cultura de biocombustíveis empobreceu 30 milhões de pessoas em várias partes do mundo. Porém, o diagnóstico em relação ao Brasil é diferente e bem favorável: "Embora a produção de etanol brasileiro esteja longe de ser perfeita e apresente vários problemas sociais e de sustentabilidade ambiental, este é o mais favorável biocombustível no mundo em termos de custo e equilíbrio de gases do efeito estufa". De quebra, o relatório fustiga "as políticas protecionistas dos países ricos que travam as exportações do etanol brasileiro[18]".

---

16. *Folha de S.Paulo*, 4 jun. 2008. Disponível em: <http://www1.folha.uol.com.br/folha/dinheiro/ult91u408756.shtml>. Acesso em: jan. 2017.
17. *Folha de S.Paulo* de 3 jun. 2008. Disponível em: <http://www1.folha.uol.com.br/folha/dinheiro/ult91u408450.shtml> Acesso em: jan. 2017.
18. Disponível em: <http://www.oxfam.org.uk/resources/policy/climate_change/downloads/bp114_inconvenient_truth.pdf> Acesso em: jul. 2008.

Por outro lado, aumentam as críticas à exploração dos trabalhadores nos canaviais brasileiros. Volta-se, portanto, a uma questão fulcral. Depois de estimular a escravidão e o tráfico negreiro durante três séculos, depois de um século de semiescravização de trabalhadores brasileiros, a cultura de cana-de-açúcar poderá cessar de explorar a mão de obra que utiliza? A indústria canavieira é compatível com as normas do direito trabalhista e da previdência social?

Na verdade, as pesquisas recentes demonstram que os estragos sociais não cessaram. O trabalho do cortador de cana, pago por "tarefa", isto é, pela quantidade de cana cortada, constitui uma forma precária de assalariamento que dá lugar a uma exploração medieval. Fazendo gestos repetitivos no calor escaldante, mal alimentados, sem atendimento médico, os cortadores de cana adoecem e às vezes morrem de cansaço. O aumento das exigências de produtividade intensifica a cadência do trabalho. Pedro Ramos, pesquisador da Unicamp e especialista no assunto, afirma que muitos dos cortadores de cana "são trabalhadores em um regime de escravidão disfarçada". Segundo ele, nos anos 1980, um trabalhador cortava quatro toneladas e ganhava o equivalente a R$ 9,09 por dia. Nos anos 2000, cortava em média 15 toneladas e ganhava cerca de R$ 6,88 por dia. Como no início da Revolução Industrial oitocentista, o aumento da produtividade intensifica a cadência do trabalho e a exploração dos trabalhadores. Em São Paulo, 400 mil homens e mulheres trabalhavam no corte de cana. No Brasil inteiro o número chegava a 1 milhão[19].

Neste contexto, o passado mal sarado de três séculos de escravidão volta à tona. Em abril de 2007, dias após Lula saudar os usineiros, agentes da salvação da lavoura e do planeta, uma *blitz* do Ministério do Trabalho descobriu cortadores de cana submetidos a uma situação subumana numa grande usina paulista. De quebra, o procurador Luís Henrique Rafael, do Ministério Público do Trabalho, disse que essa situação é comum em São Paulo, estado de onde sai 60% da produção nacional de etanol. Pouco antes, o ministro do Trabalho, Luiz Marinho, tentou moderar os ataques aos usineiros, burladores contumazes da legislação trabalhista, dizendo:

---

19. *UOL Economia*, 7 mar. 2007. Disponível em: <http://noticias.uol.com.br/economia/ultnot/efe/2007/03/07/ult1767u88021.jhtm>. Acesso em: jan. 2017. Vejam-se também vários artigos sobre o assunto na *Folha de S.Paulo*, 29 abr. 2007.

"São situações residuais, porém inaceitáveis". Mas advertiu: "Os empresários brasileiros precisam ficar atentos: qualquer repercussão negativa no mercado de trabalho poderá significar restrições para exportações de nossos produtos[20]".

Tudo isso porque o *The Guardian* escreveu sobre o estatuto de "quase escravos" em que viviam os cortadores de cana no Brasil. Acusação imediatamente rebatida pelo embaixador brasileiro em Londres[21].

Vem à memória o paralelo histórico com a hostilidade internacional – e as investidas da imprensa inglesa – que o Brasil enfrentou entre 1831 e 1850, quando era o único país independente praticando a pirataria negreira. Na época, o açúcar brasileiro foi sobretaxado nas alfândegas britânicas porque era *slave-grown sugar* (cultivado por escravos), e não o *free-grown sugar* (produzido por lavradores livres). O assunto era polêmico na própria Inglaterra, mas acabou levando o Brasil a extinguir o tráfico negreiro em 1850[22].

O chanceler Amorim deve ter se lembrado disso tudo porque, segundo consta, o assunto é estudado no Instituto Rio Branco. A frase-chave do entrevero oitocentista foi proferida pelo então chanceler inglês Lorde Palmerston, em 1848, na CPI sobre o tráfico negreiro no Parlamento de Londres:

> No Brasil, a quantidade de terras que podem ser cultivadas, se houver uma oferta ilimitada de trabalho, é incalculável. É um grande equívoco acreditar que o temor de tumultos sociais pode levar os brasileiros a reduzir a importação de escravos africanos. Tais perigos só teriam efeito quando atingissem uma dimensão capaz de fazer o governo brasileiro reagir. No meio-tempo, nossa produção de açúcar das Antilhas [britânicas] já teria sofrido o impacto do enorme aumento da produção de açúcar brasileira[23].

---

20. *Folha de S.Paulo*, 21 mar. 2007.
21. *The Guardian*, Londres, 17 mar. 2007.
22. Abordei o tema em várias ocasiões e, ultimamente, em posts de meu blog: <http://sequenciasparisienses.blogspot.com>.
23. Abordei o tema em várias ocasiões, como em "Le versant brésilien de l'Atlantique Sud 1550‑1850". *Annales*, 61 (2), mar-abr. 2006, e, ultimamente, em posts de meu blog: <http://sequenciasparisienses.blogspot.com>.

Ou seja, os ingleses achavam que, se deixassem o Brasil produzir açúcar barato, de qualquer jeito, com o braço africano, decretavam a falência de seus canaviais na Jamaica, onde a escravidão já havia sido abolida. Naturalmente, não era só por filantropia que eles se opunham ao tráfico negreiro. Mas sua ação ajudou a acabar com essa barbaridade em nosso país.

Regressão ou progresso? Mutação ou continuidade? Trazendo para o presente cinco séculos de história, a agroindústria açucareira serve de ilustração para pensar o Brasil na nova divisão internacional do trabalho.

Poesia sem palavras?
Michel Déguy

A situação da poesia em seu mundo e no mundo, a forma como é recebida assim como o papel que ainda lhe é concedido, são integralmente regidos pelo rumo *cultural* das coisas. Não sendo possível retomar aqui, ainda que brevemente, as minhas análises do *cultural*[1] como fenômeno social total, lanço mão de dois exemplos para apresentá-lo, representá-lo e contextualizá-lo.

O POETA MUNICIPAL

O "poeta"? No dia a dia do trem da cultura, praticamente um funcionário municipal: lembro que, convidado para um encontro de "poetas" em Quebec – uns tipos bem simpáticos, em uma de suas Casas *ad hoc* –, notei cartazes encostados na parede. Responderam-me que estavam se preparando para uma greve, para um piquete na greve dos poetas, em frente à Prefeitura. Greve de poetas, como de garis, por uma reivindicação municipal: lazer organizado ou tempo de publicidade na rádio ou algo do gênero.

Poeta na cidade: à margem; em tudo incompetente (já desde *Íon*, por causa de Sócrates); não muito antenado (tem a reputação de "distraído"); sem poder; "por fora", a não ser nas vezes em que, por um curto instante

---

[1]. A mais recente encontra-se no capítulo *"Du culturel dans l'Art"*, do livro *La Raison Poétique*. Paris: Galilée, 2000.

nas epidícticas franjas de cerimônias, irá debilmente defender seu rarefeito emprego. Pouco cortejado, com exceção de convites a saraus de poesia em salões de festas, e raramente aplaudido – na última hora e em caso de necessidade de uma figura para preencher um vazio.

Uma briga com *Aujourd'hui poème* (Parinaud, Darras) a respeito da oportunidade de oferecer poemas aos clientes de um grande restaurante parisiense, fez com que eu escrevesse *"Un p'tit poème l'addition*[2]*"* no *Libération*.

O POETA GLOBAL

Estamos em Shengdhu, capital provinciana de uns 20 milhões de habitantes. Enormes avenidas ainda vazias de carros. Tudo preparado para a invasão, a catástrofe ecológica. É a China – "desperta", muito mais ainda do que havia sido previsto por Alain Peyrefitte – que devastará a terra. Fracassado o comunismo, destruído o império soviético, abolido o maoismo, começa tudo de novo: Comunismo? Capitalismo. Campesinato? Proletariado do Livro I do *Capital*. Empresários? Dirigentes (do Partido Comunista). Objetivo: superpotência econômica da China, só isso. E, se para isso for preciso sacrificar o planeta, assim será.

Quanto ao cultural, eles não têm ideia do que seja, não conseguem compreender do que estamos falando. Por quê? *De um lado*, os jornais (Cantão 2004) não hesitam em afirmar: "Agora a poesia perdeu toda a influência". *De outro*, o município (estamos em Shengdhu...) nos acolhe com pompa cultural, ao som de Tu-Fu, Li-Po, Su-Shi: os Mestres, os Sábios, os Funcionários que inventaram língua e civilização. Justamente a dimensão cultural (que, de novo, não é *um* aspecto, mas afeta o fenômeno social "totalmente", no sentido de Marcel Mauss, e nem um pouco uma "superestrutura" ideológica, no sentido marxista) é a dimensão em que se confundem a "cultura" tradicional e a neocultura multicultural, na qual toda minoria vive da imagem de marca de seu fenótipo[3].

---

2. "Um poeminha a conta." [N.T.]
3. Em outro lugar, observei que a patrimonialidade em termos de (re-)rastreabilidade do genótipo é o que agrega valor cultural identificador a tudo o que é: caracterização em nada superficial, portanto, mas exatamente "onto-lógica".

O cultural – que a maioria dos interessados entende unicamente por cultura-continuada-por-outros-meios, ditos "modernos" ou pós-modernos (ou mesmo "pós-humanos", como insiste a revista *Critique*, que citarei mais adiante) – é, em uma sociedade em que nem as distinções das línguas nem a reflexão crítica filosófica permitem ainda *discernir* o problema, o que faz com que seja possível a indiferente simultaneidade desses dois lados ("de um lado, de outro"): a permanência-retorno do arcaico na ilusão do mesmo e o irreversível rebaixamento, a insignificância social da poesia e dos poetas. Pode-se prever a curto prazo que, embora "não existindo mais", a poesia chinesa cada vez mais bem globalizada nos intercâmbios *worldwide* (traduções, encontros, festas etc.) não cessará de ostentar a sua riqueza, brilho (etc.). Os intelectuais chineses – e, é claro, de todo país que tenha acesso ao mercado liberal global – ainda estão longe de perceber essa concomitância. É preciso que assumam (assumamos) uma perspectiva "de fora do sistema" para *se perceberem* agentes do cultural "global".

O futuro dessa ilusão comanda a nossa sina social de produtores quaisquer, por exemplo, em "produções poéticas[4]".

AFINAL, PARA QUE PODE SERVIR A POESIA?

É necessário um relato (mil relatos) para algo *ter acontecido*. Por exemplo, um jogo de futebol: os jornais do dia seguinte relatam o jogo (ou Píndaro, as *Olimpíadas*, caso se recordem). Pois bem, o filme, a *película* (como dizem os espanhóis) sob todas as suas formas, com uma diversificação e um poder espantosos, atende a essa necessidade. O romance também, mais um pouco. A poesia já não o faz mais, depois de não ter feito outra coisa durante séculos – e até a época de Apollinaire, de Cendrars, de Claudel... e ainda assim, seria mostrado com o surrealismo que, fomentando a Revolução (que foi apenas a *sua* revolução), pretendia forçar aos poucos a realidade. O *"por todos"* de Lautréamont viria a gerar o "grupo" surrealista: é preciso um *nós* para que haja um sujeito da ação e, assim, a ação. O adeus de Rimbaud, sua deserção e sua abdicação foram um aviso que não foi ouvido. Sua posteridade voltou a integrar essa segunda metade

---

4. O uso de aspas aqui, e em geral, indica a homonímia, isto é, a diferença do todo oculta no mesmo, a "vampirização".

de vida à sua obra, vida integral para fazer a sua lenda: uma das últimas lendas da poesia. A derrota transforma-se em *mítica* vitória.

Resta ainda um presente para a poesia? Seja o que Mallarmé chamava de "o fenômeno futuro". Mas o eu-lírico contemporâneo, formigamento autobiográfico "autofictício", decompõe a "circunstância", a disseca e a refrata em um meio de refringência idiossincrática: como "poemas", o mais das vezes refratários a um pensamento filosófico ou teórico que se abriria ao presente do mundo, não interessa a quase mais ninguém a não ser ao "autor" (mesmo se declarado falecido nos anos franceses de 1970) e a seu círculo mais próximo.

"Todos poetas?" – perguntava recentemente uma publicidade da coleção Poésie/Gallimard. Tarde demais! É verdade que a ressocialização *cultural* da poesia (sobre a qual ainda direi algumas palavras) autoriza esse otimismo resgatador, mas é da perspectiva da "animação" (reanimação?), cara aos psicopedagogos, e do "direito à expressão" da "espontaneidade criadora" de cada um, sob a qual todas as "personalidades" se equivalem. Todos iguais sob essa nova lei. Um modo de eufemizar a morte *do* poeta, o fim da Obra, mesmo se o *Gênio* rimbaudiano se mantenha no currículo da licenciatura. "E eu! E eu!", dizem as crianças e os confeccionadores de *flyers*...

Na semana passada, observei o seguinte no metrô parisiense: no lugar reservado à campanha "Um poema no metrô", onde são apresentadas citações de quatro ou cinco linhas (tem que caber no quadro reservado abaixo do teto) oferecidas a uma leitura flutuante entre duas estações, picharam em letras negras sobre o texto afixado (que fosse de Lao ou Mao, de Char ou Heráclito, ou do quase anônimo "poeta contemporâneo"): ZERO. Meu gosto não é o seu gosto. De fato, zero a zero. Os lugares são caros e os vencedores, arbitrariamente eleitos.

O destino da poesia nas sociedades avançadas contemporâneas é antológico e temático. Passado por tal triturador, em breve nem de Dante restará grande coisa. No entanto, a partir do momento em que uma sociedade "progride" – na China, por exemplo – ou, se preferir, toma o trem capitalista da globalização, a poesia se extenua, seu valor de troca encolhe, sua influência acaba (revista do Cantão).

Um devenir diferente resolveria?

A QUESTÃO DO *MEDIUM*

Perscruto uma entrevista de Eduardo Kac, recém-publicada na revista *Critique*[5], para ir direto a *O que está acontecendo*, em que "muta" a poesia. Qual é a mutação? (E, entre parênteses, aos simpáticos retardatários da revolta antitransgênica, na França atrás dos "verdes", não faria mal ler esse número inteiro. A "transgenética", que é o fenômeno "global", quer José Bové o compreenda ou não).

Eis as palavras de Kac em relação ao "uso artístico da mutação": "Por causa da poesia comecei a fazer uso das novas mídias a partir do início dos anos 1980".

"… somos naturalmente seres transgênicos."
"A bioarte é uma arte *in vivo*."
"Não há norma. Há apenas mutantes. O que importa é que você se sinta em vida."
"A mutação é antes de tudo um meio, da mesma forma que o óleo, na pintura."

Trata-se de nada menos que a saída da poesia da esfera do *lógico*, no sentido arcaico grego, da palavra (*logos*), das línguas e do linguístico (*logikon*), ou ainda daquilo que Barthes (último curso no Collège de France) chamava *a frase*. Em outras palavras, o poema enquanto proposta, julgamento, articulação gramatical e lógica interessada em verdades e na verdade. A frase, a estrofe, o livro (etc.) tornaram-se modalidades de um "meio"… entre outros! Assim, ejeta-se a terra de seus parênteses letrados (literais e cultivados), diria eu, citando René Char ao contrário.

Podemos (*nós*, herdeiros da poesia ocidental) confiar o destino da poesia a um outro meio que não seja o seu ou linguagem (*Sprache*)? Não. Porque a língua não é "um meio". Teremos que demonstrá-lo amplamente.

Para fazer com que se possa vislumbrar o alcance dessa afirmação – que é essencial não confundir com as de ligação *integrista* regressiva dos religiosos com sua religião –, volto minha atenção para o seguinte: diga a um fiel que a Revelação, que o Alcorão-livro terá sido "um meio", a

---

5. Entrevista de Eduardo Kac em *Critique*, número dos "Mutants", jun.-jul. 2006, p. 553.

Bíblia "um meio", suplementável, até mesmo substituível hoje por uma história em quadrinhos ou por um vídeo (aliás, se Deus fosse fazer de novo, optaria por outro meio) e você verá o que é "ira"...

Caracterizar o livro (por excelência O Livro) como meio entre as mídias é perdê-lo. A questão então é: como "profanar" as religiões do livro sem perder o livro, tentativa mallarmiana.

O livro é a indivisão da "letra do espírito". Segundo a tradição, um "mata", a outra "vivifica". Mas como não pode haver "espírito" sem escrupulosa literalização, os guardiões da letra tornam possível a vivificação, ou a interpretação (leitura), ou *translatio* (há outras palavras disponíveis, como ressureição). Hermenêutica, exegese e heurística fazem o fecho – círculo ou roda que avança em translação. Assim, pode-se dizer que a letra torna vivo e que o espírito, "integrista", ameaça a leitura de morte. Vida e morte trocam de lugar.

Naturalmente, o famoso binômio espírito/letra, em que se replica o duo (o dualismo) idealismo/materialismo, deve ser *desconstruído* (no sentido rigoroso, derridiano, ameaçado de oca inflação por seu uso vulgarizado). A desconstrução não é uma operação que se termina como uma desmontagem *e que aconteceu*. É aquilo que não acaba nunca: os grandes pares terminológicos onde se cunham "a metafísica", a divisão sensível, inteligível, resistente. "Superar a metafísica" é *work in progress*, ainda interminável. Do qual a minha observação, há pouco, é um minúsculo exemplo.

RETORNO CRÍTICO SOBRE OS TERMOS DE SUA PESQUISA

Sua posição é por demais exclusivamente bourdieusiana. Você acredita que "enquanto os grupos *restritos* encarregados do *patrimônio cultural* mantiveram sua *posição hegemônica*, a poesia pôde conservar seu prestígio, expressando, ao mesmo tempo, a *visão de mundo* de uma *minoria muito exígua* (etc.)". Penso, sem ter aqui nenhum espaço para desenvolver a argumentação adequada, que essa maneira de ver – (que, devo observar, restringe o interesse da poesia à *versificação* e seu conteúdo à autorreferência), apesar de fortalecer-se exatamente da redução da poesia à sua existência associal ou marginal –, deixa o essencial absolutamente intacto, de fora, e, nessa medida, "não consegue realmente compreender o que faz com que a poesia tenha tido o sentido que teve e que certos escritores pensadores (que aceitam ainda a denominação de poetas, o que alimenta o equívoco) se interessem pela poética e pela escrita parabólica".

Falta a Bourdieu a mediação, não de uma observação suficiente do *cultural*, mas de um pensamento radical desse fenômeno "total".

Ao não assumir (não digo comentar respeitosamente, mas engoli-lo, assimilá-lo) o pensamento heideggeriano e derridiano-stiegleriano do fenômeno cultural, tarefa da qual o famoso sociólogo se desviou violentamente porque perdeu toda crença na filosofia, ele não toma a medida do fenômeno, ou seja, em última análise, da época na fase do niilismo em que nos encontramos. Ele acredita que é a "dominação" da *distinção* que opera culturalmente, processo e máquina de refazer o *apartheid* entre classes, dominantes, subdominantes e dominadas. Ele acredita que podemos sair disso, como se o cultural fosse "de direita": ilusão simétrica à de Fumaroli (colega seu no Collège de France!) que acredita que o cultural malrauxiano-langiano[6] seja "de esquerda".

Suponho que a sua conjectura a respeito da *canção* como relé, avatar e "nova cultura" obteria a aprovação de Bourdieu. Meu julgamento é diferente. Que a poesia contemporânea, tornando-se associal, tenha "perdido qualquer legitimação coletiva" não muda em nada o que foi e pode significar e fazer poesia... com a condição de entendê-la à alemã, como *Dichtung*, e, naturalmente, de tentar favorecer sua *translatio*, através da invenção de uma "arca" que a transporte (talvez) sobre as águas de nosso "Dilúvio" (os *Dark times* de Arendt). A poesia não conseguirá sair dessa sozinha, e já se foi o tempo das altercações de confins ou, se preferir, da marcação de *gêneros*, da redefinição das diferenças entre a poesia e seus outros (quer se chame de prosa, ou romance e outros); mas o tempo é de associação de "artes" entre elas e com novas "técnicas" e de uma escrita generalizada, que chamo de parabólica, que "hesita" (teria dito Valéry) entre mitema, teologema, filosofema e poema.

A "legitimação coletiva" não é o que inventa uma arte. O *cultural* é *também* uma resultante do rebaixamento da cultura popular. É até mesmo o nome da época em que se arruína, na restauração ou até na "restituição ao idêntico", a antiga cultura em que o povo, como se dizia, era profunda-

---

6. André Malraux e Jacques Lang, "inventores" da instância *política* (ministério) das questões culturais.

mente culto. Seria preciso mudar de povo, diz a pilhéria brechtiana. Sim. Infelizmente "as pessoas" substituíram o povo, não há mais "povo" que se possa mudar. A superpotência definitiva do regime ícono-mediático[7] publicitário do consumo de bens culturais estende o monótono (hegemônico) império de uma *vulgaridade* multicultural "americanizada".

A canção não é a saída de emergência. Continuemos a procurar.

POÉTICA RETOMADA

A constatação, descritiva, é muito simples, desde que se *desdobre* sua proposta:

Na visão do sociólogo, a poesia como fenômeno, mensurável, portanto, em variadas estatísticas (de vendas-livreiros, de leituras calculadas, de manifestações etc.) expõe-se na justaposição "indiferente" destes dois enunciados exatos, factuais, contraditórios:

1. A poesia já não existe mais: na escala das grandes mídias (TV prime time e 3G, grandes audiências radiofônicas, publicação nos grandes órgãos da imprensa...) a poesia e, mais especialmente, o poema, não acontecem mais. "As pessoas" podem nunca mais ouvir falar dela, nada saber sobre ela, e até mesmo nem perceberem isso.

2. A poesia pulula. Em uma outra *escala*: a dos pequenos meios de comunicação (boletins, *flyers*, recitais, "oficinas", folhetos etc.) *"Y a d'la poésie"*, como poderia ter dito Charles Trenet. *Small is beautiful*. Destinada a esse lugar secundário em todos os aspectos pelo cultural, ela pode levar sua vidinha ali indefinidamente.

O que é permitido esperar agora, como dizia Kant? O que podemos fazer (Lenine)? Para que poetas (*Dichter*) em tempos obscuros (Heidegger)? A essa altura, e já que optamos por continuar, quer dizer, jogar de novo a rodada das grandes poéticas ocidentais (e, no meu caso, de voltar a Baudelaire e à sua pergunta[8] para novamente passar pela desavença entre Celan e Heidegger), não falamos mais de poesia em termos de recepção social, de tiragem, de animação, de lazer, de pedagogia. Se pensarmos a literatura em frases mais filosóficas do que linguísticas, mais

---

7. O artefato mais recente, em que não se distinguem meio e fim, é o aparelho de terceira geração (3G) que permite baixar vídeos e música, jogar on-line e ver televisão, tudo o que é "tele", apenas o "tele".
8. Michel Deguy, *Réouverture après travaux*, Paris: Galilée, 2007.

históricas do que jornalísticas, mais teóricas do que socioeconômicas, não podemos nos contentar com uma descrição de suas flutuações de existência sociológica.

★ ★ ★

Condenso em poucos axiomas os *princípios* que sustentam a possibilidade e comandam o regime original do pensamento dito poético, ou, mais resumidamente, dessa *poética*.

Nós *somos* aquilo *com* o que somos. A experiência das coisas na língua dá os figurantes existenciais ("a estampa original" diz Mallarmé) que configuram e confeccionam nossa vida.

"Nós somos um diálogo", a citação de Hölderlin quer *também* dizer "hoje", que no elemento do agir (que incluiu o político, os homens "juntos" se opõem uns aos outros. Ora, no final, "no fundo", em todo diálogo, quer dizer, todo conflito, há muito do *julgamento* de uma situação, da decisão a respeito da questão de saber se duas (ou várias) "coisas" (os motivos ou teses do contencioso) aproximadas uma da outra são homólogas (podem ser subjugadas sob um "mesmo") ou não. Em disputa comum: tanto uma *quanto a outra* têm a ver juntas *ou* nada têm a ver. O combate do *mesmo* no julgamento é negócio (práxis) de humanos. O pensamento "prático" é aproximativo. Sua aproximação se faz pelas relações, comparações, relações entre comparações ou *analogias*. A operação, em seu fundo, é poética.

A responsabilidade de escrever, tomando como testemunhas os contemporâneos nas *publicações* em que o interesse da existência, e mesmo as verdades, estão em jogo, implica, requer que o poeta (se continuarmos a denominá-lo assim) responda, por ele e diante dos outros, à pergunta "*Quand sommes-nous?*[9]" (variante trivial: *où en sommes-nous?*[10]).

Minha resposta para a datação: o que terminou apenas começou. Ao movimento de continuar (conservar transformando), cujo leitmotiv

---

9. Jogo de palavras em que essa pergunta pode tanto significar "Como estamos?" quanto "Que dia é hoje?" (caso em que, literalmente traduzida, resultaria em "Quando estamos?" ou, ainda, "Quando somos?"). [N.T.]
10. Jogo de palavras em que a pergunta "Em que pé estamos?", literalmente traduzida, resultaria em "Onde estamos?" ou, ainda, "Onde somos?". [N.T.]

hölderliniano havia sido observado por Heidegger ("*Was* bleibet, *stiften die Dichtem*") e que devemos agora reinterpretar completamente, chamo de *palinodia*. A "ode" (e o caminho...) volta atrás por um passo pós-heideggeriano à frente.

A causa material do poético (a antiga *hylé* de Aristóteles, transformada em "meio" nas *estéticas* contemporâneas) é a beleza da língua. Nas pregas e recônditos da idiomaticidade esconde-se o intraduzível – para traduzir; se abastece o pensamento vernacular buscando o poema de sua prosa.

A homonímia "poesia" cobre o formigamento de medidas heterogêneas. Ora, cabe a uma deontologia mínima de poeticrise não "alimentar a confusão": livre para muitos tentadores "mutarem" pelo "meio"; mas nós (e este *nós* remete, por exemplo, às afinidades dos colaboradores da revista *Poë&sie*) conservamos o elemento no qual o poema se inventa e se escreve, o *logikon* – que não é um meio entre outros.

O horizonte é o de uma literatura generalizada, ou escrita parabólica, sublevação que, antes, advém de relíquias da língua e literárias, ou seja, do passado das obras. Resolução que conta com suas próprias forças, figurativas, sem escoras religiosas ou metafísicas.

★ ★ ★

A paixão intelectual ou a *sublimação* se prende pelo alto, "dá um sentido à vida". Mais enamorada e estável torna-se ela (quaisquer que sejam as suas ocasionais recaídas, fracassos e, em geral, sua "melancolia") quando seu objeto, "genial invenção", parece descobrir o novo, um "novo continente". O que modificaria a vida dá um sentido à vida.

Tomemos o exemplo de Lou Andrea Salomé – e da "psicanálise" –, que se correspondeu com Freud durante um quarto de século. Abro a correspondência à página 57: "[...] quando cada ano se encerra mais rico, mais fecundo, durante o qual é preciso não perder o menor aporte, toda melancolia chega ao fim e, ao final de uma nova década, haverá uma festa nova e feliz[11]". Coadjutora de Freud, que a considera *aquela que compreende* (*Versteherin*), ela participa de uma revolução antropológica.

---

11. Tradução livre. [N.T.]

Pode acontecer algo semelhante na "poesia" agora? Do lado da poesia, essa coisa muito velha, pode advir hoje algo parecido, um "futuro vigor" (Rimbaud)? Que descoberta reapaixonaria? Para muitos, a resposta é positiva, o tom, entusiasta, e justamente, a *mutação do meio* é o novo continente. Dessa mudança, os primeiros tremores se fizeram sentir há trinta ou quarenta anos, como se nada fossem, com declarações (não teorias, ainda) sobre a oralidade. Na França, dizia o clichê, não se lê muito em voz alta, em sessão pública de *reading* etc. Ora, a poesia é a voz... que é preciso vociferar para ouvir. Não discuto aqui o equívoco profundo do programa de tal insurreição (ressurreição?) oculta no uso de "voz" – mas, antes de resumir a frase histórica, faço estas duas observações:

– Muitos na época acreditaram dar *o troco* (Jean-Pierre Faye) em outra direção. Do lado da *Tel Quel*, teoria e textualidade ancoradas no pensamento político dos grandes trabalhos da revelação revolucionária dos séculos xix e xx, uma revista, portanto, completamente cega para a questão da Técnica (ao mesmo tempo em sua linguagem heideggeriana e em sua fantástica revolução tecnológica), ladeada de alguns auxiliares (revista *TXT* e outras), lançou-se na "produção dita texto". É sabido o que aconteceu com o "texto". Aposto que nenhum aluno de hoje tem uma visão sobre os anos textuais ou têxticos. O conceito de "texto" foi devorado pelas oficinas da "genética textual" e engolido pela impressora. O texto é o que sai da impressora ou se amontoa na internet, em *blog* ou a varejo, e cuja infinidade irá provocar problemas de arquivamento.

– A gentil esperança, legível na pesquisa de Semicerchio ("a canção nascida na área da comunicação de massa [conquista] uma dignidade notável [...] desenvolvimento de uma *nova cultura* [...] destinada a invadir o território ocupado pela cultura tradicional"), não parece ter considerado a medida do fenômeno cultural total. A canção, tecnologia do concerto, do cd, do *download* (etc.) é o próprio canto, a sonorização vitoriosa definitiva do *cultural*. Quanto à cultura pós e transcultural, esta está por ser inventada e talvez não possa acontecer.

★ ★ ★

A mutação se anunciava nas invocações da oralização, da dicção e do espetáculo, quer dizer, em última análise, do *corpo*: insurreição do corpo por demais "negligenciado", fatalmente acusadora, portanto, da intelectualidade, e ornada de citações anti-"metafísicas" fáceis de conseguir na loja nietzschiana. Os pródromos da mutação do meio em direção à bioarte terão sido o elogio da vociferação tecnoassistida em sessões sonoras muito bem-sucedidas, muito aparelhadas, inovadoras, de fato, e sedutoras. Dicção e tecnologia, oralidade de vozes captadas, transformadas, reproduzidas e eletroacústicas; "leituras", *sound poetry* e sintetizador etc. Tudo isso preparava a era em que nós estamos entrando, a do corpo protético, da simbiose inteiramente nova ("pós-humana") do vivo "genético", e na digitalização em geral (informática). Em outras palavras, tudo o que acontece é pilotado pela bioquímica e pela *medicina*: os progressos espantosos e incessantes das imagens, do escaneamento, da engenharia, da nanotecnologia genética, comandam não apenas a metaforicidade estética, importada da ciência, mas as síncrises efetivas que fazem a arte entrar "dentro do corpo": o ciberdevir do corpo. Não diremos mais com Nietzsche "a alma é o corpo", mas "o espírito é o corpo". O dualismo metafísico (*res cogitans, res extensa*) se funde; o dualismo religioso (corpo mortal, alma imortal passível de salvação) persiste, protesta, se fortalece, se "integriza". Uma espécie de dualismo materialista supostamente humanista, triunfante, apodera-se da esfera ideológica publicitária mundial, o corpo que se salve, se puder. Os dois corpos do "homem" são:

- o *body*: a imagem de marca da humanidade unissexo bissexuada, imagem Benetton, L'Oréal, como queira, milhares de pôsteres no balcão das bancas, do macho-e-fêmea, atlético, esbelto, bronzeado, imortal... a imitar, a construir (*building*), a cultivar.
- o cérebro: o homem neuronal. Também aqui um grande comparecente, o do computador, que tudo leva: o supercomputador pós-humano não é mais o "senhor do mundo"... mas o universo: todas as "energias" são meus "suportes", minhas próteses. E, à espera da ordem suprema orwelliana, minha paranoia apropria-se desse universo.

O teatro torna-se coreografia. Os dançarinos nus fizeram pés e mãos para fazer com que se esquecesse o texto. Os computadores regulavam o espetáculo de som e de luz.

Que fortes *razões* temos nós agora, os tradicionais, para manter o futuro-que-virá-a-ser da escrita, a perenidade do logos-livro, a eternidade da verdade, diria Badiou, recusando a saída do *logikon* para outras "mídias".

No final, não vejo outra senão a que é extraída da identidade do pensamento e do falar. O se-falar é o estofo da consciência. O "silêncio" com que nos acenam repetidamente é o ideologema inimigo desse pensamento do pensamento-palavra que faz a humanidade; e não o silêncio de quem cala o seu monólogo, mas o silêncio fisiológico respiratório do aprendiz guru. O silêncio, refúgio das almas e dos matadores, abriga o mal sob o álibi do "sentir". Silêncio, matando! "Eu *senti* que, e que..." Não se deve sentir, meu caro, deve-se julgar, comparar para compreender, elaborar, antecipar...! Não há pensamento que não seja intimamente ligado à língua, em julgamentos concatenados, e não no "isso se sente". A intuição é uma faculdade totalmente distinta da "impressão"-sensação. O livro e a escrita repousam sobre esse fundamento, princípio tirado da experiência "íntima"... Falar (consigo próprio) não é um meio facultativo da consciência, um suporte cambiável. É o *em que* do *de si*. Nenhuma outra justificativa para o *lógico* e para a *literatura* ou a poesia ("pérola do pensamento", dizia outrora Vigny) está incluída. A revelação, "a iluminação", não é silenciosa. É um livro (o que não implica a *crença* de que "Deus" seja o autor livresco da criação tipografada; a revelação é que ele fala; é a do pensamento para si próprio em linguagem de língua "materna"). Nós deixaríamos a humanidade e entraríamos, efetivamente, no pós-humano, deixando-o expirar.

É por essa razão que convém que, ao mesmo tempo em que tais ou tais outros (tal outra "geração", como se diz agora, com um ar beato, como se bastasse ter nascido quinze anos depois para inventar as saídas de emergência) inventam e propõem em toda liberdade uma outra etiologia (material, fonal, final, eficiente) para a "poesia", na homonímia, "nós" (os conservadores) façamos *passar* o escrito: escrita parabólica, parábola da escrita.

Volto a insistir um pouco no motivo dessa resistência: o que mais importa com a *consciência*, sua *virtus* e sua entelequia, não é tanto a sua *intencionalidade* [pois poder-se-ia supor a mesma abertura aperceptiva--apetitiva (se eu retomar os atributos leibnizianos da mônada) de muitas espécies vivas] quanto à consciência da consciência: a qual tem a sua condição de exercício, no (se)-falar. Essa consciência, ipseidade "moral", não é apenas desdobramento reduplicador, diálise do de dentro, mas desmembramento, deiscência genitiva, afastamento de uma "vista" desprendida (arquimédica) e de uma vista particular (correlacionada com o seu "objeto"). Princípio: é preciso haver um de dentro dentro, para que haja um dentro: uma consciência da consciência, para que haja consciência. Essa "vista" de si própria (ou esse divisar por sobre si mesma) só pode ser obtida se ela se disser, se falar, se tematizar em linguagem: esquematismo "lógico" constitutivo. Toda consciência é consciência da consciência ao se dizê-lo. A "vista" por sobre si mesma da consciência é a voz da consciência, como disseram os filósofos, sábios, moralistas. O que faz uma voz? Ela fala; o se falar é o elemento da interioridade. O silêncio interior, lembrava Merleau-Ponty, é cheio de murmúrios de palavras. Falar é falar em língua. Com ou sem maiúscula, dramatizada ou não pelo Vigário, saboiano, bretão ou esquimó, a Voz da consciência, de Sócrates a Montaigne, de Rousseau, de Kant a Heidegger, a Merleau-Ponty, não é o exógeno "baixo-falante" de um "demônio" episódico, mas a escuta de si no meio do *logos*. Imediatamente, ou identicamente, instância de *julgamento*, do mim pelo eu.

O mais "humano" – e que não se verifica no avestruz ou no camundongo – é que "eu" e "eu sou e faço" não são a mesma coisa. *Eu sou outro*, sim, muito intimamente. Sou outro, distinto do que sinto, significo, expresso. "Eu" julga "mim"; Rousseau julga Jean-Jacques, ou como você preferir dizê-lo. Vista da parte pelo todo que "sobrevoa", dirá o filósofo Raymond Ruyer. Essa capacidade é a mesma do se-falar em uma língua, que torna isso possível – e que aliena os homens uns dos outros de forma irreparável. A consciência íntima do tempo que passa "em mim" (vale dizer, no qual eu *passo*...) é espanhola ou francesa, inglesa ou tâmul. Monolinguismo de si. Somos estrangeiros "entre nós".

Eis uma crença humana, densamente relatada por Christian Jambet, iranologista. "Seriam necessárias páginas para falar da história desse tema xiita maior, o da escrita divina das letras, constitutiva do livro do mundo, do livro da alma e do livro santo, todos os três simbolizando entre eles" (*A grande ressurreição*). Vá, então, explicar a um muçulmano que o seu Livro é um *suporte* cambiante, que o Alcorão poderá ser visto em vídeo ou em história em quadrinhos...

Nós, modernos, não acreditamos – não pensamos – mais que o mundo *é* um livro escrito em alfabeto divino; nem mesmo *como* um livro. Uma religião é arquivo de crenças, relíquias que aguardam, não a sua destruição ou esquecimento, mas sua tradução, sua transformação. O religioso integrista é aquele que recusa esse *trânsito*. Ele até separa a letra da língua. Ele regride.

Ele é responsável por professar tal descrença, ou in-crença, porque "eu", sujeito cartesiano que se tornou moderno, só posso propor uma "verdade" se a considerar passível de ser universalmente compartilhada.

A escrita divina do livro cósmico é essa grande fábula, instituidora da humanidade, sem dúvida, mas que se tornou in-crível; a ser, portanto, in-delevelmente transposta. No entanto, o escritor é um que não crê que o livro (o livro que virá, a escrita) tenha se tornado um suporte, um meio.

A dificuldade está, portanto, em compor com estas duas verdades adquiridas; inventar um pensamento que as valide juntas; que renuncia a Deus tipógrafo e não abandona a gramatologia.

Um crer-sem crenças.

Tradução de Lucia Melim

Sobre os autores

ADAUTO NOVAES é jornalista e professor. Foi diretor do Centro de Estudos e Pesquisas da Fundação Nacional de Arte, Ministério da Cultura, por vinte anos. Em 2000, fundou a empresa de produção cultural Artepensamento e, desde então, organiza ciclos de conferências que resultam em livros. Pelas Edições Sesc São Paulo publicou: *Ensaios sobre o medo* (em coedição com a editora Senac São Paulo, 2007); *Mutações: ensaios sobre as novas configurações do mundo* (em coedição com a editora Agir, 2008); *Vida, vício, virtude* (em coedição com a editora Senac São Paulo, 2009); *A condição humana* (em coedição com a editora Agir, 2009); *Mutações: a experiência do pensamento* (2010); *Mutações: a invenção das crenças* (2011); *Mutações: elogio à preguiça* (ganhador do Prêmio Jabuti, 2012), *Mutações: o futuro não é mais o que era* (2013); *Mutações: o silêncio e a prosa do mundo* (2014); *Mutações: fontes passionais da violência* (2015), ganhador do Prêmio Jabuti; *Mutações: o novo espírito utópico* (2016) e *Mutações: entre dois mundos* (2017).

EUGÈNE ENRIQUEZ é professor emérito de sociologia na Universidade de Paris VII. Foi presidente do comitê de pesquisas de sociologia clínica da Associação Internacional de Sociologia. É autor de muitos artigos e dos livros: *De La Horde à l'État* (Gallimard, 2003), tradução brasileira: *Da horda ao Estado* (Jorge Zahar, 1999); *As figuras do poder* (Via Lettera, 2007); *Le Gout de l'altérité* (Desclée de Brouwer, 1999); *A organização em análise* (Vozes, 1999); *La Face obscure des démocraties modernes* (com Claudine Haroche, Eres, 2002); *Clinique du pouvoir* (Eres, 2007) e *Désir et resistance: la cons-*

truction du sujet (com Claudine Haroche e Joël Birman, Parangon, 2010). Contribuiu com um artigo para os livros *Mutações: ensaios sobre as novas configurações do mundo* (Edições Sesc SP / Agir, 2008); *Mutações: a experiência do pensamento* (Edições Sesc SP, 2010); *Mutações: elogio à preguiça* (Edições Sesc SP, 2012), *Mutações: o futuro não é mais o que era* (Edições Sesc SP, 2013) e *Mutações: o silêncio e a prosa do mundo* (Edições Sesc SP, 2014).

FRANCISCO DE OLIVEIRA é doutor pela USP, professor titular de Sociologia do Departamento de Sociologia da FFLCH-USP e ex-presidente do Cebrap-SP (1993-95). Publicou, entre outros, os livros: *Os sentidos da democracia* (organizado com Maria Célia Paoli, Vozes, 1999), *A economia da dependência imperfeita* (Graal, 1995), *Collor, a falsificação da ira* (Imago, 1993), *A economia brasileira: crítica à razão dualista* (Vozes, 1990), *Elegia para uma religião* (Paz e Terra, 1988) e *O elo perdido* (Brasiliense, 1986). Participou dos livros *O silêncio dos intelectuais; A crise do Estado-Nação; Oito visões da América Latina* e *Mutações: ensaios sobre as novas configurações do mundo.*

FRANKLIN LEOPOLDO E SILVA é professor aposentado do Departamento de Filosofia da Universidade de São Paulo – USP e professor visitante no Departamento de Filosofia da UFSCAR. Tem diversos livros publicados e pelas Edições Sesc São Paulo publicou ensaios nos livros: *Mutações: ensaios sobre as novas configurações do mundo* (em coedição com a editora Agir)*; Vida, vício, virtude* (em coedição com a editora Senac São Paulo); *A condição humana* (em coedição com a editora Agir); *Mutações: a experiência do pensamento; Mutações: a invenção das crenças; Mutações: elogio à preguiça; Mutações: o futuro não é mais o que era; Mutações: o silêncio e a prosa do mundo; Mutações: fontes passionais da violência* e *Mutações: o novo espírito utópico.*

FRÉDÉRIC GROS é professor da Universidade Paris – Est Créteil (UPEC) e editor dos últimos cursos de Michel Foucault no Collège de France. É autor de livros sobre a história da psiquiatria e filosofia penal. Pelas Edições Sesc São Paulo participou das coletâneas: *Mutações: ensaios sobre as novas configurações do mundo* (em coedição com a editora Agir); *Mutações: a experiência do pensamento; Mutações: a invenção das crenças; Mutações: elogio à preguiça; Mutações: o futuro não é mais o que era; Mutações: o silêncio e a prosa do mundo; Mutações: fontes passionais da violência* e *Mutações: o novo espírito utópico.*

Jean-Pierre Dupuy é professor na École Polytechnique, em Paris, e na Universidade de Stanford, na Califónia, da qual é também pesquisador e membro do Programa de Ciência-Tecnologia-Sociedade e do Fórum de Sistemas Simbólicos. Pelas Edições Sesc São Paulo participou das coletâneas: *Mutações: ensaios sobre as novas configurações do mundo; A condição humana* (coedições com a editora Agir); *Mutações: a experiência do pensamento; Mutações: a invenção das crenças; Mutações: elogio à preguiça; Mutações: o futuro não é mais o que era; Mutações: o silêncio e a prosa do mundo; Mutações: fontes passionais da violência* e *Mutações: o novo espírito utópico*.

João Camillo Penna é professor de Literatura Comparada e Teoria Literaria da UFRJ. Coorganizou e cotraduziu, com Virginia de Figueiredo, *Imitação dos modernos*, de Philippe Lacoue-Labarthe (Paz e Terra, 2000) e escreveu: *Este corpo, esta dor, esta fome: notas sobre o testemunho hispano-americano* para *História, memória, literatura* (Marcio Seligmann, organizador), *O testemunho na era das catástrofes* (Unicamp) e *Marcinho VP: estudo sobre a construção do personagem* para *Estéticas da crueldade* (Angela Dias e Paula Glenadel, organizadoras).

Laymert Garcia dos Santos é professor titular do Instituto de Filosofia e Ciências Humanas da Unicamp. Doutor em Ciências da Informação pela Universidade de Paris 7, ensina Sociologia da Tecnologia. Em 1992-1993 foi professor visitante do St. Antony's College, Universidade de Oxford. Publicou os livros: *Desregulagens – Educação, planejamento e tecnologia como ferramenta social* (1981), *Alienação e capitalismo* (1982), *Tempo de ensaio* (1989) e *Politizar as novas tecnologias – O impacto sociotécnico da informação digital e genética* (2003). Seus ensaios foram publicados em inglês, francês, árabe, espanhol, alemão e português, em revistas como *Third Text, Parachute, Via Regia, Zehar, Nada* e outros periódicos.

Lionel Naccache é neurologista do hospital de La Pitié-Salpêtrière em Paris e pesquisador em neurociências cognitivas. Escreveu: *Le nouvel inconscient – Freud, Christophe Colomb des neurosciences* (Odile Jacob).

Luiz Alberto Oliveira é físico, doutor em cosmologia, pesquisador do Instituto de Cosmologia, Relatividade e Astrofísica (ICRA), do Centro Brasileiro de Pesquisas Físicas (CBPF/MCT), onde também atua como professor de história e filosofia da ciência. É ainda curador de ciências do Museu do Amanhã e professor convidado da Casa do Saber, no Rio de Janeiro, e do Escritório Oscar Niemeyer. Escreveu ensaios para os livros *Tempo e história*; *A crise da razão*; *O avesso da liberdade*; *O homem-máquina*; *Ensaios sobre o medo* (Edições Sesc SP/Senac São Paulo, 2007); *Mutações: ensaios sobre as novas configurações do mundo* (Edições Sesc SP/Agir, 2008), *Mutações: a condição humana*, (Edições Sesc SP/Agir, 2009), *Mutações: a experiência do pensamento*, (Edições Sesc SP, 2010), *Mutações: elogio à preguiça* (Edições Sesc SP, 2012; ganhador do Prêmio Jabuti em 2013) e *Mutações: o futuro não é mais o que era* (Edições Sesc SP, 2013).

LUIZ FELIPE DE ALENCASTRO é professor titular da cátedra de História do Brasil na Universidade de Paris 4, Sorbonne. Além de artigos no Brasil e no exterior e do ensaio "A economia política do descobrimento" em *A descoberta do homem e do mundo* (Companhia das Letras), escreveu *O trato dos viventes: formação do Brasil no Atlântico Sul* (Companhia das Letras). Organizou o segundo volume da coleção *História da vida privada no Brasil: Cotidiano e vida privada no Império* (Companhia das Letras).

MARIA RITA KEHL é doutora em psicanálise pela PUC-SP. Integrou o grupo de trabalho da Comissão Nacional da Verdade. Atuante na imprensa brasileira desde 1974 e autora de diversos livros. Pelas Edições Sesc São Paulo participou com um ensaio em: *Ensaios sobre o medo* (coedição com a editora Senac São Paulo); *Mutações: ensaios sobre as novas configurações do mundo* (coedição com a editora Agir); *Vida, vício, virtude* (coedição com a editora Senac São Paulo), *Mutações: a condição humana* (coedição com a editora Agir, 2009), *Mutações: elogio à preguiça*, *Mutações: fontes passionais da violência* e *Mutações: o novo espírito utópico*.

MICHEL DÉGUY é poeta e ensaísta. Professor de literatura francesa na Universidade de Paris 8, é redator-chefe da revista *Poésie* (Éditions Belin), membro do comitê de leitura da Editora Gallimard e da comissão de redação das revistas *Critique* e *Temps Modernes* e do periódico *Temps de Réflexion* (Gallimard). Desde 1990 é diretor do programa Collège International de Philosophie. Fundou *La Revue de Poésie*, que dirigiu de 1964 a

1968 e na qual publicou, em colaboração, traduções de Dante, Góngora, Hölderlin, Kleist, entre outros.

Newton Bignotto é doutor em filosofia pela École des Hautes Études en Sciences Sociales, Paris, e ensina filosofia política na Universidade Federal de Minas Gerais (UFMG). Publicou: *As aventuras da virtude: as ideias republicanas na França do século XVIII* (Companhia das Letras, 2010); *Republicanismo e realismo: um perfil de Francesco Guicciardini* (Editora da UFMG, 2006); *Maquiavel* (Zahar, 2003); *Origens do republicanismo moderno* (Editora da UFMG, 2001); *O tirano e a cidade* (Discurso Editorial, 1998) e *Maquiavel republicano* (Loyola, 1991). Participou como ensaísta dos livros: *Ética* (Companhia das Letras, 2007); *Tempo e história* (Companhia das Letras, 1992); *A crise da razão* (Companhia das Letras, 1996); *A descoberta do homem e do mundo* (Companhia das Letras, 1998); *O avesso da liberdade* (Companhia das Letras, 2002); *Civilização e barbárie* (Companhia das Letras, 2004); *A crise do Estado-nação* (Civilização Brasileira, 2003); *O silêncio dos intelectuais* (Companhia das Letras, 2006); *O esquecimento da política* (Agir, 2007); *Mutações: ensaios sobre as novas configurações do mundo* (Edições Sesc SP/Agir, 2008); *A condição humana* (Edições Sesc SP/Agir, 2009); *Mutações: a experiência do pensamento* (Edições Sesc SP, 2010); *Mutações: a invenção das crenças* (Edições Sesc SP, 2011); *Mutações: o futuro não é mais o que era* (Edições Sesc SP, 2013) e *Mutações: o silêncio e a prosa do mundo* (Edições Sesc SP, 2014).

Olgária Matos é doutora pela École des Hautes Études, Paris, e pelo Departamento de Filosofia da FFLCH-USP. É professora titular do Departamento de Filosofia da USP e da Unifesp. Pelas Edições Sesc São Paulo participou das coletâneas: *Mutações: ensaios sobre as novas configurações do mundo* (coedição com a editora Agir); *Mutações: a experiência do pensamento*; *Mutações: a invenção das crenças*; *Mutações: elogio à preguiça*; *Mutações: o futuro não é mais o que era*; *Mutações: o silêncio e a prosa do mundo*; *Mutações: fontes passionais da violência* e *Mutações: o novo espírito utópico*.

Oswaldo Giacoia Junior é professor do Departamento de Filosofia da Unicamp. Doutor em filosofia com tese sobre a filosofia da cultura de Friedrich Nietzsche na Universidade Livre de Berlim. Pelas Edições Sesc São Paulo participou com um ensaio nas coletâneas: *Mutações: ensaios sobre as novas configurações do mundo; A condição humana* (coedições com a editora Agir); *Mutações: a experiência do pensamento; Mutações: a invenção das crenças; Mutações: elogio à preguiça; Mutações: o futuro não é mais o que era; Mutações: o silêncio e a prosa do mundo; Mutações: fontes passionais da violência* e *Mutações: o novo espírito utópico.*

Renato Lessa é professor titular de teoria e filosofia política do Departamento de Ciência Política da UFF, no qual é coordenador acadêmico do Laboratório de Estudos Hum(e)anos. É presidente do Instituto Ciência Hoje e Investigador Associado do Instituto de Ciências Sociais, da Universidade de Lisboa, e do Instituto de Filosofia da Linguagem, da Universidade Nova de Lisboa. Publicou diversos livros e pelas Edições Sesc São Paulo participou com um ensaio em: *Mutações: ensaios sobre as novas configurações do mundo* (coedição com a editora Agir); *Vida, vício, virtude* (coedição com a editora Senac São Paulo); *A condição humana* (coedição com a editora Agir); *Mutações: a experiência do pensamento; Mutações: a invenção das crenças; Mutações: elogio à preguiça; Mutações: o futuro não é mais o que era; Mutações: o silêncio e a prosa do mundo* e *Mutações: o novo espírito utópico.*

Sergio Paulo Rouanet, doutor em ciência política pela USP, é autor de *Édipo e o anjo* (Tempo Brasileiro, 2007); *Riso e melancolia* (Companhia das Letras, 2007); *Ideias da cultura global e universal* (Marco Editora, 2003); *Interrogações* (Tempo Brasileiro, 2003); *O espectador noturno* e *Os dez amigos de Freud* (Companhia das Letras, 2003); *Mal-estar na modernidade* (Companhia das Letras, 1993); *A razão cativa* (Brasiliense, 1990); *As razões do Iluminismo* (Companhia das Letras, 1987). Publicou ensaios nos livros *Os sentidos da paixão; O olhar; A crise da razão; Brasil 500 anos: a outra margem do Ocidente; O avesso da liberdade; O homem-máquina; O silêncio dos intelectuais; O esquecimento da política; Mutações: ensaios sobre as novas configurações do mundo; A condição humana; Mutações: a experiência do pensamento* e *Mutações: a invenção das crenças.*

Índice onomástico

A

Accioly Lins Wanderley, Sebastião Antônio de, 390
Adorno, Theodor Wiesengrund, 21, 265, 364, 367
Afrodite, 284
Agamben, Giorgio, 111, 113, 118, 120, 124, 125, 127
Agostinho, Santo, 136, 137, 138, 217, 235
Agripa, 133
Agrippa, Cornelius, 211
Agulhon, Maurice, 249
Alberti, Leon Battista, 365
Alcmena, 51
Aleijadinho (escultor mineiro), 45
Alighieri, Dante, 105, 107, 110, 119, 404
Allan Poe, Edgar, 30
Allen, Woody, 207
Althusius, Johannes, 138, 139, 140, 141, 144
Amorim, Celso, 398
Anders, Günther, 48, 49, 59
Anfitrião, 51
Antelme, Robert, 106, 108, 126, 128, 129

Apollinaire, Guillaume, 403
Aragon, Louis, 300
Arendt, Hannah, 26, 46, 48, 125, 167, 407
Ariès, Philippe, 108
Aristóteles, 76, 77, 79, 81, 135, 136, 140, 201, 246, 270, 365, 378, 410
Asimov, Isaac, 208
Áthropos, 77, 284
Atlan, Henri, 52
Aubert, Nicole, 301
Aulagnier, Piera, 282

B

Badiou, Alain, 413
Barthes, Roland, 405
Baudelaire, Charles, 245, 246, 250, 253, 254, 255, 256, 257, 408
Baudrillard, Jean, 20, 23, 24
Bauman, Zigmunt, 296
Bazarov (personagem de *Pais e Filhos*), 132
Beard, George Miller, 263
Bellamy, Edward, 207, 218

Benjamin, Walter, 209, 245, 246, 247, 249, 251, 252, 254, 256, 257, 261, 262, 263, 270, 271, 274, 328
Benn, Gottfried, 24
Bergson, Henri, 168
Bernal, John D., 64
Bettelheim, Bruno, 106, 122, 126
Bichat, Xavier, 211, 212
Bisiach, Eduardo, 335, 336
Björk (cantora islandesa), 56
Blake, William, 149
Blumenberg, Hans, 139, 140
Bodin, Jean, 233
Borges, Jorge Luis, 97, 138-9
Bourdieu, Pierre, 407
Bouveresse, Jacques, 24, 28, 30, 32
Bové, José, 405
Brandão, Ambrósio Fernandes, 388, 389
Braudel, Fernand, 387, 388
Brecht, Bertold, 131, 157, 257, 383
Broch, Hermann, 297, 302
Broderick, Damien, 43, 44, 45
Brown, Peter, 137
Bruckner, Pascal, 311
Bruber, Martin, 290
Burke, Edmund, 207, 215
Bush, George W., 85,86, 113, 394
Byron, Lord, 214

C
Cabral de Mello, Evaldo, 390
Calvino, Italo, 270
Campbell, John W., 199
Camus, Albert, 132
Canetti, Elias, 293
Canguilhem, Georges, 284
Canning, Lorde, 215
Capek, Joseph, 208

Carnap, Rudolf, 153, 366, 367
Casanova, Giacomo, 286
Castro, Fidel, 395
Celan, Paul, 408
Cendrars, Blaise, 403
César, Ana Cristina, 313
Cézanne, Paul, 299
Char, René, 26, 304, 404, 405
Charron, Pierre, 231
Chesnais, François, 381, 382
Cícero, Marco Túlio, 279
Claudel, Paul, 403
Clinton, Bill, 238
Clotho, 77
Cochin, Yann, 303
Colombo, Cristóvão, 333, 355
Constant, Benjamim, 298
Copérnico, Nicolau, 299, 370
Cunningham, Chris, 56

D
Da Vinci, Leonardo, 27, 365, 378
D'Alembert, Jean le Rond, 365, 366
Darras, Jacques, 402
Darwin, Charles, 66, 71, 72, 198, 217, 218, 219, 299, 367, 369, 371, 381
Darwin, Erasmus, 198, 199
Deckard, Dick, 223, 224, 225
Delacroix, Eugène, 253
Delbrück, Max, 44
Delouya, Daniel, 308
Demócrito, 80
Derrida, Jacques, 372
Descartes, René, 134, 353
Desjardins, Paul, 257
Devereux, Georges, 292
Dias, Mauro Mendes, 326
Dick, Philip K., 211, 222

Dickens, Charles, 273
Diderot, Denis, 365, 366, 367
Dilthey, Wilhelm, 368
Don Juan, 286
Drexler, Eric, 43
Dumont, Louis, 297
Durkheim, Émile, 298
Dyson, Freeman, 88, 89, 92

E

Eclano, Juliano de, 136, 137, 138
Édipo, 78
Ehrenberg, Alain, 313, 314
Elias, Norbert, 285, 296
Éluard, Paul, 301
Eupédocles, 290
Engels, Friedrich, 205, 248
Enriquez, Micheline, 284, 287
Epicuro, 81
Erasmo, Desiderio, 202
Eros, 56, 286, 291, 294, 295, 303, 376
Ésquilo, 175, 212, 214
Eurípedes, 175

F

Faye, Jean-Pierre, 411
Feyerabend, Paul, 43
Feynman, Richard, 38
Fittipaldi, Emerson, 391
Flaubert, Gustave, 209
Foucault, Michel, 74, 111, 217, 239, 385
Fourier, Charles, 285
Francisco de Vitória (teólogo), 235
Frankl, Viktor, 50, 51
Franklin, Benjamin, 269
Freitag, Barbara, 367

Freud, Sigmund, 155, 281, 283, 284, 285,
    289, 292, 293, 294, 295, 297, 299, 305,
    307, 328, 332, 333, 343, 344, 345, 346,
    347, 348, 349, 350, 351, 352, 353, 354,
    355, 358, 361, 410
Freyre, Gilberto, 389, 390
Fukuyama, Francis, 67
Fumaroli, Marc, 407

G

Gaia, 378
Galilei, Galileu, 299, 364
Gaulejac, Vincent de, 264, 301
Gautier, Théophile, 253
Gazzaniga, Michael, 356, 357, 358
Geisel, Ernesto, 391
Gentil, Valentin, 320
Gentili, Alberico, 229, 232, 235
Giddens, Anthony, 296
Gide, André, 301
Godwin, William, 214
Goethe, Johann Wolfgang von, 216, 300,
    372, 373, 374
Goldfrapp, Alison, 56, 57
Goodman, Nelson, 134
Goya, Francisco de, 43
Green, André, 320
Grimm (irmãos), 372, 374, 375
Grock (palhaço suíço), 45

H

Habermas, Jürgen, 67, 68, 185, 186, 187,
    188, 369, 372, 376
Halligan, Peter, 336
Harnack, Adolf von, 138
Haussmann, Barão, 247
Healy, David, 323

Hegel, Georg Wilhelm Friedrich, 27, 160, 216, 228, 230, 237, 259, 283, 303, 366
Heidegger, Martin, 21, 28, 30, 31, 46, 48, 68, 69, 70, 181, 372, 408, 410, 414
Heisenberg, Werner, 224
Henrique IV, 262
Heráclito, 387, 404
Hilbert, David, 82
Hipólito (personagem de *Fedra*), 300
Hobbes, Thomas, 114, 115, 117, 142, 144, 145, 228, 234, 240
Hölderlin, Friedrich, 304, 409
Horkheimer, Max, 21, 265, 369
Humboldt, Wilhelm von, 379
Hume, David, 147, 234
Husserl, Edmund, 353
Huxley, Aldous, 208, 385
Huxley, Thomas, 199, 217, 218
Hythloday, Raphael, 202, 203, 205

I

Ibsen, Henrik, 283
Isidore, John (personagem de *O caçador de androides*), 225

J

Jackson, John Hughlings, 338
Jacoby, Mario, 350
Jakobsen, Roman, 368
Jambet, Christian, 414
Jameson, Fredric, 209, 311
Jansenius, Cornelius Otto, 257
Jappe, Anselm, 272, 273
Jaspers, Karl, 24
Jeremias (profeta), 36, 52, 53
Jerome, Jerome K., 207
Jocasta, 78

K

Kac, Eduardo, 405
Kafka, Franz, 264, 274
Kant, Immanuel, 27, 127, 160, 197, 198, 258, 259, 261, 265, 290, 371, 379, 408, 414
Karachalios, Konstantinos, 59, 60, 61
Keynes, John Maynard, 384
Kramer, Peter, 320
Kraus, Karl, 24
Kühn, Thomas, 370
Kunde, Wilfried, 350
Kundera, Milan, 267
Kurz, Robert, 384
Kurzweil, Ray, 43, 47, 62, 63, 93, 184

L

La Boétie, Etienne de, 280
La Fontaine, Jean de, 304
Labbé, Louise, 291
Lacan, Jacques, 283, 306, 325, 326, 327, 328, 343
Lachesis, 77
Lafargue, Paul, 271
Laio, 78
Lamarck, Jean-Baptiste de, 367
Lang, Fritz, 57
Lao-tsé, 404
Lautréamont, Conde de, 403
Lecercle, Jean-Jacques, 213
Leder, Andrzej, 260
Lefort, Claude, 20, 21, 114
Lehmann, Heins, 316
Leibniz, Gottfried, 27, 234, 365
Lem, Stanislaw, 199
Lenine, Vladimir, 408
Lessing, Gotthold, 176
Lettvin, Jerome, 52

Leucipo, 80
Levi, Primo, 106, 107, 108, 109, 110, 112, 113, 115, 117, 118, 119, 120, 121, 123, 125, 126, 127, 128
Levinas, Emmanuel, 372
Lévi-Strauss, Claude, 197, 198, 283, 368
Lhuilier, Dominique, 303
Lins do Rego, José, 391
Lipps, Theodor, 223
Lewis, Clive Staples, 58, 59
Locke, John, 147
Lorenz, Edward, 85
Löwith, Karl, 164
Lucrécio Caro, Tito, 140
Luft, Luba, 223
Luhmann, Niklas, 296
Lukács, Georg, 209, 367
Lula da Silva, Luiz Inácio, 394, 395, 396, 397
Lutero, Martinho, 270
Lysenko, Trofim, 371

M

Magno, Carlos, 262
Magnus, Albertus, 211
Mallarmé, Stéphane, 404, 409
Malthus, Thomas, 367
Mammon, 270
Mann, Thomas, 367
Maquiavel, Nicolau, 142, 143, 228, 231, 240
Marcuse, Herbert, 203, 311
Maria (personagem de *Metropolis*), 57
Marinho, Luiz, 397
Marshall, John, 336
Martinez, Chris, 323
Martins, Hermínio, 64, 65, 66

Marx, Karl, 26, 27, 31, 94, 95, 134, 161, 205, 248, 252, 281, 299, 367, 382, 383, 384
Maturana, Humberto, 87
Mauss, Marcel, 402
McCulloch, Warren, 44, 52, 53
McLuhan, Marshall, 243
Mefistófeles, 374
Mercer, Wilbur, 222
Merikle, Paul, 350
Merleau-Ponty, Maurice, 26, 169, 414
Mesulam, Marsel, 335
Mill, John Stuart, 153
Milner, Brenda, 338
Mithen, Steve, 100
Monet, Claude, 299
Montaigne, Michel de, 17, 22, 280, 414
Montesquieu, Charles de, 142, 146
Moore, George Edward, 133
Moore, John, 55, 56
Moore, Michael, 293
More, Thomas, 201, 202, 203, 204, 208
Morin, Edgar, 380
Morris, William, 207, 218
Müller, Heiner, 58
Münch, Edward, 225
M'Uzan, Michel de, 284

N

Naphta (personagem de *A montanha mágica*), 367
Napoleão III, 247
Narciso, 287
Neurath, Otto, 366, 367

Nietzsche, Friedrich Wilhelm, 19, 22, 24, 32, 68, 70, 71, 72, 73, 74, 173, 174, 175, 177, 178, 180, 181, 182, 184, 185, 189, 190, 191, 192, 193, 194, 195, 267, 308, 372, 412
Nordmann, Alfred, 39
Nostradamus, 384

O

Olfson, Mark, 319
Olimpo, 78
Oliveira, Francisco de, 395
Orwell, George, 208, 385
Owen, Robert, 208

P

Palmerston, Lorde, 398
Paracelso, 211
Pareto, Vilfredo, 155
Parinaud, André, 402
Parsons, Talcott, 279, 370
Pascal, Blaise, 257, 380
Paulani, Leda, 383
Paulo, São, 71
Pessoa, Fernando, 299
Petras, Otto, 29
Peyrefitte, Alain, 402
phage, grupo do, 44
Piaget, Jean, 370
Pico della Mirandola, Giovanni, 103, 104, 105, 120, 124, 128
Píndaro, 403
Pinho, Márcio, 319
Pitts, Walter, 44
Pizzamiglio, Luigi, 335
Platão, 68, 80, 135, 203, 204, 208, 226, 230, 237, 376
Polanyi, Karl, 148, 149, 150, 151, 152, 156

Popper, Karl, 37, 38
Poulet, Georges, 253
Proudhon, Pierre-Joseph, 257
Proust, Marcel, 209, 210
Ptolomeu, 370

Q

Querubino (personagem de *Bodas de Fígaro*), 300

R

Racine, Jean, 291, 300
Rafael, Luís Henrique, 397
Ramos, Pedro, 397
Rattier, Paul-Ernest de, 247
Rava (rabino), 36
Ricardo, David, 368
Rice, Condoleeza, 85
Rimbaud, Arthur, 224, 302, 403, 411
Robespierre, Maximilien de, 249
Romero, Silvio, 390
Rousseau, Jean-Jacques, 147, 156, 197, 198, 232, 274, 414
Rousset, David, 106, 108, 116
Rowling, J. K., 200
Ruyer, Raymond, 414

S

Sade, Marquês de, 257, 286, 287
Salomé, Lou Andrea, 410
Santos, Laymert Garcia dos, 381
Sanzio, Rafael, 135, 136, 138
Sartre, Jean-Paul, 49, 167, 169, 170, 171, 295
Saussure, Ferdinand de, 368
Schliemann, Heinrich, 367
Schmitt, Carl, 228, 232, 237
Schopenhauer, Arthur, 181

Schumpeter, Joseph, 148, 152, 153, 154, 156, 299
Schwartz, Stuart B., 389
Scott, Ridley, 223
Scott, Walter, 209
Sêneca, Lucius, 279
Sève, Bernard, 22, 23
Sexto Empírico, 133
Shaviro, Steven, 56
Shelley, Mary, 198, 199, 200, 205, 211, 212, 213, 214, 215
Shelley, Percy, 198, 199, 205, 214
Sidarta (personagem de *Sidarta*), 311
Silvestre, Danièle, 314
Simmel, Georg, 279, 283, 284
Sloterdijk, Peter, 28, 29, 30, 31, 67, 68, 69, 70, 71, 72
Smalley, Richard, 39
Smith, Adam, 368
Sócrates, 175, 176, 201, 205, 401, 414
Sófocles, 175
Soler, Colette, 309
Solomon, Andrew, 307
Spencer, Herbert, 369
Spengler, Oswald, 24, 32
Sperling, George, 340, 341, 342, 343
Spinoza, Baruch, 190, 195, 237
Stalin, Josef, 281
Stendhal, 279
Stepan (personagem de *Os Justos*), 132
Stewart, Ian, 82, 83
Stiegler, Barbara, 72, 73
Stiegler, Bernard, 258
Strauss, Leo, 204
Suvin, Darko, 198, 201
Swift, Jonathan, 205

T

Tânatos, 286, 291, 294, 303
Tanguy, Yves, 275
Thiers, Adolphe, 248
Tocqueville, Alexis de, 248, 295
Tolkien, J. R. R., 200
Tomás de Aquino, São, 79, 232
Torquato Neto, 305
Trenet, Charles, 408
Tsé-Tung, Mao, 404
Turguêniev, Ivan, 132

V

Valéry, Paul, 17, 18, 19, 21, 22, 23, 24, 25, 27, 31, 32, 33, 133, 134, 407
Varela, Francisco, 87
Vattel, Emer de, 236
Vattimo, Gianni, 25
Vauvenargues, Luc de, 231
Vaz de Caminha, Pero, 388
Ventris, Michael, 367
Verne, Júlio, 200, 209
Vernet, Horace, 250, 251
Vespúcio, Américo, 202
Vico, Giambattista, 52
Vidal-Naquet, Pierre, 128
Vigny, Alfred de, 413
Vinge, Vernor, 61, 62, 63
Virgílio, 107
Von Clausewitz, Karl, 368
Von Foerster, Heinz, 49, 51
Von Neumann, John, 61, 63
Vonnegut, Kurt, 102

W

Wachowski (irmãos), 209
Wagner, Richard, 292
Weber, Max, 269, 281, 284, 370

Wells, Herbert George, 199, 200, 207, 209, 211, 217, 218, 221
Wiener, Norbert, 52, 199
Wilde, Oscar, 288
Winnicott, Donald, 317
Wisnik, José Miguel, 97
Wisser, Richard, 28
Wittgenstein, Ludwig, 23, 24

Wollstonecraft, Mary, 214

Z

Zaltzman, Nathalie, 295
Zamyatin, Yevgeny, 208
Zeus, 51, 214
Ziegler, Jean, 395
Žižek, Slavoj, 67, 185, 187, 188

Fontes Dante e Univers | *Papel* Pólen Soft 80 g/m²
Impressão Pancrom Industria Gráfica | *Data* Setembro 2017